HISTOIRE

DE LA

LITTÉRATURE

DRAMATIQUE

« ... L'art dramatique, un art si puissant, et si attrayant que toujours et partout, aux temps de son enfance ou de sa maturité, de sa gloire ou de son déclin, il est resté invinciblement populaire, et ne cesse jamais de charmer les hommes par des chefs-d'œuvre ou par des bluettes. »

M. GUIZOT. *Shakspeare et son temps*

HISTOIRE
DE LA
LITTÉRATURE
DRAMATIQUE

PAR

M. JULES JANIN

TOME PREMIER.

PARIS
MICHEL LÉVY FRÈRES, ÉDITEURS
RUE VIVIENNE, 2 BIS
1853

A Monsieur Armand Bertin.

Ce livre que je reconstruis avec les matériaux épars dans un travail assidu de vingt-cinq années, sans avoir manqué une seule fois à ma tâche (et c'est vous-même que j'atteste), appartient à cette grande famille du *Journal des Débats*, dont M. Bertin l'aîné, votre digne père, et le nôtre, fut si longtemps l'exemple, le conseil, l'autorité.

Si mon admirable et bien aimé patron était encore de ce monde, avec quel empressement je lui aurais offert cet humble témoignage d'une reconnaissance toute filiale! Il ne m'eût pas refusé, cette fois encore, l'appui sérieux de son nom entouré d'honneur, de louanges et de respects.

Acceptez, je vous prie, et comme une conséquence de cet héritage illustre dont vous vous êtes montré si digne dans les temps les plus difficiles, l'hommage de ce livre, entrepris, sous les yeux bienveillants de votre père et de votre oncle, M. Bertin de Vaux, à l'heure où nous étions, les uns et les autres, en pleine jeunesse, en pleine espérance, exempts de toute ambition vulgaire, heureux du temps présent, et confiants dans l'avenir.

O les beaux jours, qui nous semblaient si loin de tous les deuils de cette maison! O les pages heureuses, écrites en toute liberté d'esprit et de conscience! Les auspices étaient si favorables, les astres étaient si cléments!

JULES JANIN.

Février, 1853.

HISTOIRE
DE LA
LITTÉRATURE DRAMATIQUE

CHAPITRE PREMIER

Au mois de novembre, en 1829, à l'heure de la grande polémique..... et la révolution de 1830 dans le lointain, mon heureuse étoile me conduisit au *Journal des Débats*; bientôt, après les premières tentatives d'un jeune homme qui cherche sa voie à travers l'inconnu, je me sentis adopté dans cette illustre maison qui fut vraiment, chez nous, le berceau du journal politique et du journal littéraire. On aurait peine à compter le nombre des constitutions, des gouvernements, des ministères, des renommées et des gloires auxquels le *Journal des Débats* a survécu; il a vu tomber la première république, il a fatigué l'empire, il a assisté, dans un désespoir éloquent, à la chute des deux monarchies; parmi tant de ruines et tant d'aventures, il est resté fidèlement à son poste, indiquant à la fois la route suivie et la route à suivre, et si, par misère, dans quelques journées malheureuses, quand toutes les lois sont écrasées, le journal s'est vu forcé au silence, on a trouvé que ce silence était une calamité publique. « Qui est semblable à Tyr, et toutefois elle s'est tue, au milieu de la mer? »

Maintenant, qu'après tant d'années d'un loyal service, il m'est permis de rechercher dans ces pages, abandonnées aux quatre vents du ciel, les quelques fragments qui méritent, peut-être, un oubli moins complet que tout le reste, mon premier soin c'est de m'étonner moi-même de ma hardiesse à prendre, en mes mains malhabiles, la plume savante de M. Duviquet, mon prédécesseur, qui lui-même avait hérité, non sans bonheur et dans des circonstances bien difficiles, de la plume fameuse du grand critique Geoffroy, digne élève de son maître Fréron ! Car voilà la sincère filiation des formidables critiques auxquels j'étais appelé à succéder, sans compter, dans l'intervalle, anneaux d'or d'une chaîne d'un plus dur métal, Charles Nodier — on retrouverait, dans le feuilleton, sa trace charmante, — et cet aimable esprit, ce véritable écrivain, Étienne Béquet, mort à quarante ans, laissant après lui, l'homme heureux ! deux ou trois pages qui ne peuvent pas mourir. Certes, le péril était grand, et bien m'en a pris de ne m'être pas rendu compte des difficultés de l'entreprise. Il est vrai que tout d'abord tant d'ambition ne m'était pas venue, et je m'estimais fort heureux lorsque de temps à autre, j'étais appelé à faire quelque sortie innocente au plus fort de la bataille politique de chaque jour. Le combat était ardent ; les plus célèbres soldats des deux parts étaient à l'œuvre ; où donc était l'obstacle, si dans l'intervalle, et quand les chefs ne donnaient pas, le jour où M. de Chateaubriand restait sous sa tente, où M. de Salvandy fourbissait ses armes bien trempées, les nouveaux venus de ma taille, les novices, les recrues essayaient leurs forces dans les combats d'avant-garde? Ainsi j'ai commencé ; j'ai écrit, qui le croirait ? de graves articles dans le *Journal des Débats*, et vraiment je ne serais pas seul à sourire de moi-même, si l'on savait avec quel sans gêne politique je traitais, en ce temps-là, M. Mangin, M. Cottu, M. le comte de la Bourdonnaye et M. le prince de Polignac. « *J'étais* donc un foudre de guerre ? » Eh ! je l'étais ! On bâtissait une nouvelle chambre des députés, et je trouvais que l'architecte avait mal fait de changer la distribution de l'ancien local ! On dédiait, sur la place Royale, une statue au roi Louis XIII, et je daignais approuver cet honneur, rendu au roi Louis *le Juste*, ainsi nommé parce qu'il était né sous le signe de *la Balance!* Tantôt j'approuvais tout à fait le roi et la reine de Naples d'être venus à Paris, « tout *simplement en rois*, et sans être protégés de l'incognito dont se couvraient jadis les rois voyageurs, » tantôt j'annonçais à la France qu'elle n'avait pas à s'inquiéter des coups d'État. « Non, disais-je, en mon premier-Paris du 11 novembre 1829, César lui-même, fût-il à la place de M. de La Bourdonnaye aujourd'hui, croyons-en l'histoire présente et l'histoire passée, aujourd'hui Jules César ne passerait pas le Rubicon. » Ce qui était, comme on voit, puissamment raisonner! Si grande était mon expérience des choses humaines, et si profonde ma sagesse précoce! Ai-je fait passer, à mon compte, de cruels moments à M. Guernon de Ranville, à M. de Montbel ! Me suis-je agréablement moqué de la contre-révolution ; ai-je tourné gravement autour de *l'accord des libertés publiques et de la royauté!* — Ai-je maltraité M. Rives et les censeurs, les bêtes noires de ma jeunesse. « Un censeur! ô misère! un homme qui tue et qui taille, en plein drap, l'idée et la forme, la pensée et la parole; inintelligente et formidable puissance, puissance occulte et sans nom ; le censeur, pareil à ce bourreau voilé qui monte sur l'échafaud pour faire tomber la tête d'un roi! La censure, une sœur de Pluton, une furie, ou, pour mieux dire, toutes les furies en une seule :

> Plutonis soror aut furiarum sanguinis una. »

Figurez-vous aussi, le croirez-vous, races futures? que les ministres de Charles X avaient chassé des Champs-Élysées, devinez quel révolutionnaire et quel ennemi de M. de Polignac? Ils avaient chassé..... Polichinelle! « Ils ont tué cet aimable déguenillé, qui donnait la comédie aux bonnes d'enfants. O fi! un ministre en lutte avec Polichinelle! » Et sur ce thème ingénieux, j'allais à bride abattue : « Ils ont fait ce que n'a pas fait Venise..... Ils ont tué Polichinelle! Oui, l'Italie avec sa double censure a échappé à ces outrages. Le peuple s'assemble sur la place, la noblesse et le peuple, le clergé lui-même ; Polichinelle va paraître, il paraît, le voilà..... le véritable polichinelle! il se joue, il se moque de tout le monde ; il a des allusions, il prononce des noms propres; il entre chez le cardinal-ministre; il se glisse, comme Rabelais, dans le palais du souverain Pontife; il parle, il tonne, il éclate comme Rabelais ; il rit et il mord, et le malicieux Italien applaudit à ces saillies sans cesse renaissantes. Polichinelle égratigne à tort et à travers, bien plus cruellement que Molière ; il réunit à la fois le proverbe de Sancho, la panse de Falstaff, le sarcasme de Pantagruel. L'Italie n'a pas besoin de journaux avec son Polichinelle;

Polichinelle, plus vieux que Dante, plus amusant que l'Arioste. »
Et vous me croirez si vous voulez, je n'ai jamais su à quel point
le conseil des ministres s'était inquiété de mon oraison funèbre
de Polichinelle.

Un autre jour, j'enflais ma voix, je disais avec Mirabeau :
Silence aux Trente! et je commençais ainsi ma philippique :
« Ce qui manque surtout au ministère, c'est l'intelligence; » et
quand je relis ces vieilleries, plus éteintes mille fois et plus
oubliées que le dernier des dix mille vaudevilles que j'ai frappés
de ma griffe, il me semble que ce n'est pas moi qui écrivais
ainsi en quatre colonnes les craintes, les désirs et les volontés de
la France, à la veille de la révolution de juillet.

Dans mon passé politique (et voilà un bien grand mot pour
expliquer une petite chose) il se trouve que moi aussi j'ai eu
l'honneur d'écrire un *premier-Paris* à propos de ce grand procès que notre admirable patron, M. Bertin, venait de gagner aux
applaudissements universels. Il y a un mot de Fénelon pour expliquer ces grands triomphes de l'opinion : « Il faut, dit-il, avoir
grand égard à l'improbation du public. » C'est pour avoir affronté
cette improbation écrasante que tant de puissances sont tombées,
et que ces trônes, élevés la veille, *ont été balayés le lendemain.*
Tout novice que j'étais, j'avais touché juste ce jour-là. « Nos
magistrats, disais-je alors, savent depuis longtemps qu'avec la
liberté de la presse, il y va de toutes nos libertés. Faites disparaître le droit d'examen, aussitôt plus de charte, plus de peuple
libre, plus d'autorité, plus de triple pouvoir, plus de citoyens! »
Or (à propos de ce mot *citoyen* devenu une terreur depuis 1848),
il était arrivé que M. le premier président Séguier, celui qui *rendait des arrêts et non pas des services*, avait prononcé ce mot :
citoyens! dans le procès gagné par M. Bertin ; et les défenseurs
de M. de Polignac offensé par ce mot *citoyens!* avaient accusé de
forfaiture M. le premier président, à quoi je répondais, — ô la
chose étrange! — que je ne voyais pas de quel droit ces messieurs
se fâchaient si fort. » Le mot existe, il est dans nos lois, il est
dans nos mœurs, il est, à la cour royale, dans le cœur, dans la
tête, dans le langage de son illustre chef. » Ainsi je prenais la
défense d'un mot qui dix-neuf ans plus tard me faisait bondir
d'indignation et de douleur. O révolutions, ce sont là de vos coups !

Je fis aussi, en *premier-Paris*, un bel article sur Mathieu Laensberg, et quand je pense aux bonnes et belles choses que j'aurais pu dire, à propos de ces petits livres d'almanachs empoisonnés, plus tard, et qui devaient contenir dans leurs feuillets à bon marché tant de doctrines sauvages, tant de menaces et tant de meurtres, je suis vraiment tout honteux de mes folâtres plaisanteries à propos des prédictions du bonhomme. Entre autres prédictions du vénérable Mathieu Laensberg qui me faisaient rire alors, je faisais mille gorges-chaudes de cette prédiction : « Juillet (1830) sera signalé par un monstre ailé et un météore lumineux ; — en septembre, *un banquier fera banqueroute!* » Il n'était pas un si mauvais prophète, ce vénérable Mathieu Laensberg.

Il y eut en ce temps-là une petite révolte en Hollande, et je ne m'en inquiétais pas le moins du monde, au contraire, je trouvais que cette agitation des Pays-Bas *était faite pour nous rassurer sur les clameurs des nouveaux terroristes!* Il paraît que certains particuliers de ces pays constitutionnels avaient fait mine de refuser l'impôt, et je disais « que le refus de l'impôt n'est pas une menace, c'est un avis tout au plus » : d'où je tirais cette conséquence auguste, « que le refus du budget ne sera jamais une révolution, *ce serait tout au plus un retard.* »

J'ai fait aussi un brillant parallèle entre le ministère de M. de Villèle et le ministère de M. de Polignac. J'ai raconté l'ouverture des Chambres : « quand les Chambres ont entouré le trône royal et que le monarque, en leur présence, a relevé le manteau fleurdelisé qui recouvrait de sa gloire ce ministère inconnu. » Je ne traitais guère d'une façon plus indulgente les journaux de la province, dévoués au ministère *Wellington-Polignac.* Ai-je maltraité la *Gazette de Lyon* et *l'Apostolique du Puy-de-Dôme!* « Pauvre France, que deviendrais-tu, si tu n'avais pas pour t'éclairer cette poignée de grands hommes? Et cependant les villes ingrates qui les possèdent, les regardent comme une honte et comme un malheur. »

En ce temps-là aussi fut prononcé ce mot affreux, ce mot sanglant : Prenez garde à la guerre civile! Choisissez, il est temps, entre César et Pompée, entre Sylla et Marius. « Et voilà donc, m'écriai-je, enflant ma voix, la France constitutionnelle transformée tout à coup par ces furieux en un champ de bataille où s'agitent des ambitions individuelles, où Marius succède à Sylla, César à Pompée, le triumvirat à César, Auguste à la République, sans qu'il soit jamais dit un mot de cette république expirée! Ce sont là de tristes images. Quoi donc, à entendre le ministère, la royauté de France en serait à sa bataille d'Actium? Brutus verrait-il encore le fantôme de Philippes? S'il en est ainsi, pressons-nous donc autour de M. de Bourmont; serrons les rangs sous les drapeaux de ce nouveau Pompée : son parti est le parti de Rome et du Sénat; il a pour lui le peuple et les dieux. »

Et plus loin : « Vous êtes du tiers-parti, dites-vous ; apprenez donc ceci : dans les guerres civiles, il n'y a pas de tiers-parti. Que Brutus et Cassius disparaissent; que Marc-Antoine expire sur le sein de son Égyptienne; que le grand Condé soit enfermé à la Bastille ; que Mirabeau, qui n'est pas encore pour la cour, mais qui n'est plus pour le peuple, soit dévoré par le poison, tous ces hommes du milieu devaient finir ainsi, au compte de M. de Polignac et de ses adeptes. A ce compte c'est justice que Cicéron, homme du tiers-parti, tende la tête à un esclave; c'est justice que Henri IV tombe sous le poignard d'un jésuite, que Thomas Morus monte à l'échafaud, que Fénelon soit exilé de la cour. Toutes ces morts et toutes ces disgrâces, c'est justice, selon le journal de M. de Polignac, car tous ces hommes étaient des hommes du tiers-parti, de ces gens qui, dans tous les temps, ont été flétris du nom de modérés, et pour lesquels le mot de tolérance, le plus beau mot de notre langue, méritait d'être inventé. »

Voilà, j'espère, de la philippique. Et quand le ministère essayait de répondre : « Le roi le veut, » osez-vous dire, m'écriais-je, osez vous soutenir que vous êtes l'expression de la volonté royale?... Et quand ils se mettaient à l'abri de l'adresse : « Si c'est le droit de la couronne, ai-je répondu, de maintenir un ministère en dehors de la majorité, c'est le droit de la Chambre des députés de refuser le budget, quand bon lui semble. » Et voilà comme à tant de sourdes menaces qui commençaient à gronder, je me moquais agréablement des politiques qui avaient peur; j'admirais, cinq mois avant la catastrophe finale : « l'attitude paisible de la France, sa patience à toute épreuve, sa confiance sans bornes dans ses forces, son inébranlable attachement à cette monarchie de tant de siècles qu'elle a reçue avec tant de transports... Que voulez-vous qu'on pleure à l'aspect d'un royaume ainsi fait, quand, sur ce trône qu'ils menacent de ruine, est assis le meilleur et le plus sage des monarques, appuyé sur deux Chambres, l'une héréditaire, et l'autre choisie par les quatre-vingt mille propriétaires de la France, les plus imposés et les plus riches?.. Lamentez-vous donc à l'aspect de ces forces imposantes! rêvez des révolutions, des coups d'État, des assassinats et des régicides; mettez-vous à trembler encore devant la nation des faubourgs, quand il n'y a plus de faubourgs! ayez peur à votre aise; faites-vous peur; grossissez vos voix, grandissez-vous de votre épouvante! Quant à nous, nous ne tremblerons pas. »

Quand il n'y a plus de faubourgs était un peu hasardé, je l'avoue; il y en avait des faubourgs, il y en a encore; dans ces armées campées à nos portes, il y aura toujours de ces assiégeants, qui s'écrient comme le maréchal Lefèvre aux soldats du génie devant Dantzick : *Je n'y entends rien; mais faites-moi un trou, je passerai!*

Cela vous fatigue et vous lasse, à coup sûr, de me suivre en mes exploits de tribun, et déjà vous vous demandez : *Qu'allait-il faire dans cette galère?* Prenez patience, l'heure arrive où cette bataille, qui est encore une bataille sans nom, va prendre une forme terrible, où ce roi infortuné, que pressent de toutes parts ses amis imprudents, aimera mieux se jeter dans l'abîme que de se donner la peine de le combler. Laissez-moi, cependant, vous raconter cette dernière fête de la monarchie aux abois, cette fête du Palais-Royal que M. de Salvandy a définie en deux mots dignes de Tacite : *Une véritable fête napolitaine,* disait-il, *nous dansons sur un volcan!* L'antique royauté nous représentait, en ce moment, ce solennel coucher de soleil dont parle Tacite : « A l'extrémité de l'hémisphère, entendez-vous le bruit que fait le soleil en s'immergeant? *Sonum insuper immergentis!* »

FÊTE AU PALAIS-ROYAL.

« Les étrangers et tous ceux qui n'ont pas vu le Palais-Royal, entouré d'élégantes colonnes et transparent comme un palais de cristal, comprendront difficilement toute la beauté de la fête que donnait hier Monseigneur le duc d'Orléans au roi de France et à LL. MM. Napolitaines. Tout le palais était illuminé. Les galeries qui l'entourent comme autant de jardins suspendus, étaient chargés d'orangers et des plus belles fleurs. Au dehors se pressait la population parisienne, avide de voir et d'entendre, et de prendre sa part de ce bal donné à des rois. Au dedans du palais, c'était toute la France illustre : pairs, députés, généraux, poëtes, savants, magistrats, tout le peuple représenté par les hommes que distingua sa confiance, son admiration ou ses respects. Sous ce rapport, cette soirée n'a pas de modèle dans les annales de la cour.

A neuf heures, — le roi ! — le roi et la reine de Naples, M. le Dauphin et madame la Dauphine, S. A. R. Madame, duchesse de Berry, le prince de Salerne, sont arrivés au Palais-Royal. LL. MM. ont été reçues au bas du grand escalier par S. A. R. le duc d'Orléans, suivi de Monseigneur le duc de Chartres et de Monseigneur le duc de Nemours. Le roi, le Dauphin et le duc d'Orléans portaient le grand Ordre de Sicile ; le roi de Naples et son frère le prince de Salerne portaient le cordon bleu. Le jeune duc de Chartres avait l'uniforme de colonel de hussards, et le duc de Nemours celui de colonel de chasseurs. La porte d'entrée, le vestibule et l'antichambre étaient confiés aux gardes du corps de S. M.

Le roi a traversé tous les appartements, menant à sa suite le roi et la reine de Naples, le duc d'Orléans et sa famille. Arrivée à la galerie vitrée, S. M. en a fait le tour. Elle a été frappée de la beauté du coup d'œil. Le roi s'est arrêté plusieurs fois. Il a salué le peuple, la foule s'est découverte, et elle a crié : *Vive le Roi!* S. M. a fait remarquer aux illustres étrangers la beauté du spectacle. La reine de Naples s'est seule approchée du balcon. S. M. semblait heureuse, et son sourire le disait éloquemment.

Cependant, dans les salons, le bal était animé comme dans une fête bourgeoise. Madame, duchesse de Berry, mesdemoiselles d'Orléans et leurs frères, ont donné l'exemple. Chose rare dans ces bals d'apparat, on a beaucoup dansé, et même sans trop de façons. On pouvait remarquer chez le duc d'Orléans, plus que partout ailleurs, combien nous sommes peu habiles danseurs. Un courtisan de l'ancien régime aurait bien de la peine à reconnaître aujourd'hui cette danse si parfaite et si apprêtée dans ses grâces, qui était une étiquette de rigueur dans les beaux jours du grand roi. Mais ceci est un petit malheur dont la cour elle-même s'est consolée facilement. Nous avons tous autre chose à penser.

On dansait principalement dans cinq vastes salons. Chaque salon avait son orchestre, et dans chaque pièce voisine, des danses s'étaient formées. La musique ne se taisait pas. Dans les moments de repos, on entendait les sons d'un sixième orchestre placé au centre de la galerie. C'était la musique de la garde royale qui jouait des fanfares pour le dehors.

Trois mille personnes avaient été invitées. Le noble maître de la fête avait fait son choix dans toutes les classes de la société parisienne. Cinq cents invitations avaient été réservées pour les hommes qui s'occupent des lettres, des sciences, des beaux arts; utile et modeste aristocratie qui avait été appelée comme un des plus beaux ornements de cette fête à la fois royale et populaire. Les jeunes princes n'avaient pas oublié leurs professeurs. Il y avait même des élèves de l'École Polytechnique et plusieurs condisciples du duc de Chartres et du duc de Nemours.

Presque tous les membres de cette Chambre des députés qui n'est plus, mais qui doit bientôt renaître, avaient reçu une invitation. On eût dit qu'ils étaient encore les députés de la France. On remarquait MM. Hyde de Neuville, de Martignac, le duc de Crussol, le vicomte Sosthènes de La Rochefaucauld, le général Sébastiani; MM. Casimir Périer, Dupin aîné, Alex. de Laborde, Chardel, Thénard, Bertin de Veaux, Viennet, Clément, Benjamin Constant, Jacquinot-Pampelune, Favard de Langlade, Méchin [1]. Mais surtout ce qu'il y avait de touchant dans cette réunion spontanée et inespérée d'hommes de toutes les nuances, c'était le roi de France au milieu de ses sujets, ayant une parole bienveillante pour chacun, pour chacun un sourire; grand roi qui ne se sou-

1. La moitié des nobles invités à cette fête a déjà disparu. — Le prince qui la donnait et le roi qui en était le héros sont morts, l'un et l'autre dans l'exil! La France n'a pas remplacé ces dévouements, ces gloires, ces renommées, ces grandeurs : le duc de Chartres, et ses deux sœurs, la princesse Marie, la reine des Belges, la couronne de laurier et la couronne d'or! MM. Hyde de Neuville, Martignac, Sébastiani, Casimir Périer, mort à la peine, Benjamin Constant et Bertin de Veaux. — M. de Salvandy avait bien raison de s'écrier : *le volcan!*

vient nullement de nos tristes dissensions; c'était bonheur de le voir, heureux dans cette fête, de contempler cette tête si calme et si riante, d'entendre ses moindres paroles.

Une de ses paroles est arrivée jusqu'à nous. Le roi s'arrête sur la galerie, en présence de ce beau jet d'eau du Palais-Royal qui étincelait de mille feux : « Voici, dit le roi, une belle soirée ! » Puis, revenant du sein de cette fête à ses sujets qui vont à travers la mer venger son pavillon de l'insulte des Barbares : — « Messieurs, dit S. M., le vent est bon pour ma flotte d'Alger ! »

Ainsi, cette pensée royale s'inquiète au souvenir de ses fidèles sujets, au dedans comme au dehors. Ainsi, cette fête qui se donnait à un prince étranger, a été tout entière pour le roi de France. Le roi de France a été le roi de la fête. L'hospitalité européenne a fait tout ce qu'elle pouvait en ceci ; mais la présence du roi a tout emporté ; un instant on n'a vu que lui : on n'a vu que le roi venant, malgré la vieille étiquette, dans le palais d'un sujet, au milieu de ses sujets.

A deux heures du matin, le bal fait place à la collation. On ouvre alors la galerie de Valois. Voici un nouveau spectacle : six tables dressées, chargées d'or et de vermeil, et entourées d'une livrée brillante. Huit cents dames étaient assises à toutes ces tables; tous ces couverts étaient dominés par la table royale. On n'a rien vu de plus beau. Jamais on n'a fait les honneurs de la maison paternelle avec plus de grâce que M. le duc de Chartres et M. le duc de Nemours. M. de Nemours qui hier encore n'était qu'un jeune enfant, s'est montré un cavalier accompli. Il s'est assis à table avec les dames ; il les a servies avec toute sollicitude. Après les dames, les hommes se sont mis à table. Puis le bal a repris de plus belle. On eût dit que la fête était à sa première heure. Tout était renouvelé, les fleurs, les bougies, la musique; l'enchantement recommençait.

Ce bal de l'après-souper ne ressemble pas au premier bal. Alors la foule est moins grande, la danse est plus vive ; on veut retarder, à force de vitesse, l'heure qui s'enfuit et le jour qui jette déjà ses importunes clartés.

Autrefois c'était l'heure consacrée à la valse. Aujourd'hui on ne valse presque plus, on galope ; et quel galop on a fait au Palais-Royal. Tous les danseurs étaient là : Français, Napolitains,

Russes, Allemands, Anglais, tous étaient occupés à ce mouvement rapide; le fils de M. d'Appony, ambassadeur d'Autriche, jeune homme plein de grâce, qu'on eût pris pour un jeune Français, n'eût été son riche costume hongrois, conduisait ce galop final; et pour le spectateur plus froid c'était, sans nul doute, un spectacle piquant et plein d'intérêt de voir ces jeunes gens passer et repasser dans ces brillantes galeries, sous ces tableaux qui représentent Jemmapes, Valmy, Arrau et Montmirail.

Il serait impossible de dire quelle variété de costumes, quelles richesses, que de belles parures, que d'habits inconnus. Il ne manquait là que l'habit de député. Ceux qui remarquent toutes choses, ont remarqué que pas un jeune pair n'avait adopté l'habit vert-pomme, si ingénieusement trouvé et si fièrement ordonné par M. de Polignac. Quand on ne veut pas d'un homme, il existe tant de manières de le lui dire!

MADAME, duchesse de Berry, qui avait pris une double part à cette fête, qui était pour elle une fête de famille, ne s'est retirée qu'à cinq heures du matin.

On dansait encore à six heures.

Il est triste de voir ces belles visions s'évanouir si vite. C'est grand dommage de retomber, du haut de cette féerie, dans la réalité. »

A coup sûr, on ne vous donne pas cette narration comme un chef-d'œuvre de style, et tant s'en faut; pourtant ce n'est pas une chose sans intérêt, cette dernière minute heureuse d'une si grande royauté qui, du sein de ces fêtes et du sommet de ces grandeurs, allait tomber dans ces disgrâces furieuses de la Providence, après lesquelles c'est à peine si l'on ose lever les mains au ciel. Entre cette fête et rien, il y eut une journée...; entre ce trône de tant de rois et la France au désespoir, il y eut l'abîme. Les imprudents qui tenaient ce jeu cruel, où la liberté, l'anarchie et le despotisme jouaient, avec des cartes biseautées, la couronne des fils de saint Louis, finirent par reconnaître qu'ils avaient perdu la partie.... ils s'avouèrent vaincus lorsqu'il ne fut plus temps de renouer la partie. *Il est trop tard!* C'est un mot que cette France, au désespoir, a entendu prononcer à deux reprises, quand ces trente-deux millions d'hommes, éperdus, sentaient le ciel se troubler sur leur tête, et la terre chanceler sous leurs pieds. Je ne sais rien de plus triste que ces dernières journées d'un si bon roi qui marche en aveugle à sa perte et qui nous entraîne à sa suite, comme il faisait, l'autre soir, à travers la fête éblouissante. On a le vertige vingt jours à l'avance, comme si déjà, du fond des cavernes où ils guettent leur proie, arrivaient, ardents à la curée immense, ces héros de barricades, ces capitaines de l'émeute, ces Mirabeau de carrefours, ces démagogues sans nom, ces claquedents de tribune et de prisons, qui, tout à l'heure, allaient envahir la ville capitale, violemment ramenée à ses plus mauvais jours. Heureuses et limpides années de la Restauration, notre mère nourrice! Elles nous ont trouvés enfants et jeunes gens; elles nous ont abrités contre les souffles pernicieux qu'avaient laissés après eux les derniers temps, les temps horribles de l'Empire écroulé sous sa masse impuissante. O journées trop heureuses, où pas un de nous ne se doutait qu'un jour reviendraient les enfants armés des anciennes invasions barbares, fils d'Attila, que poussent en avant le meurtre, la haine, la convoitise et tous ces évangiles pervers dans lesquels le monde est jeté au sort, comme autrefois la robe de Notre-Seigneur. Hélas! ils se sont trop tôt évanouis à nos regards épouvantés, ces jours charmants et printaniers que regrettait le poëte allemand dans la mêlée ardente où il allait mourir. « *Poésie !* ô poésie, arrive à notre aide, disait-il, nous ne voulons pas mourir en prose; il faut que notre mort soit une ode ou soit un drame. » En ceci, le poëte allemand est semblable au jeune homme du poëte grec : *Il tomba, rit et mourut!* dit l'Iliade. Aujourd'hui, grâce à tant de révolutions mauvaises qui ont brisé les lois les plus solides, déshonoré les caractères les plus fermes et brisé toute opposition généreuse, on tombe, on meurt, on ne rit plus en mourant; au contraire, du cœur de ces morts s'exhale une voix pour maudire et blasphémer.

J'ai donc eu tout à l'heure un moment de joie lorsqu'à partir de la grande fête donnée au Palais-Royal, je n'ai plus rien trouvé dans ces pages incolores, et qui n'ont guère compté au *Journal des Débats*, qui ressemblât à la politique. Je n'étais guère au niveau des événements qui s'avançaient, comme fait la vague au moment de la tempête et véritablement quand l'heure eut sonné de la révolution de Juillet, des athlètes mieux trempés que moi avaient pris corps à corps ces destructeurs et ces délinquants en matière de liberté. « Il se répand en Europe de tristes augures sur la France. » Ainsi parlait M. de Chateaubriand lui-même ; on ne l'écoutait pas, on n'entendait plus personne... Alger même, cette victoire et cette conquête, à peine eut-il un écho dans cette France occupée à se détruire. Il me semble pourtant que si la France eût pu s'arrêter dans sa fièvre, elle avait là un beau prétexte. Figurez-vous cependant, tant la rage politique était à son comble, que le jour même où le *Moniteur* imprimait l'admirable rapport de M. l'amiral Duperré, lorsqu'il envoie à Livourne le dey d'Alger et sa famille, il y avait, au même instant, un nommé M. Cottu qui publiait une brochure, et la brochure du sieur Cottu prenait le pas sur le rapport de l'amiral Duperré! La brochure était intitulée : *Des devoirs du roi envers la royauté*, ce qui composait, comme on voit, un bien joli titre. Il y avait cependant une citation prophétique dans cette brochure :

Qu'ils souffrent tous les maux qu'ils ont fait devant Troie!

A M. Cottu et à la révolution de Juillet, qui éclatait le lendemain de cette brochure, s'arrête enfin mon labeur politique. Pendant ces trois jours sans fin, 27, 28 et 29 juillet, mon article sur la brochure de M. Cottu attendit le *premier-Paris* qui devait me relever de cette garde inutile ; aussi bien, c'est une plaisanterie à laquelle je me suis livré très-souvent lorsque mes puissants confrères des colonnes d'en haut voulaient railler leur humble confrère des colonnes d'en bas : — Je vous donnerai gain de cause, leur disais-je, lorsque vous aurez fait, comme moi, un article politique qui durera trois jours. Hélas! je ne croyais pas que pareil accident arriverait, en moins de vingt ans, deux fois de suite. Au mois de février 1848, le dernier article constitutionnel a duré plus de huit jours ; il a duré plus de huit jours au mois de décembre 1852... Il dure encore à l'heure où j'écris. Nous voilà revenus à la brochure de M. Cottu, mais nous sommes bien loin de la conquête d'Alger!

Comme ce livre n'est pas écrit tout à fait à ma glorification, et que j'ai l'intention formelle d'être aussi sincère contre moi que je le suis contre des écrivains qui valent mieux que moi, je ne passerai pas sous silence une narration que j'ai faite, dans le *Journal des Débats* du 2 août, des trois glorieuses journées. On n'a jamais raconté, que je sache, avec un sans-gêne plus complet un événement plus considérable, dans une de ces heures funestes où la vie générale des sociétés semble suspendue, quand toute limite est franchie, et que le monde, courbé sous le faix des aventures, attend en frémissant le formidable arrêt du destin. Quand je relis aujourd'hui, à la distance de deux révolutions, ce récit sans façon d'une si grande catastrophe, il me semble que je suis le complice des crimes que je raconte et qui m'apparaissent à cette heure dans toute leur nudité, dépouillés de cette trompeuse vapeur que laissent après elles les années pacifiques, sous le sceptre paternel du plus habile de tous les rois :

LES TROIS JOURNÉES.

« Nous allons entreprendre un récit incroyable et auquel rien ne saurait se comparer dans aucune histoire de ce monde. Une révolution opérée en trente-six heures, les principes fondés en 89 remis en lumière, Paris, devenu la première ville de l'Europe ; un vaste espoir de liberté donné à l'Espagne, à l'Italie ; la maison d'Orléans plus puissante qu'aux temps de la Régence, et le duc Philippe d'Orléans traversant la ville aux acclamations universelles ; ce grand ouvrage, pour lequel il aurait fallu un siècle autrefois, opéré d'un soleil à l'autre, accompli par des citoyens armés au hasard, voilà sans doute un beau texte à une belle histoire — partout le courage civil uni au courage guerrier.

D'autre part, opposée à ce peuple qui s'émeut, qui combat, qui triomphe, vous verrez une cour éperdue, sans aucune science des hommes et des choses, souvent insolente et toujours frivole et capricieuse ; vous trouverez des ministres criminels qui méditent à la fois la perte de leur roi et le meurtre des citoyens ; Paris est livré au général Marmont, livré tout entier, sans restriction ; les Suisses, — la garde royale, les canons, les menaces contre les grands citoyens, la presse ministérielle déchaînée pendant que la presse constitutionnelle est chargée d'entraves, les Chambres muettes, la Chambre des députés illégalement brisée, point de règles, point de frein, rien de prévu par les hommes du pouvoir, les ordonnances jetées au hasard à la nation, comme un affront fait à un simple particulier par un homme de noble origine et qui ne se bat pas ; jamais l'abus de l'autorité ne s'était porté à de pareils excès. Malgré toute son intelligence, Paris n'a pu comprendre avec quelle dérision cruelle il était traité, Paris la ville modèle, Paris vainqueur aujourd'hui, que la cour livrait, il y a huit jours, à toute la brutalité de nos soldats.... »

Ainsi j'allais, au pas de course ; mais j'ai beau faire et me raidir contre mon propre récit, il m'est impossible d'aller plus loin, et je me demande, en relisant cette narration faite par un jeune homme, élevé à l'école des meilleurs royalistes, royaliste par instinct, par devoir, par toutes les habitudes de son style et de sa pensée, d'où pouvait me venir cette espèce d'enthousiasme lyrique à propos de ces journées abominables? Quel était donc l'effet produit, sur mon cerveau, par le spectacle de ces affreuses barricades, et de quel droit ai-je osé vouer, à la haine des honnêtes gens, les récits des anciens terroristes et des jeunes disciples de la grande formule, à savoir *que l'insurrection est le plus saint des devoirs?* Il semblerait, vraiment, à m'entendre raconter avec tant de sans gêne, ces prouesses de la force brutale, que rien n'est plus juste et plus vite fait que de bouleverser tout un peuple au moindre empêchement de cette machine si compliquée qu'on appelle un gouvernement, et que le premier venu va décerner des brevets d'héroïsme au gamin qui tue un officier à la tête de son bataillon, à la foule hurlante qui brise les barrières du Louvre, à ces parvenus de l'émeute, assis sur un trône souillé et se livrant à l'orgie abominable de ces victoires sans lendemain.

Ah! ce second jour de 1830, la belle occasion c'était-là, pour un écrivain habile et brave, de gagner de la renommée et de la gloire, car c'eût été une gloire, vraiment, en racontant les journées de Juillet comme je les vois à cette heure, et je n'en serais pas à me repentir aujourd'hui de mon admiration malheureuse pour ce *chiffonnier* vertueux qui tient à son fusil *qui lui a servi trois fois;* — pour ce bon vieillard qui dit aux jeunes gens : *Je veux me battre;* — pour ce chef de barricades qui a juré *de ne boire que de l'eau* tant que la mort de son fils ne sera pas vengée; — pour ce soldat qui *prête* ses armes et *qui ne les rend pas.* Enfin, je n'en serais pas réduit à écrire, pour que mon châtiment soit complet, cette conclusion bien digne de l'exorde de mon discours :

« A l'aspect de tant de merveilles, on serait tenté de s'écrier : Cela était écrit! et ne dirait-on pas que la France est placée sous le coup d'une heureuse et puissante fatalité qui l'arrache spontanément à tous les despotismes, lorsqu'il en est besoin ; soit qu'elle relève les trônes, soit qu'elle les brise, invariable et juste, elle ne refuse jamais à notre histoire nationale une journée de plus. »

Ne croirait-on pas, Dieu me pardonne ! entendre le grand Corneille qui s'écrie :

Un grand destin commence, un grand destin s'achève!

Ainsi j'ai célébré, à trois ou quatre reprises, cette merveilleuse révolution de Juillet, ce miracle des révolutions, cette révolution sublime, s'il est vrai, comme le dit Hauterluys (où diable ai-je pris ce Hauterluys?) que *le sublime se compose de la plus haute raison, combinée avec la passion la plus ardente.* En même temps, dans ce même chapitre. je m'extasiais sur toutes choses, et sur tout, je me livrais à cette déclamation, à propos de M. le duc et de madame la duchesse d'Orléans : « Il va s'asseoir sur le trône de France, chef d'une famille qui côtoya le trône si longtemps; il traverse la ville, seul et sans cortége, comme s'il se rendait, amateur des beaux-arts, à un atelier de peinture ; la duchesse d'Orléans entre dans Paris, la veille de son avènement au trône, dans une de ces longues voitures à bon marché, faites pour le peuple, et le lendemain elle revient, reine, de la Chambre des députés, dans la voiture qui la conduit tous les jours à Neuilly. »

C'est très-joli, ce me semble, *cette longue voiture à bon marché* pour désigner un omnibus; Casimir Delavigne avait dit avant moi dans l'*École des Vieillards :*

Sur les coussins poudreux d'un char numéroté.

J'étais aussi, et je l'ai raconté, à cette revue *épique* de la garde nationale au Champ-de-Mars; et j'admirais, de bonne foi, à la suite de cette royauté qu'il avait proclamée et qui déjà lui faisait ombrage, le vieux général Lafayette, monté sur son cheval blanc ; cavalier un peu voûté, mais ferme et tout fier d'être une seconde fois, le général en chef de cette armée ranimée à son nom.

Toutefois l'établissement de Juillet n'allait pas sans résistance ; au contraire il faut se souvenir des obstacles de tout genre que le roi Louis-Philippe a rencontrés en son chemin, si l'on veut rendre à son habileté, disons mieux, à son génie, la justice qui lui est due. Ce que l'Écriture a prévu s'accomplissait dans ces premiers jours qui n'étaient plus l'anarchie et qui n'étaient pas l'ordre encore : « *Imposuerunt sibi omnes diademata ejus, et multiplicata sunt mala in terrâ;* c'est-à-dire, le roi parti, chacun a voulu essayer sa couronne, et les misères de ce bas monde se sont multipliées à l'infini. » Cette fois encore la province, à regret obéissante, murmurait contre Paris toutes sortes de justes menaces ; elle s'inquiétait de voir le diadème des rois absents appartenir sans fin et sans cesse à la ville capitale. A quoi je répondais, car j'avais réponse à toutes choses :

« Paris ! Paris est une fiction. Parcourez ce cercle immense, étudiez avec soin ce monde politique dont Paris est la tête et le cœur, combien trouverez-vous de Parisiens aux emplois ? Quel est le préfet né à Paris, quels sont les maires de Paris, quels sont même les membres de son conseil municipal ; quels sont enfin les députés de Paris ? Tous les hommes appelés à gouverner, à représenter, à protéger la ville, ne sont-ils pas nés dans la province ? Ne sont-ils pas venus de ces mêmes départements, qu'on voudrait plaindre, exprès pour être les chefs de cette cité redoutable ? Où est Paris dans Paris, je vous prie ? Le haut commerce est-il né à Paris ? La Banque est-elle de Paris ? Les ministres sont-ils nés à Paris ? Allez encore : dans les administrations, dans les bureaux, aux divisions générales, comptez-vous beaucoup de Parisiens ? Non. La province est partout dans Paris, la province a tout envahi dans cette capitale si cruellement dénoncée. Savez-vous où est le Parisien, et quelles contrées on lui laisse, dans sa ville natale ? Le Parisien, (c'est l'opinion même des habitants de Paris,) ne peut naître autre part que dans le faubourg Saint-Antoine, dans le faubourg Saint-Marceau, dans le faubourg Saint-Jacques, partout où il y a du travail, de la peine, des études, de l'obscurité, des rues étroites et malsaines, des maisons qui touchent au ciel. Au Parisien les hôpitaux, les monts-de-piété ; aux Parisiens les sarcasmes en plein théâtre ; les Parisiens sont des *Badauds*, rien de plus. Partout on les représente gagnant leur vie à grand'peine, sobres, économes, frileux, souffreteux, exploités par les charlatans de toute espèce, avides de plaisirs à bon marché, aimant la promenade le dimanche et le jeu de volant sur leur porte, honnêtes, indulgents, naïfs, éloignés de toute intrigue et privés de toute espèce d'ambition. Aux Parisiens la province a tout pris ; elle a pris les plus riches faubourgs, les plus nobles hôtels, elle a pris les ministères, elle a pris les Tuileries, elle a pris cet Opéra et ces théâtres royaux dont se plaint si injustement la province de payer les comparses. Le faubourg Saint-Germain et la Chaussée-d'Antin, l'or, le crédit, les monuments publics, les arts, le chant, la danse, les fêtes, la puissance, la Cour, dans Paris tout cela appartient à la province. C'est à peine si la province abandonne à l'honnête Parisien, qui a travaillé toute sa vie à parer la ville, à la nettoyer, à la bâtir, un peu d'espace sur le boulevart du Mont-Parnasse, sous les portiques moisis de la Place Royale et dans les déserts du Marais. »

Et puis quand j'avais bien prouvé à la province qu'en fin de compte elle avait tort de se plaindre, et que la province était l'âme et le cœur de Paris, je vous prenais un air inspiré et je portais ce Paris-province au troisième ciel, un peu au-dessus du ciel où fut saint Paul dans ses ravissements à Patmos. « Mais, juste ciel, si vous ôtez Paris de la France, que reste-t-il à la France ? Paris c'est notre gloire nationale, c'est notre orgueil national. Otez de Paris les quartiers livrés aux seuls enfants de Paris, et vous aurez la plus belle cité de l'univers. Là tous les arts habitent, et ils ne peuvent habiter que là. La science, l'antiquité, l'art oratoire, la peinture, l'agriculture, la poésie, la musique, le beau langage, l'instruction, source féconde ouverte à tous, où tous viennent puiser à pleines mains autant d'œuvres parisiennes. La science et l'eau des fontaines y coulent à grands flots ; prends et lis, prends et bois ! Dans cette Athènes unique au monde, ont établi leur siége éternel, le goût attique, la grâce, la philosophie, l'égalité, la guerre à tous les préjugés. Là toute la France passe, se regarde et se reconnaît. Là cette vaste Bibliothèque, où sont entassés, dans un ordre merveilleux, tous les trésors de l'esprit humain. Voulez-vous donc que tout cela soit détruit ou divisé? voulez-vous que ces monuments soient muets et sans gloire? Voulez-vous que ces vastes murailles soient effrayées de leur solitude? Dites qu'il n'y a plus de capitale, et je vous jure, mes très-chers frères, que vous aurez prononcé d'un mot, une oraison funèbre, près de laquelle l'oraison funèbre du grand Condé ne sera plus qu'un article de journal..... Allons! courage. Hâtez-vous, trompettes de la moderne Jéricho! Promenez de ville en ville, comme on vous le propose, la royauté, la Chambre des députés, la cour de cassation et la cour des comptes, les ministères, la pairie, l'Institut, les théâtres, les musées, les bibliothèques, tout ce qui fait que Paris est Paris, et vous verrez bientôt les provinces et les villes favorisées de ces intrigues, succomber inévitablement sous un fardeau pour lequel elles ne sont pas faites. Alors vous les entendrez demander avec des prières, avec des larmes, de renvoyer à Paris ce bruit, ce tumulte, ces intrigues, ces ambitions, ces discordes, ces révolutions qui passent, ces longues batailles dont Paris supporte le poids, dont la France recueille la gloire comme les derniers venus à la vigne de l'Évangile. C'est pourtant là une proposition qui a été faite sérieusement dans un des journaux absolutistes : *Quelle nécessité y a-t-il, disait le grand publiciste, à ce que Paris soit toujours la capitale? Rome fut-elle anéantie parce que Constantin porta ses pénates ailleurs?* »

Et comme il fallait répondre, une fois pour toutes, à ces malédictions contre la ville éternelle (il paraît même que je n'y ai pas suffisamment répondu, car ces malédictions se sont reproduites bien souvent en dépit de mes foudres et de mes éclairs), comme il fallait enfin réduire à néant cette parole de William Pitt, parlant de Londres et de l'Angleterre. — « O ces villes énormes, avec elles, rien n'est solide; soulevez Londres, et l'Angleterre est perdue! » — Je prenais corps à corps le Bas-Empire et la ville de Constantin :

« Vous avez raison, mes maîtres, d'appeler Rome à votre aide! Rome, en effet, fut anéantie le jour où Constantin transporta à Byzance le despotisme de la ville éternelle. Choisissez avec soin l'emplacement de votre nouvel empire, sacré empereur; placez-le entre deux mers, sous le plus beau ciel, au plus beau point de la terre d'Orient ; — faites votre ville toute en marbre et en fer, avec des ports, des forteresses, de hautes tours, des môles de deux lieues, des temples élevés à votre dieu nouveau. N'oubliez rien dans ce séjour enchanté, ni les produits de l'Italie, ni les parfums de l'Orient. Transportez dans ce nouveau monde les trésors de l'ancienne Rome, reine des villes ; amenez à grands frais, dans votre contrefaçon de capitale, les sciences et les arts de la Grèce, et les mâles vertus de cette croyance nouvelle venue de Judée, appelez à vous les martyrs, les saints apôtres, les reliques sacrées ; tout est prêt pour vous recevoir, César, tout vous favorise, la mer est calme, les Barbares sommeillent, levez-vous, vos Romains vous suivent, le sénat est à vos ordres, tout va bien... Cependant, direz-vous au Capitole, aux Dieux de Rome, aux Douze Tables, au Mont-Aventin, à Jupiter Stator, aux tombeaux de la voie Appienne, aux campagnes chantées par Virgile et par Horace : Levez-vous et suivez-moi ! »

Cette éloquente défense de Paris qui, pour le moins, aurait dû me placer dans l'estime des Parisiens, à côté du général Moncey qui défend pied à pied la barrière de Fontainebleau contre l'armée des alliés (ils sont de fiers ingrats, ces Parisiens !), fut définitivement ma dernière campagne *extra muros*, et le moment était venu enfin, où j'allais m'enfermer dans la citadelle du feuilleton. Rude épreuve et qui ferait reculer le plus hardi, s'il pouvait se rendre compte de tant de choses indigestes que les beaux esprits contemporains vont lui servir. A ce propos j'ai souvent rêvé que je me donnais un jour des *armes parlantes*, qui auraient servi à la critique présente, à la critique à venir. Ces *armes parlantes*, je les empruntais modestement à Son Altesse monseigneur le cardinal de Richelieu. Il n'était encore que le très-habile évêque de Luçon que déjà il avait fait graver, sur son cachet, une autruche avalant des morceaux de fer. La légende disait en son style figuré : *Fortis dura coquit :* « Il n'est rien de si dur que le courage ne digère. »

Mon entrée au feuilleton tient à des causes purement politiques, et voici comme : aux élections du mois de novembre 1830, le cens électoral avait été abaissé par la nouvelle Charte à une somme si peu ronde que même plusieurs gens de lettres se virent électeurs, en dépit de toutes leurs espérances. Au nombre de ces nouveaux électeurs que venait de créer la loi nouvelle, était M. Duviquet lui-même, et le brave homme, content de son prétexte, tout joyeux de ces grandeurs inespérées, partit pour Clamecy, sa patrie, où il devait exercer ses droits de citoyen émancipé. Il me semble encore le voir et l'entendre récitant ce vers de Virgile :

> Candidior postquam tondenti barba cadebat,

qu'il traduisait ainsi, en homme qui sait tous ses poëtes par cœur :

> Et j'avais soixante ans quand cela m'arriva!

Il partit ; pendant qu'il écoutait là-bas des professions de foi, j'allais voir les pièces nouvelles à sa place, et le hasard, qui n'est pas toujours un méchant dieu, fit justement qu'en l'absence de ce digne homme une pièce nouvelle et en vers, un drame, parbleu! vit le jour, au jour languissant de la rampe du Théâtre-Français. Or, voici le feuilleton que j'écrivis, à propos de cette pièce infortunée, *sous mon consulat née*, et qui serait bien morte sans moi.

LE PREMIER FEUILLETON.

Première représentation du NÈGRE, *drame en quatre actes et en vers libres, par un esclave de la rime.*

« Or, si vous aimez *Brutus*, écoutez bien, voici une seconde édition de la légende. Vous allez revoir le vieux Brutus légèrement rembruni avec un jus de réglisse ; un Brutus africain, nommé Lazaro, qui fait le fou pour mieux dissimuler ; qui perd son fils, comme le vieux Brutus ; idée simple et facile, elle doit, si nous sommes sages, nous donner un théâtre tout neuf. A l'œuvre, donc, poëtes ; cuivrez-moi, pour nous plaire, Athalie et Mérope ; frisez les cheveux de Britannicus et de Cinna ; faites parler tout ce beau monde Athénien en petits vers et les poings fermés, ceci fait, nous avons du drame nouveau, pour cent ans au moins.

Quoi qu'il en soit, le vieux Lazaro est un fou qui n'est pas fou. Il arrive sur le théâtre en éclatant de rire ; il porte une culotte rouge, une casaque verte et un manteau couleur feuille-morte ; il parle bas, il écoute sans qu'il paraisse écouter ; du reste, c'est un gaillard emporté comme on n'en voit pas, qui a perdu sa femme dans les mauvais jours et qui sait distiller à merveille les sucs vénéneux du mancenillier; véritable père Sournois dont il faudra se méfier.

Ce bonhomme de nègre est le père d'un fils aussi doux que son père est féroce. Je dirai même que ce respectable enfant est un peu niais, pour ne pas dire innocent. C'est un bon nègre, un de ces estimables nègres d'autrefois, qui disaient à tout bout de champ : « Bonjour, maîtresse à moi ! Pauvre nègre à vous ! » et deux ou trois locutions pleines d'effet, au temps de l'Histoire des deux Indes, par l'abbé Raynal. En un mot, il faut voir ce bon nègre, plié en deux, on dirait l'enseigne d'un marchand de tabac. Trop heureux le théâtre *à li!* trop heureux le poëte *à li!*

Au lever du rideau le petit nègre fait mille culbutes fort aimables à côté de sa sœur de lait. Cette sœur de lait, qui ne doit pas être trop blanche puisqu'elle va sans chapeau sous le soleil du tropique, est cependant d'une blancheur extrême à côté de tous les négrillons qui l'entourent. C'est une jeune fille qui avait envie de ressembler à la Virginie de Bernardin de Saint-Pierre, et dont les nègres doivent dire : *bonne petite blanche à nous!* Bref, ce nègre aime cette blanche, cette blanche aime ce nègre, tous les deux s'adorent sans le savoir : ainsi marche la pièce; mais, attendez s'il vous plaît, vous allez voir ce que vous allez voir. Au moment où le spectateur s'y attend le moins, arrive une cargaison d'esclaves; les uns sont noirs avec des mains jaunes, les autres sont jaunes avec des mains noires; ils ont tous des perruques de mouton fort bien faites et un morceau de toile blanche autour des reins. C'est un spectacle intéressant celui de tous ces malheureux qui viennent vous raconter — que le voyage a été terrible et qu'ils ont mangé deux de leurs compagnons dans la traversée, à la croque-au-sel. — Tous ces noirs parlent aussi bien qu'une mauvaise ode de J.-B. Rousseau. Il y en a un qui crie : Ma fille ! ma fille ! mais le chef de l'habitation, qui s'appelle Mendoce et qui est pourtant un homme fort doux, ne veut pas acheter cette petite fille; le nègre crie toujours : Ma fille ! ma fille ! Mendoce touché, offre dix guinées de la petite, le marchand en veut trente, Mendoce ne veut pas les donner, l'esclave se retire en murmurant. Prends garde à toi, honnête Mendoce ! car vraiment j'en ai pitié; le sieur Mendoce est le meilleur des bons blancs, qui jamais aient acheté des noirs.

Je passe sous silence les dissertations du marchand de nègres ; ce sont de furieuses dissertations : d'ailleurs vous avez vu cela partout dans les livres philanthropiques du dernier siècle. On s'occupait alors beaucoup des noirs ; on abolissait la traite, on avait peur de cette nouvelle espèce humaine qui se réveillait tout à coup ; voilà qui allait bien sans doute, mais qu'est-ce que l'abolition de la traite, comparée à un drame en plein théâtre, où les noirs ont les plus beaux rôles, et dans lequel on leur fait débiter plus de sentences que toutes les tragédies de Voltaire n'en sauraient contenir ?

La toile tombe. Après un instant de repos, dont les amis de l'auteur avaient besoin, la toile se relève et nous montre une nouvelle décoration couleur *soupe au potiron*. C'est une nouvelle couleur toute composée de bandes rouges et jaunes, ce qui veut dire que nous sommes sous les tropiques, et qu'il y fait bien chaud. A côté de cette toile, si hardiment barbouillée, le machiniste a élevé un rocher en bois peint en vert, et qui risque fort de ressembler à la roche Tarpéienne noire ; au-dessous de ce rocher, la mer est censée s'agiter et former un gouffre sans fond ; il faut que vous sachiez que c'est du haut de ce rocher que Mendoce jette ces nègres qui lui ont coûté si cher ; cela dit, arrive le bon nègre, l'ami de *la bonne Marie*, je ne sais trop ce qu'il vient faire là. Il parcourt la scène en sautant, il parle d'amour et de malheur, puis il se sauve quand il entend venir les nègres nouvellement achetés ; les nègres arrivent à leur tour, et se plaignent. L'un d'eux, le même dont Mendoce a refusé d'acheter la fille, propose une conspiration : conspirons ! sauvons-nous ! Puis il se fait un grand silence, c'est le Brutus nègre qui survient ; il se découvre, enfin, tel qu'il est : J'ai tout mon bon sens, mes amis ! leur dit-il ; et alors, pour le prouver, il se met à déclamer son rôle à tue-tête, il crie, il gesticule, il se démène, il bave, il est possédé. Toutes ces folies faites, les nègres se disent : *Il n'est pas fou !* Alors voilà qu'ils l'entourent, voilà qu'ils se jettent par terre en se prenant la main, voilà qu'ils invoquent, non pas le grand serpent ou le manitou des montagnes, mais le ciel et les enfers ; tout ce monde hurle-nègre à faire peur. Puis les conspirateurs se dissipent ; le vieux nègre reste seul, son fils arrive ; vous verrez ici entre les deux noirs une scène de père irrité et de fils amoureux, comme nous n'en avons que trop vu parmi les blancs.

Depuis les *Guelfes et les Gibelins*, depuis *Roméo et Juliette*, depuis la Grèce, Rome, l'Orient et que sais-je? vous savez comment s'y prend un père pour dire à son enfant : Il me faut telle vie, il me faut ton ami, ta maîtresse, ton bienfaiteur, je le veux! La scène se passe ordinairement ainsi ; le fils répond : *Barbare! Père injuste!* Le père à qui le fils n'a d'ordinaire aucune obligation, s'écrie en fureur : *Fils dénaturé! fils ingrat! monstre!* et puis voilà un fils qui est maudit. Alors le fils ne voulant pas tuer sa maîtresse, ne voulant pas désobéir à son père, prend un moyen terme très-audacieux, il se tue! Héros doublement intéressant que pleure un père, que pleure son amie, et qui emporte dans la tombe la double palme de la piété filiale et de la fidélité.

Mais n'anticipons pas sur les événements. Nous voilà au troisième acte, dans une cabane d'osier fort agréable. Le bon nègre est tout bouleversé ; sa maîtresse, la jeune Marie, est gaie et contente comme à son ordinaire ; la jeune blanche plaisante elle-même avec son esclave ; l'esclave lui fait une déclaration en se mettant à plat ventre et en baisant la terre, puis il entre en fureur comme son père ; il ne veut pas laisser sortir Marie. Marie promet de ne pas sortir, puis elle sort l'instant d'après ; Yago est désespéré. Il met le couvert de son maître Mendoce et du marchand d'esclaves. Ce repas m'a paru trop simple : des fruits, du laitage, du pain et autres mets champêtres, puis une large cruche qui contient je ne sais quoi. Quand tout est prêt, le vieux scélérat de nègre entre par la fenêtre, son air est sinistre : « Je vais empoisonner leur dîner », dit-il tout bas à son fils. Ainsi dit, ainsi fait ; le vieux nègre se penche sur la cruche et verse son poison de mancenillier ; le fils voit tout sans rien dire ; arrive la compagnie, l'empoisonneur saute par la fenêtre.

Ceci vous présente un déchirant spectacle. Cette famille innocente est à table ; vous avez tout à craindre pour elle, tout à craindre pour cet honnête marchand d'esclaves, pour ce doux propriétaire d'esclaves, pour cette jeune blanche qui est la seule du pays. J'oubliais de dire que Lazaro est entré par la porte pour voir l'effet de sa plaisanterie ; mais, ô destin, ô Providence! à l'instant même où Marie porte à ses lèvres le fatal breuvage, son amant, son nègre, s'écrie : *J'ai soif!* Il arrache le verre des mains de Marie, et au lieu de dire tout simplement : *Ce vin est empoisonné!* il l'avale et tombe mort : ce que c'est que de ne pas penser à tout.

Alors le vieux Lazaro voyant cela, se précipite sur le cadavre de son fils en hurlant de plus belle. Il est impossible de hurler plus naturellement que ce nègre, d'avoir les genoux plus gros, les jambes plus cagneuses, l'œil plus creux : c'est un bon nègre; il est seulement dommage qu'il ait imaginé de contrefaire le fou et de parler par dithyrambes, même quand il veut être sensé!

Silence et attention! Voici le dénouement. Nous revoyons la décoration couleur de potiron, et le roc Tarpéien en bois peint; tous les nègres sont assemblés et entourés de gendarmes; Mendoce les harangue et leur montre quelle faute ils ont faite. « Scélérats! vous voulez être libres! misérables! vous voulez quitter ces champs que vous labourez, les huttes dans lesquelles vous avez la fièvre! Ingrats! » A ce discours vous croyez que les esclaves vont être jetés du haut de la roche; il est probable même qu'ils n'ont été amenés là qu'à cette fin; pas du tout, la conclusion est trop logique; il faut une sortie au poëte pour allonger son acte. Allez vous faire mettre à la torture, s'écrie le doux Mendoce, et les voilà qui sortent, maître, esclaves, gendarmes, pour aller chez le bourreau de l'endroit. Sans Lazaro la scène restait vide, mais Lazaro se promène de long en large; il faut bien faire un peu de philosophie nègre avant de mourir.

Quand il est resté là dix minutes, déclamant, riant, pleurant, arrive un domestique de la maison, noir comme lui, une une espèce d'argousin railleur et malin, qui soupçonne que le noir Lazaro n'est pas si fou qu'il en a l'air. Ces deux noirs se disputent à outrance; ils proposent même de se battre à coups de poings; ils se battent; l'intérêt redouble, mais hélas! le combat ne dure pas; Lazaro, il est vrai, jette l'inspecteur contre un rocher, — l'inspecteur se relève et s'enfuit. Lazaro le poursuivrait sans nul doute bien plus loin que les coulisses, mais Aristote ne veut pas que la scène reste inoccupée, et ce brave nègre obéit à la rhétorique d'Aristote comme s'il s'agissait du *code-noir*.

Enfin, nous sommes au dénouement. Lazaro, resté seul encore une fois, va se retirer tranquillement, quand le malheur amène la jeune Marie dans la décoration jaune et rouge. Marie vient tête nue, artistement coiffée, au plus fort de ce soleil, exprès pour chercher le vieux Lazaro, qu'elle croit errant dans le désert. — Viens avec moi, Lazaro, lui dit-elle avec cinq ou six rimes redoublées, viens que je te ramène à ta cabane, et autres choses fort aimables qui toucheraient un tigre, d'autant plus que toujours Marie a donné à boire à Lazaro. Croiriez-vous cependant que l'aspect de cette pauvre fille ranime la colère du noir ! Il faut que tu meures avec moi, lui dit-il, il faut que je te précipite du haut de ce rocher (toujours en rimes redoublées); et là-dessus il entraîne Marie; Marie crie, Marie pleure, Marie demande pardon, le nègre l'entraîne toujours : les voilà tous les deux au sommet du rocher; mais le nègre a trop de coquetterie pour se précipiter ainsi sans avoir de témoins : il attend complaisamment sur le bord du roc; il tient Marie devant lui, tout est prêt; attendons seulement que les nègres reviennent de la torture, précédés des gendarmes et de Mendoce. Que devient Mendoce à la vue de sa fille sur le bord de l'abîme? Le nègre triomphe, tout le monde tremble, excepté le parterre et les loges... (Quant à la situation, c'est la même que celle de la *somnambule* de M. Scribe au moment où elle est posée sur le toit de son moulin).

Je vois que vous êtes impatient, lecteur. Eh bien ! prenez courage, Marie ne meurt pas; le nègre est touché de pitié, et se précipite tout seul dans l'abîme; les nègres ferment les yeux, Mendoce relève sa fille, la toile tombe, et tout est dit.

J'ai déjà parlé du style de ce drame, s'il y a drame. Jamais on n'écrivit un drame de ce goût-là, depuis la fondation du Théâtre-Français. La comédie de Boursault, le *Mercure galant*, y compris l'énigme, est un chef-d'œuvre de style, de raison et de goût à côté de l'œuvre de M. Ozanneaux. Figurez-vous un vers tantôt long, tantôt court, à deux rimes, à dix rimes, brisé, rompu, allongé, lent et vif, n'ayant jamais la même allure, et vous comprendrez une idée de la fatigue et de la déception. »

Telle fut mon entrée au feuilleton; pour qui veut lire avec sang froid cette ironie où la forme et le fond sont tout à fait à l'unisson d'une chose de mauvais goût, dans le fond et dans la forme, il est impossible de s'expliquer comment il s'est fait que dans un journal aussi grave, et à cette même place occupée par des écrivains judicieux, corrects, — et d'un style si calme et si posé, cette infraction à tous les usages de la critique savante n'ait pas été immédiatement réprouvée. Au contraire, il n'y eut qu'une voix pour approuver ma hardiesse..... Elle était nouvelle en ce lieu de si bonne compagnie, et voilà pourquoi elle réussit. M. Duviquet lui-même ne fut pas le dernier à en rire, et posant sa main vénérable sur ma tête coupable, il s'écria : *Tu Marcellus eris!* Quant à M. Ozanneaux, la victime innocente de mes essais anti-dramatiques, il se le tint pour dit à tout jamais, il renonça au théâtre, il fit bien ; il fit mieux, il se donna tout entier à ses devoirs d'inspecteur de l'Université de France, et maintenant que les noirs ont été vus non-seulement libres, mais représentant les blancs à l'Assemblée constituante, M. Ozanneaux peut se consoler d'avoir quitté la poésie. Dieu soit loué, et aussi M. Schœlcher, les esclaves n'ont plus besoin de tragédies pour briser leurs fers.

Quand M. Duviquet fut de retour de ce département de la Nièvre où régnait son cousin, M. Dupin l'aîné, par le droit de son talent et par le droit de sa naissance (ce même département de la Nièvre qui devait nous envoyer, à côté des nègres législateurs, ses maçons et ses maîtres d'école), M. Duviquet reprit, pour un instant, ce sceptre d'ivoire dont j'avais fait une férule ; et puisque l'occasion est belle pour consigner ici quelques pages de cet aimable et sympathique M. Duviquet, mes lecteurs ne seront pas fâchés, j'imagine, de comparer à mon premier feuilleton, le dernier feuilleton de ce maître ; ils verront quelle prudence, et quelle réserve il apportait en toutes choses ; comme il s'attachait surtout à raconter le drame représenté ; avec quelle habileté prévoyante il tempérait le blâme par la louange ; avec quel rare bonheur il donnait, à ses censures, la forme et le ton d'un conseil tout paternel. J'aurais eu grandement raison dans plus d'une occasion importante, de ne pas m'éloigner, autant que je l'ai fait, des sentiers rigoureux où mes prédécesseurs avaient laissé leur empreinte ; à coup sûr, ma critique eût gagné en force, en vigueur, en utilité, ce qu'elle eût peut-être perdu en élégance. A quoi bon, d'ailleurs, cette mièvre élégance, si tôt fanée? Ami critique, il ne s'agit pas de toi, il s'agit de l'œuvre que tu racontes. Tel était le conseil du sage. Mais la jeunesse n'écoute guère les conseils qui lui défendent de briller aux dépens d'autrui : *juvenilia-senilia !* Et puis, n'est-ce pas que je choisis là une belle heure pour faire amende honorable de mes premières prétentions?

FONTAN.

Le dernier feuilleton de M. Duviquet s'adressait à un écrivain, très-singulier et très-brave au fond de l'âme, qui a disparu depuis longtemps déjà, et qui, après ces grands bruits que nous faisons tous, peu ou prou dans la république des lettres, un grand bruit d'une heure, à tout jamais s'effacent et disparaissent, on ne sait dans quel néant. M. Fontan, c'était lui! appartenait à cette poésie intermédiaire qui s'est montrée, un moment, à la fin de ce que nous appelions la littérature de l'empire, et au commencement de ce qui allait être la nouvelle école; on pourrait appeler ces écrivains le *trait-d'union* entre M. de Jouy et M. Victor Hugo; ils ont vécu, Fontan et deux ou trois poëtes de sa caste, à l'ombre peu féconde de M. Casimir Delavigne, leur chef, dont ils admiraient surtout les hardiesses. Les hardiesses de M. Casimir Delavigne! Ces jeunes gens n'avaient guère de goût au travail littéraire; ils avaient fait de mauvaises études, ils menaient, pour la plupart, une vie errante, ils se contentaient d'attendre que la renommée et la gloire vinssent frapper à leur porte, quand ils auraient dû courir après elles. La gloire des lettres ressemble au bonheur des élus dans le ciel, il n'y a que les violents qui la ravissent, et ce n'est pas en se lamentant, et ce n'est pas en se révoltant contre les lois établies, et ce n'est pas en se traînant dans l'oisiveté des lieux où l'on parle sans agir, où la montagne hurle sans enfanter, ce n'est pas en blasphémant contre les dieux irrités que les Muses viennent en aide à ces rebelles. La Muse éternelle veut être invoquée avec une passion vive, un cœur dévoué; la Muse se plaît dans une maison tranquille et dans un esprit reposé; elle veut l'ombre en été, le chaud rayon en hiver; elle dit à celui qui l'aime: *espère et crois, ose et continue!* Elle n'a rien à voir dans les discordes et dans les tempêtes civiles; autant elle se plaît aux doux concerts des passions printanières, autant elle hait les hurlements de la passion politique: *Cantus cornicum*, le cri des corbeaux! Disons tout, au bout de cette agitation stérile, au milieu de ces bruits sourds que font dans leur ombre folle ces beaux esprits de ténèbres, il y a plus d'impuissance et de présomption que de véritable colère. Impuissants, ils s'en prennent à l'univers entier du vide et de l'inanité de leur cerveau; ils vont ainsi, rêvant à mille affaires, et se faisant à eux-mêmes un petit Olympe à part; au sommet de cet Olympe, ils s'admirent entre eux, se donnant toutes sortes de noms sous lesquels se cache la bâtardise de l'esprit. Autrefois, ils s'appelaient des fantaisistes; ils s'appellent aujourd'hui des Bohêmes. Insensés, qui jouent avec leur propre jeunesse, et qui ne voient pas déjà qu'elle s'envole, emportant tout ce qui les rendait excusables. O jeunesse! à peine envolée, on la pleure; en vain on la pleure, il n'est plus temps, elle ne reviendra plus, et elle vous laisse inutiles, médiocres, inconnus, sans fortune et sans nom, dans la plus triste et la plus misérable position où puisse tomber un galant homme..... Il y en a tant et tant dans ce Paris littéraire dont j'écris ici la véridique histoire. Tant de malheureux qui étaient nés pour bien faire, et qui n'ont rien fait, soit que le courage leur ait manqué, soit que le travail, cette divine habitude, et qui suffirait à fructifier toute une vie, leur soit apparu comme un supplice, ou bien, et c'est un cas qui n'est pas rare, ont-ils aspiré, tout de suite, aux œuvres impossibles! Ambition! — paresse! — impuissance! Il faut se répéter souvent cette parole du sage, lorsqu'on veut vivre de cette profession des lettres: *Connais-toi toi-même*. En ai-je vu mourir déjà qui arrivaient dans la carrière inspirés, beaux et jeunes, et ne doutant de rien, en tout semblables à ce beau Gylippe lorsqu'il entre à Syracuse tenant, au bout de son épée... une étoile!

Il y avait dans Fontan l'étoile et le nuage, l'inspiration et l'impuissance; il voulait beaucoup, il travaillait peu; il se débattait entre le passé d'un art qui était mort, et l'avenir d'une poésie entrevue à peine, et dont les premières lueurs lui avaient brûlé les yeux. Il était Breton d'origine, et cette langue qui se parle, chaque jour à Paris dans la poésie et dans la prose, était loin d'avoir dit à Fontan tous ses secrets. Toutefois, il faisait des vers charmants, très-vifs et très-nets; il écrivait de belles pages incisives et mordantes. C'était vraiment un esprit distingué, mais absolument incapable de porter longtemps le faix de la vie littéraire; en un mot, on le pouvait placer au rang de ces talents que la nature ébauche et qu'elle ne daigne pas finir.

« Ces faibles semences de génie amusent une jeunesse ardente
« qui leur sacrifie les plaisirs et les plus beaux jours de la vie.
« Je regarde ces jeunes gens comme les femmes qui attendent
« leur fortune de leur beauté : le mépris et la pauvreté sont la
« peine de ces espérances. Les hommes ne pardonnent point aux
« misérables l'erreur de la gloire[1]. »

Fontan donc, que la poésie avait peine à nourrir, et Dieu sait s'il vivait de peu, se mit à écrire en prose, et le malheur voulut qu'il partageât les rancunes et les haines d'une autre fraction de gens de lettres, héros épuisés de la prose inconnue, qui avaient pour chef M. Alphonse Rabbe, un de ces grands génies manqués et très-dangereux, qui, d'avortements en avortements, arrivent à détester le genre humain, comme si le genre humain était le complice de leurs mésaventures.

Alphonse Rabbe avait en lui-même autant de fiel que de talent pour le moins ; un horrible accident lui avait dévoré le visage ; de beau qu'il était, il était devenu hideux, et ses affreuses tristesses débordaient de tout ce qui sortait de sa plume. On le doit placer au nombre des journalistes de la Restauration. Il avait plusieurs des qualités d'un bon journaliste ; il en avait l'ardeur, la passion, les colères, malheureusement il en avait toutes les violences. Il a beaucoup écrit, il n'a rien laissé, des *résumés*, des *brochures*, des *souvenirs*. Il mourut à quarante ans, dans le désespoir. M. Victor Hugo, tout brillant de sa gloire acceptée, et dans ce très-beau livre qu'on appelle : *les Chants du Crépuscule*, adresse à son ami Alphonse Rabbe, une touchante élégie. Hé! j'ai bien peur que l'immortalité du faiseur de *résumés historiques* ne se résume en ces vers de M. Victor Hugo :

> O noble ami, pareil aux hommes d'autrefois,
> Il manque parmi nous ta voix, ta forte voix,
> Pleine de l'équité qui gonflait ta poitrine ;
> Il nous manque ta main qui grave et qui burine,
> Dans ce siècle où par l'or les sages sont distraits,
> Où l'idée est servante auprès des intérêts,...
> Temps de fruits avortés et de tiges rompues,
> Où dans l'esprit humain tout étant dispersé,
> Le présent, au hasard, flotte sur le passé !

---

1. Vauvenargues, *Réflexions et Maximes*.

Et le poëte allait ainsi célébrant, en très-beaux vers, cet homme qui l'avait encouragé un des premiers, qui, l'un des premiers, lui avait enseigné cette politique çà et là flottante, entre l'obéissance et la conspiration, mélange singulier de toutes les aventures que pouvaient contenir les sociétés secrètes qui s'agitaient sous la Restauration.

Aux paroles du poëte, Alphonse Rabbe ne répondait pas :

> Hélas! que fais-tu donc, ô Rabbe, ô mon ami,
> Sévère historien dans la tombe endormi!

Or, ce *sévère historien* publiait chaque semaine un pamphlet intitulé : *l'Album* (je vois encore la couverture et l'image de cet album), et dans ce pamphlet d'une violence irritante écrivait Fontan ; si bien que l'audace, accrue à mesure que redoublait l'impunité, Fontan en vint à écrire un abominable article intitulé : *le Mouton enragé!* Ce *mouton enragé*, c'était S. M. le roi Charles X, aimable et bienveillante majesté qui, certes, devait se croire à l'abri de pareilles injures. Pour ce crime sans excuse, Fontan fut condamné à dix ans de réclusion. Il prit la fuite, emmenant, compagnons de son exil, sa compagne et son chat ; tous les trois ils menèrent en Belgique une vie errante, et malheureuse à ce point qu'il fallut revenir et demander asile à la prison de Poissy. Mais le roi insulté était si naturellement porté à la clémence, qu'au bout de six mois de cette prison il s'inquiéta de Fontan. Il ne demandait qu'à pardonner, le cher sire! De son côté, le ministre de l'intérieur, M. de Martignac, ne voulait pas la mort du pécheur ; de tout quoi il s'ensuivit que Frédéric Soulié et moi nous partîmes pour la prison de Poissy, munis de pleins pouvoirs et tout décidés à forcer Fontan à écrire une lettre d'excuses au roi de France. On n'allait pas vite en ce temps-là de Paris à Poissy, et le chemin avait paru bien long à M. Magallon, un prosateur manqué, lorsqu'il parcourait cette route abominable, attaché à un galérien galeux. Chemin faisant, Soulié et moi nous arrangions la lettre que nous devions proposer à Fontan. Notre premier projet était tout simplement un acte de soumission parfaite ; il a insulté le roi, qu'il se jette aux pieds du roi, disions-nous. Cinq ou six lieues plus loin, nous relisions, le crayon à la main, ce premier projet de recours en grâce, et songeant à Fontan, nous étions épouvantés de notre hardiesse et nous nous demandions de quel front offrir à sa signature, une lettre dans laquelle Fontan et le roi ne traiteraient pas d'égal à égal ? — Bref, à force d'ajouter à la dignité de Fontan ce que nous retranchions à la juste majesté du roi, et par un habile compromis tout à l'avantage de l'incarcéré, nous étions parvenus à formuler une lettre si complaisante que l'on n'aurait pas su dire, au premier abord, si, en fin de compte, Fontan n'était pas l'insulté du roi ? Arrivés à la prison, la prison entière nous fut ouverte, et nous vîmes accourir notre confrère dans l'uniforme de ces forçats. Il n'y manquait que le collier de l'ordre. Il était calme, il souriait, et quand après toutes les précautions les plus exagérées de l'exorde par insinuation, nous en vînmes à lui proposer d'une voix timide, de signer ce compromis entre lui et la couronne, bonté divine ! il eût fallu le voir déchirer avec rage cette supplique humiliante. « Qui ! moi, Fontan ! moi ! demander pardon à un tyran ! pour qui me prenez-vous ?... » Il avait des éclairs dans les yeux.

Nous revînmes à Paris, Soulié et moi, et comme à coup sûr, l'univers avait les yeux fixés sur nous, nous convînmes de rendre compte, à l'univers, de la seule mission dont nous ayons jamais été chargés. Lisez la lettre qui vit le jour à cette occasion, le 6 mai 1830 : S. M. roi de France *et de Navarre*, le roi Charles X avait encore à régner... deux mois !

A M. BERTIN.

« Monsieur,

« Voici bientôt quinze jours que le public s'entretient de la maison centrale de Poissy, sans trop savoir en quoi elle diffère de la prison ordinaire et par quelle loi elle est régie. Il est temps enfin que l'on apprenne exactement à quel supplice est réservé l'écrivain pour qui les portes de cette maison doivent s'ouvrir. Je vous adresse quelques détails authentiques sur cette maison de force et sur la détention de M. Fontan. On verra, d'après ce récit, qui n'a rien que de très-exact, si les plaintes de la presse sont injustes, et si cette peine inouïe, appliquée aux lettres et aux délits politiques, n'est pas une interprétation illégale et cruelle de l'esprit de la loi.

« La maison de Poissy est à la fois une prison et une fabrique où chaque habitant est forcé de travailler, sous peine d'être enfoui dans un cachot. Le prisonnier que le gouvernement adresse là devient un ouvrier, aussitôt qu'il a mis le pied sur le seuil de la porte ; il est à la fois l'homme de la geôle et l'homme de l'entreprise, le prisonnier du gouvernement et le salarié forcé de l'entrepreneur, à qui il appartient tout entier. L'État fournit à l'entrepreneur la prison et le détenu ; l'entrepreneur, moyennant travail, fournit au détenu la nourriture et l'entretien. Chaque détenu, nourri, blanchi et vêtu, coûte à l'entreprise à peu près 11 sols par jour.

« Aussitôt qu'un malfaiteur est jeté dans cette horrible maison, il est déshabillé et mis au bain. C'est la même cérémonie qui attend les forçats au bagne. M. Fontan n'y a pas échappé. Après ces sept mortelles lieues parcourues à pied et en plein soleil, au pas d'un cheval de gendarme, il a été forcé de se déshabiller et de s'accroupir dans l'eau, à côté d'un voleur son compagnon, qui faisait partie de la même escorte. Cependant on plongeait dans le vinaigre ses habits et ceux de ses camarades, on les numérotait pour les leur rendre — dans dix ans — à leur sortie de prison ; l'infortuné disait adieu en même temps à son habit et à son nom. Sorti de la cuve de Poissy, qui que vous soyez, vous n'avez plus de vêtements, plus de linge, plus de nom à vous ; vous êtes le n° 55 ou 500 ; vous avez une livrée, et quelle livrée ! des haillons qu'on vous jette au hasard, et qui ont déjà servi à plusieurs générations de bandits !

« Les trois premiers jours, M. Fontan n'a pas eu d'autre vêtement que les vieux habits qu'on lui avait prêtés, encore tout souillés des ordures du premier occupant ; au quatrième jour, l'entrepreneur de la maison fit donner à notre confrère une carmagnole et un pantalon tout neufs, en disant, ce sont ses propres termes : « *Monsieur aura des poux assez tôt.* »

« La salle habitée par les prisonniers est une espèce de corridor entre deux murs, humide et infect ; les prisonniers prennent leurs ébats, deux heures par jour, dans cet étroit espace. Figurez-vous que cette salle est composée de tout ce que la police correctionnelle condamne de plus impur ; ce sont, pour la plupart, des hommes ardents et capables de tout ; c'est tour à tour de l'ennui et de la colère, ce sont d'horribles discours, d'effroyables menaces, et dans cette foule nul moyen pour un honnête homme d'être seul ; il faut subir malgré soi ces jurements, cet argot, ces combats, ces menaces ; il faut toujours avoir sous les yeux ces compagnons et ces geôliers. Les geôliers s'appellent des argousins, au bagne de Poissy comme au bagne de Toulon.

« Ce qui n'est pas un moindre supplice, c'est que toute la maison se couche à la nuit tombante, à sept heures du soir en été. Chaque dortoir se compose de trente lits ; ces lits sont cloués à la muraille. C'est une espèce de bière ouverte, formée de trois planches qui contiennent un matelas qui pèse cinq livres. Ce matelas est contenu dans un sac de toile. On se calfeutre dans ce sac jusqu'au lendemain ; les gardiens enlèvent l'habit du prisonnier et ferment le sac ; absolument il faut dormir. Or, le sommeil est impossible. Cette couche est infecte et elle dévore. On regrette la paille et la solitude du cachot, et il faut passer toute une nuit dans cette fétide atmosphère, toute une nuit qui commence à sept heures du soir, et pas un moment de repos, pas de silence, et pas un livre, pas un ami ; mais en revanche d'infâmes paroles, des actions plus infâmes encore ; des rêves à haute voix, des sursauts ! Encore si l'on pouvait prier !

« On a dit que les cheveux de M. Fontan en avaient blanchi.

« Le lendemain, à cinq heures du matin, on rend à chaque prisonnier ses habits de la veille et on le conduit immédiatement au travail. La maison est un vaste atelier où l'on file, où l'on ourdit la soie et le coton ; ce moment de travail est le plus supportable de la journée. Le premier jour, on plaça M. Fontan à un dévidoir ; il paraît qu'il y fut malhabile, car depuis on l'a fait passer aux écritures de la maison. Son travail consiste à présent à tenir les livres, à faire le compte des ouvriers ses compagnons ; il a beau dire : Je sais un métier plus lucratif ; ses amis ont beau s'écrier : Laissez-le se livrer à ses travaux accoutumés, et nous vous paierons sa dépense. On est sourd à ces prières et à ces larmes. Il est sous une loi de fer ; il le faut ; un habit plus clément, une nourriture plus saine, une chemise moins grossière, autant d'interdictions : sois nourri, sois logé, sois habillé, travaille et dors comme tes confrères, comme ces hommes repris de vol et de crimes ; tu es sous une autre loi que la loi ordinaire, tu es placé en dehors du Code civil, tu es la propriété de l'entreprise, on t'a livré, tu es à Poissy !

« Deux hommes de lettres, qui ont été voir M. Fontan et porter quelques consolations à des douleurs auxquelles nul de nous n'a droit de se croire étranger, l'ont entendu supplier l'administrateur de la prison pour obtenir le privilége de porter la casquette qu'il portait à Sainte-Pélagie, et la permission de boire un peu de vin à son dîner ; l'administrateur s'est vu forcé de lui refuser ces deux grâces, disant qu'il ne pouvait y avoir de privilége pour personne, et qu'il ne lui était pas permis de reconnaître deux espèces de condamnés.

« C'est un spectacle étrange que d'assister au repas de ces malheureux. Ils mangent debout ; un banc, fixé contre la muraille, leur sert de table ; ils sont dix affamés par chaque gamelle, car il faut manger à la gamelle ; et, quand la soupe est achevée, ils n'ont pas de fourchettes, c'est une arme qui leur est défendue ; chaque convive mange avec ses doigts : voilà les repas qui attendent les condamnés politiques à plus d'un an ; car on n'échappe pas plus à ce repas sans fourchettes, qu'à ce lit sans draps : il faut subir toute la loi de cette maison. A cela près, n'est-ce pas une prison comme une autre, et M. Fontan n'est-il pas condamné à la prison ?

« J'ai dit qu'on n'avait pas de vin à table. Après le dîner, qui ne peut durer plus de dix minutes, les condamnés se précipitent à la cantine, et là l'entreprise leur vend du vin, qu'ils boivent avidement dans un gobelet attaché au mur ; triste bonheur !

« Je ne vous parle pas des autres ordonnances. Par exemple, avant qu'une lettre parvienne au détenu, quand ce serait une lettre de sa mère, elle est décachetée et elle est lue par cinq personnes ; il en est ainsi de la réponse. Vous allez à Poissy embrasser votre ami, vous êtes fatigué et vous avez hâte ; à peine arrivé, il faut courir chez le préfet de Versailles qui seul peut vous donner la permission de franchir ce seuil de fer. Le préfet seul peut permettre au condamné de lire quelques journaux et d'apprendre ainsi, de temps à autre, ce qui se passe dans le monde, dont il est séparé. Il n'est pas jusqu'à une barbe à faire qui ne soit une grande affaire. Les rasoirs sont défendus à Poissy ; et quand, par hasard, un rasoir s'introduit dans la maison, il faut, pour être rasé, se mettre sous la protection de deux argousins, autrement vos jours seraient en péril. Un caprice est si dangereux, là !

« Il est des détails sur lesquels il faut passer. Toutefois on conçoit cette vie de travail et de misère pour les malheureux que la justice envoie aux maisons de correction jusqu'à ce qu'ils s'amendent ou que les bagnes les réclament ; mais il est impossible que jamais le législateur ait pensé à imposer pareille peine aux délits politiques. Cette peine, qui ne peut rien même contre le crime, et qui renvoie, le plus souvent, à la cour d'assises les hommes que la police correctionnelle a frappés, n'a pas de sens appliquée à l'écrivain. C'est une peine mensongère, un châtiment qui aigrit son âme ou qui le tue ; la vie de l'écrivain c'est le calme, la solitude, la pensée ; elle tient à sa plume, à ses livres, dignes compagnons des grands esprits qui franchissent le seuil de sa prison quand ils ne peuvent plus le suivre aux lieux habités par ses semblables. Eh ! quel crime de prose ou de poésie a jamais mérité cet habit infamant, ce travail forcé, cette société de bandits ? Tout cet homme, qui donnait de si belles espérances, après cinq ans de cette galère, sera perdu même pour le repentir !

« A propos d'un écrivain, ce sont là de bien incroyables détails, ils sont encore plus incroyables sous un roi bon et généreux, qui ne s'est pas senti blessé, et dans une époque comme la nôtre, où, vous l'avez dit, Monsieur ! il n'est pas un homme de cinquante ans qui n'ait été proscrit, chargé de fers, et sur le point de perdre la tête pour des délits politiques ! Sans nul doute, si une époque doit avoir de la pitié, c'est notre époque. Si le malheur est respectable pour un peuple, c'est pour le peuple français.. Si la privation de la liberté, rien que la prison, sans ses haillons, sans ses tortures et son séquestre, est une grande peine, c'est surtout sous le règne honnête et bon de S. M. le roi Charles X.

« Cependant toutes ces rigueurs accumulées sur la tête d'un écrivain déjà condamné à cinq ans de prison et à 10,000 fr. d'amende, n'ont pas empêché les écrivains du ministère de faire de l'ironie à propos de cette infortune. L'un a plaisanté ce poëte *faisant des bonnets de coton qui n'étaient pas des bonnets rouges;* l'autre a dénoncé le drame de ce prisonnier, un drame écrit entre deux guichets, aussi bien que le théâtre qui devait le représenter ; un troisième enfin s'est écrié avec cet air de triomphe qui leur va si bien : *Pourquoi avez-vous détruit la Bastille?* Je suis étonné qu'il n'ait pas ajouté : et les lettres de cachet !

« De sorte qu'à l'aspect de ces insultes contre un malheureux, et de ce sang-froid avec lequel le pouvoir, le croyant trop heureux à Sainte-Pélagie, l'a plongé dans un abîme de maux dont je ne vous raconte que la moitié, l'âme s'inquiète, et l'on se demande si nous ne sommes pas revenus à ces temps de terreur politique où la honte le dispute à la cruauté ? »

Cette lettre était vraie au fond, et vraie dans ses détails, seulement elle n'est pas vraie en ce sens que l'obstination de Fontan est vouée au silence, et que rien n'indique à quelle impulsion était due cette visite que nous faisions à la prison de Poissy. Pour être tout à fait justes, il eût fallu, après avoir raconté ces misères, raconter aussi tout le penchant du roi au pardon, tout le penchant du gouvernement à l'indulgence, et l'espèce de repentir que montrait le ministre d'avoir obéi, si cruellement, à ce qui était la loi. Vint la révolution de Juillet ; elle donna tort à la France entière, au seul Fontan elle donna raison ; elle en fit un Caton, elle en fit un Brutus, elle en fit le sage d'Horace, assis sur les ruines du monde et dédaignant de courber la tête sous la foudre qui le frappe. Elle fit mieux que cela de Fontan, elle le fit libre, et le roi Louis-Philippe, à peine roi, voulut donner tout de suite, à l'auteur du *Mouton enragé*, une des premières croix d'honneur qu'il ait distribuées dans tout son règne. Je rencontrai Fontan comme il venait d'attacher cette croix inespérée à sa boutonnière ; il traversait le Pont-Neuf pour se rendre à l'Odéon, où il portait son drame de *Jeanne la Folle*. M. Duviquet, avec ce tact si rare qui était en lui, et sans se préoccuper, comme je l'eusse fait à sa place, à coup sûr, des antécédents de l'ancien hôte de Poissy, rendit compte en ces termes de la pièce de M. Fontan :

JEANNE LA FOLLE.

« S'il faut s'en rapporter à l'histoire de M. Daru, et au drame
« de M. Fontan, c'était un terrible pays que cette Armorique à
« laquelle l'invasion de quelques milliers d'Anglo-Saxons imposa

« le nom de Petite-Bretagne, par opposition à la grande, dont cette
« province, originairement française, était devenue une colonie.
« J'ignore qui, dans les premiers siècles de son affranchissement
« de la domination romaine, y vivait le plus malheureux du peuple
« ou du souverain. Ce qu'il y a de certain, c'est que si, au
« XIIe siècle, les choses s'y passaient comme les a racontées ou
« imaginées M. Fontan dans son drame historique, le pays d'Al-
« ger avec lequel nous venons de renouveler connaissance, est,
« en comparaison, un vrai paradis de Mahomet. A Alger, on n'a
« jamais brûlé comme sorcières des femmes atteintes de démence,
« maladie pour laquelle les musulmans professent, comme on
« sait, un respect religieux, et malgré les petits démêlés de
« famille qui troublent quelquefois l'ordre de la successibilité,
« on ne dit pas que jamais un fils de dey soit entré dans la maison
« de son vieux père, et ait fait tomber, à coups de hache, la cou-
« ronne, objet d'une convoitise parricide. Voilà néanmoins, si
« l'on s'en rapporte à M. Fontan, comme on traitait chez nous et
« chez nos voisins, il y a quelque six cents ans, les affaires judi-
« ciaires et politiques. Dieu pardonne à qui voulait nous ramener
« à ces heureux temps de l'antiquité féodale! La loi du sacrilége
« nous avait mis sur la voie. Nous nous sommes arrêtés à propos.

« Or donc, pour en revenir au XIIe siècle, régnait alors en Bre-
« tagne, sous le titre de Duc, un certain Hoël, chargé d'esprit
« beaucoup moins que d'années. La Providence lui avait donné
« deux fils: Arthur était l'aîné; doué des plus heureuses qualités,
« par cette raison, il déplaisait souverainement à son père. Le
« cadet, ivrogne, débauché, traître à sa patrie, qu'il avait d'avance
« vendue à l'Angleterre, avait concentré sur lui seul toutes les
« affections paternelles. En homme avisé et prévoyant, Hoël a
« résolu de déshériter Arthur, et d'investir des droits de la suc-
« cession Conan le mauvais sujet, qui, à ses difformités mo-
« rales, réunit l'agrément de la difformité de la taille. C'est un
« Richard III en miniature.

« Par suite de l'injuste préférence du père, les deux frères sont
« ennemis; cela va sans dire. Une rivalité d'amour vient augmen-
« ter la haine née de la rivalité politique; la jeune Alicia, fille du
« roi d'Angleterre, est déjà fiancée à Arthur. L'odieux et ridicule
« Conan veut enlever à son frère le légitime objet de sa ten-

« dresse. Il faut donc perdre Arthur. Un assassin soudoyé est
« introduit dans l'appartement du vieux Hoël; on lui a fait sa
« leçon. Arrêté au moment où il semble prêt à exécuter son
« crime, sur la promesse d'obtenir sa grâce, il se reconnaît pour
« le stipendié d'Arthur. Celui-ci est arrêté, traduit devant une
« cour de justice, et condamné à mort. Pour mieux assurer l'exé-
« cution de la sentence, on doit le livrer aux Anglais qui devien-
« dront ses bourreaux. Comment, par quel prodige échappera-t-il
« au supplice ?

« Une femme extraordinaire, une femme qui a reçu le don des
« miracles, et qui a perdu la raison, ce qui n'est pas du tout
« incompatible, veille au salut d'Arthur. Elle lui a dû la vie, il
« l'a arrachée au bûcher, il a rebâti sa chaumière; il a remplacé
« par des habits neufs les vêtements de Jeanne la Folle, à demi
« consumés par les flammes de l'inquisition. A la suite de plu-
« sieurs scènes où ce caractère bizarre, mais curieux et original,
« est habilement développé, elle va se poster en embuscade dans
« un défilé des rochers de Plouarn. Là, elle attend le messager
« chargé de porter au camp anglais la sentence mortelle d'Arthur.
« L'assommer d'un coup de massue et le faire rouler dans les
« précipices, c'est pour la nouvelle Judith l'affaire d'un tour de
« main.

« Conan ignore cet exploit vigoureux, et comme son frère est
« déjà au pouvoir des Anglais, il suppose l'arrêt de mort exécuté.
« Mais il ne règne pas encore. Jeanne la Folle a garanti au vieux
« duc dix ans de vie. Conan se charge de faire mentir au moins
« cette fois les prédictions de Jeanne. Il se présente à son père et
« exige impérieusement de lui une abdication sans délai ni re-
« mise. Le père, indigné de tant d'ingratitude, accable de malé-
« dictions ce fils dénaturé. Conan saisit une hache d'armes, abat
« à ses pieds le malheureux vieillard, qui tombe baigné dans son
« sang. Arrive Jeanne ; elle a poussé le peuple breton à voler au
« secours d'Arthur; Arthur est libre, mais le palais ducal est
« embrasé; Conan cherche à fuir l'incendie; vains efforts; de
« tous les côtés les flammes lui barrent le passage, il se frappe et
« tombe sur le corps de son père.

« Cette dernière scène a fait plaisir. Le spectacle en est beau, et
« l'effet moral qui en résulte a réparé l'impression pénible qu'avait

« généralement produite la vue d'un parricide exécuté de sang-
« froid sous les yeux des spectateurs. En général, l'ouvrage bien
« écrit est peu artistement composé. Les incidents s'y succèdent,
« sans être enchaînés les uns aux autres. L'amour d'Arthur et
« d'Alicia devait figurer en première ligne et comme principal
« ressort de l'ouvrage; il n'est que légèrement esquissé, et la par-
« tie passionnée, par qui seule vit un ouvrage dramatique, est
« traitée avec beaucoup trop de négligence. Mais de beaux senti-
« ments exprimés en beaux vers, de la chaleur dans le style, sup-
« pléent à la faiblesse et, il faut bien l'avouer, au décousu des
« situations.

« L'effet pittoresque des décorations, la profondeur et la force
« du jeu de mademoiselle Georges, la pantomime de Ligier, quel-
« quefois exagérée en grotesque, mais souvent effrayante et ter-
« rible, l'intérêt attaché au nom d'un auteur, victime récente de
« l'arbitraire et de la tyrannie, toutes ces causes réunies ont
« assuré le succès de l'ouvrage ; le nom de l'auteur a été proclamé
« et couvert d'applaudissements. »

Sans nul doute, ce feuilleton de M. Duviquet, si vous le comparez à l'exubérance moderne, est une page qui manque de coloris
et d'abondance, et pourtant avec un peu de réflexion et d'habitude
on arrive bien vite à cette conclusion qu'il n'y avait rien de mieux
à dire et de Fontan et de son œuvre. — Il a inventé toute cette histoire; il l'a faite plus horrible encore qu'elle ne l'était réellement;
ainsi dit le bon critique. Il jette un mot en passant à la conquête
d'Alger, et ce souvenir tout récent doit être agréable au lecteur. Il
y a aussi un petit mot contre les royalistes trop absolus, après
quoi nous rentrons dans l'analyse de la pièce, et (pour le dire en
passant), les anciens maîtres de la critique avaient pour coutume
de raconter au lecteur la pièce nouvelle, à commencer par la première scène, à finir par le dernier mot du dénouement. Utile et
sage habitude ! Elle avait cela de bon qu'au moins le lecteur savait
à quoi s'en tenir, et n'était pas réduit, comme on l'y a contraint
de nos jours, à marcher de conjectures en conjectures, à je ne sais
quel récit d'une comédie ou d'un drame impossible qu'il faut saisir
au vol, dans un milieu de bruits élégants et de périodes sonores
pour lesquels le feuilleton moderne est passé maître. Il y avait
donc, pour le lecteur et pour le critique, un grand repos d'esprit

dans ces analyses, si faciles à faire et si faciles à lire, car autrefois, quand le drame était encore, ou peu s'en faut, contenu dans ses limites naturelles, une analyse en cinq alinéas n'était pas la mer à boire : on voyait entrer la princesse, on entendait rugir le tyran à certains intervalles réguliers; on était sûr de retrouver à sa place la scène d'amour, et la scène de deuil à sa place. *C'était écrit!* pouvaient dire en ces temps reculés, les critiques aux lecteurs, et les lecteurs aux critiques. Le bon temps du feuilleton! Pas un moment de fatigue ou d'effort de part et d'autre; le plus grand drame était simple comme : *bonjour et bonsoir*! Tout au rebours aujourd'hui, et surtout lorsque j'ai commencé à ramer dans cette galère exposée à toutes les tempêtes des événements sans fin, un drame à réciter, mot à mot, c'est un volume à écrire, et toutes les fois, qu'en plaisantant, j'en ai voulu faire la triste expérience, il s'est trouvé que mes lecteurs, moins intéressés que fatigués de ces détails, ont refusé de m'accompagner jusqu'au bout. Essayez donc, si vous l'osez, de raconter *Glenarvon* ou *les Sept infants de Lara*, deux belles œuvres pourtant, à ce lecteur impatient de voir dans le drame nouveau ce qui se passe, comme on regarde, par la fenêtre ouverte, les allées sablées du jardin.

Ainsi, chose étrange et peu croyable — à mesure que le drame est devenu difficile à comprendre, l'analyse a disparu du feuilleton. — Ariane, ma sœur, vous avez brisé votre fil depuis que le labyrinthe a été doublé par les Minotaures. Soit que l'analyse ait fatigué le lecteur, soit qu'elle ait paru insupportable au critique, toujours est-il qu'à dater de ces grands événements, produits par de si petits drames, le feuilleton ne s'est pas cru obligé, et tant s'en faut, à suivre pas à pas, dans leur course aventureuse, ces drames échevelés qui commençaient à six heures du soir, pour finir quelquefois après minuit! Non, personne n'était plus assez fort pour entreprendre *ab ovo*, un pareil récit, et personne assez fort pour le supporter. Disons tout; la jeune critique avait à faire elle aussi, ses preuves de mérite et de talent; elle voulait montrer qu'elle savait écrire et penser pour son propre compte; elle s'inquiétait de l'œuvre nouvelle, à la bonne heure! elle s'inquiétait surtout du succès qui lui appartiendrait, en propre, et de l'estime qu'elle établirait de son propre talent, dans l'opinion du lecteur. En un mot, la critique, dans cette chasse ardente aux nouveautés de toutes sortes, songeait beaucoup à la gloire qui lui en devait revenir, et ceci est un des grands caractères du nouveau feuilleton. Quand il porte à son cou le dîner de son maître, s'il rencontre en son chemin des molosses vagabonds alléchés par la proie, il arrive que le chien le plus fidèle veut avoir sa part à cette curée; on en peut dire autant du critique : il lui faut au moins ce qui lui revient, de droit, dans la considération et dans l'estime du lecteur. A son tour, il s'est révolté contre les priviléges. Qui vous dit aussi que ce grand homme, le poëte d'hier, dont vous êtes l'humble caudataire, a mérité ce rare honneur que vous lui faites, et qu'à propos de sa chute complète, ou de son dernier succès dans quelque théâtre de hasard, vous soyez obligé de suivre cet illustre Monsieur, de le suivre, en tout respect, dans son sentier lumineux, gardant pour vous la poussière et l'ombre ? A ces causes, la critique s'est révoltée ; elle n'a pas voulu obéir aux faiseurs de vaudevilles, chantés ou parlés, sans savoir qui donc lui donnait des lois. Elle a toisé d'un regard ces grandeurs dont elle sera la servante, et les trouvant tout au plus à sa taille, elle s'est redressée et elle les a regardées face à face. Il ne faut donc pas chercher dans le feuilleton moderne, l'allure et l'accent d'autrefois ; sa voix est plus haute et son geste est plus fier. De temps à autre, quand il trouve qu'il n'a rien à dire de l'œuvre appelée à sa barre, il se met à parler pour son propre compte, et plantant là ces impuissances, indignes d'un jugement sérieux, il se met à faire l'école buissonnière à travers les poésies qui lui sont défendues. Ajoutez un autre motif, l'agrandissement d'une feuille, hier encore si petite qu'elle tenait dans le creux de la main, si vaste aujourd'hui que l'on a calculé que toutes ces feuilles réunies suffiraient en huit jours, à envelopper, dans un linceul éphémère, le monde habité.

Pour en revenir au dernier feuilleton de M. Duviquet (habituez-vous, je vous prie, à ces digressions, elles vont droit à mon but), on y respire un grand air de sincérité. Peu de louanges, aucune espèce d'admiration, nul parti pris. L'honorable critique s'acquitte de sa tâche, sans y attacher trop d'importance. A propos de *Jeanne la folle*, il aurait pu tirer quelque parti des malheurs passés de Fontan, de son triomphe présent..... il y fait à peine une espèce d'allusion, tant ça l'afflige au fond de l'âme, que ce roi qui monte, en ce moment sur ce trône d'un jour, s'amuse à décorer un écrivain pour des injures récentes que cet écrivain aura dites au roi qui s'en va. Ceci était dans la justice et dans l'esprit net et droit de M. Duviquet; il haïssait l'excès en toute chose, et le jour où se montrèrent sur la scène, enfin réalisées à force de volonté et de talent, les doctrines de l'école nouvelle, il comprit que l'heure de la retraite avait sonné pour lui.

> Tircis, il se fait temps de prendre ta retraite.

Bien avant que le roi Louis-Philippe, au grand chagrin de ceux qui l'aimaient et qui l'honoraient le plus, eût prononcé son fameux *juste milieu*, M. Duviquet l'avait trouvé le *juste milieu*.

Voici encore deux pièces oubliées de Fontan; je les retrouve au beau milieu de deux feuilletons oubliés; oubli, néant, poussière et vanité des vanités de l'esprit! La première de ces pièces était empruntée au célèbre roman de Lewis, *le Moine*, et voici comment nous nous sommes tirés de notre tâche ingrate, Fontan et moi.

LE MOINE.

« Quand le *Moine* parut en Angleterre, ce livre fit une profonde sensation. C'était un livre sorti de la foule, véritable débauche d'un jeune esprit que le succès va trouver, sans qu'il y songe. Ces voluptueuses peintures d'une passion plus qu'humaine, cet audacieux tableau d'un artifice plus que féminin, produisirent un tel scandale au beau milieu de la puritaine Angleterre, qu'il fut question de traduire l'auteur en justice, comme corrupteur de la morale publique. Lord Byron faisait grand cas du roman de Lewis.

Je sais bien que c'est encore là une des imitations perpétuelles du chef-d'œuvre de Goëthe. Quoi que vous fassiez maintenant avec les puissances infernales, vous arriverez toujours au Faust de Goëthe, entraîné par une tentation supérieure, et puni par une passion invincible, de cet orgueil même qui a perdu Satan. Ici, cependant, le plagiat avoué, restent à Lewis ces rares ressources d'intérêt et de pitié; reste Mathilde, cette élégante et souple création, aimante, chaste, et si corrompue et pleine d'audace; une façon de Sganarelle en jupon que le diable s'est donnée; reste Antonia la simple fille, Espagnole aux yeux noirs, aux craintives superstitions, aussi vraie que Marguerite, la naïve Allemande; restent surtout ces visions fantastiques, ces cachots sombres où l'on se perd, ces tombes muettes, ces Franciscains qui chantent, ces filles de Sainte-Claire qui glissent comme des ombres sous les arceaux de l'église; et reste le diable : il se montre à nous tout d'abord sous la figure d'un beau jeune homme couronné de fleurs, bientôt il ne prend plus la peine de se déguiser, et le voilà sous l'apparence d'un vieux bouc; surtout, et c'est là tout le livre de Lewis, ce qui fait du *Moine* un livre original, c'est la bonne foi de ses terreurs. Le plus beau récit de voleurs dans une forêt, c'est Lewis qui l'a trouvé. L'histoire de la nonne sanglante est devenue populaire comme une ballade. Lewis est l'un des premiers qui se soient servis du Juif errant; puis, comme il était poëte, comme il avait un grand besoin de faire des vers, il a glissé des vers charmants dans son livre; il les a introduits dans son récit, à la dérobée, et comme un vol fait à son libraire; si bien que dans *le Moine*, on trouvait tout, imitation, originalité, poésie, contes de bonnes femmes, descriptions presque orientales dans un temps où l'Orient devenait à la mode; les hommes de goût, à la lecture du *Moine*, reconnurent un grand écrivain; le vulgaire des lecteurs dévora ce roman et rendit grâces à l'écrivain qui lui rendait la sombre couleur, les mystérieuses fictions et les pages terribles de son amie Anne Radcliff.

C'est avec le roman de Lewis que M. Fontan a fait son drame. Comme il voyait toute l'histoire moderne, perdue et indignement gâtée (1831) par les faiseurs, depuis Napoléon jusqu'à ce vertueux Robespierre et cet honnête Danton, M. Fontan se dit en lui-même que le monde historique était fermé au drame pour cent ans au moins; que les passions bourgeoises avaient besoin d'être de nouveau limitées et définies; il chercha un autre monde, et naturellement il trouva l'Enfer et Satan, comme fit Milton après les guerres civiles de sa patrie. Ainsi, nous avons l'Enfer, l'Enfer tout entier, un peuple de démons en habits de marquis et de duchesses; seulement, il fallait donner la foi au spectateur; or, imposer aujourd'hui à la foule, une croyance, c'est aussi difficile, pour le moins, que de la faire rire ou pleurer.

M. Fontan a pris le bon parti pour faire croire à son diable; il y a cru tout le premier. Il a fait, à ce propos de ce sujet terrible et compliqué dans les deux drames de Goëthe et de Lewis, un drame tout simple et tout bourgeois. Dans son drame, l'existence du Diable est une chose aussi simple que l'existence du voisin Chrysale ou du bon M. Orgon; dans son drame, pas d'évocation, pas de magie, et pas de cercle de feu, rien qui sorte des habitudes de la vie commune. Quand on a besoin du Diable, on l'appelle, et pendant que vous vous apprêtez à le voir sortir d'une trappe, entouré de flammes rouges ou bleues, le Diable entre tout simplement par la porte, et il dit : Me voilà. Alors Ambrosio, qui va perdre sa maîtresse, veut conclure lui-même son marché; le Diable, marchand subtil, jusqu'à être faussaire, change le contrat, il écrit *dix jours* au lieu d'écrire dix années. Quelques-uns ont désapprouvé la supercherie de Satan comme n'étant pas digne d'un honnête Diable; je suis loin de penser comme eux; tout comme M. Fontan, je crois à son Diable, et comme il n'arrive là que pour tromper ce digne moine, je lui permets de le tromper sur les termes du contrat; cela est de bonne guerre, Lewis lui-même n'a pas fait autrement.

Le traité conclu au second acte marche et reçoit son exécution. Le moine, emporté par sa passion, jette le froc, déchire sa robe, relève ses cheveux sur son front et se pare des broderies d'un gentilhomme; bientôt il habite un noble palais sur les bords du Guadalquivir. Je vous ai bien dit que l'action était simple; malheureusement, elle est souvent trop simple. Ambrosio conclut un marché; le Diable l'exécute de bonne grâce; Ambrosio fait de même. Quand il a son palais et son chapeau ducal, il veut aussi avoir Antonia, et pour cela il va la chercher; il y va tout seul, en gondole, sans aucune espèce de diable pour le protéger. Dans *Faust*, Méphistophélès est toujours là. Méphistophélès est la création d'un homme qui ne croit pas entièrement au Diable, et qui a besoin, pour y croire, de l'avoir toujours sous les yeux.

Une fois échappé de son couvent, Ambrosio court chez Antonia. Ici l'auteur a cru devoir refaire le cinquième acte d'*Otello*. Antonia en robe blanche est dans sa chambre, elle chante une fort jolie romance de M. Adam, puis elle se met au lit et s'endort. Alors entre le moine; il va pour enlever celle qu'il aime, quand tout à coup le frère d'Antonia vient au secours de sa sœur. Ici encore M. Fontan fait tuer le frère d'Antonia, comme dans Goëthe le frère de Marguerite est tué par Faust. Ceci est un accident superflu dans *le Moine*. Ambrosio est tout seul, il n'a personne pour relever l'épée de son adversaire; il tue froidement cet honnête frère et il emporte Antonia dans ses bras. Cet acte là ne me convient pas, il n'est pas vrai, et qui plus est, il est maladroit.

J'aurais beaucoup mieux aimé le cinquième acte, dont l'idée est originale et propre à l'auteur. Au cinquième acte, Ambrosio habite un palais enchanté; c'est jour de fête : on danse, on chante, on boit, on se livre à tous les plaisirs du festin. Le plus singulier de la chose, c'est que tous ces hommes, toutes ces femmes, ducs et duchesses, sont autant de diables déguisés; il s'exhale de cet acte une odeur de soufre et de brûlé. Pour Ambrosio, comme il est tout entier à l'idée qu'il a dix années devant lui, il se livre en fou aux voluptés présentes; la scène est bien faite; la seconde partie n'y répond pas.

Le dixième jour vient de finir; l'heure fatale sonne; le Diable paraît. C'est en ce moment que l'auteur s'est trompé à force de traiter Satan comme une personne naturelle. En effet Satan arrive; au lieu d'emporter Ambrosio dans le gouffre, comme cela a été convenu depuis les premiers *mystères*, jusqu'à Don Juan, l'auteur, toujours persuadé que Satan, dans sa pièce, n'est qu'un gentilhomme comme un autre, a imaginé de lui mettre à la main l'épée d'un gentilhomme. En effet, le Diable provoque Ambrosio en duel. Ambrosio se plaint de l'inexécution du contrat; le Diable lui répond : *Il fallait mieux lire;* en garde, Ambrosio! Ici le duel commence, duel inégal dans lequel le pauvre moine est battu à chaque passe. Bien plus, Frédéric Lemaître, qui a joué le rôle avec toute la puissance des moyens tragiques, a reçu un grand coup de fleuret au-dessous de l'œil, ce qui a rendu le dénouement doublement mauvais; aussi le dénouement a-t-il été vertement sifflé. Nul doute que l'auteur ne trouve quelque chose de plus diabolique, et alors peu importe le sifflet du premier jour.

Ceci est encore une décadence, non pas de l'artiste, mais de l'art. Il y a longtemps que je connais M. Fontan. C'est un écrivain énergique et passionné, qui se livre à son inspiration, qui travaille peu et qui se sauve souvent à force de naïveté. Un pareil homme ne recule devant aucune hardiesse de pensée ou de parole ; son premier début fut une tragédie en vers dans laquelle toutes les passions populaires jouaient leur rôle ; on se souvient de *Perkins-Warbeck*, essai encore informe, étincelant de grandes beautés. Depuis Perkins, l'auteur exilé, chassé indignement de la Belgique dans un temps d'hiver, traversant à pied tout le pays jusqu'au Rhin, trouve encore le moyen, pauvre et en guenilles, de composer dans de méchantes auberges, deux comédies pleines de grâce et de fraîcheur : *André le chansonnier* et surtout *Gillette*, deux ouvrages écrits en souriant, consolations de son cruel exil, exil si cruel qu'il vint se réfugier dans les prisons de France.

Quand il fut transféré à ce bagne de second ordre, Poissy, j'allai voir Fontan ; il y a un an de cela ; c'était au mois de mai, je trouvai Fontan au milieu des voleurs, sous la livrée et l'habit des voleurs ; il était riant : après les premiers embrassements il se mit à me lire un chant nuptial qu'il venait de faire pour les noces de sa sœur ; puis il me montra le plan d'une tragédie, *Jeanne la folle*, un grand ouvrage en vers, un de ces ouvrages qui pour être accomplis, veulent du repos et du bonheur ; cette tragédie fut achevée à Poissy, et elle réussit au théâtre de l'Odéon, qui avait accueilli le proscrit.

Aujourd'hui M Fontan est libre, délivré par une révolution, la plus glorieuse délivrance pour un condamné politique. M. Fontan a la croix d'honneur, il est heureux, et cependant le voilà tout à coup qui change les habitudes de sa pensée : plus de gais vaudevilles, plus de drames touchants, plus de grandes tragédies, largement dessinées et largement écrites : Fontan prisonnier avait plus de gaieté et de courage que M. Fontan, vainqueur de S. M. le roi Charles X. Aujourd'hui le voilà qui met en scène le maréchal Brune et les sanglantes réactions du Midi, le voilà qui fait un drame avec la mort du maréchal Ney et qui brûle ce drame, parce qu'il a compris que la paix publique pouvait en être troublée. Enfin, pour comble de malheur, il a recours aux puissances infernales, il les évoque, il en fait des êtres réels, il s'en occupe avec une sollicitude toute paternelle ; si bien qu'on prendrait les ouvrages de l'homme libre pour les ouvrages de sa captivité et de son exil, et les ouvrages faits dans son bagne, entre deux voleurs, pour les compositions de ses jours de bonheur. Explique, qui pourra, ces contradictions évidentes. Selon moi il n'y a pas d'autre explication à leur donner que la misère et la perte de l'art, que l'envahissement de nos théâtres par ces passions exagérées qui flétrissent l'âme humaine. M. Fontan est atteint à son insu, il s'est fait féroce sans le vouloir; pour l'art, pour la passion, pour l'émotion et pour les larmes, son talent était cent fois mieux, en prison, que dans le monde réel. »

LA CAMARGO.

L'autre pièce de Fontan avait la *Camargo* pour héroïne, et se passait, naturellement, dans des régions plus humaines :

« Ah! Camargo, que vous êtes brillante!
Mais que Sallé, grands Dieux! est ravissante!
Que vos pas sont légers et que les siens sont doux!
Elle est inimitable, et vous êtes nouvelle.
Les Nymphes sautent comme vous,
Et les Grâces dansent comme elle! »

C'est Voltaire lui-même qui s'extasie ainsi sur mademoiselle Sallé et sur mademoiselle Camargo, danseuses de l'Opéra. Voltaire, ce journaliste de génie, a fait pour le xviiie siècle ce que madame de Sévigné avait fait pour le siècle précédent. Quel feuilleton merveilleux, la correspondance de Voltaire! Quelle bonne et remuante critique! Quelle verve soudaine! Quel incomparable esprit! Quel journal admirable! Voltaire est le roi du journal. C'est le premier journaliste du monde! Voltaire est notre orgueil à nous tous; il a parlé de toutes les choses dont nous parlons, du Théâtre-Français et de l'Opéra, de Lekain et de mademoiselle Sallé, et de mademoiselle Camargo. Comment trouvez-vous ce feuilleton rimé sur la Camargo? Comprenez-vous bien ce que c'est qu'un pas *doux* qui n'est pas *léger*, et ce que c'est qu'un pas *léger* qui n'est pas *doux?* Et puis cette Grâce qui *danse*, opposée à cette Nymphe qui *saute?* Cela fait-il un contraste bien clair et bien net dans votre esprit? D'où je conclus : puisque Voltaire lui-même, dans ses feuilletons dramatiques, n'a pas dit toujours, bien clairement, ce qu'il disait, vous ne pouvez avoir trop d'indulgence pour nous autres écrivains de feuilletons, qui ne sommes pas des Voltaire, quand par hasard nous venons à nous tromper.

Quoi qu'il en soit, vous voyez, d'après ces vers de Voltaire, que c'était dans son temps une puissance, la Camargo. Puissance avouée et reconnue de tous, puisque Voltaire lui-même la reconnaît et l'avoue, dans ses vers, lui qui était si prêt à nier tous les pouvoirs de ce monde; puissance d'Opéra tout à fait, c'est-à-dire une puissance au-dessus de toutes les autres, au-dessous de madame de Pompadour.

« M. Fontan vient de composer un drame avec la biographie de mademoiselle Camargo. Le drame qu'il a fait avec cette brillante *sauteuse*, nymphe *aux pieds légers*, est un drame sentimental; rien de plus, sinon quelques brutalités contre les élégances du beau siècle de Voltaire et de Diderot.

Vous savez que la Camargo était d'origine espagnole, espagnole à ce point, que la jolie fille descendait, en droite ligne, d'un célèbre inquisiteur. Du reste, ce qui pouvait encore sentir l'âcre odeur du bûcher dans l'origine de cette charmante fille avait disparu en passant par le profane boudoir de sa mère, qui avait épousé un danseur de Bruxelles nommé Cappy. La petite Marie tenait donc à l'église par son aïeul paternel, à l'Opéra par son père; c'était une espèce d'abbé Pellegrin entre la messe et le théâtre, qui bientôt se donna tout entière au théâtre, et si bien qu'elle est, dit-on, la première qui ait battu des entrechats à quatre. Et voyez le progrès! Depuis ce temps-là nous avons eu la révolution de 89 d'abord, puis des entrechats à seize, puis enfin des danseuses qui ne font plus un seul entrechat, heureusement pour nous et pour elles; témoin mademoiselle Taglioni. »

Je passe, et je fais bien, le premier, le second et le troisième acte de cette *Camargo*; on s'en est occupé en l'an de grâce 1831, mais depuis, l'apothéose exclusive de la comédienne, l'adoration de la courtisane, et la préoccupation admirative de la comédie et du vaudeville par les femmes perdues, enfin la vie et la mort de la *Dame aux Camélias* qui a fait verser plus de larmes que *Fanchon la vielleuse*, ont privé le vaudeville de Fontan, de la nouveauté qui en faisait tout le charme! On a tant vu, et tant vu, de ces malheureuses déchaînées sur nos théâtres, qui s'abandonnaient librement à tous les excès d'un paradoxe sans fin!

Undique pulso
Per cunctas licuit fraudes impune vagari!

« Or, vous ne devineriez jamais ce qui se passe au quatrième acte de la *Camargo*? Cette belle danseuse, cette bonne et honnête fille, ce soutien de son vieux père, cette danseuse si désintéressée qu'elle renvoie des diamants à son adresse, devinez où M. Fontan l'a conduite? Au fort Saint-Lazare! C'est là qu'il enferme la Camargo. Et, non content de cette captivité, M. le duc de Lionne signifie à la pauvre enfant qu'elle ait à l'aimer sur l'heure, ou bien à partir sur-le-champ pour le Nouveau-Monde avec les *malheureuses* que M. le lieutenant-criminel y expédie tous les ans. « Elles s'en vont peupler l'Amérique d'amours ! » Cette fois, il me semble que, même dans son système, M. Fontan va trop loin. Il n'y a pas un duc du xviiie siècle, et d'aucun siècle français, qui ait mis ainsi son amour sur la gorge d'une pauvre fille. Faire contre-signer une pareille ordonnance par le roi Louis XV, qui savait mieux que tout autre le prix d'une personne sage et jolie, et d'une danseuse surtout, c'est faire un triste anachronisme ; c'est ôter au roi Louis XV son seul mérite, sa seule gloire, le mérite et la gloire d'avoir aimé beaucoup les femmes ; cette fois, M. Fontan s'est souvenu — une fois n'est pas coutume, des douleurs de Poissy. Mais le moyen de prêcher l'oubli complet des injures à ce proscrit qui se venge en ses chansons, et comment voulez-vous que j'empêche M. Fontan de manger, par hasard, un marquis ou un duc cuit à point. »

Fontan mourut au mois d'octobre 1839, et voici quelques lignes suprêmes que j'écrivis sur son tombeau :

« Je ne puis pas laisser disparaître du monde sans en parler une dernière fois, cet homme que j'aimais et qui m'aimait. Bien que ni lui ni moi nous ne fussions dans la même voie, c'était toujours avec un vrai plaisir que nous nous rencontrions l'un l'autre, et alors la conversation ne tarissait pas entre nous deux. Fontan, avait conservé dans son entier la vie poétique, telle que l'entendaient les écrivains du siècle passé. Il vivait au jour le jour sans jamais songer au lendemain, dominé par quelque idée dramatique, souvent fort belle, qu'il abandonnait tout à coup, quand il l'avait convenablement agrandie et parée dans son esprit. Que de drames il m'a racontés quand nous nous promenions bras dessus, bras dessous, et que j'étais tout entier à l'écouter! Son crâne s'illuminait alors de toutes sortes de passions. Il marchait accompagné, suivi, entouré de toutes sortes de personnages hauts de dix coudées, la taille des héros d'Homère, c'est-à-dire trop grands pour le génie de Fontan. Tout grands qu'ils étaient il savait leurs noms à tous, il les reconnaissait facilement à leurs traits, à leur taille, au fer de leur armure; il reconnaissait ses belles héroïnes, à leurs grâces, à leur sourire, à la blancheur de leurs voiles. C'était un rêveur actif dans ses rêves, mais paresseux, une fois éveillé. Il composait tout bas des chefs-d'œuvre, et quand il avait joué, pour lui seul, tous ces beaux drames, à peine s'il en restait quelque faible trace dans son esprit. Voilà comment cet homme, jugé seulement par les œuvres qu'il a produites, ne sera pas jugé à sa juste valeur. Lui seul il pouvait savoir toute sa valeur comme inventeur dramatique, et il est mort sans s'en être jamais douté; il est mort tout de suite, brusquement, par caprice; il était plein de caprices, et ceux qui l'aimaient le plus ont eu le regret de ne pas lui dire adieu. Pauvre homme! il était bon! il était pauvre, il vivait de peu, il fumait, il rêvait tout le jour, il était l'appui et l'honneur d'une nombreuse famille; il était colère, mais loyal; emporté, mais fidèle. Quant à sa conviction, nul ne peut en rendre témoignage mieux que moi.

Disons encore ceci à sa gloire, à peine hors de sa prison, il oublia ce qu'il avait souffert, et libre, il n'a pas eu un moment de haine contre ce trône devant lequel il avait refusé de s'agenouiller. — Rien n'a été changé dans sa vie. Il a rêvé, il a fait jouer des drames qui ont réussi plus ou moins; puis enfin il est mort, un peu au hasard, comme il aimait à faire toutes choses. Pleurons-le et prions pour lui! »

CHAPITRE II

Je cherche à me retrouver dans mes commencements ; — je vais lentement, et d'un pas modeste, et parce que j'ai bien des explications à me donner à moi-même. On a beau être hardi, — et ne pas comprendre le danger de certaines imprudences, — il y a toujours un moment, quand le fossé est franchi, où l'on se retourne afin de se rendre compte de l'effort que l'on a tenté. J'essayais donc, çà et là, mes forces naissantes, me préparant de mon mieux, au travail à venir, comme si j'eusse prévu dans quelle série incroyable de choses tombées, de choses vivantes, de noms oubliés, de noms glorieux, de succès éphémères, de chutes imprévues, de sottises et de génie, incessamment mêlés dans la même roue, il me faudrait vivre pendant tant d'années de zèle, d'attention, de travail, de probité, de justice ! Hélas ! l'esprit humain s'arrêterait épouvanté s'il pouvait prévoir quel chemin il va faire en ces petits sentiers ; quelles tempêtes il lui faudra affronter dans un Océan sans rivage :

> Heu quam precipiti profundo,
> Mens habet....

Et j'hésitais, et je cherchais ma voie, ici, là, partout, allant d'une école à l'autre, incertain, malheureux, haletant. A tout propos je faisais l'exposé de mes doctrines dramatiques, et Dieu sait si elles étaient encore incertaines entre ceci et cela, entre les chefs-d'œuvre d'autrefois et les chefs-d'œuvre du lendemain. Comme j'étais tout à fait sans expérience, et que naturellement j'avais la prétention d'en montrer beaucoup, je me vouais à tous les saints du théâtre; j'appelais à mon aide Aristote, Boileau, Schlegel, la préface de Cromwell, et surtout la révolution de juillet. J'ai déjà remarqué plusieurs fois, à mon dam et préjudice, que les révolutions servaient de bouc expiatoire aux plus mauvaises actions littéraires; c'est d'ordinaire la révolution que les poëtes accusent de l'abandon où se trouve la poésie; c'est elle que les critiques accusent du mauvais goût général; tous ces drames bâtards, c'est la révolution de juillet qui les a mis au jour; toutes ces comédies manquées, c'est la révolution de février; les mauvais vaudevilles qu'on va faire, avant peu, la révolution du 2 décembre 1852 en sera chargée! On dirait, à nous entendre accuser les révolutions, qu'Horace et Virgile ne sortaient pas des discordes civiles, que Montaigne et Rabelais ont vécu dans un pays sans orage. Après la Fronde, il y eut Corneille! après l'empire et ses désastres, il y eut Béranger! « De grâce, m'écriais-je
« aux premiers jours de 1831, de grâce, qui que vous soyez qui
« voulez faire du drame, n'oubliez pas que vous écrivez au milieu
« d'une révolution. Abandonnez-vous aux faits, sans prétendre les
« régler; laissez crier vos acteurs, qu'ils bouleversent la ville, qu'ils
« poussent mille cris divers, qu'ils renversent les lois et les trônes,
« qu'ils changent les hommes, les couleurs, les faits, les mœurs,
« les adorations et le blâme de toute une cité surprise dans le
« sommeil, vous aurez alors une tragédie terrible sans doute,
« mais une tragédie véritable et bien jouée; vous aurez une émo-
« tion à l'usage d'un peuple qui vient de se faire libre, émotion
« au delà de tout calcul, indépendante de toute méprise. Je sais
« bien qu'il sera dur d'oublier les rhétoriques consacrées, les mo-
« dèles consacrés; mais il le faut, soit que vous vouliez enseigner,
« soit que vous vouliez écrire; tout est changé dans l'art, les ac-
« teurs sont changés, le lieu de la scène est changé, le but, le
« plan, les moyens du drame, sont changés; taisez-vous donc,

« supportez tant de révolutions en silence ; Aristote et Boileau ne
« seraient eux-mêmes que des contre-révolutionnaires aujour-
« d'hui. »

Certes, voilà un passage éloquent ; seulement en le lisant avec
beaucoup de soin et d'attention, vous vous apercevez que ces
belles périodes sonores n'ont absolument aucun sens. Ce serait
bien le cas de dire avec le poëte :

> Où diable mon esprit prend-il ces gentillesses ?

et j'admire, quand j'y pense, la bienveillance avec laquelle on
lisait ces belles choses Comme on a été bon pour ces informes
essais ! avec quelle patience on les a supportés ! et que cela était
ridicule à côté de tant de belles pages savantes et pleines de sens,
qui s'écrivaient à ma droite, à ma gauche et chaque jour ! C'est
un grand écueil à éviter, le succès trop facile, et surtout quand
on est destiné à parler longtemps au public. La lutte a cela d'utile
et de bon, elle pousse un homme fait, un talent sérieux ; vous
arrivez moins vite, il est vrai, mais une fois arrivé, vous n'êtes
plus embarrassé par ces commencements d'enfant gâté, de plume
facile, de bel esprit de rencontre et de hasard. Vous êtes longue-
ment débattu, tant mieux, mon fils, vous n'en serez que mieux
écouté, le reste de vos jours ; vous serez bon à toutes choses, dans
l'avenir, et l'on ne dira pas à chaque instant : « Euh ! euh ! c'est un
bel esprit, mais si futile ! Il sait écrire, et bien ; il est zélé, fidèle,
actif, laborieux, mais *ça lui coûte si peu !* » — Et les pédants qui
se mettent à votre place, et les grands penseurs qui prennent
votre soleil ! Et les rois que vous défendez qui savent à peine le
nom d'un futile de votre espèce ! Que j'en ai vu se briser, de ces
plumes brillantes, semblables à quelque oiseau des tropiques,
attelé au char du soleil !

TRIBOULET.

Ici commence un certain travail régulier. Ainsi je vois sur ma
liste des pièces mortes et enterrées : *le Fou du Roi*, un vaudeville
de MM. Dupeuty et Rochefort : « Prenez garde, disais-je aux deux
auteurs, prenez garde à Triboulet, » et, comme si j'eusse prévu
le héros malheureux du *Roi s'amuse* (il était encore en germe

dans le cerveau du poëte), je traçais (à l'avance, on l'eût dit) le portrait de ce fou glorieux. « Le sage, le célèbre et l'effronté Triboulet, fidèle comme un chien, malin comme un singe, bariolé de mille couleurs, gourmand, railleur, plein de proverbes comme Sancho, Triboulet qui pensa arrêter la fortune de Charles-Quint mieux que Luther. Triboulet n'appartient qu'à trois ou quatre hommes qui ne sont plus, Cervantes, Rabelais, Molière; aussi les auteurs, qui cette fois avaient consulté leurs forces, ont-ils fait prudemment de n'avoir dans leur pièce qu'un Triboulet pour rire, un pauvre farceur de boulevart, un rieur en plein vent qui a froid, moins que rien, pas même un plaisant de corps de garde : je ne sais pas comment on se hasarde à appeler quelque chose *Triboulet*, quand on y met si peu d'esprit. »

LA FILLE DU BANDIT.

Le portrait n'est pas tracé, tant s'en faut, de main de maître, et je ne sais guère pourquoi je tiens à le placer là. Après Triboulet venait ce même jour une pièce de M. Scribe : *Jeune et Vieille*. Dans cette pièce, il y avait une jeune mariée assez délurée; elle est surprise par son amant (le mari est absent) et elle s'écrie : *Il n'y a pas de verrous*. Ceci était fait pour mademoiselle Jenny Vertpré, déjà vieillissante, et qui paraissait au second acte en robe feuille morte; ici seize ans, là soixante ans. Elle était mieux au second acte qu'au premier, à cause *d'un petit reste d'hier*, comme disait Antonio. Quant à la *Fille du Bandit*, qui était bel et bien un mélodrame, en voici l'analyse en deux mots, et je me souviens que M. Duviquet fut content de ce petit passage-là :

« Cette fille a épousé le comte Alfred. Le comte Alfred revient de ses terres pour dissiper la tristesse de madame son épouse. En même temps arrive le brigand qui vient pour voler un portefeuille. La jeune comtesse, qui ne reconnaît pas monsieur son père, le fait arrêter. Quand il est arrêté elle le reconnaît; quand elle le reconnaît, elle le suit dans les ruines où il se cache. Alors le brigand veut la revendre au comte, qui lui en donne cent mille florins. Le marché est à peine conclu et le comte Alfred vient de recevoir son *Elvina*, quand surviennent des gendarmes qui s'emparent du brigand. Le brigand arrêté s'écrie, en montrant la comtesse : Elle est ma fille! Alors on fouille le compagnon de Meldorf, et l'on découvre (ô surprise) des papiers qui prouvent que *l'Elvina* du comte Alfred n'est pas la fille du brigand Meldorf; au contraire, Elvina a pour père le baron Walstein, qui pleure sa fille, depuis si longtemps. Alors tout s'arrange, tout le monde est heureux, tout est dit. »

LA VENTE A L'ENCAN.

Il faut placer à cette date (le 6 novembre 1830) un feuilleton qui eut un assez grand retentissement : *la Vente à l'Encan*. Je racontais, à ma façon, comment, après la retraite de la famille royale, on avait mis en vente les petits meubles de Son Altesse Royale Madame la duchesse de Berry. Le commissaire-priseur n'avait pas fait avec plus de minutie le relevé de cette vente, que je ne le fis moi-même, blâmant toutes choses, et livrant à l'ironie ces tristes débris d'un si grand naufrage, que tant d'honnêtes gens s'arrachaient au poids de l'or. Hélas! quand on est jeune et qu'on a la rage d'écrire (*scribendi cacaothès*, dit Juvénal), tout prétexte est bon à tout écrire, et je ne voyais pas qu'il y avait en ceci un certain crime contre le respect que je devais à ces augustes infortunes. Aujourd'hui j'aurais le même chapitre à écrire, je l'écrirais dans un sentiment tout différent, et à genoux devant ce malheur et cette fuite aux pays lointains, entre deux files de gardes du corps chargés d'escorter jusqu'à Cherbourg le deuil de la monarchie expirante, il me semble que je serais aussi applaudi et plus loué; à coup sûr je serais plus content de moi. Tout ce que je tournais alors en ironie et en pitié, je le tournerais aujourd'hui en sympathie et en déférences. Je ne reprocherais pas au roi, à Dieu ne plaise! d'avoir appelé *salle des maréchaux*, une des salles du château d'Holyrood; je ne dirais pas aujourd'hui : « que je comprends *l'invasion du château des Tuileries*, » ces lâches et violentes contrefaçons du premier 10 août, qui a voué les Tuileries à la ruine, à la honte. Non; et quand je me verrais en présence de ces robes fanées, de ces voiles déchirés, de ces manteaux semés de fleurs de lis, *la fleur du printemps et de la royauté de la France*, s'écrie un vieux conteur, je me garderais bien d'appeler à l'aide de mon couplet en prose, l'image horrible de la revendeuse à la toilette. O misère! quand je pouvais, à propos de ces nobles haillons, rappeler cette anecdote de la reine mère de Louis XIII, exilée à Cologne, mourante, et partageant, entre ses derniers serviteurs, les fragments de son dernier manteau royal! Voilà une histoire qui eût été à sa place au milieu de l'encan de Son Altesse Royale Madame. Et puis, le beau mouvement que j'aurais eu si, lorsque je vois ces déguisements du dernier bal, la robe et le bonnet de la Cauchoise, la ceinture et le tablier de l'Auvergnate, j'avais prévu qu'un jour viendrait où l'illustre princesse, à l'aide de ces habits d'emprunt, tâcherait de reconquérir le royaume de son fils! Il y avait aussi, dans cette vente, la harpe de la jeune princesse, l'équipage du jeune prince; tous ces riens qui devaient soulever tant de regrets, tant de pitié, tant de souvenirs. Ah! le noble chapitre, le glorieux chapitre que j'ai manqué là.

LES IAMBES.

Cependant la chose publique était lente à se rétablir; les révolutions, semblables à des flots chargés de gravier et d'écume, laissent après elles un limon abominable et tenace. Après les jours de violence et de sang arrivent les doutes, les représailles, les ambitions, les émeutes, les volontés de la foule et ses caprices; partout le bruit, la ruse et la peur; l'anarchie est la reine de ces masses déchaînées; dans ce jeu effrayant de la force et du hasard, la société tout entière peut rester abîmée. Il ne faut donc pas songer, en ces moments où tout est prétexte à tout briser, aux élégances et aux beaux arts, la poésie est morte et le drame se tait. Le seul poëte de ces temps d'orage, ce fut M. Auguste Barbier, l'auteur de ces *Iambes*, un instant populaires, qui avaient pris le pas sur les *Harmonies* de M. de Lamartine, ce livre charmant, écrit au pied du hêtre de Virgile, imprimé pour ainsi dire sur les barricades du mois de juillet. Qu'est-il devenu, cet Auguste Barbier, célèbre un instant? Pourquoi ce silence obstiné? A relire aujourd'hui ses vers remplis de vengeances, de poésie et de fureurs, on se demande d'où venait cet homme et quelle Providence le poussait? Il parlait à la façon des prophètes; il avait, on l'eût dit, quelque chose d'Ézéchiel, allant de visions en visions :

> Un jour que je marchais triste par la campagne,
> Un esprit m'enleva sur la haute montagne,
> Où, sur le doigt de Dieu, la sainte arche de bois
> Prit terre et s'arrêta pour la première fois.

Voilà donc le poëte sur le mont où fut l'arche, et soudain *l'esprit* lui montre, à ses pieds, la poudre et la fange de l'univers ; tout ce qu'il vit dans ce gouffre, on ne saurait le redire en vile prose. Or, de ce gouffre est sorti ce poëme enflammé des plus terribles colères. — C'est à peine si l'ïambe d'Archiloque suffit à sa rage obstinée. C'est ainsi que du sein de ces visions funèbres, s'exhalait la cruelle et terrible chanson de la *grande semaine* :

> Oh ! lorsqu'un lourd soleil chauffait les grandes dalles
>   Des ponts et de nos quais déserts,
> Que les cloches hurlaient, que la grêle des balles
>   Sifflait et pleuvait par les airs ;
> Que dans Paris entier, comme la mer qui monte,
>   Le peuple soulevé grondait,
> Et qu'au lugubre accent des vieux canons de fonte
>   La *Marseillaise* répondait ;
> Certe, on ne voyait pas, comme aux jours où nous sommes,
>   Tant d'uniformes à la fois.
> C'était sous des haillons que battaient des cœurs d'hommes ;
>   C'étaient alors de sales doigts
> Qui chargeaient les mousquets et renvoyaient la foudre ;
>   C'était la bouche aux vils jurons,
> Qui mâchait la cartouche, et qui noire de poudre,
>   Criait aux citoyens : Mourons !

Ainsi il allait, célébrant à cœur-joie la grande populace, et tombant du haut-mal d'admiration en présence de la *sainte canaille*.

> La grande populace et la sainte canaille !

Puis il se moquait des jeunes gens bien gantés et en beau linge, cachés derrière les rideaux de soie, et s'amusant à voir passer la révolution dans la rue. Il arrivait ainsi à ce couplet fameux, et qui restera gravé, à tout jamais, dans la mémoire des hommes de notre génération :

> C'est que la Liberté n'est pas une comtesse
>   Du noble faubourg Saint-Germain ;

> Une femme qu'un cri fait tomber en faiblesse,
> Qui met du rouge et du carmin.
> C'est une forte femme, aux puissantes mamelles,
> A la voix rauque, aux durs appas ;
> Qui, du brun sur la peau, du feu dans les prunelles
> Agile et marchant à grands pas,
> Se plaît aux cris du peuple, aux sanglantes mêlées,
> Aux longs roulements des tambours ;
> A l'odeur de la poudre, aux lointaines volées
> Des cloches et des canons sourds ;
> Qui ne prend ses amants que dans la populace,
> Qui ne prête ses larges flancs
> Qu'à des gens forts comme elle, et qui veut qu'on l'embrasse
> Avec des mains rouges de sang.

Que dites-vous de l'image, et trouvez-vous qu'elle ressemble, en tout, à l'ancienne Theroïgne de Méricourt : la gorge nue, la tête coiffée de rouge, à cheval sur un canon, l'injure à la bouche, la pique à la main, et au bout de cette pique une tête coupée, attifée à la dernière mode par le perruquier du coin ? De ces vers répétés d'un bout de la ville à l'autre, le faubourg Saint-Germain a tremblé comme s'il allait voir reparaître tous les Christ des puissances mauvaises, comme s'il allait être exposé de nouveau à ces dangers d'une espèce particulièrement horrible, qui consistent à déchirer les gens dans les rues. En même temps, sur les places publiques et dans les carrefours de ce faubourg Saint-Germain, la populace criait : *Mort aux ministres!* car elle tenait les ministres du roi Charles X, enfermés dans la Chambre des pairs, devenus sous le joug de cette terreur, les propres juges de leurs confrères et de leurs complices ! — Tant la peur est un abominable conseiller des multitudes ! — Je vois encore l'aspect du Luxembourg dans ces funestes journées ; j'entends les cris, je comprends les silences. A l'angle de cette humble porte, où les attendait une mauvaise calèche qui avait l'air d'une vieille ferraille, il me semble que je vois M. de Polignac et les deux autres qui viennent d'être dégradés et condamnés à la prison perpétuelle ; ils étaient pâles mais fiers encore ; ils allaient, comme on va à la mort quand on est brave. M. de Polignac monta le premier dans la voiture, et, avec l'habitude d'un homme qui sait ce que c'est qu'un peuple en fureur, il s'écria : — Une des vitres de la voiture est brisée ! — Monseigneur, lui dit quelqu'un, cette vitre s'est brisée par accident. — Ce *Monseigneur* dont on lui faisait l'aumône, a rassuré ce malheureux, et il s'est rejeté au fond de la voiture qui, par la rue de *Madame*, allait le jeter au château de Vincennes. Misères et réactions qui n'ont rien appris à personne, au contraire, on chantait plus que jamais :

>   Cette vierge fougueuse, enfant de la Bastille,
>   Qui jadis lorsqu'elle apparut,
>   Avec son air hardi, ses allures de fille,
>   Cinq ans mit tout ce peuple en rut....

De cet *iambe* on n'en saurait citer davantage. A l'entendre on dirait que le poëte ne peut pas se consoler qu'un peu d'ordre ait apparu enfin dans cette société au désespoir :

>   J'ai vu pendant trois jours, j'ai vu plein de colère,
>   Bondir et rebondir le lion populaire....

On dirait qu'il regrette les trois jours, quand le lion jetait *ses crins en l'air*, lorsque *claquaient ses grands ongles*, quand son *poil* était hérissé, sa langue en feu, sa bouche en sang... Il rugissait en souverain, et maintenant le voilà..... *muselé !* Avouez que c'était grand dommage. On appelait *muselé*, le peuple de décembre 1830, le peuple du procès des ministres ! On invoquait, dans des vers frappés sur l'enclume du désespoir, *le sombre quatre-vingt-treize*, on lui disait :

>   Ne te réveille pas pour contempler nos guerres,
>   Car nous sommes des nains à côté de nos pères,
>   Et ta pitié rirait de nos maigres combats...

C'était affreux à entendre ces déclamations, il est même affreux de s'en souvenir. Cette fois, et pour la première fois, depuis ces mauvais jours, étouffés un instant sous la gloire de l'empire, le peuple redevenait le fantôme évoqué à toutes les époques sinistres. Le peuple apparaissait, de nouveau, comme une menace, comme une bacchante ivre de sang :

>   Oui, comme la bacchante, enfin lasse de rage
>   N'en pouvant plus, et sur le flanc
>   Retombant en sa couche et jetant sur la plage
>   Des têtes d'hommes et du sang.

Telles étaient les visions, tels étaient les drames. Cette poésie ardente s'abandonnait, sans frein, à ces bruits *rauques*, à ces peurs, à ces tumultes, à l'émeute :

> . . . . . l'émeute au pied rebelle,
> Poussant avec la main le peuple devant elle.

l'émeute semblable à une femme *soûle!* Et quand il a poussé à bout l'invective et l'injure, *ô*, s'écrie-t-il, *les temps maudits!*

Et l'on s'étonne, en ces heures mauvaises, du grand succès de M. de Balzac, et l'on se demande par quel charme tout-puissant ce merveilleux conteur s'est vu, tout de suite, adopté par les jeunes gens, par les jeunes femmes, par ce faubourg Saint-Germain incessamment exposé à ces injures, à ces violences! Et l'on trouve ce Balzac bien heureux d'avoir fait adopter son *profil de marquise* en opposition à ces affreux portraits, de pied en cap, des Theroïgne de Méricourt!

LES BONAPARTE.

Nous étions alors en pleine fièvre, en pleine démence. On appelle ce haut-mal : *delirium tremens* en médecine, et il faut que les nations soient bien fortes, pour ne pas succomber sous ses atteintes. Chacun, en ce temps-là, avait son cri d'alarme et son cri de guerre. Ceux qui n'invoquaient pas Robespierre ou Danton, invoquaient l'empire et l'empereur.

> Encor Napoléon, encor sa grande image!
> Ah! que le rude et dur guerrier
> Nous a coûté de sang, et de pleurs et d'outrage
> Pour quelques rameaux de laurier!

Déjà Bonaparte était partout, et l'on pouvait se demander qui donc régnait, Bonaparte ou Louis-Philippe? On mettait au concours la statue à replacer sur les hauteurs de la colonne; on faisait toutes sortes de comédies à sa louange, que disons-nous? à son apothéose. Chaque théâtre avait déjà son Bonaparte. A l'Odéon, qui était resté un théâtre royal, M. Alexandre Dumas racontait, dans une suite de scènes militaires, la vie entière du héros; c'était Frédéric Lemaître qui jouait le rôle de l'empereur.

Trois mois durant, le théâtre s'était attaché à cette mise en scène pour laquelle il avait acheté les anciens uniformes de l'empire qu'il avait pu rencontrer chez les brocanteurs, et les nouveaux généraux de cette grande armée s'estimaient très-heureux et très-fiers de porter des habits qui avaient servi à leurs devanciers, et qui étaient brodés en or *fin*. Le drame de M. Alexandre Dumas s'appelait *Napoléon Bonaparte, ou trente ans de l'Histoire de France*, c'est-à-dire tout Bonaparte, et même un peu en deçà et au delà. C'était à ce coup-là que M. Duviquet se voilait la face ; un drame, un seul drame en trente années ! un drame à la louange de Bonaparte ! Une gloire sans fin suivie de cette longue agonie, écouté avec autant de larmes et de transports que le récit de la passion de Notre-Seigneur ! Ajoutez à ces profanations imprudentes, à ces extases dangereuses, l'inconvénient de mettre en scène des personnages vivants, le maréchal Soult, par exemple, et des institutions restées debout, la Chambre des pairs et la Chambre des députés, et ces débats politiques donnés en spectacle à une foule enthousiaste. Il y avait à faire, à propos de cet empereur ressuscité, bien des observations très-justes, très-nettes et très-fermes, on ne les fit pas alors. On se contenta de demander la suppression de certaines scènes trop violentes, et l'on dit en forme d'excuses qu'elles étaient trop longues. Ce *Napoléon* de l'Odéon avait été précédé, d'une quinzaine de jours, par un autre *Napoléon* en deux parties, joué par le vrai et légitime empereur de l'an 1830 et années suivantes, Napoléon Gobert ; cette pièce était de M. Régnier Destourbet ; elle fut jouée pendant toute une année en présence d'une foule qui s'enivrait de la gloire et des larmes de son empereur. — Plus tard, le roi Louis-Philippe obéissant un peu à l'aveugle au mouvement de cette popularité ressuscitée, envoyait à travers les flots, son fils l'amiral, ce beau et vaillant prince de Joinville qui rapportait en triomphe les cendres de l'empereur, à l'instant même où M. Thiers, le grand historien de notre âge, annonçait à l'Europe — et l'annonce partait des hauteurs du ministère des Affaires Étrangères — *l'Histoire de l'Empire* ! — Étonnez-vous du reste ! Et que l'âme de ce peuple ait résisté à toutes ces forces réunies : Béranger, Victor Hugo, M. Thiers, le prince de Joinville, le roi Louis-Philippe, l'Arc de Triomphe, la Colonne, Alexandre Dumas, et M. Régnier Destourbet !

LES SUICIDES.

Ce nom de Régnier Destourbet nous rappelle un jeune homme qui n'était pas sans talent. Il avait été magistrat; il donna sa démission pour se livrer complétement à la vie et à l'exercice des belles-lettres. Il vint, du fond de sa province, à Paris, apportant son tribut à la muse des petits livres, et, si je puis le dire ici, ce livre de Régnier Destourbet, qui était dédié à l'auteur de l'*Ane mort et la Femme guillotinée*, était une copie de cet étrange livre qui n'a guère porté que des fruits stériles. Ce pauvre Régnier Destourbet toucha donc à la coupe enivrante des rêveurs de profession; mais il s'en dégoûta bien vite, et son roman publié [1], son drame épuisé, il se retira, pauvre âme inquiète et malaisée, au séminaire de Saint-Sulpice, dans ce monde à part que gouvernait le sévère et tendre abbé Émeri, l'honneur des Sulpiciens de ce siècle. Un jour de fête carillonnée, un jour de Pâques, à Saint-Sulpice, j'ai vu l'*abbé* Régnier Destourbet qui servait d'acolyte au prêtre officiant, et si calme était son attitude, et si recueillie en Dieu son humble démarche, qu'il eût été impossible de reconnaître le brillant et éloquent semeur de paradoxes. Ce pauvre homme espérait en vain que le joug de Saint-Sulpice lui serait doux et léger, il jeta sa robe aux orties, il rentra dans le monde, qui déjà ne le connaissait plus; il mourut tout de suite, et sans que l'on ait su comment il est mort. C'est pourtant lui qui le premier, en France, a mis en lumière l'empereur Napoléon!

Plusieurs jeunes gens parmi ces beaux esprits qui s'ouvraient à la douce lumière du jour, ont fini plus mal encore que Régnier Destourbet, ils ont fini par le suicide, ils sont morts tués en duel, ils n'ont pas voulu attendre cet avenir que nous avons tous, pour peu que nous sachions être patients et dévoués à notre œuvre. Un des premiers de cette nouvelle génération qui ait porté sur lui-même des mains violentes, ce fut M. Sautelet, le jeune libraire qui avait assisté à la double naissance de deux grandes feuilles entourées d'estime et d'adhésions unanimes, la *Gazette des Tribunaux*

---

1. *Louisa, ou les douleurs d'une fille de joie*, par l'abbé Tiberge. N. Delangle, 1830, 2 vol., pet. in-18.

et le *National*. M. Sautelet, par son esprit net et vif ; par la grâce et l'éloquence de sa parole, par sa jeunesse, par les amitiés qui l'entouraient, par le charme d'un noble cœur, était réservé à un grand avenir. Il avait pour associé M. Paulin, un homme excellent, dévoué, d'un rare mérite, d'une intelligence éprouvée; et qui l'aimait comme on aime son propre frère ; il avait pour ami intime Armand Carrel ; Carrel a écrit l'oraison funèbre de Sautelet en quelques pages stoïques, intitulées : *De la mort volontaire.* Ainsi, pour Sautelet, il n'y avait que des promesses heureuses; son nom sur un livre était une garantie, et déjà il avait obtenu deux ou trois de ces rares succès dans la vie d'un libraire qui suffiraient à toute une fortune. Il était l'éditeur des *Mémoires de M. le duc de Saint-Simon*, que la censure impériale avait mutilés et réduits de moitié, et que MM. Sautelet et Paulin publiaient *in extenso*, pour la première fois, dans une édition excellente, et dont les exemplaires, très-recherchés de ceux qui aiment les bons livres, ont doublé de prix aujourd'hui. Avec les *Mémoires de Saint-Simon* et la *Physiologie du goût*, autre publication de M. Sautelet, *un* de ces livres qui ont leur place, *une* maison de librairie serait riche à tout jamais : par quel accident, par quelle méprise a-t-on vu ce jeune homme attenter à sa vie, à l'instant même où ses amis allaient triompher de cette monarchie qu'ils avaient vouée à l'exil? La mort de Sautelet fut un événement dans tout Paris, elle fut un deuil pour beaucoup de gens, malheureusement elle fut un exemple pour plusieurs qui, certes, n'étaient pas des héros, et qui ne demandaient pas mieux que de vivre, en attendant la fortune et la gloire.

Ainsi se sont tués, sans savoir au juste pourquoi donc ils se précipitaient dans cette mort impie, deux enfants qui se croyaient de grands poëtes, Escousse et son ami Lebras. Ils avaient à peine vingt ans, ils faisaient des vers qu'ils trouvaient bons; ils avaient de belles amours, ils assistaient, comme nous tous, au spectacle d'une révolution, spectacle affligeant, qui en doute? mais plein de curiosité et d'intérêt, qui le nie? Ils avaient donné, à eux deux, au théâtre de la Gaîté, un mélodrame en prose intitulé *Raymond;* Escousse à lui seul avait fait représenter, au théâtre de la Porte Saint-Martin, une espèce de drame en vers intitulé *Farruck le Maure*. C'était là tout leur bagage, ils n'avaient fait que cela dans leur vie..... et les voilà qui veulent mourir. On ne sera pas fâché, j'imagine, de retrouver ici les lambeaux de ces deux drames, enfouis à tout jamais dans les catacombes du théâtre des boulevards

« Farruck le Maure, disait le Feuilleton, est un nègre un peu moins foncé que feu le nègre de M. Ozanneaux, mais aussi furieux et aussi grand parleur, et parleur en vers sonores qui ont au moins douze pieds, tant ils nous paraissent longs et monotones. Or Farruck le Maure est le père d'une petite Mauresque assez farouche que pourchasse un certain don Alphonse, en vrai seigneur portugais :

> Vitas hinnuleo me similis Chloë !

Que disons-nous ! Chloé s'enfuit à la façon d'une belle qui sera prise tôt ou tard. La fille de Farruck le Maure se jette à l'eau plutôt que d'éviter Alphonse :

> Mais s'il eût dit : Voyez quelle est votre conquête !
> Je suis un jeune Dieu, toujours vif, toujours beau,
> Daphné, sur ma parole, aurait tourné la tête.

Toujours est-il que la fille de Farruck ne s'est pas retournée, et que Farruck est furieux comme deux noirs de M. Ozanneaux.

Donc Farruck est furieux ; il se vengera, il se vengera à la façon du prix de vertu couronné naguère des mains délicates de M. Eugène Sue, Atar-Gull, le Tartufe noir. Seulement si maître Atar-Gull en remontrerait, pour la ruse, à son cousin Farruck, Farruck pouvait en remontrer, pour la rage, à son frère Atar-Gull. Ça fait une jolie paire de messieurs, ces deux noirs, et qui les aurait à son service, aurait deux gentils serviteurs. — Or la vengeance du nègre-blanc Farruck consiste d'abord à enlever à don Alphonse une autre maîtresse que possédait le Portugais avant de pourchasser la petite Farruck :

> Ces bras, avant les tiens, presseront ses appas ;
> Ah ! comme je rirai... La vengeance est permise.
> Quel bonheur de *saigner* un cœur qui vous méprise !

Puis il veut parler à dona Isabelle. Entre la belle ; en la voyant, le noir s'écrie :

> Sans doute il est cruel, pour une grande dame,
> D'épouser un amant couvert *d'un sang de femme.*

Cela dit, il se précipite sur Isabelle, en criant : *je te veux! je te veux!* Le nègre crie toujours, jusqu'à ce que vienne don Alphonse, au secours de sa fiancée. Don Alphonse, voyant Farruck, l'appelle, *Porc.* A quoi Farruck répond :

> *Un porc peut, s'il le veut, te cracher au visage!*

Il finit même par tirer son stylet, en criant à Alphonse :

> Eh bien! monseigneur du taureau,
> Craignez-vous maintenant d'attaquer le pourceau?

Don Alphonse lui répond que *son sang est trop noir;* à ce mot, Farruck est saisi d'un mouvement très-dramatique, il se brise la veine, et il dit, levant le bras : *Mon sang est rouge!* »

On admirait beaucoup ces choses-là en 1831. Il y avait des compagnies poétiques, des écoles littéraires composées tout exprès pour accueillir avec enthousiasme ces charmantes tentatives. On criait : *Au Miracle!* et il fallait un certain courage pour ne pas couronner ces muses naissantes.

> Pastores hederâ crescentem ornate poetam!

Quelques jours après, ces deux jeunes gens s'asphyxiaient par le charbon, et voici comment je racontais ce triste suicide, en attendant que la même thèse se montrât de nouveau quelques années plus tard à l'occasion du drame de M. Alfred de Vigny : *Chatterton.*

LES PREMIERS PAS.

J'assistais, l'autre soir, à un mélodrame nouveau qui a pour titre : *l'Abbaye aux Bois*, et ma pensée errante à travers ces longues péripéties qu'elle avait peine à suivre, s'arrêtait à cette idée : encore un jeune homme, encore un enfant qui s'expose aux hasards du théâtre, et je m'apitoyais sincèrement sur l'avenir de ce jeune homme. Je le voyais, précipité tout d'un coup, dans les angoisses incroyables des théâtres du second ordre; je le voyais en butte aux jalousies, aux labeurs mesquins, à la fausse gloire, aux violences stériles, aux chagrins trop réels de cette existence à part. Cela m'arrive toutes les fois que je vois entrer un nouveau venu dans la vie littéraire. Le frisson me prend à l'aspect de tous les malheurs qui attendent ce malheureux, pour peu qu'il manque de patience, de courage et de bonheur. La vie littéraire, ô ciel! amoncelez les dégoûts sur les dégoûts, les chagrins sur les travaux, et vous en aurez une faible idée. En haut et en bas, parmi les glorieux, parmi les obscurs, la vie littéraire est la même, à savoir: l'isolement, l'égoïsme, le rude labeur. — En haut du moins, il y a quelque chose qui impose, une certaine vapeur radieuse qui a nom la gloire, et qui recouvre le tableau de ces misères, tandis qu'aux derniers échelons littéraires, quand l'artiste se fait manœuvre, quand l'art devient un métier, quand le drame est un *gagne-pain*, quand la critique tombe sur vos œuvres de toute la hauteur de son dédain, alors vraiment la vie littéraire est un enfer.

Même parmi les écrivains heureux, dans le nombre de ceux qu'on envie, il en est peu, s'ils étaient sincères avec eux-mêmes, qui ne se disent, à la fin de leur journée, ce que disait cette femme adorée à son dernier jour : — « Qui m'eût proposé une pareille vie, je serais morte de désespoir, » s'écriait mademoiselle de Lenclos. Cette gloire des lettres obéit à des conditions si difficiles! Pour être un grand artiste ou un grand poëte, pour être un savant illustre, il faut être presque né un héros; il faut une âme grande et forte, un corps robuste, une persévérance à toute épreuve; il faut savoir attendre, savoir veiller, savoir chercher, savoir souffrir. Il faut être prêt à l'étude, la nuit et le jour, partout et toujours; il faut user sa vie entière à la poursuite d'une idée, il faut être honnête homme avant tout. Encore, à ceux mêmes qui étaient nés pour cette vie à part, que de disgrâces il a fallu subir; que de poëtes se sont arrêtés dans la route, fatigués avant d'avoir atteint le but! Écoutez les plaintes des vrais artistes! Voyez dans nos académies ces fronts dépouillés et courbés vers la terre! Alors vous comprendrez combien il faut d'inspiration et de courage, combien il faut de force morale et physique, pour s'engager de gaîté de cœur dans des sentiers si hasardés.

Il y a trois jours, dans la nuit du jeudi au vendredi, deux jeunes gens, humbles auteurs de quelques mélodrames sans nom, se sont asphyxiés dans la même chambre et sont morts, à la même heure, laissant après eux une espèce de testament littéraire en prose et en vers, dans lequel, vers ou prose, se retrouvent les funestes habitudes d'un esprit irréfléchi qui s'abandonne à l'impulsion du moment, sans trop savoir où cette impulsion le mènera.

Ces deux jeunes victimes de la vie dramatique, étaient MM. Victor Escousse et Auguste Lebras. M. Escousse, auteur d'un drame en vers, *Farruck le Maure*, à la Porte-Saint-Martin, qu'on avait imprudemment loué quand il parut, avait fait jouer, il y a trois semaines, en société avec M. Lebras un mélodrame en prose, intitulé *Raymond*, au théâtre de la Gaîté. Ce dernier ouvrage n'avait pas réussi.

On dit, et je le crois, que de cette chute, et uniquement de cette chute, vint aux deux jeunes amis l'envie de se détruire. Ils avaient trop compté sur la vie littéraire; il leur était arrivé ce qui arrive à beaucoup de nos contemporains : ils avaient cru ramasser beaucoup de fortune et de gloire avec peu de travail; ils avaient pris les premières fougues d'un esprit qui commence pour du génie tout fait; ils avaient cru qu'on s'improvisait grand artiste, tout d'un coup. Génie et gloire, tout leur avait manqué le même jour; l'art même, tant méprisé, avait pris sa revanche. Ne faisons jamais d'insulte à l'art, il se venge de nos mépris! Voilà comment l'*Art poétique*, sous un certain rapport, est encore une règle de morale et de vertu. Toutes les règles se tiennent : l'artiste, qui a beaucoup réfléchi sur son œuvre, sait pourquoi il s'est trompé quand il se trompe; et, l'œuvre achevée, quand l'événement lui est fatal, il retourne aux règles, il revient au travail, il réfléchit de plus belle, il ne nie pas l'immortalité de l'âme dans son testament; surtout il ne porte pas les mains sur lui-même pour se punir de n'avoir pas amusé le parterre. S'asphyxier pour avoir déplu au public de la Gaîté! il n'y a vraiment pas de quoi!

Pour moi, plus je pense à l'action de ces deux jeunes gens, et plus je les trouve à plaindre. N'en doutez pas, ce sont là deux victimes de la rhétorique comme on l'a faite; ils ont porté le poids du drame tel qu'il a été imaginé de nos jours. Rhétorique perfide qui consiste à marcher, les yeux fermés, à voler tout d'un coup de ses propres ailes, à se passer d'études, de langage, de science, de théorie, de pratique, de réflexion, de tout ce qui fait le poëte!

Drame fatal et trop facile à faire qui dédaigne les mœurs, l'histoire, le style, l'intérêt, la vraisemblance, la vérité, ce qui est le drame! Dans un art ainsi fait, que peuvent devenir deux jeunes gens sans expérience? Vous leur avez dit et vous leur avez prouvé quelquefois qu'il ne s'agissait que de tendre la main pour ramasser la gloire et la fortune ; ils ont tendu la main, et ils n'ont ramassé ni argent ni gloire. Alors le désespoir les a pris, car ils étaient de bonne foi; alors le chagrin est entré dans leur cœur, leur cœur était naïf encore ! La critique elle-même, en ceci, n'a pas fait son devoir; le parterre lui-même est entré dans ce déplorable suicide. Après *Farruck le Maure*, la critique a battu des mains, sans songer que sa mission est d'être sévère; le parterre enthousiaste a redemandé le jeune auteur. Quelle fièvre ! Puis le lendemain, après cette double ovation, le malheureux jeune homme, retombé de si haut dans la réalité, se retrouvant plus isolé que jamais, aussi inconnu que jamais, ne concevant plus rien à sa gloire d'un jour, à sa nullité présente, le malheureux s'est donné la mort! C'est votre faute à vous, théâtres ; à vous, critiques ; à vous, parterre ! Vous n'avez pas su être sévères à temps! Vous avez trahi votre mission, qui est d'arrêter l'imprudent qui se perd ; vous avez fait, à ce jeune homme qui commençait, un cruel mensonge et de fausses promesses. Le grand malheur de ce jeune homme, c'est d'y avoir ajouté foi !

Pour moi ce n'est pas ainsi que j'entends le théâtre, ce n'est pas ainsi que j'entends la critique. Le théâtre, comme il est établi de nos jours, est devenu une taverne comparable à une maison de jeu. Le théâtre comme le jeu est une espèce de hasard, contre lequel nos jeunes gens peuvent, à toute heure, jouer l'avenir de leur esprit et de leur talent. Les auteurs manquent aux théâtres, et les théâtres s'arrachent les poëtes, comme autre part on s'arrache les joueurs. — Donne-nous ton or, joueur ! — Donne-moi ton génie, poëte ! — Mais mon or n'est pas à moi ! — Mais mon génie n'est pas mûr encore. — Qu'importe? joue et ton or ! et ton génie ! Pourvu que le jeu ait la dernière pièce du joueur, pourvu que le théâtre attrape le premier germe du poëte, le but est rempli. A cet effet on établit des cavernes au coin des rues. On invite les passants à entrer, on s'arrache les joueurs! Quel est le jeune esprit ainsi obsédé, et trouvant sous ses pas toutes ces facilités misérables, qui ait échappé à ces tristes séductions? Quel jeune homme est passé tranquillement devant l'appât des maisons de jeu? Et puis quand l'un a joué tout son esprit, quand l'autre a perdu toute sa fortune, on s'étonne de la double détonation, et l'on se demande *pourquoi sont-ils morts?*

C'est qu'en effet il y a chez nous beaucoup trop de ces espèces de maisons de jeu qu'on appelle théâtre ; c'est qu'en effet, en moins de six mois, jouer trois drames du jeune Escousse, un drame à la Porte-Saint-Martin, un drame au Théâtre-Français, un drame au théâtre de la Gaîté, c'était abuser étrangement de ce jeune homme. Aussi voyez comme il est mort! Il est mort tout occupé de théâtres, de journaux, de pièces commencées. Il est mort tout occupé de littérature, de renom, de gloire ; il est mort aussi malheureux qu'on peut mourir!

Sa lettre au jeune Lebras, son invitation funéraire, repose sur une métaphore toute dramatique et qui fait mal à l'âme, quand on songe à quel propos cette métaphore est placée :

« Je t'attends à onze heures et demie, dit-il, *le rideau sera levé*, « arrive *afin que nous précipitions le dénouement!* »

Ne dirait-on pas, à lire cette lettre, d'un drame à faire, d'une collaboration ordinaire, d'un *dénouement à précipiter* comme tous les dénouements qui se font aujourd'hui? Quelle abominable collaboration !

Lebras, fidèle au rendez-vous, arrive chez son ami ; Escousse avait tenu parole ; en effet, *le rideau était levé ;* le charbon, cet opium bâtard à l'usage des suicides du peuple, était tout allumé dans trois endroits différents, il n'y eut pas besoin *de précipiter le dénouement!*

Plusieurs voisins ont entendu le râle des deux amis. Le père d'Escousse lui-même, malheureux père! a prêté mystérieusement l'oreille à ce râle de mort. Il se retira, ne voulant pas déranger *les amours* de son fils! Mais aussi, même à un père, le moyen d'aller s'imaginer aujourd'hui, quand la gloire est à si bon compte, quand la renommée est à rien, quand il y a de la réputation pour qui en veut, qu'un enfant de vingt ans va s'asphyxier pour un mélodrame du théâtre de la Gaîté! Ainsi abandonnée à elle-même, la fatale tragédie toucha bien vite à son dénouement.

Le lendemain, quand la porte s'est ouverte, — et qu'il n'y a plus eu d'espoir de ranimer les deux cadavres, on a trouvé sur une table cette note, écrite de la main d'Escousse. Le malheureux! ne dirait-on pas que ce n'était là pour lui qu'un mélodrame ordinaire! Son drame composé, il avait eu l'horrible soin de composer sa circulaire pour les journaux. Un vieil auteur ne ferait pas mieux. Voici cette note :

« Je désire que les journaux qui annonceront ma mort, ajoutent
« cette déclaration à leur article :

« Escousse s'est tué, *parce qu'il ne sentait pas sa place ici,*
« parce que la force lui manquait à chaque pas qu'il faisait en
« avant ou en arrière, *parce que l'amour de la gloire ne domi-*
« *nait pas assez son âme, si âme il y a.* »

Insensé! Comme il se drape encore après la mort! Comme il a encore le besoin de se dresser sur le cothurne! Il meurt, non pas parce que la gloire lui manque, mais parce que c'est lui qui manque à la gloire. *L'amour de la gloire ne dominait pas assez son âme!* Hélas! je suis sûr que son père aura trouvé que la gloire le dominait trop.

Depuis Gilbert, qui a fait une élégie à sa mort, depuis André Chénier et Millevoye, c'est un usage consacré parmi les poëtes mourants, de composer quelques vers avant l'heure suprême, et il est rare que ces vers ne soient pas empreints d'un certain charme. Escousse ne s'est pas affranchi de cette loi du poëte mourant; il a fait, lui aussi, son épitaphe :

> Adieu, trop inféconde terre,
> Fléaux humains, soleils glacés ;
> Comme un fantôme solitaire,
> Inaperçu j'aurai passé ;
> Adieu, palmes immortelles,
> Vrai songe d'une âme de feu ;
> L'air manquait, j'ai fermé mes ailes,
> Adieu.

Ainsi sont morts victimes de l'exaltation d'un cerveau malade deux jeunes gens dignes de pitié et d'intérêt! Ils sont morts pour avoir méprisé les professions vulgaires, si favorables au repos et au bonheur. Ils sont morts surtout parce qu'il y a beaucoup trop de théâtres, et trop peu de sévères critiques, deux grandes causes de malheur et de ruine pour bien de jeunes gens de talent. »

On a su plus tard la parfaite exactitude de ces indications, écrites dans la hâte du premier jour. Ainsi ces méchants vers : *Adieu, trop inféconde terre*, que les deux suicidés nous donnaient comme le résultat d'une improvisation *in extremis*, ont été retrouvés, dans de vieux papiers, tout chargés de corrections et de ratures. Il y avait, dans cette mort cruelle, beaucoup de l'effet théâtral, il y en a toujours un peu dans tous ces drames à la Werther. Werther, avant de mourir, écrit une invocation à la muse d'Ossian et lit une tragédie de Lessing; Caton lisait aussi, une heure avant cette mort illustre qui fut comme le dernier soupir de la république romaine. Un jeune homme de notre première jeunesse, un nommé Daure, qui était un savant et bel esprit, très-bon littérateur et très-bon humaniste, un jour qu'il était à la campagne chez M. le prince de Talleyrand (M. de Talleyrand l'employait à mettre en ordre ces Mémoires inquiétants qui ne doivent paraître que trente ans après la mort du prince), après son travail du matin, met son plus beau linge, ses plus beaux habits, et s'en va, non loin de là, dans une chapelle en ruines; sur les degrés de cet autel brisé, il s'agenouille, il écrit ses volontés dernières, et..... il se tire au front un coup de pistolet. Il était aimé de tous, et comme l'enfant adoptif de cette maison princière. On se perd, rien qu'à se rappeler ces tristes histoires ! Ainsi mourut, mais d'un chagrin d'amour, un précieux jeune homme, entouré de tout ce qui fait la vie honorable et charmante. Il appartenait à une grande famille, il était le fils d'un ministre de l'empereur, le frère unique d'un ministre de Louis-Philippe; il était le maître d'une grande fortune, il était réservé à tous les honneurs; sa mère l'adorait, il adorait sa mère; et pour ne pas désobéir à cette volonté qu'il adorait, il mourut de la mort de M. Daure. — Un affreux pistolet arrêta le cours de ces jeunes destinées. Le soir même où cette nouvelle arrivait à Paris, l'ingénue pour laquelle était mort ce jeune homme, jouait sur son théâtre accoutumé je ne sais quel rôle nouveau ! — Si ces enfants qui se tuent pour ces dames pouvaient revenir une heure à la lumière, ils seraient bien honteux de ces actions malheureuses qui jettent un voile sanglant sur la prospérité de leur famille. Quelle existence il a tuée, en se jouant, ce jeune homme, et que de larmes amères il a fait couler !

LE DUEL.

Je devrais placer au rang des suicidés et, qui pis est, au rang des fous, un nommé Signol qui avait écrit, pour le théâtre de la Porte-Saint-Martin, plusieurs drames passablement écoutés, et ce succès même, enflant outre mesure la vanité de l'écrivain, l'avait poussé à insulter tout le monde. On eût dit, à le voir, à l'entendre, un fier-à-bras, un vrai capitan de l'ancienne comédie. Il ne manquait pas de bravoure, à coup sûr, mais il y avait en lui un tel contentement de soi-même, qu'il en oubliait les plus nécessaires conditions de la vie à l'usage ordinaire de tous les hommes bien élevés. Bref, il était insupportable, et — le malheureux ! — il en fut cruellement châtié.

Un soir, comme il arrivait au Théâtre-Italien dans l'entr'acte, il vit une stalle inoccupée, et il s'y installa sans façon. L'instant d'après, quand chacun fut revenu à sa place, paraît l'officier de service au théâtre, et très-poliment il redemande sa place à M. Signol. Signol répond qu'il se moque de l'officier (un jeune officier de la garde royale), et il le frappe au visage. Entendez-vous, il frappe au visage ce jeune homme qu'il n'avait jamais vu ! Après quoi il s'en va laissant sa carte. Le jeune homme s'assied tranquillement dans sa stalle, et à la fin de la pièce il fait son rapport en ces termes : « Rien de nouveau ; seulement l'*officier de garde a reçu un soufflet*. » A quoi le colonel répondit en marge du rapport : « Je donne à l'officier de garde un jour de congé pour après-demain. »

Le surlendemain, à la porte de Signol, s'arrête une calèche à quatre chevaux et conduite à la Daumont, par un groom en grande livrée. Les deux témoins de l'officier insulté font monter M. Signol et ses témoins dans cette brillante voiture ; eux-mêmes ils suivent dans un équipage plus modeste. On fut bien vite à Vincennes, dans la forêt. M. Signol n'était pas gauche à tenir une épée ; c'était la première fois que se battait le jeune homme insulté. Le combat ne dura pas dix minutes ; Signol fut tué d'un coup d'épée en plein cœur.

Une mort du même genre, mais elle méritait d'être déplorée, et elle le fut en effet, ce fut la mort de Dovalle, un jeune poëte d'un grand avenir, tué, dans un duel au pistolet, par M. Mira, le fils de Brunet, le naïf et charmant comédien du théâtre des Variétés. Dans un moment d'humeur, M. Dovalle avait écrit, en plein journal, un mot qu'il était facile de retirer, mais M. Mira s'y prit mal, et il eut le malheur de tuer ce jeune homme, enfant des Muses françaises, dont le sang a poursuivi son vainqueur jusqu'au tombeau. On a remarqué, en effet, que depuis la mort du jeune Dovalle, rien n'avait réussi à M. Mira. Il passait dans la rue, et bien que le combat eût été loyal en toutes choses, à peine si ses amis lui tendaient une main dédaigneuse. Il avait une place, il la perdit; une fortune, il perdit sa fortune, et il ne fit plus que mener une vie errante et vagabonde, vivant à grande peine, et entraînant dans sa misère une jeune femme, aimée et honorée de tous. Enfin, il est mort obscurément, et chacun disait : *pauvre Dovalle !* Il n'est pas bon d'avoir ses mains tachées de sang. Il n'est pas bon d'entendre sans cesse, à son oreille déchirée, le râle d'un malheureux qu'on aura tué, pour un mot, pour un coup d'œil, pour un rien !

Hélas ! disais-je à propos de la mort de Dovalle, il est mort de cette rencontre imprévue ? — O misère ! voilà un jeune homme étendu sur la terre humectée de son sang ! On le transporte chez un bûcheron où il reste étendu sur la paille, et livré pendant douze heures, au râle de la mort, loin de sa famille qui l'avait élevé à si grands frais, loin de ses amis, loin de tous les siens. Et si l'on songe que dans ce noble cœur qui ne bat plus il y avait tant de vives étincelles poétiques, si l'on vous prouve que cette main défaillante savait tenir une plume, et que cette plume savait écrire des vers pleins de charme, alors, vous pleurerez sur ce jeune homme aux belles et touchantes inspirations, vous aurez de sincères regrets pour cette vie si malheureusement interrompue dans ses tendres rêveries, dans ses folles espérances, dans ces visions de bonheur et d'amour, qui vous font poëte, à coup sûr, au moins durant tout un jour. »

Telle est l'histoire du jeune Dovalle. A lire ses poésies, c'était le meilleur et le plus timide des hommes ; des goûts simples, des vers faciles, la promenade ; la musique, le soir, dans les carrefours ; des visions magiques à sa fenêtre, le matin ; une profonde connaissance de tous les plaisirs que donnent l'étude et la nature, voilà le poëte. Ecoutez-le, et dites-moi s'il n'y a pas dans ces beaux vers, tout remplis de jeunesse et de soleil, beaucoup de grâce et d'abandon :

LA CAMPAGNE APRÈS UNE PLUIE D'ÉTÉ.

De l'eau qui tombe goutte à goutte,
Chrysa, je n'entends plus le bruit :
Le ciel est clair, l'ouragan fuit,
L'oiseau joue au bord de la route.
 Entre les sentiers tortueux,
Sous les verts buissons d'aubépine,
Parmi les touffes d'églantines
Chrysa, veux-tu venir, tous deux?
 Les papillons du crépuscule
De nouveau brillent étalés,
Sous le vent la prairie ondule,
La caille chante dans les blés...
 Viens avant que le jour finisse,
Viens, Chrysa, donne-moi la main.
Du vallon prenons le chemin,
L'heure aux doux songes est propice.

On rencontre, à coup sûr, une certaine fraîcheur, un vrai parfum dans ces vers de M. Dovalle, mais combien son recueil, attristé par cette mort douloureuse, était loin de promettre ce que promettait au même instant, à la même heure, un livre tout flamboyant de grâce, d'esprit, de folie et de vers nouveaux, signés d'un nom inconnu, Alfred de Musset! Même à propos de M. Dovalle je signalais déjà (on aime à retrouver les premiers bruits des grandes renommées) : « l'impertinence toute aimable de ce jeune homme de seize ans qui a fait la ballade *à la Lune*, et qui nous a jeté, avec tant de spirituel dédain, plus de cent vers excellents, pleins de verve, de force, de chaleur et d'esprit, au milieu d'un déluge de choses impossibles, où la fantaisie est tout, où le bon sens fait silence et s'incline en maugréant. »

LASSAILLY.

Pendant que ceux-ci se tuaient sur le champ du duel, et que ceux-là se tuaient de leurs mains, d'autres succombaient d'une façon plus lamentable encore, sous le poids de la vie littéraire. A peine avaient-ils fait un pas dans cette carrière de ronces et d'épines, aussitôt le désastre de leur cerveau fatigué les forçait de s'arrêter, et leur tête lassée s'avouait vaincue avant l'heure. Ainsi mourut un brave garçon que nous avons tous connu, que nous avons tous aimé, Lassailly, le plus fantasque et le plus extraordinaire écrivain que la nouvelle génération ait tenté de mettre au jour. Il avait commencé par pousser à l'extrême toutes choses; la manie était son point de départ. Il avait fait un livre intitulé : *les Roueries de Trialph*, avec un zig-zag pour épigraphe, et ce livre était rempli de mille choses *zig-zagantes* (c'est un mot qui est fait d'hier). Je voudrais, pour beaucoup, le posséder aujourd'hui, ce livre que j'ai possédé en manuscrit; bien des amateurs me porteraient envie. Il contient en germe la folie et le talent de M. Lassailly. Le pauvre diable, il avait bien de la peine à gagner sa vie ; il vivait au jour le jour, toujours de peu, souvent de rien. Il avait froid en hiver, il avait faim en été ; il passait de l'extrême gaîté à la tristesse extrême ; il a fait un journal, et ce journal servait de piédestal unique à sa statue équestre, car pour le moins il s'était mis à cheval sur ce bronze à sa louange.

Un jour M. de Balzac, qui flairait l'esprit comme on flaire un brin de muguet, rencontrant Lassailly qui grelottait, le mena dans sa maison des *Jardies*; rien n'y manquait, sinon un escalier pour y monter. Aux *Jardies*, le propriétaire de ces domaines qui pouvaient bien avoir vingt-cinq perches de long, sur trente perches de large, installa maître Lassailly dans une chambre obscure, et pour dégager cet esprit de la matière absolument, il essaya de nourrir son hôte avec très-peu de pain et beaucoup de café noir..... à peu près le régime de la Pythie antique; à peine s'il y manquait le trépied. M. de Balzac espérait, par ce traitement énergique, arriver à des résultats incalculables avec l'esprit de ce pauvre diable. Inutile torture ! Il n'y avait que la lie inerte dans ce cerveau qui s'était dépensé en billevesées. Lassailly succombant sous la faim et l'insomnie, également stériles, sortit des *Jardies* comme notre premier père est sorti du paradis terrestre, et quand plus tard, il fut bien avéré que cet infortuné, d'un si beau génie, était impuissant à porter le rocher de Sysiphe, il arriva que le ministre de l'intérieur, à la prière de M. Alfred de Vigny, le protecteur de ce pauvre esprit malade, lui fit ouvrir un asile honorable, non loin des Petites-Maisons. En ce lieu qui n'est pas l'hôpital, qui n'est pas le toit domestique, végétait déjà un homme d'un vrai talent, qui avait fait des livres que le public avait lus avec grand plaisir, et entre autres livres une excellente traduction des *Fiancés* de Manzoni, nous voulons parler de M. Rey-Dusseuil, un enfant de Marseille. A cette liste il faut ajouter le nom d'un poëte dramatique un instant célèbre, M. Gustave Drouineau. Il est l'auteur d'un *Rienzi* en cinq actes qui lui valut une couronne publique, et un rappel enthousiaste lorsque le parterre voulut qu'il lui fût présenté du haut de son théâtre. Il avait aussi donné au public plusieurs romans, *Résignée* entre autres, pour lesquels il reçut autant de louanges, et non moins de billets doux que s'il se fût appelé lord Byron. Il avait fait aussi une *Françoise de Rimini*, dont M. Étienne Bequet a parlé; ce fut même un des derniers feuilletons de cette lettre R qui cachait sous un travail lent, douloureux et pénible, un des meilleurs esprits de notre temps. Mon lecteur ne sera pas fâché, je l'espère, si je lui donne ici quelques passages de ce feuilleton sur *Françoise de Rimini*, en souvenir de ce bon écrivain enlevé sitôt aux lettres qu'il aimait. Étienne Bequet parlant de M. Gustave Drouineau, c'est un mort qui parle d'un fou. Triste métier que nous..... et les autres, nous faisons là!

UN FEUILLETON D'ÉTIENNE BEQUET.

« Tout le monde, dit-il, connaît le charmant épisode du Dante,
« où Francesca raconte ses amours infortunés. Le trait qui ter-
« mine son récit : *ce jour-là nous ne lûmes pas davantage*,
« sera éternellement cité comme un modèle de grâce et de déli-
« catesse.

« Mais si dans une anecdote assez simple, le génie du Dante a
« pu trouver la matière de soixante vers excellents, doit-on y
« chercher le sujet d'une tragédie ? Il me semble que M. Drouineau
« lui-même est pour la négative, puisqu'il appelle à son aide ces
« ennuyeuses disputes des Guelfes et des Gibelins, dont il ne sait
« tirer que des discours sans résultats, et des conspirations sans
« motifs. M. Drouineau a fait un tableau, nous dit-on, un tableau
« vide, c'est vrai, et il a forcé le vieux Dante à venir vous parler,

« à tout propos, de son génie méconnu, de son immortalité surtout.
« Il ne sort pas de l'immortalité. A-t-il un ennemi, il le rendra
« immortel dans ses vers vengeurs. A-t-il un ami, il en fera un
« immortel par les chants de sa reconnaissance. Tout cela est fort
« beau, fort pompeux, mais n'intéresse guère le spectateur qui se
« soucie fort peu de l'immortalité des amis et des ennemis du
« Dante.

« C'est le Dante qui ouvre la pièce; car je laisse de côté une
« espèce d'introduction où les domestiques de Berthold nous ap-
« prennent que leur maître est rongé de soucis, que le sommeil a
« fui sa paupière, qu'il ne voit partout que fantômes effrayants.
« Ils reçoivent assez mal le Dante; cependant par son ordre ils
« le laissent seul et vont prévenir le châtelain. Abandonné à ses
« réflexions, l'illustre poëte ne manque pas de déplorer sa des-
« tinée, sa vie errante, et sa misère. Il dit et redit qu'il a faim
« et ne peut trouver de pain : M. Drouineau a voulu exciter
« notre pitié pour ce grand homme, qui fut en effet très-malheu-
« reux. Mais au lieu de phrases communes et stériles, n'aurait-il
« pas mieux fait de nous le montrer proscrit, sans asile, mendiant,
« et partout repoussé? Je le vois, au contraire, accueilli avec en-
« thousiasme dans le château de Berthold; on lui parle sans cesse
« de sa gloire; il marche l'égal des hauts seigneurs, et quand au
« troisième acte on sert, je ne sais pourquoi, un excellent dîner,
« il s'assied à table près de la maîtresse de la maison. On ne plaint
« guère le génie quand il dîne si bien.

« Berthold arrive, reconnaît le Dante, l'embrasse, lui offre sa
« protection, et s'entretient avec lui de ses affaires; il ne lui ca-
« che pas que de son naturel il est fort jaloux; et dans ce mo-
« ment il a de graves raisons pour l'être plus que jamais. La
« belle Françoise, sa femme, consume ses jours dans les pleurs;
« rien ne peut l'arracher à sa tristesse. Ses soupçons descendent
« jusqu'au troubadour Sordel. Mais Françoise aimer un trouba-
« dour ! un chansonnier ! Vraiment il ne peut le croire.

« Tout à coup la trompette sonne. Un chevalier se présente, la
« visière baissée, le bouclier sans armoiries. On l'admet. C'est
« Paolo, le frère de Berthold. Gibelin et proscrit par les Guelfes,
« tout puissants alors, il est allé offrir son courage à l'empereur
« de Bysance; malgré les dangers qui le menacent, l'amour du

« pays natal, après quatre ans, le ramène à Rimini. C'est du moins
« ce qu'il dit à son frère. Dans la vérité, il n'est revenu que par
« amour pour Françoise. A la prise de Ravenne, il a été assez
« heureux pour sauver Françoise du pillage et de ses suites. Là na-
« quit dans leur âme une mutuelle tendresse, que l'hymen aurait
« sans doute couronnée, si quelques jours après, dans une ren-
« contre, il n'avait tué involontairement le frère de Françoise.
« Pourtant il espère que quatre années d'exil auront fléchi la haine
« de Françoise et de sa famille. Mais que devient-il quand il
« apprend que son frère, que Berthold a épousé Françoise? Il
« veut partir, mais Berthold le retient. Au second acte, il a même
« la bonté de le présenter à sa femme, et d'exiger qu'elle lui
« pardonne.

« Ici, malheureusement, la pièce est finie pour le spectateur;
« il prévoit tout. A des soupirs étouffés, des mots incertains et un
« trouble qui ne l'est pas, Berthold soupçonne l'amour de Fran-
« çoise et de Paolo. Voilà les trois personnages réduits à tourner
« dans le même cercle d'idées et de passions. Paolo aime Fran-
« çoise, Françoise aime Paolo, Berthold est jaloux. Pendant trois
« actes, il faudra se traîner entre ces amours et cette jalousie :
« cela est clair. Comment Berthold punira-t-il la double trahison
« d'un frère et d'une épouse? Voilà toute la question. »

Vous voyez par cet exemple, l'accent et le bon accoutrement de
cet aimable critique ; à quelle heureuse ironie il obéissait sans le
savoir, sans le vouloir ; quel tact habile à faire ressortir les vices
de l'œuvre en question, et quelle sobriété dans tout le cours de
son récit..... Il termine ainsi ce compte-rendu :

« Au cinquième acte, Berthold est devenu fou. Françoise a été
« transportée mourante dans son appartement; elle ne reprend ses
« sens qu'en entendant la voix de Paolo, qui a voulu pénétrer jus-
« qu'à elle. Là, seconde scène d'amour, de désespoir, de larmes,
« qu'interrompt encore l'arrivée de Berthold. Paolo se cache dans
« un cabinet voisin ; il pourrait rester, car Berthold a tout à fait
« perdu la raison, et il ne la reprend que peu à peu pour recon-
« naître Françoise. Avec sa raison reviennent ses fureurs jalouses,
« il veut immoler l'infidèle, quand Paolo s'élance du cabinet où il
« est caché. A sa vue, nouvelles fureurs, nouvelles imprécations,
« nouvelle folie de Berthold, qui finit par les tuer tous deux ; et

« au même moment le tocsin annonce la révolte des Gibelins,
« circonstance très-indifférente de la péripétie.

« En général l'effet de cette représentation a été fort médiocre.
« On a justement applaudi quelques scènes, ou plutôt quelques
« tirades, écrites avec correction et une facilité élégante. Mais
« jamais ni la terreur, ni la pitié du spectateur n'ont été vivement
« excitées. Point de ces instants où la vérité des passions établisse
« une vive sympathie du personnage au public, et du public au
« personnage. On regardait ce qui se passait sur la scène, on ne
« l'éprouvait pas. »

Ce qui manquait à Bequet, c'était un peu de véhémence et de chaleur. Il avait sans cesse le sourire à la lèvre, et ce sourire était dans son esprit. Il ne s'est pas fâché deux fois dans toute sa vie; il haïssait à l'égal de la mort, les piaffes, les efforts, les éclairs et les bruits du style imagé qu'il comparait à ces torrents impétueux qui remplissent le paysage du bruit de leur onde effrénée et qui sont incapables de porter une barque. Il avait bien de la peine à se faire à ma façon d'écrire; un jour, entre autres, comme nous revenions ensemble d'un mélodrame de la Porte-Saint-Martin, intitulé : *la Cure et l'Archevêché :* — « Comment, me disait-il, vous raconterez tout au long de pareilles horreurs ? — Oui, j'en parlerai. — Et vous en parlerez en détail? — Et pourquoi n'en parlerais-je pas en détail? C'est mon droit, même il me semble que c'est un devoir. — Si bien que vous allez pousser à ce triste spectacle une foule d'honnêtes gens qui ne songent pas à y aller. Croyez-moi, laissez dans l'ombre ces vaines choses, ne vous fiez pas à cet art matériel qui passe de l'œuvre à la critique, écrivez moins, avec moins de bruit, de recherche, de pétulance, votre style n'y perdra rien. » Parlant ainsi, il ne se doutait pas que le journal, poussé dans la voie ardente des discussions politiques de chaque jour, allait agrandir son format, à trois reprises différentes! Comment faire alors, et comment remplir cet espace nouveau livré aux plumes vaillantes? On a beau dire, on a beau faire, la tribune a ses exigences; l'écho même à ses volontés; si je parle, il faut que j'étudie avec soin le lieu où je parle, et si j'écris l'espace où j'écris! Il avait de l'esprit et dans l'esprit bien de la grâce et de la finesse, Étienne Bequet, il n'eût pas résisté longtemps à ce journal, agrandi sans mesure. Il écrivait avec une peine extrême, et cette peine était augmentée à l'infini par mille entraves imprudentes. Il avait, en effet, la mauvaise habitude, avant d'écrire un feuilleton, de poser, en guise de jalons, les différents traits de son discours; ces traits une fois trouvés, son travail consistait à remplir l'espace qui les séparait l'un de l'autre. Il avait été élevé ainsi par son maître, M. Planche, qui était un professeur très-savant, très-timide, et non moins fidèle au *Gradus ad Parnassum* qu'à son cahier de bonnes expressions.

Le lendemain, sans plus attendre, en dépit de Bequet et de ses conseils, je rendis compte, *ab irato*, de ce mélodrame : *la Cure et l'Archevêché*, et je puis dire que ce fut là vraiment mon premier feuilleton, et que ce jour-là je trouvai peut-être l'accent d'une indignation vraie et bien sentie. On était encore aux jours de désordre; toutes les lois que la révolution de juillet n'avait pas brisées, étaient endormies; le théâtre, abandonné à lui-même et délivré de toute censure, n'avait plus rien qui l'arrêtât dans ces excès où le pousse nécessairement l'absence de toute répression.— *La liberté des théâtres !* un rêve ! Elle nous a menés, tout droit, à deux reprises différentes, à des excès, tout semblables au mélodrame incroyable que je racontais sans vergogne, à mon public de 1833.

LA CURE ET L'ARCHEVÊCHÉ.

« L'action se passe de nos jours, non loin de Paris. Il y a *à Paris*, un archevêque traître, faussaire, conspirateur, débauché, immensément riche, suborneur de jeunes filles, incendiaire, par dessus tout, incendiaire pour favoriser l'élection d'un député ministériel. Dans la fable que les auteurs ont inventée, ils ne disent pas, les bonnes gens! le nom de ce furieux archevêque, ils vous permettent de le deviner. Au lieu d'un, vous en aurez dix, à choisir ! Ainsi, pour faire un drame vous mentez, vous calomniez de gaieté de cœur tout le haut clergé; vous l'accusez de plus de crimes aujourd'hui que jamais les tyrans de l'histoire antique n'en n'ont pu commettre; vous livrez en masse les archevêques de France à l'exécration publique. Allons, du courage, renforcez vos couleurs, taillez dans le vif, frappez à mort les vaincus, malheur aux vaincus ! Il est donc convenu que dans ce drame le scélérat sera un prélat de l'église catholique, et vous verrez qu'on n'aura pas lésiné sur les crimes, cette fois. »

Ceci dit, je racontais cette histoire extraordinaire qui vous peut donner une juste idée des excès dans lesquels le théâtre était tombé, lorsque la jeune critique eut l'honneur de prendre la férule en ses mains :

« Donc en France existe un archevêque presque marié avec une comtesse qu'il appelle sa nièce. Cet archevêque a des bas bleus, la parole brève, une croix en or sur la poitrine, le sourire hypocrite, une large calotte sur la tête, et la rage dans le cœur. C'est un homme galant, dont sa nièce est fort jalouse; c'est un grand politique, qui reçoit des lettres de Montrouge et qui donne de beaux dîners. A ce dîner se trouvent beaucoup de jeunes femmes, un procureur du roi, un maire et un gendarme. Après le dîner, on prend le café, on joue au piquet; le piquet fini, on parle politique, le prélat s'emporte contre les libéraux, il règle les élections, et il dissimule le reste de ses projets. Vous allez savoir ses projets. Il faut vous dire que la pièce commence dans une salle à manger. Les auteurs de cette abominable tragédie ont volé à M. Théodore Leclercq le commencement d'un charmant proverbe, où M. Leclercq, avec cette grâce et cette délicatesse qu'on lui connaît, s'est amusé à saisir sur le fait les petites délicatesses de la vie archiépiscopale, ses petits bonheurs, ses voluptés innocentes. Le proverbe de M. Théodore Leclercq est plein de gaieté, de malice et d'esprit, mais c'est tout. Arrivent les harpies qui s'emparent de ces mots pleins de grâce et de folle gaieté, et qui salissent tout ce qu'elles touchent. Dans le drame de la Porte-Saint-Martin, l'archevêque de M. Leclercq, qui n'était qu'un bon homme, un vrai chanoine de la Sainte-Chapelle, au temps de Despréaux, devient tout à coup le plus grand des scélérats. Les dramaturges ont cousu, sans façon, le lambeau de pourpre au morceau de bure. Cette fois, les voilà lancés! ils frappent à droite et à gauche, à tort et à travers, sauve qui peut! Entre Louise, enfin, dans le palais archiépiscopal; Louise, crédule, ascétique, rêveuse, qui aime son amant et qui craint le courroux du ciel! L'archevêque prend un soin tout particulier de Louise : il lui parle quand elle est à son ouvrage; il lui prend la main; il a voulu la confesser lui-même, honneur insigne et bizarre, au moins chez nos seigneurs les évêques! Ce jour-là, après le repas, le prélat incestueux donne à Louise un rendez-vous dans la sacristie, le soir : vous ne devineriez jamais pourquoi?

« À peine échappés aux salons de l'archevêque et à la mauvaise compagnie qui s'y réunit, nous passons à la sacristie. Il fait nuit, *la lampe veille*, on voit, suspendus aux arceaux, les bannières de la Sainte-Vierge et le crucifix ; le lieu est solennel, le moment solennel. L'archevêque, tout frais sorti de ses festins et de sa conspiration, attend Louise. Que va-t-il faire de Louise? Une porte s'ouvre : Louise paraît, elle joint les mains, elle demande l'absolution d'un crime d'amour, c'est une confession d'amour. L'archevêque est jeune : que dira l'archevêque à Louise?

« Vous n'avez pas vu le curé Mingrat au Cirque Olympique? C'était là un scélérat qu'on ne pouvait pas calomnier, un scélérat fixe, avec un nom flétri par une condamnation juridique, dont le crime était connu, certain, avoué. Faire monter ce monstre sur le théâtre, à coup sûr il y avait, en cette action mauvaise, une sourde et injuste cruauté envers ce noble et vertueux clergé catholique qui n'est pas responsable de ces crimes isolés, mais enfin ce n'était en apparence que justice. On attendait le scélérat sur le théâtre, le théâtre et son échafaud étaient de plain-pied. Une fois là, nous l'avons vu violer une femme, l'étouffer, la couper par morceaux, la jeter à la rivière et prier Dieu! C'était là un mélodrame sans pitié, mais enfin l'histoire était vraie ! Eh bien! soyez tranquilles, la pudeur publique a ses vengeances! — Malheur aux écrivains qui ne respectent pas la vieillesse des villes : ce Mingrat jugé, enchaîné, ce Mingrat qui est aux bagnes, il a fait horreur sur le théâtre, et l'on a reculé d'effroi! Trois fois le Cirque-Olympique a joué ce drame, trois fois la salle était déserte, le peu de spectateurs qui se trouvaient là étaient honteux de leur ignoble curiosité. C'était Mingrat pourtant, c'était un prêtre homicide! Eh bien ! cette vérité n'était pas acceptée ! Au dehors de la salle on était sûr du crime affreux de ce bandit, sur le théâtre on n'y croyait plus ; c'est qu'il y a deux vérités dans le monde, heureusement pour l'art et pour la morale. Qu'on me pardonne cette digression, je reviens à l'archevêque et à la sacristie où je l'ai laissé.

« L'archevêque écoute Louise. Quand Louise a fini, le prélat prend sa grosse voix, son geste est gigantesque, sa parole est grave. On dirait Mahomet vu à la clarté d'une lampe. — « Il faut brûler la maison de M. Dumont, ma fille, » dit le prêtre, et, pour avoir l'absolution, Louise accepte. Louise doit se marier cette nuit; elle ira cette nuit, à travers champs, brûler toute une famille pour plaire à Monseigneur. Notez bien que Louise n'est pas une folle, et que Monseigneur ne la confesse que depuis peu de temps. Cette pauvre enfant a été élevée par un saint prêtre, et toute dévote qu'on la suppose, elle a pourtant cédé, avant le mariage, aux empressements de l'homme qu'elle aime, ce qui, chez une dévote, prouve toujours quelque indépendance dans l'esprit.

« Je ne m'appesantis pas sur cette fable explicative des incendies qui ont désolé la province; — ce n'est pas la première explication qu'on ait faite de ces crimes sans nom; aucune de celles qu'on nous a données n'est la vraie. Nous avons eu les *révélations* de l'incendiaire Berryer; cet incendiaire a tenté, aussi bien que les auteurs du mélodrame, d'accuser aussi le clergé, en général, de ces horribles crimes. Mais ces *révélations* n'ont rien révélé, si ce n'est l'effronterie de cet homme. Ne nous arrêtons donc pas à chercher la théorie et l'explication de ces crimes. Acceptons un instant l'archevêque pour incendiaire, et si cet archevêque est le plus scélérat et en même temps le plus stupide des hommes, c'est, tout simplement, que les auteurs l'ont voulu ainsi.

« La nuit vient. Louise est cachée dans les champs; elle porte une lanterne sourde; allons, l'incendie ! L'incendie éclate, Louise s'enfuit; elle rencontre son amant à la lueur naissante de l'incendie, elle crie : Bon ! mon secret est connu ! Cependant la maison de l'honnête Dumont est en cendres, ce qui ne lui ôte pas son droit d'élection pour cette année, comme l'archevêque a l'air de le croire. Du reste, les auteurs n'ont pas pris soin de nous dire si l'incendie a empêché le candidat libéral d'être nommé le lendemain, ce qui n'est guère probable. J'ai bien peur que Monseigneur, ce profond politique, n'ait commis un crime inutile.

« La scène change : nous ne sommes plus dans les salons dorés de l'archevêque, nous sommes dans le simple et délabré presbytère du vieux curé de Maucler. Le vieux curé est un bonhomme qui mange un frugal repas, qui se laisse gronder par sa servante, c'est un parfait contraste avec l'archevêque. Au milieu de son repas on frappe à la porte : c'est Louise. Louise, l'œil hagard, désespérée, muette, morne : en un mot, madame Dorval !

« Cependant le bon prêtre, qui est plus éloquent qu'on ne le pense, persuade à Georges, le prétendu de Louise, d'épouser Louise sur-le-champ. Georges connaît le crime de sa fiancée ; et pourtant, il l'épouse. La pauvre fille va prendre ses habits de fête, le curé est à l'autel qui attend les époux ; mais le crime de Louise est connu, on la traque dans l'église comme une bête fauve, elle tombe dans les mains d'un maire, grimaçante et vile figure que les auteurs auraient bien pu nous épargner, quand tout à coup, voilà l'archevêque qui se montre ; et, Louise lui promet de nouveau le silence, je ne sais trop pourquoi ; le bon prêtre arrive qui augmente la terreur de l'archevêque. Peu à peu le crime va s'arranger : le vieux curé de Maucler consent à ne pas dénoncer le coupable, pourvu que Louise soit sauvée ; Louise va franchir la frontière avec Georges ; mais dans le lointain passe un convoi : c'est le convoi d'un vieillard étouffé dans l'incendie : à cet aspect, le remords qui s'était un peu apaisé s'empare de Louise de plus belle, Louise pousse un cri, elle s'élance, personne ne la retient, la rivière est là tout exprès et l'incendiaire finit ses jours dans les flots. »

On peut dire, en certains moments, de l'analyse, « qu'il y a de grandes vertus dans l'analyse. » — *il y a de grandes vertus dans le si*, a dit Shakspeare, et à coup sûr, dans tout autre état de société, l'analyse d'une pareille pièce aurait suffi, j'imagine, à montrer le danger de ces œuvres écrites, évidemment dans l'intention innocente de plaire à la foule stupide et de l'amuser un instant. Aussi bien, arrivé à ce terme de mon récit, et quand on me croyait à bout de colère, alors je reprenais de plus belle :

« N'est-ce pas encore un épouvantable progrès ? Le viol d'un cadavre par un prêtre ! Pardonnez-moi, je vous prie, ces mots atroces qui ne sont guère du dictionnaire du feuilleton ; mais dans une nation élégante et correcte, ce sont là de cruels malheurs ; et puis quand bien même je m'épouvanterais à tort pour l'art, pour le goût public, pour l'innocence et la sécurité de nos plaisirs, pour le théâtre qui s'en va et qui est perdu s'il se tient, sans fin et sans arrêt, dans cette voie abominable, à travers l'inceste, l'incendie et les plus perverses combinaisons, croyez-vous qu'il ne me serait pas permis de me plaindre, pour moi-même, et par simple égoïsme ? Est-ce une position agréable, je vous prie, que d'être lié, vivant, à ce cadavre appelé : le drame moderne? N'est-ce pas assez de le subir et de le suivre en ses blasphèmes, en ses délires, sans être forcé de s'en souvenir vingt-quatre heures, afin de raconter en détail, ce bloc de crimes et d'infamies? O la belle tâche, en effet, d'essayer les pièces nouvelles, comme font à Marseille, ces malheureux, voués à la peste, qui plongent leurs bras nus dans les ballots venus d'Orient ! O l'agréable profession littéraire, que d'être toujours à dire aux curieux : Prenez garde ! là vous verrez la guillotine rouge de 93 ! Prenez garde ! là vous verrez les réactions de 1815 ! Prenez garde, ici l'on mange un cadavre ! Prenez garde ! ici l'on viole un cadavre ! Prenez garde ! là se commet l'adultère presque en public, là on marque, on fouette, on flétrit ! Prenez garde au bagne, à la cour d'assises, à l'argot des voleurs, car tout cela en effet c'est le drame moderne, tout cela c'est le théâtre ; et, voilà désormais, ma tâche illustre de chaque jour ! Il n'y a pas de juge plus attentif sur son tribunal ; il n'y a pas de procureur du roi, et pas de procureur général plus cruellement occupés dans leur cour de justice, que le feuilleton dans sa stalle au théâtre. Il faut donc voir, il faut donc entendre, et tout comprendre ; la toile est levée, vous n'avez rien à dire, rien à penser, vous n'avez qu'à voir et à raconter. De sorte que, désormais, pour ce feuilleton où Geoffroy et M. Duvicquet ont été si longtemps les arbitres du goût, les inflexibles souverains de l'art dramatique, le protégeant de leur science, de leur esprit, de leurs sarcasmes, le premier portier qui saura raconter une histoire, la première cuisinière qui sera habituée quelque peu au langage des cours d'assises, va suffire à tout le théâtre de notre époque, aussi bien que Geoffroy et Duvicquet. Encore une fois, ceci est pour un critique la plus malheureuse des positions, obligé qu'il est à chaque instant de rédiger, à propos du théâtre, une espèce de complainte comme celles qui se chantent en place de Grève un jour d'exécution, sur l'air *de Fualdès.* »

LE SAC DE SAINT-GERMAIN-L'AUXERROIS.

Et, le jour suivant, à propos de ces drames révolutionnaires, dans lesquels on voyait apparaître, en leur triomphe posthume, les grands massacreurs d'autrefois, vous ne sauriez croire à quel point de colère et d'indignation je sentais monter mon courage à braver ces misérables ressuscités de la Terreur. Cela m'est arrivé à deux reprises, après deux révolutions qui avaient déchaîné tant de mauvaises passions, et deux fois j'ai eu l'honneur d'élever une voix indignée contre ces drames de comité du salut public, de prisons pleines de massacreurs, d'échafauds et de délateurs. « Jusques à quand nous veut-on promener à travers ces tortures, et n'avons-nous pas assez assisté, depuis six mois, à ces drames d'échafand et de sang où le bourreau joue le grand rôle, où Danton, Robespierre, Marat, Saint-Just, ces monstres que nulle force et nulle honte ne sauraient réhabiliter, apparaissent sur la scène avec les grandes phrases de leur temps, vides de raison et de sens? — Serait-il vrai qu'après avoir été rejetée avec horreur de tous les théâtres désertés, cette boucherie révolutionnaire se porte au Théâtre-Français comme à son dernier asile? Sommes-nous donc destinés, à tout jamais, à voir verser le sang? — à entendre couler les pleurs, à assister aux vociférations d'une tribune, veuve de Mirabeau et de Barnave; à ne voir que le côté boueux et sanglant de cette révolution? Vraiment, sommes-nous bien encouragés par ce qui se traîne aujourd'hui dans nos rues, à soulever les poussières des mauvais jours? Hélas! vous le voyez déjà, ces passions retombent sur nous, cendres brûlantes d'un volcan que nous pensions refroidi! »

Certes, quand le feuilleton, puéril et futile enfant de la causerie parisienne, s'abandonnait à ces colères dignes de Juvénal, le feuilleton avait ses motifs de passion et de fureur. Il avait vu, à sa porte, un jour de mardi-gras, un jour de bal masqué, lorsque les plus sages acceptent le travestissement général, la foule hideuse se ruer, en armes, contre l'antique église de Saint-Germain-l'Auxerrois, et, d'une main impie, écraser l'autel, briser la chaire et fouiller les tombeaux. Ce fut à propos d'une messe funèbre en souvenir de M. le duc de Berry (le 13 février) que ce misérable peuple, enivré du parfum et des saveurs des courtilles avinées, fit de tes antiques murailles son jouet d'une heure, ô vieille église insultée à l'instant même où d'autres bandits livraient l'Archevêché au pillage! J'ai raconté moi aussi, témoin oculaire, cette histoire du sac de Saint-Germain-l'Auxerrois et du pillage de l'Archevêché. J'ai côtoyé cette rivière indignée, en cherchant dans ses eaux fangeuses tant de précieux débris que ces bandits avaient livrés au courant de l'eau rapide. « Ah ! que de trésors, que de richesses, d'habits, et d'ornements précieux ! Ah ! que de tableaux déchirés, que de meubles brisés, que de choses enfouies. Surtout, et c'était là ce qui faisait mal à voir, un nombre immense de livres jonchait la rivière ; on les voyait jetés sur la rive par les vagues lassées, s'accrocher aux bateaux des ports, paraître un instant, puis s'enfoncer lentement, comme un homme qui se noie. C'étaient là les débris de cette belle collection de livres de théologie arrachés aux saturnales ignorantes de 1792, dont l'Archevêché avait été la sauve-garde, et dont la perte se fera vivement sentir dans les études théologiques, si on en fait encore. Là se trouvaient réunies ces superbes éditions des Pères de l'Église grecque et latine, devenues si rares, si coûteuses et qui ne seront pas remplacées. Certes, dans ces murailles consacrées par la piété et le souvenir de tant d'honnêtes gens, l'honneur de l'Église et de l'épiscopat français, elle devait se croire à l'abri de ces fureurs, cette immense bibliothèque, formée de toutes les controverses religieuses, de saint Augustin à M. de Saint-Cyran, de Luther à Bossuet, recueil précieux de ces temps de combats religieux, si pleins de foi et de génie. Hélas! tout a sombré! l'Archevêché avait été envahi, la vaste cour du palais était jonchée de débris, les salles, réparées naguères, étaient dévastées de nouveau, les boiseries étaient arrachées, les marbres brisés; les lustres étaient en morceaux : on n'eût pas reconnu un tableau ; pas un portrait n'était intact, même le portrait en pied de l'archevêque : nous l'avons vu en lambeaux ce portrait qui remplaçait le prélat fugitif, tomber sur les baïonnettes des factieux. »

Je racontais ainsi tout ce que j'avais vu dans cette foule, et sans oublier certains révolutionnaires, acharnés à la destruction des symboles, qui, par ce clair et riant soleil, tentaient de renverser la croix du dôme de Saint-Gervais. « Le soleil était beau comme un soleil de printemps, les rues étaient encombrées de curieux, et tour à tour, sur ce pont sous lequel passaient tant de débris, vis-à-vis ces dômes ébranlés, passaient tour à tour ou tout à la fois, les masques fêtant le joyeux mardi-gras, la garde nationale au son du tambour, le bœuf gras entouré de fleurs, les jeunes gens de la ville portant le drapeau tricolore et chantant *la Parisienne*. A cette heure la ville oubliait tous ces crimes qui l'eussent arrachée à son plaisir, on aurait cherché vainement la foule qui s'était attaquée à des murailles sacrées ; cette foule, elle était toute à la joie du carnaval qui s'en va ! »

LES EXILÉS.

Dans ces temps malheureux, chaque jour apportait son désordre et sa fièvre. A l'heure où succombait la Pologne, victime, encore une fois, du signal impuissant que lui avait donné la France, on entendit gronder dans nos rues l'antique émeute, et bientôt ce peuple infortuné vint augmenter, chez nous, le malaise et le désordre. On ne saurait croire le bruit et la gêne de toutes ces misères entassées, et les cris de ces malheureux qui pleuraient en se souvenant de Sion : *Quum recordaremur Sion!* Aux Polonais, se mêlaient les proscrits de l'Allemagne et les proscrits de l'Italie. Parmi ces réfugiés de toutes sortes, ceux-ci donnaient l'exemple de la résignation, du courage, du respect qu'ils savaient porter à leurs propres malheurs ; d'autres, restés frivoles en dépit de la vieillesse et de l'exil, racontaient à qui voulait les entendre, toutes sortes de contes en l'air. De ce nombre était un certain marquis ou baron, Palmieri de Mitciche, proscrit sicilien, qui a fait un livre intitulé : *Pensées et souvenirs!* et ce livre était tout rempli de petits mensonges charmants. Il est bien entendu que notre marquis était un prince, et qu'il appartenait aux meilleures familles de la Sicile. Il était beau, jeune, amoureux, intrépide et duelliste, autant qu'homme du monde. Il ne savait plus le nombre de ses bonnes fortunes, et surtout le nombre de ses duels. Pour qui n'avait-il pas tiré son épée impatiente ? Il s'était battu pour ses chiens, pour son cocher, et même pour les yeux noirs de sa maîtresse ; il s'était battu contre un insolent qui, devant lui, avait osé ramasser les gants de la duchesse Floridia, la digne favorite du roi de Naples. Il avait vu Naples, et il n'était pas mort ; il s'était ruiné au jeu, après avoir été ruiné par le droit d'aînesse, et tout ruiné qu'il était, il avait visité l'Italie ; on l'avait vu à Rome, à Pise, à Florence, à Tarente, à Ravenne ; il avait parcouru la mer Adriatique et la mer Ligurienne, et toutes ces îles fameuses, et tout ce qu'il a vu, il le raconte dans son livre, et l'on est tenté de se dire à chaque instant : *Quand aura-t-il tout vu?*

En Sicile, la misère est plus hideuse que partout ailleurs, les lois sont mortes; la terre, ce grenier des vieux Romains, est d'un produit nul; plus d'art, plus de poésie, et plus d'honneur. On rit même de la lâcheté des hommes, on la consacre sans pudeur par des *ex-voto* de famille. M. Palmieri a vu dans le salon d'un prince, le portrait d'un fils de la famille; cet aimable jeune homme était représenté fuyant devant l'ennemi et jetant ses armes : *Relicta non benè parmula*, disait le poëte romain. Double infamie dans le lâche qui fuit, et dans son frère qui perpétue à ce point la honte fraternelle. Ils étaient chambellans du roi de Naples tous les deux.

A Naples, notre proscrit, qui voyait tant de choses, a vu des pères qui assassinaient leurs fils, par rivalité d'amour. Les couvents de Naples sont remplis de jeunes et malheureuses filles, vouées pour toute leur vie à l'obscurité et aux sottes intrigues du cloître; là, l'usure s'est emparée des biens de toute la noblesse; à Naples, le bourreau est un fonctionnaire public, la prison est une caverne humide; dans les bagnes, quand les forçats se disputent entre eux, l'officier de garde jette au hasard trois ou quatre baïonnettes par la lucarne, et voilà autant de morts. Bref! ce n'est plus que dans la patrie de Beccaria que la torture est en honneur.

A l'Université de Modène, il y eut une petite insurrection. Le duc de Modène envoya des aides de camp pour traiter avec les jeunes gens. Deux étudiants parviennent à calmer les esprits, et vont chez le prince exposer les griefs de l'école. — « Ah! s'écria le prince, ce sont ceux-là qui ont apaisé l'émeute! puisqu'ils ont tant d'autorité sur leurs camarades, qu'on les mette en prison! »

Parfois le proscrit sicilien, pour obéir à l'humeur de ses hôtes, changeait le sujet de ses causeries et racontait de plus douces histoires, à propos de noms plus doux. Par exemple, il était très-lié, ce qui s'appelle très-lié avec madame la princesse de Vintimille; il a beaucoup connu le prince de Vintimille, enfermé à la Flavignana pour avoir soutenu, le premier, les droits du parlement de Sicile; il était le bienvenu chez la duchesse de Floridia, pour qui le poëte Meli a fait la plus jolie de ses chansons; il était l'allié de la princesse de Léon-Forté. Dans le temps où tout homme prévoyant faisait son testament avant d'aller de Naples en Sicile ou de Sicile à Naples, c'était en grande partie pour voir la princesse de Léon-Forté que les étrangers entreprenaient ce périlleux voyage.

— « Il faut convenir, princesse, lui disait une dame française, que vous êtes la plus belle femme de l'Italie. — De l'Italie! » répondit la duchesse de cet air insultant qui lui allait si bien.

Quant aux anecdotes sur la famille Butera, le comte de Palmieri était d'autant plus intarissable, que la duchesse de Léon-Forté n'était rien moins que la propre fille de ce célèbre prince de Butera, qui par son courage, sa fortune, sa bienfaisance, ses dettes, son luxe plus qu'anglais, est resté le type des anciens princes italiens.

Ce prince de Butera, que l'on pouvait appeler *le Magnifique*, s'était mis crânement à la bouche d'un canon que les soldats allaient décharger sur le peuple! Il était plein d'esprit, de cœur, d'amabilité; il s'appelait *Hercule*, et sous plus d'un rapport il n'était pas indigne de ce beau nom. Sa maison était ouverte à tous, la nuit aussi bien que le jour. Table plénière, et qui voulait vivre en ce lieu y vivait, sans qu'à peine il fût besoin de dire son nom au maître de céans. Il sortait, les poches pleines d'or qu'il distribuait d'un air grognon et maussade qu'il faisait adorer. Il avait quatre-vingts chevaux dans ses écuries, mais pour ses convives, car il ne montait jamais à cheval. Un jour, il acheta pour sa femme un habit de Chinoise qui coûtait 30,000 francs, et comme on riait quelque peu en voyant la princesse au supplice dans ses petits souliers, toute brochée d'or, entourée de clochettes retentissantes, et immobile comme sa robe — « Eh bien! qu'est-ce? disait ce prince, c'est une princesse chinoise. »

A en croire M. Palmieri, les fêtes du prince de Butera auraient été aussi belles que celles de Louis XIV, seulement entre le roi Louis XIV et le prince de Butera il y avait cette petite différence que le prince de Butera ne payait personne, à ce point que le roi Ferdinand, magnifique à peu de frais, fut obligé de lui accorder quatre-vingts années pour payer ses créanciers.

Le réfugié sicilien avait aussi de bonnes anecdotes sur ce même roi Ferdinand Ier, roi de Naples. Ferdinand Ier disait souvent qu'il ne fallait que trois F pour gouverner un peuple, *festa, forca e farina* (des fêtes, des échafauds et du pain); tel était son Contrat social, comme roi. Quant à sa personne, il était souvent jovial compagnon, d'une grosse et épaisse gaieté; capricieux avec les dames, familier avec ses domestiques, habile chasseur et fier de son habileté; entêté et nul; bourgeois sans grâce; souverain sans noblesse; plaisantant lui-même sur l'inconduite de sa femme qui était une gourgandine; quinteux; contre-révolutionnaire absurde, et dans tout le cours de son règne, prodiguant à son peuple, plutôt les deux premiers mots de sa Charte que le dernier : *farina*.

Quand les Français entrèrent dans Naples, le roi Ferdinand se sauva en Sicile sur le vaisseau de l'amiral Nelson. En Sicile, ce fut pour Ferdinand un triste exil. Plus de grosse gaieté, plus de gros mots, plus de jurons napolitains; de longues parties de chasse pour tout amusement. Au mois de juillet 1814, la Restauration accomplie, le trône de Murat chancelant, Ferdinand revint à Naples et voulut jouer, lui aussi, à la Constitution. Il la jura, la main levée, et à haute voix, cette Constitution qu'il devait violer si lâchement et si vite, ce misérable, et depuis ce serment royal on n'entendit plus parler de la Constitution.

Si facile à propos de Constitution, ce prince était inexorable dans les petites choses. Un soir, à sa campagne de *la Favorita*, le jeune marquis de Bracancio présente un siège à une dame; le roi s'emporte et s'écrie : « Je suis le maître, Monsieur; entendez-vous? c'est moi seul qui suis le maître ! » Et il arracha la chaise aux mains du marquis.

En Sicile, il écumait de rage quand on se présentait chez lui les cheveux frisés et sans poudre. A ses yeux tout homme qui portait des favoris ou un pantalon était un jacobin; il fallait, pour être bienvenu de Sa Majesté, arriver en faux toupet, en longue queue, ailes de pigeon, souliers, bas de soie, grandes boucles d'argent. Un jeune homme s'étant présenté avec des favoris, le roi lui saute au visage comme une bête féroce, et lui tire ses favoris, en criant : « *Porco, briccone!* » *cochon, fripon !* et autres aménités qu'il avait apprises de ses palfreniers. Mais quoi ! en voilà assez sur Ferdinand VII et son sujet.

PAGANINI.

Sur ces entrefaites arrivaient à Paris, l'un portant l'autre ou peu s'en faut, deux hôtes étranges, deux hôtes inattendus dans la cité bouleversée, Paganini et le choléra, le choléra asiatique, comme on disait alors avec un frisson que nous ne saurions plus définir. Paganini a été une de mes victimes, et je l'ai rendu bien malheureux, ce grand homme en tout semblable à une chauve-souris, et dont le nom était : Mystère ! Il arrivait, chez nous, précédé d'une réputation immense, et si habilement établie, qu'en fait d'habileté (et j'en ai vu de toutes sortes dans ce monde des artistes vagabonds), l'on ne verra jamais rien de pareil. Mille rumeurs, depuis tantôt cinq ou six années, circulaient à la louange atroce de cet homme. — Il avait, disait-on à voix basse, été la victime d'un amour malheureux ; après avoir *assassiné* sa maîtresse, il avait conspiré pour la liberté de l'Italie, et, plongé dans le fond d'un cachot, non loin du canal Orfano qui commençait à redevenir à la mode, il charmait sa douleur sur un violon qu'il s'était fabriqué avec l'escabeau du captif. — Ce qui ajoutait au merveilleux en tout ceci, c'est qu'il avait un talent merveilleux, en effet, c'est qu'il était un artiste très-sérieux, — il fallait absolument, — entre autres miracles, — que le diable lui fût apparu qui avait déjà dicté son admirable sonate à Tartini. Écoutez un écrivain qui n'était pas un grand enthousiaste, et qui était bon juge en ces émotions toutes-puissantes, M. Castil-Blaze. Il parlait de Paganini en ces termes :

« Figurez-vous un homme de cinq pieds cinq pouces, taille de
« dragon ; visage long et pâle, fortement caractérisé, bien avan-
« tagé en nez, œil d'aigle ; cheveux noirs, longs et bouclés, flot-
« tants sur son collet ; maigreur extrême, deux rides : on pour-
« rait dire qu'elles ont gravé ses exploits sur ses joues, car elles
« ressemblent aux *ff* d'un violon ou d'une contrebasse. Ses pru-
« nelles, étincelantes de verve et de génie, voyagent dans les
« grands orbites de ses yeux, et se tournent lentement vers celui
« de ses accompagnateurs dont l'attaque lui donne quelque solli-
« citude. Ses coudes, quand il joue, semblent entrer et se perdre
« dans son corps ; son poignet tient au bras par des articulations
« si souples, si agiles, que je ne saurais mieux le comparer qu'à
« un mouchoir attaché au bout d'un bâton, et que le vent fait
« flotter de tous les côtés. Ses doigts, d'une longueur d'abord pro-
« portionnée à son corps, ont été sans doute allongés encore par
« l'exercice du violon, et je ne craindrais pas d'affirmer que sa
« main gauche est plus longue que la droite.

« Les dix premières mesures du premier solo ont suffi pour faire
« connaître le merveilleux talent de Paganini ; il devait aller plus
« loin sans doute, mais le grand coup était porté, et son archet
« tenait déjà l'assemblée sous le charme. Ce premier morceau,
« dans lequel brillaient des chants suaves, d'où s'élançaient des
« traits d'une originalité piquante, d'une extrême audace, dont
« Paganini possède seul le secret, puisque lui seul peut les exé-
« cuter, a été suivi d'un tonnerre d'applaudissements. Un *adagio*
« d'un style large et pompeux, où se trouvent des effets d'harmo-
« nie dignes de Beethoven, conduit avec autant de goût, de sa-
« voir, que d'élégance, a satisfait les connaisseurs qui s'atten-
« daient bien aux tours de force du virtuose, et se défiaient de sa
« manière de chanter. Ils ont admiré cet *adagio* sous le double
« rapport de la science et de l'archet, cependant ils ne lui accor-
« daient pas encore la palme à l'égard du volume et de la puis-
« sance du son. Le rondeau, vif, léger, éblouissant de traits ra-
« pides, d'octaves, de dixièmes de sons harmoniques placés en
« double corde au milieu d'une mélodie naïve ou jetés au travers
« d'une fusée, a porté l'enthousiasme au comble, c'était un fana-
« tisme, comme disent les Italiens, une folie, un délire. Il sem-
« blait que l'artiste n'avait plus qu'à répéter sous d'autres formes
« les belles choses qu'il venait de nous faire connaître, et que
« tous ses moyens de séduire étaient déployés. »

J'assistais, moi aussi, à ce premier concert, et comme il m'est
impossible d'écouter une musique bien longtemps, je me mis à
étudier cet homme ; on étudierait ainsi un comédien extraordinaire qui joue, en passant, un rôle étrange au milieu d'une tragédie inconnue. En ce temps-là, dans tout Paris, on était féru
d'une profonde admiration pour les *Contes d'Hoffmann* que venait de mettre à la mode une très-fine et très-élégante traduction
de Loewe-Weymars, un bel esprit, un jeune homme alors qui
donnait déjà toutes les espérances qu'il a tenues. Il avait découvert cet Hoffmann, cette espèce de mangeur d'opium, dans le
cabaret où il s'enivre de vin, de causerie et de fumée, et de ces
lambeaux, et de ces souvenirs, et de ces extases, et de cette façon
de voir en mille parcelles toutes sortes de drames que le rêve
enfante dans les cerveaux épuisés, M. Loewe-Weymars avait composé une suite ingénieuse de petits récits assez vraisemblables et

assez courts pour des *Contes fantastiques*. Le traducteur était habile, il était fin, il était subtil, il avait le pied sûr, il savait bien l'allemand, le français encore mieux, et si maître Hoffmann lui donnait le *la* dans ce concert de mille fantaisies, il n'était pas embarrassé pour achever la sonate à lui tout seul. Ce qu'on a fait de *contes fantastiques* de 1831 à 1834, ne saurait se croire, et moi qui vous parle, j'en ai écrit sous le nom même d'Hoffmann, tout simplement, à telles enseignes que j'ai vu Eugène Delacroix s'extasier sur ce *conte*, et s'écrier : Voilà comme il faut faire! On a même fini par imprimer mes *contes fantastiques* en quatre tomes in-12, et depuis ce jour de gloire, il m'a été impossible de retrouver un seul exemplaire de ce chef-d'œuvre. Hé! tant de chefs-d'œuvre ont disparu qui étaient admirés en ce temps-là. Que dis-je? on a vu disparaître des héros!

MAYEUX.

Un certain Mayeux, par exemple. Il a occupé le monde français, et je vois le jour où l'on ne sait plus son nom. C'était Mayeux par ci, et Mayeux par-là. Les gravures, les chansons, que l'on a faites des passions, des amours et des colères de Mayeux, on ne saurait les compter. Il se moquait, en général, de la révolution de Juillet, mais il s'en moquait pour son propre compte, et non pas dans l'intérêt d'une secte ou d'un parti. Comme il tenait sa place au théâtre, aussi bien que dans les livres, comme il avait donné son nom à des habits, à des mouchoirs, à des chapeaux, à des magasins, à des vaudevilles, comme on portait des chapeaux à *la Mayeux* et des bonnets à *la Mayeux* (Un journal a paru six mois, sous ce titre *Mayeux!*) il était impossible que Mayeux échappât à la critique de chaque jour; aussi n'y a-t-il pas échappé : « Ce vilain bossu qui afflige nos yeux et qui fatigue en ce moment nos oreilles blessées, est un produit de la révolution de Juillet. Il est né on ne sait où, le père est inconnu, on n'a jamais dit le nom de la mère ; aussitôt venu en ce monde, on lui a donné un nom et un visage, on l'a appelé Mayeux. Mayeux bossu, tortu, grosse tête, œil lubrique, voilà pour le physique. Mayeux entêté, ricaneur, homme à bonnes fortunes, voilà pour le moral ; du premier jour cet homme fut un type. On dit *Mayeux* comme on dit

Polichinelle; il représente à lui seul la plaisanterie de notre époque; il paraît, on rit; il parle, on rit; il se retourne, on rit; les petits enfants le montrent au doigt et ils disent : C'est Mayeux ! Ceci est un fait dramatique, mais pourquoi ce fait et pas un autre? Pourquoi cet homme? En général, c'est une chose fort laide, une gibbosité, surtout au théâtre; et qu'y faire? Le bossu est à la mode aujourd'hui, comme le Napoléon l'était hier. On s'est repu de l'un comme on s'est repu de l'autre; on se lassera, j'en ai peur, de celui-ci, comme on s'est lassé de celui-là. »

Pour en revenir à mon Paganini (je vais tantôt ci, tantôt là, ce n'est pas ma faute, on allait ainsi de ci, de çà, en ce temps-là), quand j'eus bien vu et bien étudié Paganini, l'envie me prit d'en faire un conte *fantastique*, et voici mon conte; il gagnerait à être lu sous l'impression que cet homme avait produite dans toutes les âmes d'alentour.

HOFFMAN ET PAGANINI.

CONTE FANTASTIQUE.

Ce soir-là je me sentis le besoin de voir Théodore, mon bien-aimé, mon invisible Théodore, Théodore l'artiste, le passionné, le fantasque, l'improvisateur, le hardi champion de la couleur, du son, de la forme, de toutes les manières d'être artiste; à la fois brave comme Don Quichotte, trivial et sage comme Sancho ; j'avais absolument besoin de voir Théodore ce soir-là.

Autrefois quand venait le soir il y avait deux endroits où j'étais sûr de rencontrer Théodore, l'église et le cabaret. Pieux et bon, sensuel et poëte, harmoniste et peintre, il aimait les lueurs incertaines de la cathédrale, ses échos prolongés, son vague parfum d'encens, ses dômes peints, sa musique sacrée; très-souvent Théodore s'amusait à pleurer dans le temple, avant de se livrer aux folles joies du cabaret.

Mais à présent le temple est profané : plus de saintes bannières, plus de vierges aux belles mains, plus de parfum suave, plus d'orgue au buffet somptueux, plus de musique, plus rien. Théodore se voile la face devant le temple; en revanche, il se rend tous les soirs, une heure plus tôt, au cabaret.

Hâtons-nous cependant! C'est l'heure où Théodore s'enferme

dans son large fauteuil, disposant son orchestre pour la soirée et distribuant, à chaque musicien, sa partition, son air à chaque chanteur. Théodore tient, à cette heure, une foule de musiciens à ses ordres, tout un orchestre de belles voix fraîches et pures, ravissantes, pleines d'émotion et de charme, qui suffiraient à ravir tous les théâtres du monde. Laissez-le se recueillir, laissez-le s'entourer de quelques vieilles bouteilles de vin du Rhin, et jamais vous ne vous douterez de la bonne musique qui va se faire ; ô la précision et l'âme de ces chanteurs, ô l'enthousiasme et l'énergie de cet orchestre ! — C'est Théodore qui sait créer tout ce monde ; il en est le dieu ; il le voit, comme le Créateur vit l'univers le jour de la création, tout seul.

O puissance de l'art ! Cette table d'auberge, si petite et toute tachée de vin, Théodore la change, quand il veut, en un vaste théâtre d'opéra où se jouent tous les genres, le bouffon, le sérieux, le grave et le plaisant. Pour lui, les bouteilles surmontées de leurs bouchons goudronnés représentent les forêts et les bocages ; la cruche aux larges flancs devient tour à tour palais ou chaumière. Est-il besoin d'un volcan ou d'un tonnerre ? le gaz en fuyant, dégagé de toute contrainte, va vous rappeler le Vésuve ou la tempête de Virgile. Or maintenant que tout est prêt, villes, palais, chaumières, vastes forêts, volcans grondeurs, lustre allumé..., levez la toile, et voilà le démon de Théodore déchaîné. Prenez garde, il chante ; prêtez l'oreille, écoutez cet opéra digne de Mozart. Le drame commence, il se complique, il se noue, il se dénoue, il ne s'achève jamais que lorsque le démon de Théodore s'en va. On cherche Théodore, il est tombé sous son théâtre — endormi !

J'arrivai tout essoufflé dans le cabaret, je vis Théodore qui disposait son théâtre. Ce soir-là Théodore était triste ; son regard n'avait rien d'inspiré ; on l'eût pris, plutôt pour un vulgaire moucheur de chandelles, que pour le dieu d'un Olympe, élevé par ses mains. Quand il me vit, chose étrange ! il parut content de me voir, ce qui ne lui arrive guère à ces heures-là.

— O mon très-cher Théodore, lui dis-je, vous avez la figure d'un homme malade ou tourmenté d'idées sinistres.

— Frantz ! me dit-il, mon génie se perd, ma tête est faible. Croirais-tu que par cette pluie froide, dans ce lieu humide, je ne trouve pas un chanteur à mes ordres, pas une chanson? C'est fait de moi, Frantz! c'est fait de moi!

Ici, il chercha son violon. Son violon était pendu au plancher entre une glane d'oignons et une langue de bœuf fumé qui attendait le jour de Pâques. Hélas! le violon de Théodore était en piteux état, deux cordes manquaient, les deux autres étaient détendues, des toiles d'araignée avaient pénétré jusqu'à l'âme : à cet aspect, il fut honteux. — Voici donc votre instrument, Théodore?

J'ajoutai : — Autrefois, maître, vous fûtes un hardi musicien. Le chant naissait sous vos doigts; votre archet ne manquait à aucune inspiration de votre âme. Alors c'était votre bon temps; le monde entendait votre génie; à présent, l'instrument est muet, il n'a plus de voix, plus d'amour; vous le regardez moins souvent que ces oignons et cette langue fumée : vous avez bien raison de rougir, Théodore, cela est honteux!

Alors Théodore, quinteux et volontaire comme il est, frappé de mes reproches, et voulant me calmer, me suivit; je l'entraînai à l'Opéra. Le nouveau venu, l'Italien, le fantôme entrait en scène tenant un violon et un archet : Théodore alors regarda de tous ses yeux.

Il ne vit d'abord que le violon et l'archet, puis il vit l'homme : un homme si l'on veut; un bras par-ci, un bras par-là, le corps droit, une cuisse pliée, l'autre cuisse raide et droite, taille haute, le visage maigre, ridé, voûté, cheveux flottants; sourire, pensée, mépris, assurance, génie, tout est là. « Vois-tu, me disait Théodore, vois-tu comme il est fait? J'ai chez moi une vieille tapisserie qui représente sainte Cécile; quand ma tapisserie flotte au vent, se pliant, se repliant sur elle-même, allant et venant, tantôt haut, tantôt bas, toujours présente, elle ressemble à cet homme; cet homme est une fantasmagorie comme elle; je ne suis pas bien sûr que ce soit là un homme, bien certainement c'est un violon et un archet. » Alors l'archet se leva, le violon s'appuya sur une épaule, archet et violon, épaule et bras, tout fut en branle.

O mon Dieu! que devint Théodore à cette vision? La vision le poursuivait; il assistait à un sabbat, nouveau pour lui. Cette fois le chant l'entourait de toutes parts, il était débordé, il se noyait, il plongeait dans l'harmonie; le chant l'attaquait, le pressait, l'oppressait, vif, lent, moqueur, plaintif, et c'étaient des sons à en mourir. Pauvre Théodore! cette fois il était vaincu; il n'était plus le maître d'arrêter l'orchestre; il avait beau dire : assez! assez! l'archet allait toujours comme le balai du sorcier qui apporte un seau d'eau dans notre ballade allemande. Le violon et l'archet allaient toujours.

Quand le violon et l'archet eurent fini, l'homme salua. Ce grand homme descendit de sa hauteur, il salua à droite et à gauche, à genoux ou peu s'en faut. — Voilà un triste salut, dit Théodore.

— Un salut d'Italien, repris-je.

— Tout musicien doit saluer en Allemand, dit Théodore. Oh! reprit-il, quand j'avais mon violon (alors je croyais jouer du violon), quand j'avais mon violon et que la foule me disait : Chante! je mettais mon chapeau sur ma tête, je prenais mon verre, j'allumais ma pipe, et quand le goût m'en venait, je jouais quelque fantaisie au hasard, puis au moment où la foule était attentive et écoutait, attendant une conclusion, je reprenais mon verre et je m'en allais brusquement, et je ne saluais pas jusqu'à terre comme cet Italien. Mais es-tu sûr que ce soit un Italien?

Ici l'Italien reparut, il allait jouer l'*adagio*. Il fut simple et touchant, il fut plein d'expression et de grâce. — Je te prends à témoin, me dit Théodore, que je joue l'*adagio* aussi bien. Je n'ai pas peur d'un *adagio* humain écrit pour des hommes. Je ne recule devant aucune difficulté abordable; mais j'ai peur de la musique qu'on ne peut atteindre, je ne sais pas courir tout essoufflé après des notes impossibles. — Te souvient-il de cette mystérieuse musique que j'ai reçue un jour? — Ce fut pour moi un pénible travail. Je sentais confusément qu'il y avait de l'harmonie sous ces notes, et cette harmonie je ne la trouvais pas. C'était sans doute une mystification; mais ce mensonge était plein d'esprit et de génie musical, c'était vraiment une parole de sorcier à laquelle il ne manquait que de savoir la prononcer pour opérer des prodiges. Que d'efforts j'ai tentés pour lire ces chiffons! Que de tortures j'ai subies! Ma main a été brisée; j'ai mis tous mes membres à la torture; à peine ai-je pu tirer quelques sons de mon violon indocile! En vain ai-je interrogé à la fois l'aigu, le grave et le medium, je n'ai jamais pu ; et voilà cet Italien qui joue cette musique, qui la comprend, et qui la jette à mon âme ! Comment fait-il, comment fait-il ? Vois-tu sa main ? Sa main est-elle partagée en deux, pour atteindre en même temps aux deux pôles ? Ses doigts sont-ils plus longs que les miens, ses tendons plus agiles, son âme plus grande ? Moi, pourtant, je suis un grand artiste ; moi, j'ai imaginé de plus beaux opéras que Mozart ; j'ai rêvé des instruments qui embrassaient le ciel et la terre, qui s'adaptaient à tous les modes connus ; je n'ai pas inventé ce violon ! J'ai vu bien des musiciens venus du ciel ou sortis de dessous terre... je n'ai jamais vu homme ainsi fait ! Vois-tu comme il est en colère contre cette basse, Frantz ? comme il tuerait le malheureux musicien qui a manqué sa note d'un dix millionnième de son ! Regarde ! son œil flamboie, son cœur s'emporte, son violon demande vengeance. O le terrible artiste ! Mais le voilà qui finit et qui salue. — Ne salue donc pas aussi bas, misérable ! Qui est là pour t'entendre ? Tout au plus de grands seigneurs, des fils de rois, des représentants de nations, des comtesses, et des marquises et des demoiselles ! Fi cela ! qu'importe à toi cela ? Il n'y a que moi, moi artiste, qui suis capable de te juger ici ! Ne te courbe donc pas devant moi, nous sommes frères ; l'art nous égale ; si tu exécutes mieux que moi, c'est de droit divin, à ce qu'on dit, c'est par un vœu de ta mère. Moi, je suis artiste par moi-même ; ma mère m'a jeté, tout simplement, dans le monde avec le secours d'une vulgaire sage-femme ; j'ai été élevé dans la joie, dans l'innocence, dans les festins ; j'ai été heureux toute ma vie, aimant, buvant, chantant, joyeux conteur, paisible convive, intrépide buveur ; et cependant je suis artiste aussi ! » Ainsi se parlait Théodore, agité cette fois par la seule passion qu'il n'eût pas connue, l'envie !

Théodore reprit. — Ce qui prouve qu'il y a là dedans quelque chose de surnaturel, qui dépasse notre intelligence, et que la force de cet étrange artiste est le résultat d'une extraordinaire intervention, c'est que ce violon joue toujours juste. Jamais pensée humaine ne conçut un calcul plus compliqué, jamais doigt humain ne l'exécuta d'une façon plus précise et plus nette. Conçois-tu, Frantz ! pas un son faux, pas une note qui hésite, pas un calcul trompé ! Comment expliquer cela ? Qu'ai-je donc fait au ciel, moi, si nul? Ne vois-tu pas que rien n'existe et que nous rêvons tous deux, moi et ce violon noir? Ne vois-tu pas que c'est un violon qui joue tout seul? Ah! maudit violon, je me suis soumis à toi, j'ai obéi à tes caprices, j'ai été jusqu'où tu as voulu me conduire, et pas plus loin, je me suis arrêté quand tu as été fatigué; misérable, insensé que je suis! j'ai été trompé par mon violon, il m'a jeté par terre comme un malhabile. Au lieu de détourner, du soleil, la tête de mon cheval comme Alexandre, j'ai voulu dompter mon cheval comme un écuyer vulgaire, et me voilà par terre... Alexandre est à cheval. O malheureux! malheureux!

O malheureux! qui n'ai pas su traiter le violon en esclave, qui n'ai pas su lui dire : Tu seras dompté! Allons, du courage, Italien, fais-moi honte, écrase-moi à loisir. A présent le voilà qui brise trois cordes, plus cruel pour lui-même que l'aréopage à Sparte, il n'en conserve qu'une seule, une seule corde pour tant de passions! Une seule pour toute cette âme! Et Théodore, haletant, inquiet, bouche béante, écoutait, riant légèrement de temps à autre, avec un sourire de naïve crédulité. Bon Théodore!

Soudain il sortit et s'enfuit comme si le feu était au théâtre. — Trouvez-vous cela beau? lui dis-je.

Il se mit à courir; il allait lentement, il allait vite, il chantait, il pleurait, il trouvait des airs admirables, il se démenait, il répétait ses plus beaux drames, puis il se décourageait, puis à la fin il se retourne vers moi répondant, après une heure, à ma question :

Si c'est beau? si c'est beau? mon Dieu! Pourquoi me faire une pareille question? Il s'animait de plus en plus, il éleva la voix tout à fait, il était tout musique, corps et âme. Voilà mon Théodore dans le ciel. Il chante pour moi cette fois, il parcourt l'échelle des tons, tour à tour furieux et tendre, imposant et burlesque, tyran, jeune fille, grande dame, bonhomme; il gronde, il pleure, il rit, il se désole, il est tout un drame, tout un orchestre, tout un dieu. Que de pleurs il m'a fait répandre ce soir-là! Que d'émotions il a soulevées dans mon âme! Ce soir-là seulement j'ai compris pourquoi j'aimais Théodore : Théodore, c'est l'art caché, l'art ignorant de lui-même, l'art ivrogne, paresseux, égoïste, l'art véritable toutefois, l'art populaire, abondant comme l'eau des fontaines, éclatant comme le soleil.

Nous allions ainsi, rêvant..... et si profonde était la méditation de ce brave artiste que, pour la première fois de sa vie, il passa devant la *Pomme-de-Pin* sans y entrer. Il était déjà à vingt pas, lorsque, s'arrêtant tout à coup :

— Mes amis m'ont perdu, me dit-il, ils ont eu pour moi des soins qui m'ont gâté. Je n'ai pas eu un instant de malheur ; la santé me tue ! Que veux-tu que je fasse de bon avec ces grosses joues, ce nez rubicond, ces cheveux épais, ce lourd sommeil, cette vaste poitrine et cet estomac à digérer le fer? Lui, au contraire... l'Italien, le violon noir... il a été pauvre ; il a mendié, il a fait pis que mendier ; il a donné des leçons de son art ; il a infligé, pour vivre, des gammes chromatiques à des écoliers ; il a eu des écoliers ! Lui, il a été humilié à ce point. Lui, il a été joueur, il a perdu jusqu'à son violon. Lui, il a été brûlé par les passions, des passions italiennes. Lui, il a été méconnu, envié, calomnié, persécuté ! N'as-tu pas vu comme il est pâle et maigre, comme son œil est mourant, comme sa taille est pliée en deux, comme il a l'air d'un spectre? Aussi est-il le premier dans son art, le plus grand, le seul musicien et chanteur à la fois. Pensant, et rendant sa pensée et mort déjà, vivant toujours..., un homme que je terrasserais d'un souffle et qui m'a tué d'un coup d'archet.

Vois-tu ! ça n'est pas naturel ce grand génie ! Il faut souffrir, pour en venir à ces miracles !...... Mais où diable prend-on la *Pomme-de-Pin*, ce soir?

— Il revint sur ses pas, nous entrâmes au cabaret..... Trois heures après il était ivre... et moi donc ! »

L'INONDATION.

Ça n'est pas très-joli ce petit conte, et si le maître Hoffmann n'en avait pas fait d'autre, il n'eût pas obtenu ce succès de vogue et d'engouement qui a duré chez nous six grandes semaines ; mais dans le journal la chose était nouvelle : nos graves lecteurs n'étaient pas blasés par ces romans sans fin qui bientôt allaient envahir nos feuilles incessamment agrandies, à la ruine complète de la critique littéraire, au grand détriment de la politique des colonnes d'en haut. Ce Paganini, qui ne savait guère le français, se fit expliquer mon conte ; il en fut heureux et il vint me remercier avec toutes sortes de bonnes grâces et de sourires, ce qui fit que deux ou trois mois après sa visite, je me mis à ses pieds, le priant et le suppliant de jouer, ne fût-ce que cinq minutes, au bénéfice de quelques malheureux dont le Furens, l'enfant terrible de ma ville natale, un filet d'eau qui est parfois un torrent irrésistible, avait emporté la forge, les outils. Paganini, qui certes était le maître et le juge de ma prière, aussitôt que je lui parlai de cette bonne œuvre, n'entendit plus un seul mot de français, et il me répondit en je ne sais quel patois que le savant Messafonte lui-même (il vient de mourir cardinal, ce savant Messafonte, et l'on publie aujourd'hui même le très-extraordinaire catalogue de sa bibliothèque digne de la tour de Babel) aurait eu peine à comprendre. Aussi bien fis-je, à mon tour, semblant de ne pas comprendre ses refus ; et comme, en effet, il arrivait à ce phénomène ce qui arrive à tous les phénomènes, l'admiration publique étant quelque peu épuisée, il me sembla que peut-être j'avais le droit d'insister et j'insistai. Mais déjà j'étais moins poli, je parlais d'une voix aigre et malsonnante, je tourmentais cruellement ce malheureux qui ne voulait pas me comprendre : « Et pourtant, disais-je en le montrant, immobile et pâle à la façon des fantômes, nous l'avons bien aimé et nous l'avons bien remercié du fond de l'âme pour avoir daigné jouer une douzaine de fois, sur son violon enchanté, cette admirable *Prière de Moïse*, sans compter l'énorme argent que ce morceau lui a rapporté en douze jours. Il a été notre héros, notre Dieu. Pour lui, nous avons oublié un instant nos plus grands artistes, Baillot lui-même ! Pour lui, quand la peur du choléra nous retenait dans nos maisons, nous sommes sortis le soir, par le vent aigu, malgré toute défense du médecin, le roi tout-puissant de cette époque, et nous avons été entendre *la Prière de Moïse*. Nous avons fait pour Paganini tout ce qu'on peut faire pour un grand artiste. C'était une passion qui allait jusqu'à la folie ! Mais un beau jour, tout d'un coup, cette passion est tombée, cette folie a cessé sans qu'il nous en restât même le souvenir. Tout d'un coup, nous n'avons plus voulu entendre *la Prière de Moïse*, et l'homme noir qui nous la jouait si volontiers et à si haut prix, a remis silencieusement son âme dans son violon et son violon dans le fourreau ; il nous a fait son salut le plus bas, et il est parti. Il venait de comprendre qu'il était mort pour nous et pour lui !

« Comment cela est-il arrivé, pourquoi tant de passion hier et tant d'indifférence aujourd'hui ? — Et comment se fait-il que Paganini soit à Paris, depuis tantôt huit jours, incognito, et comment n'est-on pas venu encore le prier de nous faire entendre *la Prière de Moïse* pour la vingtième et dernière fois ? Ce problème n'est pas difficile à expliquer.

« Paganini est vraiment un grand artiste ; il n'a pas tout à fait l'âme et l'esprit et le cœur d'un artiste ; son instrument est rempli de passion, de mélancolie et de plaintes harmonieuses, qui vous transportent au troisième ciel, où fut saint Paul ; mais une fois que l'instrument est rentré dans le silence, vous cherchez en vain l'homme qui l'animait, l'artiste qui faisait parler ces quatre morceaux de bois ajustés à Crémone : il n'y a plus d'homme, il n'y a plus d'artiste : il y a un Italien qui compte sa recette, qui l'emporte, qui la recompte le soir, et qui la veille l'avait discutée, arrangée, disputée avec le directeur du théâtre. Tout à l'heure, sur le théâtre, il y avait vraiment un grand musicien qui était peut-être le maître de son art : hardi, inspiré, ingénieux, quelquefois très-grand. Hors du théâtre vous ne trouvez plus qu'un tremblant et timide spéculateur. Aussi bien une fois que Paris eut deviné cet homme, une fois qu'il eut compris qu'il y avait là deux êtres bien distincts : un homme vulgaire et un violon sublime, Paris applaudit le violon à outrance, il l'entoura de gloire et d'hommages, il confirma, il sanctionna la réputation que lui avait décernée l'Italie ; cela fait, il paya l'homme en grand seigneur qui ne tient pas à l'argent ; l'homme payé, Paris ne s'en inquiéta plus.

« Nous l'avions tous prédit à Paganini ; le spéculateur devait tuer l'artiste, et le jour où le violon noir, qui revenait de Londres comblé d'or, refusa de jouer *la Prière de Moïse* au bénéfice de quelques pauvres comédiens anglais qui étaient venus épuiser ici leurs dernières ressources, Paganini fut jugé à sa juste valeur. Il perdit tout crédit chez nous. Ceux qui l'avaient entendu n'eurent plus aucun désir de l'entendre de nouveau ; ceux qui ne l'avaient pas entendu eurent des regrets moins vifs ; les uns et les autres se portèrent avec empressement aux concerts de Baillot ; l'Angleterre de son côté sentit comme la France. Quand elle eut entendu le violon, elle laissa l'homme de côté; et un jour, je ne sais à quelle solennité, l'homme ayant demandé à Londres une somme qui parut exagérée, on laissa même son violon, et on s'adressa à un jeune artiste du Conservatoire de Paris, qui joua à ravir autre chose que *la Prière de Moïse*, qu'il joua pour rien, et qui fut applaudi avec transport.

« Ce qui avait été prédit de toutes parts à cet homme est arrivé, son avidité l'a perdu; son peu de compassion pour les artistes malheureux est retombé sur sa renommée; il peut voyager en Angleterre, il peut voyager en France à présent; son violon restera dans sa boîte, triste, muet, inutile!

« Ces réflexions que j'avais déjà faites, me sont revenues l'autre jour plus puissantes et plus vives à l'aspect de ce grand artiste ainsi isolé dans une ville comme Paris, dont il a été l'enchantement pendant un mois. Mon chagrin était d'autant plus profond de voir Paganini ainsi perdu et oublié, que je sais un moyen admirable, infaillible, certain, de lui rendre toute considération et toute admiration et toute estime dans le monde, de lui faire autant d'amis qu'il a d'indifférents, autant de partisans qu'il a de détracteurs. Mon moyen, je vous le dis, est simple et facile; il ne s'agit pour l'artiste que de prendre son violon un des jours de cette semaine, le soir, à sept heures, et de se rendre au théâtre qu'il aura choisi et qu'il aura fait prévenir le matin, et là de jouer ce qu'il voudra au bénéfice des malheureux ouvriers de Saint-Étienne dont l'inondation a renversé la cabane, emportant avec elle cette pauvre fortune du pauvre qui est tout son bien. Je sais que c'est là une langue que Paganini ne comprend pas. Mais si quelque digne Italien lui explique ce qu'on lui demande : — qu'il y a là-bas une ville d'ouvriers, la ville la plus laborieuse, la plus occupée, la plus tranquille, et peut-être la plus respectable de la France, à demi renversée par l'inondation; si on lui dit que les plus malheureux dans ce malheur, ce sont les mineurs et leurs familles; si on lui dit que ces pauvres déshérités sont livrés depuis leur naissance jusqu'à leur mort aux travaux les plus pénibles; qu'ils tordent et façonnent le fer, qu'ils soufflent le verre, qu'ils labourent la terre, qu'ils arment les soldats, qu'ils fabriquent le soc du laboureur, qu'ils sont dans le feu toute leur vie;

qu'il y en a d'autres qui vivent sous terre, qui y naissent, qui s'y marient et qui y meurent ; que toute cette population d'honnêtes gens, de philosophes pratiques, est, à l'heure qu'il est, perdue, ruinée, sans abri, et que si, dans cet horrible desastre, elle a élevé la voix, c'était pour implorer Dieu, et non pour se plaindre ; si on ajoute à Paganini que ce sera pour lui une belle et glorieuse action de donner ainsi l'exemple de la bienfaisance pour ces âmes du purgatoire, ici-bas, qui peut-être ne seraient guère attentives aux accords de son violon, mais, à coup sûr, qui seront reconnaissantes de son secours ; si on lui prouve qu'au premier coup de son archet tous les artistes de Paris se lèveront en masse pour lui faire cortége et lui venir en aide, et, disons-le, pour le reconnaître comme un de leurs frères... insigne honneur pour un artiste étranger ! si on lui promet une salle remplie jusqu'aux combles, étincelante, éclatante, et toute belle, l'Opéra ! et à la porte de l'Opéra une somme énorme, une somme à rendre sa vanité aussi heureuse, que si sa vanité était son coffre fort, et, au lieu d'applaudissements qu'il arrachait à force d'art, si on lui promettait des exclamations de reconnaissance et les plus vifs transports, à sa seule présence, croyez-vous que Paganini refuserait de promener, un quart d'heure, son merveilleux archet sur son éternelle quatrième corde? croyez-vous qu'il aimerait mieux passer inaperçu à Paris, que d'y être porté en triomphe? Non, non, cela est impossible. Et en retour de l'argent qu'il enverrait aux naufragés de Saint-Étienne, les naufragés de Saint-Étienne lui enverraient la considération publique. Après ce concert, nous aurions un tout autre Paganini, un Paganini inconnu à l'Europe, un Paganini qui joue du violon pour les villes en deuil. Les malheureux inondés de Saint-Étienne, qui sont couchés, à l'heure qu'il est, sur l'emplacement de leurs maisons englouties par les flots, sont tout prêts à signer à Paganini un passe-port ainsi conçu : « Laissez passer un homme qui a rebâti des maisons, qui a rendu des berceaux aux enfants, des vêtements aux femmes, et des outils aux hommes ! » Peut-être dans nos montagnes ces honnêtes familles d'ouvriers auront-elles entendu parler d'un certain musicien nommé Amphyon qui élevait des villes en jouant de le guitare ; ils étaient incrédules alors ; ils croiront à présent.

Amphion Thebas. — Ego Stephanum !

« Si Paganini fait cela, il sera le musicien le plus connu du monde entier ; il aura un plus grand nom que Mozart... il sera connu dans les mines de Saint-Étienne. Tous les hommes célèbres ont leur nom gravé sur le marbre, marbre périssable : le nom de Paganini sera inscrit sur la houille, mais sur une houille qui ne brûlera jamais.

« Que s'il dédaigne cette reconnaissance et cette gloire, elles sont au premier artiste qui voudra les prendre ; elles appartiennent au premier théâtre qui voudra *sérieusement* venir au secours d'infortunés d'autant plus à plaindre, qu'ils ne savent pas se plaindre aux hommes. Songez donc qu'il s'agit de réparer les plus grands désastres, de rebâtir les plus pauvres maisons, de rendre l'espoir aux plus courageux des hommes, de faire rentrer dans son lit ce Furens débordé qui a été la ruine de la ville dont il fait la fortune. Que ce serait là un argent bien employé et bien étonné de son emploi, l'argent qui passerait des mains blanches et délicates du riche public de l'Opéra, aux mains rudes, noires et respectables des mineurs, des forgerons et des charbonniers de mon pays. »

Certes, ceci était déjà cruel, mais bientôt je franchis toutes les bornes, et j'eus le tort d'être violent jusqu'à l'insulte, et de dépasser, à propos de cet homme faible et sans défense, non-seulement les règles les plus strictes de l'urbanité, mais les plus simples égards qui étaient dus à un étranger, à un grand artiste, qui ne nous devait rien, en fin de compte, et qui s'excusait de son mieux.

« Il ne faut pas aller si vite en besogne honnête ; la hâte est imprudente et aveugle : *Festinatio improvida et cœca est.* » C'est du Tacite ; il y a bien des choses à gagner dans les *Annales* et les *Histoires*, même pour les tyrans du Feuilleton.

En vain le pauvre homme essayait une réclamation timide, il en était pour sa peine et sa lettre devenait une occasion à de nouvelles cruautés :

« Nous avons reçu une lettre de M. Paganini. Il écrit pour son excuse qu'il est malade, qu'il veut partir et qu'il a déjà donné deux concerts pour les pauvres. Sa réponse eût été tout autre si on lui avait offert dix louis par coup d'archet. Voilà où nous en sommes avec lui. Toutes les démarches ont été inutiles. On lui a fait parler par toutes sortes de gens qui se croyaient quelque autorité sur son esprit ; on lui a parlé au nom de toute une population de malheureux ouvriers qui l'implorent les mains jointes ; on lui a parlé ensuite au nom de son propre intérêt, de son intérêt de gloire et surtout de son intérêt d'argent ; rien n'y a fait. Il est resté sourd à ces prières ; il est resté sec et froid au récit de ces malheurs, il n'a pas compris même son intérêt d'argent. Il s'est contenté de répondre par cet humble sourire qui est sténographié sur sa face. Il a dit, pour son excuse, qu'il partait pour l'Italie dans huit jours. Mais soyez sûr qu'il ne partira pas pour l'Italie. On parle vaguement d'une éruption du Vésuve aussi terrible que l'éruption où fut enseveli Pline l'ancien ; notre Italien ne se hasardera pas à aller en Italie. Il se connaît, il aurait peur d'être touché à l'aspect de ses compatriotes sans asile, et sans pain, dont les maisons ont été englouties par la lave ; alors peut-être se sentirait-il l'envie de jouer du violon pour réparer quelque peu les ravages du Vésuve. A ces causes, M. Paganini ne se rendra pas en Italie avant d'être bien sûr qu'il n'y a pas de désastre à réparer.

« Non, ce n'est pas ainsi qu'est animé le véritable artiste ! l'artiste est de sa nature le plus désintéressé des hommes. Il jette à qui les veut sa vie, son âme, sa fortune, et surtout son talent. C'est une vie de passion et non pas de calcul, une vie de hasard et non pas une vie de marchand, une vie de gloire et non pas une vie de lucre. C'est là une grande partie de leur mérite et de leur charme, à ces pauvres diables de génie, qui ne pensent qu'à être heureux et libres, et qui jettent sur leur chemin les faciles trésors de leur esprit, la couleur, ou le son, ou la forme, ou la poésie. Eh ! que leur importe ? Ce sont là des trésors qui ne s'épuisent pas si vite ; plus la foule y puise à pleines mains, et plus le trésor augmente. Heureux le grand artiste quand il a été plus prodigue qu'un roi, quand il a soulagé plus d'infortunes que n'en pourrait soulager un simple millionnaire ! Il descend en lui-même, et à l'aspect de cette grosse somme qu'il a amassée sans se baisser, et qu'il répand sur tant de misères sans les voir, il est heureux de se dire : *Je ne suis pourtant pas si futile qu'on le dit !*

« Ce n'est donc pas une mauvaise guerre à faire à cet homme de lui répéter qu'il n'est pas digne d'être un artiste, parce qu'il n'en a pas le cœur ; ici nous lui parlons au nom de toute une ville d'ouvriers qui à eux tous dans une année, eux et leurs jeunes enfants de sept ans qui tirent le soufflet de la forge; eux et leurs jeunes filles de dix ans qui dévident la soie ; eux et leurs femmes, jeunes encore, qui aiguisent les lames de l'eustache, penchées qu'elles sont sur la *meule-tournante*, au grand danger d'avoir la tête emportée.

« Eux tous enfin, l'enfant, l'homme fait, le vieillard, générations occupées du berceau à la tombe, ne gagnent pas autant d'argent que cet homme à lui tout seul ! —Voilà au nom de quelles nations nous parlions de bienfaisance à cet homme. Et je le dis sans avoir peur d'être démenti : cet homme, jusqu'à un certain point, n'a pas le droit d'emporter tant d'argent de France pendant qu'il y a en France de si grandes misères à soulager ! Cet homme prétendrait en vain qu'il est un négociant comme un autre, un ouvrier comme un autre; il n'y a pas de commerce qui rapporte autant d'argent avec si peu de chances; il n'y a pas de travail des mains ou de l'esprit qui soit payé à cette usure. Cet homme a donc beau se faire marchand, ce n'est pas un marchand, c'est un artiste; il rentre alors dans toutes les conditions de la vie d'artiste. Et quel est l'artiste, l'étranger, qui bien venu dans un pays, reçu comme un frère, applaudi, loué, admiré, chargé d'or et de couronnes, ait jamais refusé de faire ses adieux à ce pays hospitalier en venant au secours de ses misères? C'est une convention tacite que fait le riche avec l'artiste quand il lui porte son or. La conscience du riche lui dit bien au fond de l'âme qu'il a grand tort, que c'est mal à lui de payer au poids de l'or un entrechat ou quelques arpéges sur le violon; mais bientôt la conscience du riche se rassure : n'a-t-il pas à faire à un artiste? et cet artiste ne saura-t-il pas rendre aux pauvres de ce pays où il est étranger, quelque peu de l'argent qu'il leur enlève? L'usage est là d'ailleurs, qui en fait une loi.

« Quel est le grand artiste français qui ait manqué à cette hospitalité de l'art? Quand donc Talma a-t-il refusé d'ajouter son opulente aumône à la taxe des pauvres d'Angleterre? Quand donc Baillot a-t-il refusé de se faire entendre au bénéfice des indigents ? On raconte des merveilles de Mme Catalani, cet instrument autrement admirable que le violon de cet Italien. Ces gens-là ne comptent pas leurs bienfaits pour trouver un prétexte à tout refuser. L'autre jour encore on parlait d'un concert que Mme Malibran donnait toute seule au bénéfice des pauvres. Il n'y a pas à Paris le plus petit comédien qui ne soit prêt à secourir l'infortune la plus ignorée, et c'est merveille de les voir tous, au premier mot, accourir aux théâtres de la banlieue, à pied, le plus souvent à jeun, et portant leur costume dans un mouchoir de poche. Or, la plupart du temps, ces naïfs comédiens sont aussi pauvres que le père de famille qu'ils vont secourir sans le connaître. C'est là une bienfaisance qui est dans le sang des artistes. Ils comprennent et ils soulagent toutes les misères. Il n'y a pas d'année où ils n'arrachent un jeune homme à la conscription et un vieillard à l'hôpital. Ils sont une espèce de Providence visible sur laquelle les maires de chaque commune comptent autant pour le moins que sur les dames de charité. Pourquoi donc, parmi tous ses confrères, un seul artiste se veut-il dérober à cette commune loi de bienfaisance? De quel droit cet homme veut-il se refuser à payer son hospitalité à l'étranger? Est-ce parce qu'il est plus grand qu'un autre? Mais il est payé vingt fois plus encore qu'il n'est grand. Mais au moins, puisqu'il est ainsi endurci dans son triste égoïsme d'argent, que je me donne le plaisir de lui dire ici, tout haut, qu'il n'y a pas dans le dernier théâtre de Paris un comédien surnuméraire, un comparse en retraite, un allumeur de chandelles à qui cet endurcissement ne fasse horreur et pitié!

« Mais pourquoi insister encore? Cet homme ne veut pas venir au secours de Saint-Étienne, sous prétexte qu'il a joué *deux fois* pour les pauvres; tant pis pour cet homme. Les pauvres de Saint-Étienne ne veulent pas de secours mendiés; s'il faut mourir, ils mourront, mais jamais ces rudes infortunes ne plieront le genou pour implorer ce grand cadavre tout pâle qui les regarderait en souriant. Que cet homme passe dans nos montagnes, et qu'il ait peur, il trouvera encore un forgeron pour le conduire et pour guider ses pas; que cet homme descende dans nos mines profondes, il trouvera un charbonnier pour le porter dans ces labyrinthes; mais personne ne lui tendra la main pour lui rien demander. Il a refusé une aumône, on la lui jetterait au visage. On l'a supplié en vain; à présent, c'est lui-même qui prierait en vain : il implorerait vainement ce grand honneur de secourir tant de braves gens, on lui répondrait qu'il n'a pas mission pour cela, qu'il n'a pas l'âme assez bonne, qu'il n'a pas le cœur assez grand. Insister plus longtemps auprès de l'Italien, c'eût été déshonorer la France. — Ne dirait-on pas qu'elle n'a pas assez de grands artistes? Je vous demande pardon, ô charboniers, ô forgerons, mes frères, ô malheureux dont l'inondation a brisé les demeures, sans vous faire courber la tête, je vous demande pardon d'avoir parlé de votre douleur à M. Paganini !

« Comme s'il n'y avait pas à Paris des artistes français dont les noms sont chers à tous les arts ! comme s'il n'y avait pas à Paris Mlle Taglioni, cette Italienne de Paris ; Fanny Essler, cette Allemande de Paris ; Baillot, ce virtuose de l'Europe ! tout ce monde enfin, grands et petits, pour venir au secours de nos malheureux compatriotes de Saint-Étienne ! J'aurais voulu les nommer ici, mais il faudrait les nommer tous.

« Toutefois, que nos menaces s'accomplissent ! que M. Paganini s'en aille chargé de dédain public ; *sauve-toi de ces lieux!* que chacun lui prête assistance dans sa route pour qu'il ne soit pas dépouillé de son cher argent ; que les aubergistes modèrent leurs prix en sa faveur ; que les diligences lui fassent payer demi-place, comme à un enfant au-dessous de sept ans ; que les postillons aient la prudence de ne pas lui demander leur pour-boire, que son voyage soit heureux, comme il le désire ; mais que sur sa route personne ne demande ni à le voir, ni à l'entendre ; que son violon, — ce violon qui ne sonne que s'il est plein d'or, — soit maudit et condamné au silence ! que cet homme passe inaperçu, comme le dernier colporteur de vins frelatés ou de livres au rabais ! Telle sera sa peine. Qu'il soit puni par où il a péché, par l'argent, puisqu'on ne peut pas le punir par la gloire ! C'est là une malédiction fatale, à laquelle il n'échappera pas. Le voyez-vous d'ici, tirant son violon de son étui, et au même instant tout le monde s'enfuir ! Il joue et chacun se bouche les oreilles ; même les jeunes filles qui dansent sous l'ormeau préfèrent la contredanse de leur ménétrier aveugle aux gambades du violon de M. Paganini. C'est que ce violon de M. Paganini ne peut plus résonner nulle part sans faire entendre bien distinctement les larmes que son maître n'a pas voulu tarir, les douleurs qu'il n'a pas voulu soulager. »

Je retrouve ici avec une reconnaissance bien sincère et bien vive les noms des artistes et des braves âmes qui répondirent à mon appel. M. de Chateaubriand m'envoya son dernier louis d'or; M. Baillot (il jouait en ce temps-là un air retrouvé dans les palais génois) demandait, sur le refus de M. Paganini, à jouer *la Romanesca* pour mes pauvres, « et je tremble, disait-il, en songeant au grand musicien que je remplace. » Pauvre Baillot, il ne donnait qu'un seul concert, chaque année, à quelques amis de son modeste génie, et ce concert au cinquième étage contentait le noble artiste. En ce temps-là Mlle Loïsa Puget tenait les salons attentifs à ses chansonnettes, écrites avec un goût exquis, chantées avec un esprit ravissant; elle nous offrit ses chansonnettes. Madame Damoreau, cette femme qui chantait toujours bien et jamais mieux : « Je chanterai quand vous voudrez, et tant que vous voudrez, disait-elle. » Au même instant, et comme pour protester contre les duretés du farouche italien Paganini, les plus merveilleux chanteurs de l'Italie, Rubini et Tamburini, demandaient à prendre leur part dans ce triomphe ; Rubini chanta comme on chante dans le ciel, l'*Adélaïde* de Beethoven. Il y avait Litz aussi tout brillant de sa gloire naissante; Chopin, Chopin jeune, actif et bien portant, qui fit entendre le *Voyage musical*, c'est-à-dire une réunion de tous les chants et de toutes les douleurs que les nations comprimées peuvent contenir. Ferdinand Hiller était de la fête, et aussi mademoiselle Lambert. Lui-même, Rossini, s'inquiéta de ce concert comme il ne s'est jamais inquiété de sa vie, et voici la lettre qu'il m'écrivait de cette belle écriture nette, ferme, lisible, où se montre une main habituée à trouver tout d'abord..... *ce qu'il fallait démontrer :*

« J'ai fait part, mon cher Jules, à M. Robert, directeur, et à
« M. Sévérini, régisseur général du Théâtre-Italien, de votre de-
« mande; la permission à laquelle vous attachez tant de prix vous
« est accordée. M. Robert et M. Sévérini retiennent quatre places
« pour le concert qui aura lieu, comme vous me l'indiquez, dans
« la salle de M. Stœpel, se réservant le droit de payer ces quatre
« places deux cents francs. Je me charge moi-même de prévenir
« Rubini et Tamburini, afin qu'ils se rendent à leur poste le jour
« qui sera fixé pour le concert. Je suis très-heureux d'avoir été
« l'intermédiaire d'une affaire qui vous honore autant qu'elle vous
« intéresse, et surtout je suis fier d'y avoir réussi, car je ne vous

« dissimule pas que M. Robert ayant refusé la même faveur à tout
« le monde depuis qu'il est directeur du Théâtre-Italien, il a fallu
« un motif aussi puissant que les malheurs de vos compatriotes,
« et le désir de vous obliger personnellement, pour lui faire tran-
« siger avec la loi qu'il avait dû s'imposer.

« Bonjour, mon cher ami, je suis tout à vous, de tout mon cœur.

« ROSSINI. »

Certes, rien n'était plus cruel, plus injuste et plus dur, je l'avoue à ma honte, que mes colères contre M. Paganini ; mais aussi l'assentiment unanime de tant d'artistes fameux, l'exemple de Rossini, le dévouement de M. Baillot, étaient de terribles arguments contre le refus de M. Paganini. J'avais tort dans la forme et j'avais tort dans le fond, mais l'opinion publique était avec moi : « l'opinion publique, dont on ne saurait tenir trop de compte, » a dit quelque part l'archevêque de Cambrai; toujours est-il que j'eus le beau rôle, et que tout le monde donna tort à l'avare artiste Aujourd'hui je lui donne raison ; il était son maître, après tout ! Il voulait être généreux à ses heures; il n'avait rien à faire avec une centaine de charbonniers et de mineurs qui n'avaient jamais entendu parler de Paganini; enfin, il avait sa volonté, il avait ses caprices, il regardait comme une honte de donner, pour rien, ces résultats presque divins d'un art qui lui avait coûté tant de génie et tant de veilles, et d'un talent qu'il sentait, sans le dire à personne, s'éteindre peu à peu avec sa vie. En vain il essaya de me répondre, il ne fit que redoubler ma colère, et les applaudissements de la galerie. Alors il rentra dans le silence, il attendit le jour de sa revanche, et quand le jour vint enfin de prouver qu'il savait comment se venge un grand artiste, il se vengea... à la façon d'un roi de la maison de Valois.

BERLIOZ.

C'était peu de jours après que Berlioz eut donné son *Benvenuto Cellini* à l'Opéra. Malgré de très-belles choses pleines de vie et d'inspiration, le succès avait été douteux, disputé, difficile ; puis comme l'œuvre allait se relevant à chaque représentation, le chanteur, M. Dupré, s'était lassé de cette bataille, et il avait passé à l'ennemi. Grand désespoir pour Berlioz, et profond chagrin pour ses amis. J'étais du nombre, et même (on a le droit de se vanter de ces rares bonheurs), j'avais été le premier à saluer, dans le *Journal des Débats*, cet intrépide et *insolent* artiste qui marchait seul dans la voie qu'il s'était frayée. Aussi, lorsque après *Benvenuto Cellini* Berlioz se montra dans un concert, et qu'il fit entendre *Harold*, sa symphonie fantastique, il fut reçu avec frénésie. On eût dit que toutes ces âmes attentives avaient leur part dans la joie et dans les douleurs de cette âme en peine. Heureuses sympathies, consolantes rencontres, sans lesquelles la vie et le courage des artistes, des poëtes, des penseurs, des chercheurs de nouveaux mondes en toutes choses, seraient réduits à néant.

Je racontais tout ce concert de Berlioz ; je le montrais tel qu'il m'était apparu tout d'abord, et tel que, par un changement subit, de l'abaissement au triomphe, nous le montra, l'instant d'après, cet admirable Paganini.

« Comme il était changé, ce pauvre Berlioz ! à quel point il s'abandonnait à son découragement funeste ! Ce n'était plus ce hardi jeune homme tout rempli d'enthousiasme, qui de son estrade élevée, au bruit des fanfares, semblait vouloir s'élancer dans l'avenir. C'était le vaincu de la veille qui ne jouissait déjà plus de ses triomphes passés. Cependant peu à peu, au bruit de ce terrible poëme — *Harold* — où il a jeté toutes ses joies et toutes ses douleurs, l'artiste se sentait ranimer, ses yeux se mouillaient de douces larmes, son cœur battait de plus belle, le sang circulait dans ses veines, son auditoire lui rendait émotion pour émotion ; mais que devint-il, quand, dans un coin obscur de la salle, il découvrit un homme noir et impassible qui pleurait ? Oui, il avait des larmes dans les yeux ! Oui, son sourire perpétuel, s'était arrêté ; oui, ce front austère s'était tout à coup épanoui ! Était-ce bien Paganini qui s'abandonnait ainsi à cette émotion surnaturelle ?... C'était en effet Paganini !

« Ce Paganini est un homme étrange. C'est l'énigme la plus inexplicable qui se soit offerte aux hommes assemblés pour le plaisir. Il n'y a rien d'humain dans sa personne. Sa longue tête osseuse et couverte de cheveux en désordre, peut à peine contenir le feu prolongé de ce regard morose que nul regard humain ne saurait soutenir. On ne sait, à le voir, si ce n'est pas un ressuscité qui marche, tant il ressemble au Lazare de Rembrandt débarrassé de son linceul. Ses deux bras pendent à terre, et rien qu'à voir ces deux mains osseuses garnies de ces tendons d'acier, on devine par quelles luttes horribles cet homme est parvenu à dompter son violon, cette âme en peine enfermée entre quatre morceaux de bois. Pour ma part j'ai toujours eu peur de cet homme, qu'il vînt saluer le parterre avec ce sourire de marbre froid et lourd, ou qu'il brisât les trois cordes de son violon par un caprice fantasque dont il n'a jamais rendu compte, soit enfin qu'il s'abandonnât librement et fièrement à toute cette inspiration galvanique qui nous trouvait muets et transportés. Je l'ai vu dans des circonstances bien différentes, — par une belle soirée du printemps, quand il chantait la *Prière de Moïse* comme la doit chanter la sainte Cécile de Raphaël dans le paradis de Mozart; — je l'ai vu par de tristes nuits d'hiver, quand, au milieu du choléra, plus triste et plus sombre que jamais, il arrivait l'archet à la main et qu'on faisait silence, comme si l'ombre de cet homme fût venue là, tout exprès pour désigner du doigt ceux qui allaient mourir.

« Était-ce un homme, un fantôme? A coup sûr c'était un mystère ! On le voyait, on ne le voyait plus. Il passait de la plus grande joie à la plus immense tristesse. Il allait çà et là d'un bout de l'Europe à l'autre, espèce de juif errant comme nous le montre Lewis, avec une croix de feu flamboyante entre ses deux sourcils noirs. — Il s'en allait ainsi dans le monde, battant monnaie, et la foule la plus compacte s'entr'ouvrait pour le laisser passer. Il était séparé des autres hommes par un cercle invisible que nul n'eût osé franchir.

« Il fallait donc un certain courage pour s'attacher à cet homme, et s'approcher de cette ombre afin de savoir enfin si cette ombre avait un cœur. Or je sais un homme qui a osé prendre cette ombre corps à corps, et qui lui a reproché publiquement, de quel droit, je vous prie? — d'être avare, insensible, et sans pitié. Comment donc? ce fantôme enrichi ne voulait pas donner un coup d'archet pour sauver de pauvres gens qui se mouraient de faim et de froid! — La philippique fut véhémente, elle fut répétée. On sut bon gré à l'écrivain qui s'attaquait à un pareil champion. — Paganini cependant resta immobile et ne se plaignit pas. On le voulait forcer à jouer du violon pour les pauvres, il ne joua plus pour personne, — pas même pour lui; car si parfois il éprouvait le besoin de tenir son violon et son archet, eh bien! il prenait le violon et l'archet, il s'enfermait dans sa chambre à triple tour, il mettait sur son violon une sourdine, et sur ces cordes à peine effleurées il passait lentement cet archet léger comme l'air. — A peine le violon se faisait-il entendre même à cette oreille avide et penchée! — Mais à lui, le sublime joueur, ce faible son suffisait.... — il entendait le reste dans le ciel.

« Tel était l'homme, — telle était l'ombre vivante que découvrit Berlioz applaudissant, autant qu'une ombre peut applaudir aux douleurs et aux transformations d'Harold. Quand l'œuvre entière fut achevée, quand l'orchestre eut jeté au loin son dernier soupir, Paganini vint à Berlioz, et en présence de tous — Paganini se prosterna devant Berlioz. Vous savez que Paganini ne peut plus parler, la voix lui manque, mais non l'enthousiasme, et je ne crois pas que jamais enthousiasme ait été plus éloquent que celui-là.

« Cependant que faisait Berlioz? Il regardait autour de lui, comme s'il eût été le jouet d'un songe. Il s'abandonnait librement à cette consolation qui lui venait de si haut. Ah! qu'il eût voulu tenir en cet instant tous ses juges! Mais non, il ne pensait plus à eux, il ne pensait pas à cette gloire qu'on lui dispute; il ne voyait plus que Paganini à ses pieds; — il était ébloui! »

Et voilà ce que nous avons vu nous autres, et comment voulez-vous que l'on n'aime pas, malgré toutes ses misères, cette vie littéraire si remplie de contrastes? Alors, pour la première fois, nous avons compris qu'en effet Paganini était un homme comme les autres hommes, qu'en effet ce cœur battait à l'unisson de nos cœurs, que ces yeux savaient pleurer, que cette âme savait comprendre; il n'y avait rien de surnaturel dans le talent de cet homme que son talent même.

De ce jour, Berlioz fut sauvé. L'espérance lui revint, et avec l'espérance, la conscience de son mérite. Il rentra chez lui tout rempli de ce triomphe, non il n'était pas plus glorieux le premier jour de son opéra tombé! Mais le lendemain, que devint-il quand il reçut cette lettre de son sauveur : — « Tu seras Beethoven »! — Et à cette lettre Paganini avait ajouté vingt mille francs, qu'il priait *son ami* d'accepter[1]. Vingt mille francs! une fortune pour Berlioz! Fi! de l'argent, mieux que de l'argent, c'étaient, sous ce pli, trois belles et abondantes années de méditations, de liberté, de bonheur! Vous autres, qui passez dans le sentier vulgaire, vous admirez la générosité de cet homme sans la comprendre! Vous comptez déjà sur vos doigts grossiers, combien cela rapporte au denier-vingt! combien d'arpents de terre vous achèteriez autour de votre village avec ces vingt mille francs! et quelle dot vous épouseriez avec ces vingt mille francs! Vous calculez, vous supputez, vous arrangez, vous arrondissez la somme, et vous ne pouvez pas comprendre qu'un homme donne, pour rien, pour un bruit, tant d'argent à un autre homme! Insensés! mais ne voyez-vous pas que ces vingt mille francs, c'est plus que la fortune de Berlioz, c'est sa gloire! C'est plus que le présent, c'est l'avenir. Allons, Berlioz, relève-toi; laisse là ton labeur de chaque jour, va-t'en au loin, en Italie, en Allemagne, avec ton drame commencé; sois libre, Berlioz! voilà, devant ton génie, un vaste espace qui s'est ouvert! Allons, mon artiste, c'est maintenant que tu vas cueillir librement les premières fleurs du printemps, que tu vas ramasser les premiers rayons des beaux jours, que tu vas gravir la montagne et te vautrer dans l'herbe épaisse de la vallée! Allons, poëte, invente ton drame tout à l'aise! Allons, musicien, jette volontiers ton harmonie à tes poëmes! te voilà maître du Temps lui-même; rien ne te presse, ni la foule aux portes de ton

---

[1] Un an plus tard, Berlioz dédiait à Paganini, sa grande symphonie : *Roméo et Juliette*. — « Avouez, disait le feuilleton, que maître Paganini a trouvé une belle affaire. Il a donné à un honnête homme d'un grand talent, trahi par son chanteur, vingt chiffons de papier orné d'un certain timbre noir; on lui rendra un chef-d'œuvre. Il a prêté son argent, on lui en fait l'usure au denier cent! Pour des morceaux de métal assez mal frappé, on lui rend des symphonies merveilleuses; — Tenez, prenez, maître, tout ceci est à vous, éternellement à vous!

« Cette nouvelle symphonie de Berlioz, *Roméo et Juliette*, est dédiée à son bienfaiteur Nicolo Paganini. Depuis tantôt trois mois, deux cent vingt musiciens ou chanteurs répètent ce grand drame. — Ils ont été payés avec les 20,000 fr. de Paganini!

« Et ces prétendus gens *bien informés* qui veulent tout savoir disaient que Berlioz avec cet argent, paierait ses dettes ou qu'il achèterait une maison! Si Berlioz eût fait cela avec cet argent royal, Berlioz eût été un voleur. »

7.

concert, ni le marchand de musique dans ta chambre, ni l'*impresario* que réclame ta musique ; tu es ton maître, Berlioz ! tu es le maître du monde ! Donc, secoue les soucis de ton front, la poussière de tes pieds, et marche en avant, mon fils !

Ainsi parle à Berlioz ce muet Paganini, et en ceci Paganini est encore loin de la vérité. Il rend à Berlioz un double service ; il lui rend la confiance en soi-même, il lui donne tout le loisir nécessaire à son génie. Il fait pour cet artiste français, lui étranger, ce que pas un roi de l'Europe aujourd'hui ne saurait faire ou ne pourrait faire. Rare bienfait, un bienfait que l'obligé peut accepter non-seulement sans rougir, mais au contraire, en s'en glorifiant de toutes ses forces, et en disant à tout venant : *Voici mon bienfaiteur !* Qui l'eût dit cependant que ce serait cet homme qui donnerait, chez nous, ce grand exemple de générosité et de justice ? A cette heure, Paganini est à Paris le seul gentilhomme qui ait gardé les nobles traditions du temps de François Ier.

De pareilles aventures sont bien faites pour encourager tous ceux qui se sentent du talent et de l'avenir. A cette heure, par cette loi du monde qui veut que tout change, les bienfaiteurs de l'art sont changés. Autrefois, à Athènes, à Florence, dans toutes les républiques savantes et éclairées, c'était le peuple qui récompensait les artistes. Plus tard vint le tour des rois et des princes. Maintenant, ô bonheur ! l'artiste ne reçoit plus de bienfaits de personne, sinon de ses égaux qui sont en effet ses véritables protecteurs. Mais cependant que Paganini soit loué pour sa modestie, pour sa générosité et pour ce singulier esprit d'à-propos qui lui fait choisir justement pour le sauver, le talent le plus volontaire et le plus convaincu de ce temps-ci[1].

---

[1]. A ce propos, nous pouvons citer une lettre de M. Louis Boulanger ; M. Boulanger avait publié dans l'*Artiste*, un admirable portrait de M. Paganini, il fut bientôt forcé de se défendre contre les réclamations de cet esprit inquiet et malheureux :

    Monsieur,

Vous avez bien voulu me communiquer une lettre dans laquelle M. Paganini se plaint amèrement des poursuites de la calomnie, qui ne doit, dit-il, abandonner sa proie que lorsqu'il sera au tombeau. Or, comme je passe dans son esprit pour un agent de la livide déesse, ayant forme de lithographe, il m'importe de repousser ce rôle ridicule, car je ne suis ni calomniateur, ni faiseur de facéties, ni mystificateur exploitant la curiosité des

Eh bien! l'accident le plus curieux et le plus incroyable de toute cette histoire un peu longue, c'est que Berlioz n'avait jamais entendu Paganini jouer du violon, c'est qu'il ne l'a jamais entendu cet *extraordinaire et sympathique*, ainsi l'appelait M. Fétis! « C'est un météore! » disait-on de Weber. Or, voici pour conclure, la narration de Berlioz :

« Je ne connais malheureusement que par les récits qu'on
« m'en a faits cette puissance musicale démesurée de Paganini ;
« un concours fatal de circonstances a voulu qu'il ne se soit jamais
« produit en public, en France, quand je m'y trouvais, et j'ai le
« chagrin d'avouer que, malgré les relations fréquentes que j'ai
« eu le bonheur d'entretenir avec lui pendant les dernières années

badauds de Paris. Voilà tout mon tort : Paganini vint à Paris : l'enthousiasme fut universel ; je le vis, je l'entendis, et ce fut un des plus beaux moments de ma vie. Je n'eus cependant pas le plaisir d'apercevoir sur son épaule le diable en habit d'amiral anglais, comme en porte le singe des carrefours, cornu, grimaçant, pourvu de sa queue, et se chargeant d'électriser l'auditoire attentif. Non, Monsieur, je ne vis pas cela, mais bien un homme extraordinaire, un artiste surprenant, dont le seul aspect fit une profonde impression sur mon âme, qui me fascina par sa belle tête que l'art animait d'un feu divin. C'était bien là un de ces hommes prédestinés, dont le ciel est si avare, hommes à part de l'humaine foule, que j'ai vus si bien peints par Hoffmann, et que le monde comprend si peu.

En regardant ce front pâle, empreint de tristesse, je me demandais si la fatale destinée n'avait pas pressé de sa main de fer cette âme brûlante, pour lui faire expier d'avoir tant reçu en partage, de briller ainsi supérieure parmi les autres ? puis, dans mon esprit, vint se placer cette touchante figure du Tasse tristement assis sur la pierre d'un cachot, seul, avec ses hautes pensées, sublime, rayonnant dans ces ténèbres ; alors à tout cela se mêla confusément ce que j'avais entendu dire de la captivité de Paganini, dont la cause m'était totalement inconnue, ce qui me le présentait plus grand encore. Oui, me disais-je, voilà le sort du génie! Méconnu longtemps, souvent opprimé, et quelquefois enfin récompensé de tant de maux par l'acclamation universelle!

Rentré chez moi, pensif et la tête remplie du souvenir de Paganini, je fis ce croquis que vous avez bien voulu insérer dans votre journal. C'est donc une faute qui m'est personnelle, et je désire que ces lignes prouvent à M. Paganini que je ne fais partie d'aucun complot ourdi pour nuire à sa réputation ; que c'est ignorance d'un fait, et non pas obstination à constater un fait inventé à plaisir; qu'il n'aurait dû voir en ceci qu'une méprise d'artiste, et que les piquantes anecdotes dont il a bien voulu faire part aux dessinateurs ne fourniraient pas d'heureux sujets de lithographies.

Agréez, etc.   L. BOULANGER.

« de sa vie, *je ne l'ai jamais entendu.* Une seule fois depuis,
« mon retour d'Italie, il joua à l'Opéra, et, retenu au lit par
« une indisposition violente, il me fut impossible d'assister à
« ce concert, le dernier, si je ne me trompe, de tous ceux qu'il
« a donnés. Depuis ce jour, l'affection du larynx dont il devait
« mourir, jointe à une maladie nerveuse qui ne lui laissait aucun
« relâche, devenant de plus en plus grave, il dut renoncer tout à
« fait à l'exercice de son art. Mais comme il aimait passionné-
« ment la musique, qu'elle était pour lui un véritable besoin,
« quelquefois, dans les rares instants de répit que lui laissaient
« ses souffrances, il reprenait son violon pour jouer des trios ou
« des quatuors de Beethoven, organisés à l'improviste, en comité
« secret, et dont les exécutants étaient les seuls auditeurs. D'au-
« tres fois, quand le violon le fatiguait trop, il tirait de son porte-
« feuille un recueil de duos composés par lui pour violon et gui-
« tare, recueil que personne ne connaît, et prenant pour partner
« un digne violoniste allemand, M. Sina, qui professe encore à
« Paris, il se chargeait de la partie de guitare et tirait des effets
« inouïs de cet instrument. Et les deux concertants, Sina le mo-
« deste violoniste, Paganini l'incomparable guitariste, passaient
« ainsi en tête à tête de longues soirées, auxquelles nul parmi les
« plus dignes ne put jamais être admis. Enfin sa phthisie laryn-
« gée fit de tels progrès qu'il perdit entièrement la voix, et dès
« lors il dut à peu près renoncer à toutes relations sociales. C'était
« à peine si en approchant l'oreille de sa bouche on pouvait en-
« core comprendre quelques-unes de ses paroles Et quand il
« m'est arrivé de me promener avec lui dans Paris, aux jours où
« le soleil lui donnait envie de sortir, j'avais un album et un
« crayon ; Paganini écrivait en quelques mots le sujet sur lequel
« il voulait mettre la conversation ; je le développais de mon
« mieux, et de temps en temps, reprenant le crayon, il m'inter-
« rompait par des réflexions souvent fort originales dans leur laco-
« nisme. Beethoven, sourd, se servait ainsi d'un album pour re-
« cevoir la pensée de ses amis ; Paganini, muet, l'employait pour
« transmettre la sienne. Un de ces collecteurs *à tout prix* d'auto-
« graphes, qui hantent les salons d'artistes, m'aura sans doute
« *emprunté* sans me prévenir celui qui servit à mon illustre in-
« terlocuteur ; ce qu'il y a de sûr, c'est que je n'ai pu le retrouver

« lorsqu'un jour Spontini voulut le voir, et que depuis lors je n'ai
« pas été plus heureux dans mes recherches.

« Bien souvent on m'a sollicité de raconter dans tous ses détails
« l'épisode de la vie de Paganini dans lequel il joua un rôle si
« cordialement magnifique à mon égard ; les incidents variés et si
« en dehors de toutes les voies ordinaires de la vie des artistes
« qui précédèrent et suivirent le fait principal aujourd'hui connu
« de tout le monde, seraient en effet, je le crois, d'un vif intérêt,
« mais on conçoit sans peine l'embarras que j'éprouverais à faire
« un tel récit, et l'on me pardonnera de m'abstenir.

« Si jamais j'écris des Mémoires sur la musique contemporaine,
« ces détails pourront y trouver place, mais ils ne peuvent la
« trouver que là. Je ne crois pas même nécessaire de relever les
« sottes insinuations, les dénégations folles, et les assertions erro-
« nées auxquelles la noble conduite de Paganini donna lieu dans
« la circonstance dont je parle. Jamais, par compensation, certains
« critiques ne trouvèrent de plus beaux élans d'enthousiasme ;
« jamais la prose de J. Janin surtout ne se formula en strophes
« plus magnifiques qu'à cette occasion. Le poëte italien Romani
« écrivit aussi plus tard, dans la *Gazette piémontaise*, d'élo-
« quentes pages dont Paganini, qui les lut à Marseille, fut, m'écri-
« vit-il, profondément ému. . . . .
. . . .

« Il avait fui le climat de Paris ; bientôt après son arrivée à
« Marseille, celui de la Provence lui paraissant trop rude encore,
« il alla se fixer pour l'hiver à Nice, où il fut accueilli comme il
« devait l'être, et entouré des soins les plus affectueux par un
« riche amateur de musique, virtuose lui-même, M. le comte de
« Césole. Ses souffrances, néanmoins, ne firent que s'accroître,
« bien qu'il ne se crût pas en danger de mort, et ses lettres res-
« piraient une tristesse profonde. « Si Dieu le permet, m'écri-
« vait-il, je vous reverrai au printemps prochain. J'espère que
« mon état va s'améliorer ici ; l'espérance est la dernière qui reste.
« Adieu, aimez-moi comme je vous aime. »

« Je ne le revis plus... Quelques années après, obligé moi-
« même d'aller demander aux tièdes haleines de la mer de Sar-
« daigne un peu de réconfort après les âpres fatigues d'une labo-
« rieuse saison musicale à Paris, je revenais un jour en barque, de

« Villa-Franca à Nice, quand le jeune pêcheur qui me conduisait
« laissant tout à coup tomber ses rames, me montra sur le ri-
« vage une petite villa isolée, d'assez singulière apparence : —
« Avez-vous entendu parler, me dit-il, d'un monsieur qui se nom-
« mait Paganini, qui *sonnait si bien le violon?* — Oui, mon
« garçon, j'en ai entendu parler. — Eh bien, Monsieur, c'est là
« qu'il a demeuré pendant trois semaines, après sa mort. »

« Il paraît qu'en effet son corps fut déposé dans ce pavillon pen-
« dant le long débat qui s'éleva entre son fils et l'évêque de
« Gênes, débat qui, pour l'honneur du clergé génois et piémon-
« montais, n'eût pas dû se prolonger autant, et dont les causes,
« au point de vue même de l'orthodoxie la plus sévère, n'avaient
« point la gravité qu'on a voulu leur donner, car Paganini mou-
« rut presque subitement.

« La nuit qui suivit cette promenade à Villa-Franca, je dormais
« dans la tour des Ponchettes, appliquée comme un nid d'hirondelle
« contre un rocher à deux cents pieds au-dessus de la mer, quand
« les sons d'un violon, jouant les variations de Paganini sur le
« *Carnaval de Venise*, s'élevèrent jusqu'à mon réduit, parais-
« sant sortir des ondes. Je rêvais, justement en ce moment, à celui
« dont le jeune pêcheur m'avait montré dans la journée la villa
« mortuaire... je m'éveillai brusquement... j'écoutai quelque
« temps avec un sourd battement de cœur... Mes idées, au lieu
« de s'éclaircir, devenaient de plus en plus confuses... Le *Car-
« naval de Venise*!... qui donc, excepté lui, connaît ces varia-
« tions?... Est-ce encore un adieu d'outre-tombe qu'il m'adresse?...

« Supposez Théodore Hoffmann à ma place : quelle touchante
« et fantastique élégie il eût écrite sur ce bizarre incident! »

Nous avons quelque peu anticipé sur l'ordre chronologique du feuilleton. Telle sera notre coutume à l'avenir ; une histoire commencée, autant que nous le pourrons, nous tâcherons de la compléter à l'instant même. Hé! notre récit ne sera que trop souvent brisé, interrompu, incomplet. Dans ce bas monde, on ne sait ni commencer, ni finir.

CHAPITRE III.

Il ne faut pas croire, on se tromperait fort, que cela soit facile dans l'art que nous exerçons, d'attirer à soi l'attention publique, et même, quand une certaine fraction de lecteurs commence à savoir que vous êtes de ce monde et bégaie en hésitant ce nom tout nouveau, il y a encore un abîme à franchir entre le nom et l'autorité du critique. S'il est impossible d'être.... comment dirai-je?.... non pas *célèbre*, mais tout simplement d'être un combattant reconnu dans ce tumulte et ce tourbillon des belles lettres sans obtenir à la longue une certaine autorité, il est arrivé très-souvent que le public a brisé tout d'un coup, une renommée assez bien commencée; et pourquoi? parce que ce public sévère aura été mis en doute et en défiance en deux ou trois occasions solennelles. Il tenait absolument cette fois, et par exception, à savoir la vraie et sincère vérité de telle œuvre, ou de tel homme, ou de tel événement; vous le trompez.... tant pis pour vous, le lecteur ne vous croira jamais plus, même en disant vrai. Ces instants précieux où la vérité absolue est à peine suffisante, sont des moments décisifs pour un écrivain qui tient à la durée, et qui sait que le seul moyen d'écrire longtemps, c'est d'être avant tout estimé et honoré de son lecteur. Ceci est la pierre de touche à quoi se reconnaissent les choses honnêtes, loyales, sincères, convaincues; et si par malheur vous laissez passer cette première et cette seconde occasion de vous montrer un homme vrai, aussitôt, bonsoir la compagnie! et cherchez désormais des gens à qui vous disiez : *Qui m'aime me suive!* On ne vous suit plus, ou bien, si par quelque agencement extraordinaire... impossible de style, de mérite, d'esprit et de talent, vous forcez quelques honnêtes gens à s'inquiéter de ce que vous dites, ils se méfient même de leur plaisir, ils n'osent pas vous croire; à l'instant où ils en ont le plus d'envie, ils disent : Quel dommage, avec tant de verve et d'éclat, d'avoir le goût faux ; quel malheur, avec tant d'esprit, de manquer de présence d'esprit! Quant à manquer d'honnêteté.... nous ne parlons pas des coupe-jarrets de la presse, nous ne parlons pas, à Dieu ne plaise! des bandits de la plume, assassins sans vergogne de la renommée et de l'honneur des plus honnêtes gens, ces abominables exceptions n'entrent pas dans nos prévisions et dans nos calculs. On place, à bon droit, ces flibustiers dans les pages les plus honteuses des *Causes célèbres*, entre messieurs Cartouche et Mandrin, étonnés et furieux de se voir en pareille compagnie. On a vu, de nos jours chose horrible à dire, un écrivain qui faisait le métier d'espionner ses confrères ! On a vu, ô misère, se pavaner dans leur injustice et dans leur violence, ces malheureux dénoncés par Virgile en son enfer, quand il les désigne à la Némésis vengeresse :

> Vendidit hic auro patriam, dominumque potentem
> Imposuit....

Laissons ces malheureux dans l'abîme, entre le châtiment présent et le mépris à venir.

Éloignons de notre pensée, éloignons de nos regards ces misères et ces hontes. « Il y a telles infamies, s'écrie en son livre de l'Éloquence, le maître des maîtres, Quintilien, que je vous défends d'en prononcer même le nom. *Obscenitas vero non verbis tantum abesse debet, sed etiam a significatione!* » Nous ne parlons que des œuvres honnêtes et des paroles décentes qui conviennent aux gens bien élevés. Le dictionnaire des Halles et la grammaire obscène des Porcherons, n'ont rien à faire en ce travail. Ce tra-

vail est destiné aux artistes sérieux, aux écrivains bien élevés ; il
proclame avec l'honnêteté, le beau langage. Dans ce livre de longue
haleine, l'auteur se tient de toutes les forces de sa volonté et de
son esprit à côté des braves gens; il ne veut pas d'autre compagnie. Il laisse japper les gens qui jappent, hurler les gens qui
hurlent. Il va droit son chemin à travers les études, les souvenirs,
les travaux, les contentements et les regrets de la vie littéraire.
Un critique sur la brèche est tout semblable à ces grands chirur-
giens, qui d'une main sûre enfoncent un scalpel prudent à travers
ce labyrinthe de nerfs, de tendons, de veines, de ganglions, et
vont rejoindre le mal à la place où il est caché. Manquez de décision,
manquez de coup d'œil, et surtout manquez de courage, et vous
verrez si vous guérissez le malade. La main et le coup d'œil, l'énergie et la décision, voilà l'œuvre; il faut marcher droit à ce qui
est honnête et droit à ce qui est vrai, sinon la tortue elle-même
va demander au lièvre indécis ce qu'il a fait de cette course légère
à l'égal de l'oiseau ?

> Ubi pernicitas
> Nota, inquit, illa est? quid ita cessarunt pedes?

Autre chose est d'écrire, en bonne critique, un gros livre ; autre
chose est d'écrire, en courant, un chapitre de journal. Le livre a
des droits, des hésitations, des tâtonnements, des lenteurs que
n'a pas le journal. Les procédés ne sont pas les mêmes, et ce n'est
pas le même style, à peine est-ce la même façon de juger ! La peine,
en ce livre, où je ramasse avec grand soin ces matériaux perdus
dans ce grand naufrage, c'est d'arranger ces fragments de façon
à leur donner la tournure didactique du livre, sans renoncer tout
à fait à la libre allure du journal. De ces nuances qui en décide?
On dit que c'est le goût; mais où commence, qui le sait, cette
merveille sans nom qu'on appelle *le goût*? Où commence, où
finit cet étrange phénomène? le beau, le bon, l'utile, le *to ka-
lon* disent les Grecs. Où le prendre, où le chercher, où le
trouver? comment le définir, et par quelle suite infinie de procédés irons-nous courir après cette fumée, à travers tant d'œuvres
si diverses, tant de cerveaux si différents, tant d'imaginations
viriles et jeunes, calmes, ardentes, terribles, parmi les glaces,
parmi les fleurs, de l'orient à l'occident. « Le bon goût d'Horace,

a dit Boileau, consiste à trouver mauvais le goût de la foule des spectateurs et des lecteurs. » Le goût, c'est à la fois un travail et une inspiration ; il y a du calcul, il y a de l'imprévu dans cet art exquis de savoir où s'arrête, où commence on ne sait quoi. A toutes ces causes réunies, le succès du critique sera toujours plus long, plus difficile et plus douteux à obtenir que le succès du poëte ; ajoutez qu'en tout état de cause, il sera moins durable. Le poëte s'empare de l'âme à la façon d'un vainqueur qui brise l'obstacle à son passage; le critique ne fait rien avec violence, il attaque une place qui est sur ses gardes, et pour qu'il arrive à son but, il faut qu'il aille, à travers les sapes, par toutes sortes de tours, de détours, par une suite de motifs, de raisonnements et de démonstrations à l'infini, jusqu'au moment difficile où, sûr de son fait, il démontre, en fin de compte à son lecteur récalcitrant, qu'il a tort, et le plus grand tort d'admirer ce poëme qui lui semble beau, qu'il a tort de murmurer à ce drame qui l'impatiente. Oubliez un instant *l'art d'assiéger les places* bien gardées, l'art des Vauban et des Cohorn de la critique, aussitôt le lecteur impatienté vous abandonne au beau milieu de vos raisonnements.

Heureusement, et ici se montre enfin mon étoile, — heureuse petite étoile au fond du nuage, il n'y a que moi qui l'aie vue avec les yeux de ma jeunesse, — à peine avais-je en mes mains sans expérience les rênes sonores du nouveau feuilleton, que plusieurs bonnes occasions se présentèrent de prouver à mon lecteur (méfiez-vous du *pluriel* en parlant des lecteurs) que je savais prendre un parti net, juste et vigoureux. — L'heure était rude, et difficile était la journée en 1831. On avait renversé de fond en comble, cette société au désespoir. Les lois étaient brisées, les devoirs étaient interrompus ; le sentiment du juste et le sentiment du beau, son frère, s'effaçaient épouvantés, par les chants de la rue et les triomphes du carrefour. La *Marseillaise* hideuse, avinée, en haillons, s'exhalait de toutes ces poitrines hurlantes.... Le ciel était noir, l'air était sombre, épais le nuage qui recouvrait les belles choses, les chères élégances, les sobres fantaisies, les vivacités et les grâces les plus charmantes du bel esprit français. On vit tout d'abord surgir du fond de ces ténèbres et de ces fanges auxquelles les révolutions ressuscitées donnent une importance dangereuse, un certain abbé Chatel, qui a fini par arriver à cette espèce de famosité ridicule qui place un homme au-dessous du crime, au niveau du mépris de tous les honnêtes gens. Le même jour où s'accomplissait la révolution de Juillet, cet abbé Chatel jugeant que l'heure était propice de se révolter contre les lois de l'Église, affichait aux avenues du Pont-Neuf une pancarte insensée dans laquelle il annonçait une Église Française, dont lui-même il était le pontife et le dieu. Cet évangéliste malfaisant prenait ses ouailles par le bon marché de nos mystères, traduits en français de sacristie, ignorante et stupide profanation en plein vent. La nouveauté, quelle que soit cette nouveauté, et le spectacle, pourvu que ce soit un spectacle gratis, auront toujours des attraits irrésistibles. Aussitôt que j'eus découvert cette infime contrefaçon d'un réformateur, je le pris à partie et je le suivis d'un pas infatigable, à travers la mission qu'il s'était imposée. « Oh! la bonne aventure! (ainsi, je parlais) voilà un pontife qui surgit glorieusement du sac de l'Archevêché! Nous avons appris, le même jour, qu'il n'y avait plus d'église à Paris, et que Paris comptait une Église de plus. Le voilà donc ce christ de boutique et de bazar, le Chatel réformateur et rémunérateur! Sa grande réforme consiste en trois choses : le bas prix des sacrements, les sacrements accordés à qui en veut, le français remplaçant le latin. Le Seigneur soit avec vous.... *et avec ton* esprit, abbé Chatel. Le Seigneur soit avec tes journaux, tes messes, tes prospectus, tes actionnaires, avec ton petit commerce que tu as entrepris sous le patronage de Fénelon. Fénelon — Chatel! » Rien n'était plus vrai, ce malheureux avait pris pour enseigne l'image de l'archevêque de Cambrai avec cette légende : *A Fénelon*, et la famille des Salignac Fénelon, justement indignée, avait fait un procès à l'abbé Chatel. L'abbé Chatel avait retiré son enseigne; il avait même fermé sa boutique, et il s'était décidé tout simplement à faire de sa chambre à coucher son église, et moi, impitoyable, je racontais comment était faite l'église de l'abbé Chatel :

« Vous entriez dans une allée obscure, et quand vous aviez trouvé le portier du sanctuaire, vous lui demandiez à quel étage perchait le nouveau Dieu? Le portier, d'un air méprisant, vous indiquait tant bien que mal, le nouveau Vatican, et il n'était pas difficile de deviner que ce Vatican était en arrière de plusieurs termes avec son propriétaire. On entrait enfin, dans ce taudis, dans ce temple.... et dans ce taudis, dans ce ménage en désordre, dans ces odeurs de cuisine et de renfermé, à côté du *plomb* aux immondices, on voyait ce faquin qui vous débitait une messe *en français* de son cru. »

Un jour même, on vit descendre de son Sinaï fangeux, ce malheureux idiot, sous prétexte de venir en aide à la Pologne exilée, à la Pologne chrétienne ; il avait changé en église le bazar inoccupé de la rue Saint-Honoré, et ce bazar déguisé sous des tentures de deuil, (l'abbé disait, je crois, une messe des morts à Kosciusko qui certes, se serait bien passé d'un pareil honneur) se remplit d'une foule de *fidèles*, comme il les appelait, lesquels fidèles, sans savoir pourquoi ce changement, abandonnaient Notre-Dame de Paris pour Notre-Dame Chatel, les autels sérieux de l'antique culte pour la vaine décoration d'un autel de théâtre ; la tombe et le berceau detant d'évêques, rois et défenseurs de la cité, pour la boutique d'un indigne sacristain que son évêque aurait dû mettre au pain et à l'eau pour quarante jours. Ces choses-là n'arrivent guère que dans les jours troublés, à l'heure mauvaise où rien n'est plus à sa place, quand il n'est pas un soldat qui ne se révolte contre son général, pas un valet qui ne se révolte contre son maître. Ai-je poursuivi ce Chatel, à présent que j'y songe ! Il était devenu mon homme lige, il était devenu ma chose, il m'appartenait en propre, c'était mon bouffon. Quand je voulais parler de son église, j'inscrivais au frontispice du feuilleton, après avoir annoncé le le théâtre de l'Opéra, le *théâtre des Variétés :*

THÉATRE DE L'ABBÉ CHATEL !

Lui, de son côté, il montait en chaire et il m'écrasait de ses foudres ! Je dois être excommunié en cent mille façons, si le pauvre Dieu n'a pas eu soin, à mon insu, de me relever de ses excommunications *majeures*, on peut le dire. Et même, à cette messe des morts arriva le moment du *Dies iræ*. Alors, ma colère se fit jour tout à fait : « On chanta donc le *Dies iræ*, cette complainte dont le rhythme en rime redoublée a quelque chose de si pathétique et de si lugubre.... Ils avaient mis le *Dies iræ* en français, les idiots, et c'était à n'y plus rien reconnaître ! Alors il me sembla que j'aurais dû arracher à ce prêtre son indigne étole, et lui crier en bon français cette fois : — Vous mentez ! ce n'est point là la religion catholique, la religion de nos pères. Vous mentez! nous ne reconnaissons pas, à ces marques, la pompe auguste du culte national. Tu mens! prêtre renégat; va te convertir avant de prêcher tes semblables, et puis quand le Pontife t'aura pardonné tes indignités et tes révoltes, peut-être seras-tu digne de venir t'agenouiller dans quelque coin obscur des vieilles églises que tu renies en plein bazar. » Hé, mon Dieu! cette colère vous paraît un peu vive aujourd'hui, et pour ainsi dire inutile, elle n'était pas sans quelque valeur en pleine révolution. Savez-vous bien qu'à cette messe de l'abbé Chatel, Nourrit, cet infortuné Nourrit qui s'est tué faute d'un peu de patience, avait consenti à chanter un cantique, et que les paroles de ce cantique avaient été écrites, tout exprès pour cette peu auguste cérémonie, par M. Casimir Delavigne en personne? On rit souvent, à distance, d'une tentative avortée ou d'un héros châtié selon ses mérites, on rirait moins si l'on se rappelait que ce héros tenait une torche, et que cette chose avortée avait les apparences d'une révolution! Ce Chatel n'a pas été un danger, il pouvait être un abîme; à défaut de conviction, d'énergie et de talent, il avait un des grands caractères du révolutionnaire, il avait l'obstination et même une certaine éloquence de tabagie et de carrefour qui n'était pas sans puissance sur les âmes égarées. Après son écrasement de juillet, pourchassé par les huissiers dans son sanctuaire d'emprunt, arraché par les recors des autels de sa fantaisie, accablé d'amendes, d'arrêts, de châtiments pour ses révoltes, humilié dans sa sacristie et dans son orgueil, dans son évangile et dans sa liberté, méprisé même de ses catéchumènes, honni des chrétiens nouveaux qu'il avait faits, conspué de ceux qu'il avait mariés, maudit de ceux qu'il avait bénis au plus juste prix, et mourant de faim, faute d'une confirmation, d'une extrême-onction ou de tout autre sacrement en français, cet homme que l'on croyait perdu, repentant, agenouillé à quelque autel solitaire, et rentré dans le giron maternel de cette Église bienveillante qui ressent plus de joie à propos d'un ingrat qui se repent que de cent fidèles qui persistent ..., il a reparu après les jours horribles de février 1848, tel qu'il s'était montré dans les journées de juillet 1830; il a reparu, le même homme, mais plus insolent, plus intrépide, plus violent, plus rebelle; il se sentait soutenu comme il ne l'avait jamais été, au milieu de tous ces apôtres qui surgissaient de toutes parts. Alors, de simple prêtre qu'il était, il se fit évêque dans sa propre communion, et il recommença à prêcher. On l'a vu finir avec le nouveau grade qu'il s'était donné dans son église ; il s'était nommé grand aumônier du Club des femmes ; et de fil en aiguille, il en était venu à présider l'assemblée constituante de ces tricoteuses sans tricot ; il les appelait *ses sœurs*, elles l'appelaient *mon frère*. Elles trouvaient seulement qu'il coupait trop souvent le fil de leurs discours. « Je supplie votre fraternité qu'elle ait à maintenir votre charité, » disait saint Ambroise à ses disciples ; ainsi parlait le club des femmes à Jean Chatel : « Je supplie votre fraternité qu'elle ait à contenir votre loquacité. » Le peuple vint, qui siffla ces vieilles femmes, qui siffla ce vieux défroqué, qui ferma ce club féminin, et qui me donna raison enfin contre ce *primat des Gaules* qui fut un de mes premiers introducteurs dans ce feuilleton où il joua le rôle bouffon parmi les comédiens les plus difficiles de leur temps.

Cette exécution de l'abbé Chatel m'attira plus d'une sympathie ; il y a toujours une récompense assurée à qui prend en main la défense de certaines vérités, et cette récompense, c'est l'appui invisible, caché, mais sérieux d'une foule d'honnêtes gens dont on reconnaît peu à peu la toute-puissance. On ne sait pas très-exactement le moment et le pourquoi de cette force nouvelle qui vous arrive un beau jour ; le fait est que tout d'un coup on se sent plus fort, on se voit mieux écouté, on ne marche plus seul dans sa voie, on entend autour de soi certaines rumeurs favorables, semblables au bruit que fait une onde pure à travers des sables brûlants. Telle est cette force nouvelle qui nous vient de l'assentiment public, qu'elle nous fait trouver des choses qui n'étaient pas au fond de nous-mêmes, des idées et des répulsions que je m'étonne, par exemple, d'avoir exprimées il y a vingt ans, avec la même force que je les exprimerais aujourd'hui. Voici, par exemple, dans un de ces premiers essais de feuilleton une déclamation (dans le sens que dit Cicéron) contre ce qu'on appelait en 1848, *le Travailleur*. Vous vous rappelez *le Travailleur* en 1848, et le règne de l'ouvrier, règne absolu, à ce point que l'on a vu des poëtes et des écrivains, qui étaient la veille encore, ce qu'on appellerait des seigneurs, s'écrier : « Nous aussi, nous sommes des ouvriers, des ouvriers de la pensée! » Eh bien! on m'eût dit qu'à une distance de vingt ans au delà, j'aurais exprimé tout à fait les mêmes répulsions que nous inspirent aujourd'hui ces métaphores tirées du travail et de la sueur de l'homme, à coup sûr j'aurais dit que l'on se trompait, tant les sentiments que voici me paraissent des sentiments du règne de M. Ledru-Rollin, des idées de M. Louis Blanc. Vous allez voir que le *moi* d'autrefois était en avance de vingt ans sur le *moi* d'aujourd'hui : « Les travailleurs, disais-je, au 8 mars 1831, voilà des puissances avec lesquelles nous ne sommes pas en humeur de compter. Les travailleurs, je les entends qui murmurent de nous voir tant aimer et tant applaudir les belles choses et les beaux-arts. Je vois d'ici plus d'un travailleur à la barbe plus longue que la chevelure qui fronce un épais sourcil en disant : — Qu'est-ce que cela prouve ces tableaux, ces poëmes, ces chants de femme admirables? — Cela prouve, monsieur le travailleur, que ces artistes que vous entendez, ont beaucoup travaillé pour arriver à ce charme qui vous touche vous-même, vous un travailleur.... » Et plus loin, on dirait que ceci est écrit d'hier : « A les entendre, ces *ouvriers*, ils ont accaparé pour eux toute la peine, ils nous ont laissé tout le loisir. A les entendre, le véritable travailleur ce n'est pas le poëte à son œuvre, le peintre à sa toile, le musicien à son orchestre et le capitaine à sa bataille, et l'épée, et le burin, et la tribune, et le barreau, autant d'outils, autant de métiers à l'usage des oisifs; malheur à nous! nous avons attiré sur nos têtes les malédictions du dieu nouveau, le travailleur.

« Telle est la grande séparation des oisifs et des travailleurs.

« Vivent les travailleurs! les vrais travailleurs. Il n'y a que ceux-là qui travaillent! Ils parlent, ils discutent, ils lancent des théories, ils élèvent des temples dans le vide, ils font des dieux et des saints, ils estiment un homme par sous, francs et deniers, ils dressent des autels imaginaires, ils cherchent l'utile partout, même dans une chanson ; ils ont de merveilleuses recettes à l'usage des sociétés qui croulent, des trônes qui se défont, ils font avant tout des syllogismes, des paradoxes et des prières, toutes choses dont nous avons grand besoin... Vivent avant tout, les travailleurs! »

M. CASIMIR BONJOUR. — UGOLIN. — LES CHOUANS. — LE BOURREAU.

Il y avait en ce temps là, un poëte appelé M. Casimir Bonjour ; on croyait généralement qu'il était destiné à réformer le théâtre et les mœurs, en vers aussi bien qu'en prose ; une pièce de M. Bonjour, était alors une espèce de révolution. Le public applaudissait à M. Bonjour que c'était une bénédiction, et M. Bonjour laissait faire le public que c'était plaisir ! Or, voici comment je parlais d'une nouvelle comédie de cet illustre M. Bonjour, intitulée : *Naissance, Mérite et Fortune*, tout cela !

« Cette *fortune*, ce *mérite* et cette *naissance* vous représente une comédie à moitié née il y a un an, sous le règne du roi Charles X, et que le Théâtre-Français a jouée aussi sérieusement que si elle eût été faite hier.

« Comme si une révolution n'avait pas passé par là ! Comme si nous n'avions pas une loi électorale toute nouvelle ! Comme si on n'était pas électeur à 200 fr., et éligible à 500 fr. ! Comme si tout le monde n'était pas appelé à la tribune, les jeunes et les forts, sans même en excepter les millionnaires et les marquis !

« Entre cette comédie et le parterre, sans parler du talent ou de l'intérêt de l'ouvrage, il n'y a qu'un obstacle, un très-léger abîme qui les sépare, la Révolution de Juillet.

« Avant la révolution qui nous a donné la loi des élections dont nous nous servirons dans trois semaines, les théâtres étaient convenus d'une espèce de comédie électorale très facile à faire, et qui se composait comme il suit : un vieux baron aux cheveux poudrés, un candidat ministériel soutenu par le préfet et par sa femme, quelquefois un financier gorgé d'or et de suffisance, et pour contre-balancer ce baron, ce ministériel et ce financier, un honnête industriel ou un officier de la vieille armée portant moustaches et la croix d'honneur, qui était nommé député à coup sûr.

« Avec ces personnages, la comédie électorale était toute faite. D'ordinaire on y ajoutait un petit amour bien innocent, qui se terminait par un innocent mariage que bénissait toujours le député choisi. De cette comédie, on nous a donné au moins une vingtaine d'éditions. Hier encore, M. Casimir Bonjour mêlait selon la formule trois hommes politiques qui n'ont jamais vécu que je sache, et qui du moins n'existent, réunis, nulle part :

« Le premier s'appelle Solange ; c'est un homme de mérite sans fortune qui a fait une brochure anonyme. Solange habite au troisième étage un appartement en désordre ; il aime une petite fille dont le père possède deux millions. Il l'épouse à la fin de la pièce, il est nommé député.

« Le second de ces hommes s'appelle Lisieux, baron constitutionnel ; il est riche, sans naissance et sans mérite. Il est conduit et soutenu par un intrigant de bas étage, nommé Fournier ; ce Lisieux flatte son tailleur et son bottier pour obtenir leurs voix ; il les invite à dîner, il donne dix mille francs aux pauvres, il se fait recevoir membre de la Morale chrétienne, la France est bien à plaindre si elle n'a que de pareils représentants.

« Le troisième personnage est un marquis qui consent à prêter serment. Celui-là est noble, sans aucune espèce de mérite ou de fortune. Connaissez-vous de quelque part le marquis de Baugency, un homme qui parle de ses ancêtres à tout propos, un pauvre diable qui ne tient à rien et qui se fait candidat libéral à Paris ? Connaissez-vous madame de Baugency la douairière, une dame qui porte presque des paniers, qui compte ses quartiers sur ses doigts et qui dit des gravelures ? Connaissez-vous toute cette société d'électeurs qui se moquent d'eux-mêmes, qui se disent à eux-mêmes mille sottises, qui viennent dîner chez un homme qu'ils méprisent ; des électeurs qui ressemblent à des escrocs : a telle enseigne, qu'un de ces messieurs vole un dîner, car il n'est plus électeur ! non, certes, vous ne connaissez ni ces messieurs, ni ces dames, ni ces électeurs qui s'indignent, ni cette marquise de très-mauvais ton, ni ce riche imbécile, ni cet imbécile marquis ; personne n'est plus fait comme cela aujourd'hui, ou du moins, s'il y a des hommes faits comme cela, on ne les porte pas à la députation et surtout à la députation de Paris.

« Toute cette comédie est de la même invraisemblance. La plaisanterie en est aussi peu vraie que les personnages. Croiriez-vous que dans une pièce où il est question de la Charte nouvelle, tout le comique roule sur le dîner que donne M. de Baugency ? Au premier acte, M. de Baugency invite à dîner ; au second acte on mange ce dîner ; au troisième acte on digère ce dîner. C'est à en donner une indigestion. — Mais, nous dira M. Bonjour, ma pièce était faite avant la révolution dont vous parlez! — Je sais bien qu'il est dur de renoncer à une comédie en trois actes; mais quand on a vu crouler un trône, quand on a vu changer une Charte, quand on a entendu l'Europe s'émouvoir au bruit nouveau des révolutions, quand on a l'esprit et la facilité de M. Casimir Bonjour, faut-il donc tant de courage et de grandeur d'âme pour renoncer au plaisir et à la gloire d'être joué sept à huit fois par MM. Saint-Aulaire, Charles, Bouchet, Mirecourt, Guiaud, Faure et Menjaud du Théâtre-Français? »

Ça n'était pas bon tout cela, ça n'était pas de la critique, ça manquait de bon goût, d'urbanité, de justice, cependant l'accent était vrai, et il fallait que cette façon d'agir répondît quelque peu à l'opinion du public, puisque le public ne s'en fâchait pas. Au contraire, il me poussait dans cette voie, et une fois lancé, il ne me trouvait jamais assez dur! Dieu merci! je ne me refusais aucune espèce de dureté. Sur l'entrefaite, un inconnu fit représenter *Ugolin, ou la Tour de la faim*, et je déchirais à belles dents maître Ugolin du théâtre de la Gaîté.

« Voici quelque chose de plus étrange. Un homme dévoré, Messieurs! Trois beaux enfants, Mesdames! mangés à la croque-au-sel! Un cadavre qui descend du ciel! une grosse faim qui fait grincer les dents du père à l'aspect de son fils vivant, bien que ce fils ait l'air tant soit peu coriace! C'est un parti pris à la Gaîté : il n'y a pas quinze jours, ce théâtre, pour nous plaire, a fait brûler sur un bûcher trois pauvres diables, dont une femme, recouverts tous les trois d'une chemise soufrée; on sentait le roussi : l'assemblée n'a pas été contente, elle a sifflé. Je n'ai point parlé des *Dragonnades*, tant j'étais dégoûté. Hier, le théâtre jugeant que la brûlure était peu de chose, a imaginé l'anthropophagie, l'anthropophagie de chair morte et violette, et sillonnée par les vers. Il a assaisonné le tout de coups de poignard et d'un petit viol; cette fois encore il s'est trompé; il a été sifflé; il a fait comme les apprentis violonistes qui montent leur chanterelle jusqu'à ce qu'elle se casse; ils ne voient pas que pour jouer juste il aurait fallu la baisser de quatre tons.

« Je ne m'amuserai pas à vous arrêter sur ce nom d'Ugolin. Ugolin, la création de Dante, adopté par M. de Pixérécourt! Ugolin, dans le mélodrame, pille et tue, brise et brûle, et finit par être pris. On le jette dans la tour et il attend qu'on lui porte à manger :

> Mon père, en ma prison, seul à manger m'apporte!

Or, vous saurez que cet Ugolin a un fils très-bon, et un fils très-méchant ; j'ai vu l'instant où ils allaient dévorer, le bon père et le méchant fils, ce pauvre petit qui est joli comme une femme. Il faut dire aussi que le fils d'Ugolin reçoit des coups de bâton, au premier acte, d'une espèce de rustre dont il déshonore la fiancée. Quoi qu'il en soit, au dernier acte, on les voit après trois jours d'abstinence, hurlant la faim, décidés à tout, rêvant tout haut, le père qu'il mange son fils, le fils qu'il mange son père. Ce sont deux bêtes féroces. Cette scène touchante du Dante, et ce mot plein de larmes *se tu mangia di noi*, les auteurs se sont bien gardés de l'employer. Le père Ugolin aurait pris son fils au mot. C'est hideux. Au milieu de leurs angoisses, on voit descendre un coffre ; les morts de faim tombent sur ce coffre ; ils l'ouvrent : c'est le cadavre de Bianca. Bianca que M. Ugolin le fils a déshonorée et qui s'est jetée à l'eau depuis trois jours. Ceci est imité d'une tragédie anglaise ; mais quel plagiat ! Dans la tragédie étrangère, le cadavre qui entre, c'est le dernier fils de ce pauvre père qui espère encore qu'un enfant lui reste. Dans le mélodrame, ce n'est qu'un moyen de plus d'être touchant et pathétique. J'ai vu le moment où le cadavre de cette fille allait être mangé! Heureusement est venu un tremblement de terre qui a mis fin à tout cela. »

Je terminais le récit de cette *anthropophagie*, par une lettre que m'adressait un malheureux poëte dramatique à la poursuite d'une représentation à son bénéfice ; en voici quelques fragments qui tiendront bien leur place dans cette histoire, au jour le jour, de la vie littéraire prise sur le fait :

« Monsieur,

« Je suis un pauvre homme très-malheureux. Mon père s'est ruiné pour faire mon éducation. J'ai eu tous les prix de mon collége. A onze ans je faisais des vers français. A quinze ans je savais le latin comme M. de Jouy. Dans ma petite ville on disait que je serais de l'Académie à trente ans. A dix-huit ans, la femme du sous-préfet, la femme du maire et le receveur des contributions m'engagèrent à faire comme ont fait tant de jeunes génies qui ont trouvé à Paris la gloire et la fortune. Aussi, je partis pour la grande ville où je devais publier un recueil de poésies composé de trois pièces de vers galants adressées à Mme la sous-préfète, d'un épithalame dans le genre de l'épithalame au refrain *da nuces pueris*, traduite exprès pour le mariage de M. le maire, et d'un conte imité de M. Grécourt, dédié à M. le receveur.

« Les éloges de ces messieurs et de ces dames m'enflammèrent, je quittai un modique emploi de 600 francs, que je ne retrouverai jamais, je dis adieu à ma ville natale, à mes protecteurs. Ces dames m'enhardirent fort à leur envoyer mon recueil aussitôt qu'il serait imprimé. Ces messieurs me recommandèrent avant toutes choses de me méfier des libraires, et de ne pas donner mes vers à trop bon marché; Mme la sous-préfète me donna un petit coup de son mouchoir au visage en signe d'encouragement. Hélas! à peine arrivé, je compris la vanité de la gloire! Personne ne voulut de mon recueil pour rien, et je fus obligé d'acheter à crédit une place de marchand de contremarques à la Gaîté. D'abord le métier n'alla guère, et bientôt il n'alla plus. — Les forçats, les bourreaux, les pendus, les brûlés, chassèrent le public *payant!* Ma misère fut profonde. Je fis un roman qui m'acheva. Pour comble de malheur, l'amour me prit. C'était une petite fille pâle, qui vendait des violettes en été, du sucre d'orge en automne, et des oranges en hiver. Je lui donnai mon roman cartonné; elle le donna à sa portière; le roman plut à la portière; elle me servit; elle parla pour moi. J'épousai la bouquetière; c'était au printemps.

« Le printemps passé, l'été fini, vint l'automne, où je vécus, grâce au *Bourreau d'Amsterdam* (vous savez, celui qui se coupe le poing, et qui rentre en scène avec un moignon ensanglanté). Mais à présent rien ne va; il fait trop froid pour les violettes, trop chaud pour les sucres d'orge et pour les oranges; je suis père, ma femme ne peut plus porter sa boutique; quand j'offre au passant un billet de parterre à mon théâtre, le passant se retire effrayé, comme si je lui demandais la bourse ou la vie? En un mot, je vais mourir si le gouvernement, notre père qui n'est pas au ciel, ne vient pas à mon secours. »

Ici mon homme donnait le plan d'une tragédie de sa façon, intitulée le *Moment suprême*, et il priait le gouvernement de lui accorder trois condamnés à mort qu'il fera exécuter en plein théâtre au grand bénéfice des suppliciés, à la grande joie et moralité des spectateurs :

« Voici donc la légère faveur que je sollicite de M. le ministre de la justice, en promettant à Sa Grandeur et à monsieur son substitut, une stalle d'orchestre à toutes les représentations de mon drame. Il y a dans la prison de Bicêtre, à ce qu'on m'a dit, trois scélérats, coupables de tous les crimes, incendiaires, faussaires, assassins, voleurs avec effraction, et le reste. Ces hommes ont été condamnés à mort à l'unanimité. Un de ces jours, on les conduira sur la Grève où ils seront décapités en plein jour, devant qui voudra les voir, et sans que leur mort rapporte rien à personne. Les malheureux auront à supporter tous les inconvénients de la route; si le temps est beau ils seront éblouis, s'il pleut ils seront mouillés jusqu'aux os; ils seront les victimes de l'empressement et de la curiosité publique, et ils ne laisseront à leurs femmes et à leurs enfants que les yeux pour pleurer. Eh bien! moi, moi philanthrope et poëte, je viens en aide à ces bandits, je les soustrais aux intempéries des saisons, je leur donne pour mourir un vrai salon bien éclairé et bien chauffé; même ils feront leur dernier repas sur le théâtre, ils mourront aux sons de la musique gracieuse du mélodrame, ils mourront jetant un dernier regard sur les belles choristes, sur les dames des loges, éblouissantes de diamants, de jeunesse et de beauté, car c'est surtout sur les femmes que je compte pour le succès de mon drame. Qu'on me donne ces malheureux, et j'en ai soin comme un père, je les lave, je les pare, je les engraisse pour qu'ils soient plus intéressants, je les ferai applaudir par le chef de claque, quand ils mourront, s'ils meurent bien.

« Je sauve tout, les veuves, les orphelins, la morale, et je fais ma fortune, Monsieur; je sauve ma femme, mon fils, moi-même, je suis honnête homme toute ma vie; j'achète un bois de lit, une commode, des bottes neuves, une redingote blanche, doublée d'écossaise, et un chapeau gris. Qu'on me donne ces trois têtes, Monsieur, et la question littéraire est décidée, et les disputes cessent, et je sauve l'Olympe chancelant, et je fonde un grand nom de plus dans la postérité.

« *P. S.* Si j'obtiens la remise de ces trois têtes inutiles à ceux qui les portent, et qui ne serviront pas à ceux qui les prendront, je donnerai trois représentations de mon drame ; la première sera pour moi, la seconde au bénéfice des pauvres, et la troisième au bénéfice des hospices, à condition qu'ils ne saigneront plus les recettes, comme ils le font, d'ici à un an.

« Je vous salue avec orgueil,

> « *L'auteur* du *Moment suprême*, mélodrame en six tableaux (1er tableau, le Bagne; 2e tableau, le Cachot; 3e tableau, l'Hôpital; 4e tableau, le Bourreau; 5e tableau, la Guillotine; 6e tableau, la Mort.) »

Une autre pièce avait vu le jour, sous ce titre indulgent : *le Bourreau*. Les bourreaux sur nos théâtres ont été longtemps à la mode. Dans ce très-beau livre intitulé : *Les Français peints par eux-mêmes*, on voit *le Bourreau*, l'article est signé d'un nom fameux ! Un des fameux mélodrames des premières années depuis 1830, c'était : le *Bourreau d'Amsterdam* joué par le vénérable M. Marty. Ce bourreau vertueux se faisait sauter la main d'un coup de couperet, afin de ne pas exécuter un galant homme que lui livrait la justice ! On en vint donc à faire du *bourreau*, non pas un drame... un vaudeville !

« Je suis allé, deux fois en huit jours, à l'Ambigu-Comique, j'y ai vu les *Chouans* et le *Bourreau*. Les chouans en 1832 dansent et se battent à outrance. Il y a deux frères, l'un chouan, l'autre non chouan ; le bon Français est sur le point d'être fusillé, on ne le fusille pas ; le mauvais Français se tue d'un coup de pistolet. Au second acte, on danse beaucoup, il y a des villageois et des villageoises et des tables de cabaret. Il y a en outre, beaucoup de gros mots contre le gouvernement qui ne s'en relèvera pas. — Et voilà comment le Vaudeville s'occupe à sa manière de cette guerre civile de la Vendée, si muette, si sombre, sans éclat mais non pas sans courage, guerre civile qui se passe dans des broussailles, sous des toits de chaume, guerre silencieuse, inerte, d'une physionomie étrange et effarée, qui ne sait ni ce qu'elle veut ni où elle va, ni d'où elle vient, qui s'est trompée d'époque, de nom propre, et de mot de ralliement, qui finira comme elle a commencé, sans savoir ni pourquoi ni comment, héroïque et sanglant anachronisme auquel nos neveux ne comprendront rien, ce qui n'est pas une raison pour que le Vaudeville le comprenne.

« Je permets donc au Vaudeville de n'avoir aucune espèce d'intelligence des faits qui se passent sous ses yeux, il n'est pas né pour cela. Mais ce que je ne lui permets pas, c'est de se livrer, comme il l'a fait l'autre jour, à la plus brutale plaisanterie qui se puisse imaginer. On a grandement abusé du bourreau au théâtre, je l'avoue, mais jamais on n'en a abusé comme dans ce vaudeville joyeux qui a pour titre *le Bourreau*.

« Un monsieur, je crois que c'est encore un épicier, arrive dans une auberge. Un ami de ce monsieur, plaisant de son état, imagine de le faire passer pour le bourreau. Toute la pièce est remplie de plaisantes allusions de couperet et de guillotine. Si le monsieur mange du poulet, il prétend que *découper* est son fort; on parle beaucoup d'exposition, de panier, de bascule, de valets, que sais-je? Les plus agréables quiproquos de la Grève se succèdent comme un feu roulant. Moi écoutant tout cela, moi qui suis bien habitué, Dieu merci! à des atrocités de tout genre, je restai ébahi et n'en pouvant plus. Enfin, la plaisanterie de ces messieurs est allée — en plein vaudeville, sur un théâtre de vaudeville, sur l'air d'*Aristippe* et de *la Catakoua*, jusqu'à demander la tête d'un homme, la tête d'un proscrit! En vérité, messieurs et mesdames, à quelle époque littéraire vivons-nous?

« Osez chanter cela si vous l'osez. Mettez-vous au piano et chantez-moi ce gai refrain :

> Pour Bourmont (*bis*),
> Chouan en Vendée et traître à Waterloo,
> Le bourreau,
> Le bourreau,
> Le bourreau (*bis*).

« Nous parlons de musc et d'ambre et de rubans de soie et de jolis colonels et de boudoirs tout roses; qu'est-ce cela comparé à ce bourreau chantant? qu'est-ce à côté de ce vaudeville où, tout en chantant, on nous plonge dans le sang jusqu'à la cheville du pied, la tête la première?

« Par une forte inconvenance et par une atroce continuation de la même plaisanterie, on a mis ce vaudeville sous le nom de M. Samson l'exécuteur. Que dirait M. de Maistre s'il voyait l'homme rouge sur lequel il a fondé toute la société moderne, mettant son nom à un vaudeville grivois? Il dirait qu'on lui gâte singulièrement sa clef de voûte, et il aurait raison. Certes, il faudrait y réfléchir longtemps pour deviner par quelle suite d'idées le terrible nom de l'homme, par les mains duquel a passé toute une génération d'honnêtes gens, devient tout à coup une frivole enseigne de théâtre! Dans tous les cas, le théâtre s'expose à une réclamation qui peut-être lui ferait peur, à ce théâtre qui n'a peur de rien. A chacun ses œuvres, en effet, cela est trop juste. Aux auteurs du *Bourreau*, les honneurs de la petite brochure chez Barba; à M. Samson, ses hautes œuvres reliées dans le panier rouge de Clamart! »

Il me semble que c'était assez bien parlé, cela! Sur l'entrefaite il mourut, à son tour, ce terrible homme rouge, ce Samson, le digne collaborateur de Robespierre, de Saint-Just, de Danton, de tous les monstres! Il mourut, cet homme qui avait tenu dans sa main hideuse, la tête d'un roi et d'une reine de France, qui avait frappé, sans pitié et sans peur, toute une génération de héros et de martyrs! Ce fut à peine si le bruit de cette mort se fit entendre! — Cet homme avait été cependant une de ces créatures privilégiées qui attirent à elles toute l'attention du genre humain.

La jolie idée, un vaudeville intitulé *le Bourreau!*

Il y avait un assez joli passage de bonne critique dans le drame suivant, à ce même théâtre de l'Ambigu-Comique! Un nommé Tyrtée avait composé ce joli récit où la règle de l'unité recevait de nombreux démentis. On se demande ce qu'est devenu ce M. Tyrtée, et à quelle intention il composait le vaudeville que voici:

LA RÉPUTATION D'UNE FEMME,
Mélodrame en neuf tableaux, par M. Tyrtée.

« La chose se passe en Allemagne, sous le ministère d'Othon. Connaissez-vous le ministre Othon? Il paraît que c'était un très-vertueux ministre, ami du peuple, ami du prince, ami de la femme du prince, ami de tout le monde. Ce prince est un de ces mille et un ducs sur lesquels reposent toutes les comédies allemandes de Paris. Du reste, on ne voit pas le Grand-Duc dans cette pièce, on ne voit que sa femme et son ministre le comte Othon.

« Othon, jeune homme, *amoureux de sa souveraine*, comme dit le mélodrame, s'en va par une belle nuit d'été chez sa ducale maîtresse. Le ministre est enveloppé dans un manteau non pas *couleur de muraille*, comme celui de quelque Lauzun allemand, mais dans un bel et beau manteau de velours écarlate, ma foi ! et qui se voit d'une lieue ! Il fait nuit. A l'instant où le comte revient de son rendez-vous d'amour, le duc, son ami et son maître, l'envoie chercher pour une affaire d'État. Voilà le pauvre Othon bien embarrassé ; que répondra-t-il au duc son maître quand celui-ci, le voyant revenir dans son manteau de velours écarlate, lui dira en souriant d'un air malin : — D'où venez-vous, mon cher Othon ?

« Pour tout autre que pour le premier ministre la réponse serait facile ; mais le premier ministre a si grand'peur de compromettre la princesse Clémentine ! Il s'arrête donc sur le devant du théâtre, cherchant une excuse valable de son absence, cherchant une femme à compromettre. Justement, comme il est à réfléchir, une jeune fille se met à sa fenêtre et elle appelle tout bas : — Fritz ! Fritz ! A cette voix le ministre se retourne ; sur un banc de pierre un enfant est endormi ; il réveille l'enfant, et lui montrant la fenêtre de la jeune fille, il veut savoir qui demeure là. L'enfant répond : — C'est Justine, la brodeuse. A ces mots, le premier ministre dit à l'enfant : — Prends cet or et ne dis pas que tu m'as vu sortir de chez Justine la brodeuse. Là dessus il s'en va, très-heureux d'avoir appelé sur Justine les soupçons qui pouvaient tomber sur Clémentine ; et voilà comment la brodeuse paya cette nuit-là pour la princesse ! Ce mensonge improvisé coûtera cher au ministre Othon.

« La toile change. Vous montez de la rue dans la mansarde de Justine. Justine, la brodeuse, vient de broder une cravate à son amant Fritz. Elle attend son amant et son frère, le couvert est mis. Entrent le frère et l'amant. L'amant Fritz est un grand niais, plein d'honneur, mais du reste sans caractère ; le frère de Justine, au contraire, que nous nommerons Franck, si cela vous est égal, est un petit crépu, entêté, *rageur*, méchant, robuste et brutal sur le point d'honneur.

« Quand ces trois heureux personnages ont bu et mangé, Fritz dit adieu à sa maîtresse et à son ami ; ils se séparent jusqu'au lendemain matin ; demain verra le mariage de Justine, la brodeuse, et de Fritz, l'ouvrier mécanicien. La toile change.

« Vous voyez une place, un temple et des commères. Les commères sont sur la place; l'enfant a parlé, il a montré l'or du ministre, il a compromis de son mieux l'honnête Justine. Aussi les commères s'enfuient comme devant la peste, quand Justine se rend au temple, conduite par son frère et suivie de son amant. Ce silence épouvante l'honnête Franck et l'honnête Fritz; ils demandent à leurs amis de la ville pourquoi ils fuient ainsi ? On leur répond qu'on a vu descendre un homme, pendant la nuit, de la fenêtre de Justine. A cette nouvelle, Fritz se sauve, ne voulant pas donner sa main et son nom à une fille déshonorée; Franck, le frère, serre les deux poings et il se tient à quatre pour ne pas tomber sur sa sœur et sur ses amis. Voilà pourtant toute une famille d'honnêtes gens déshonorée parce qu'il a plu au prince Othon d'aller la nuit chez la princesse Clémentine, et de porter un manteau de velours nacarat.

« La toile change. Vous revoyez la mansarde de la désolée Justine. Elle est seule, tête à tête avec son frère, abandonnée par son amant. C'est à peine si la portière vient interrompre les sanglots de la mansarde par son insipide bavardage. Le frère, qui a juré de découvrir tous les fils de cette ténébreuse intrigue, est occupé à en chercher les moyens. Quand nous allons savoir quelque chose, la toile change.

« Vous êtes dans les cours du château ducal ; vous voyez des factionnaires allemands, même l'un d'eux est un tant soit peu loustic. Dans la cour, Franck se promène avec le même enfant qui a reçu l'argent du prince Othon et dénoncé Justine la brodeuse. A l'aide de cet enfant, Franck espère découvrir le calomniateur de sa pauvre sœur. L'enfant insouciant et volage regarde tout le monde et ne reconnaît personne. Franck désespéré dit à l'enfant : A chaque seigneur qui passe, adresse ces mots : *Mon bon seigneur, ma mère vous remercie des florins que vous m'avez donnés.* L'enfant répète la phrase à chaque seigneur qui passe. Passe le ministre Othon; le ministre Othon reconnaît parfaitement l'enfant, et se souvient très-bien de lui avoir donné de l'argent, et lui en donne même de nouveau ; ce que voyant, Fritz, qui est caché derrière un arbre, étend le bras d'un air sinistre, et s'écrie, se parlant à lui-même : Voilà ton calomniateur, Justine!

« Au moment où nous allons nous attendrir, la toile change.

Nous sommes chez le ministre. Le ministre est seul, préparant les audiences et faisant de très-belles phrases populaires. Un huissier de l'antichambre annonce à Son Excellence qu'un serrurier mécanicien nommé Franck demande à parler à monseigneur. Le ministre dit : *Faites entrer*. Il entre ; il parle en frère offensé : il dit même de très-belles choses. « Vous avez pensé à l'honneur de votre maîtresse, il faut que je pense *à celle de la mienne*. » Ce qui n'a pas souffert la moindre difficulté ; au contraire, le parterre de l'endroit a applaudi avec transport.

« A la vue, aux paroles de Franck, le ministre est ému. Il comprend qu'il a traîtreusement compromis la réputation d'une pauvre fille. Il offre de l'or à son frère. Franck rejette l'or. Il veut du comte Othon une déclaration claire et authentique, dans laquelle celui-ci reconnaisse qu'il ne connaît pas Justine la brodeuse. Grand embarras du ministre ! Plutôt mourir que de sacrifier la princesse Clémentine. Othon refuse toute satisfaction à l'honnête Franck ; Franck se retire avec de terribles menaces qui ne tardent pas à s'accomplir.

« La toile change. Un cabaret au milieu d'une forêt, et dans ce cabaret des gentilshommes qui conspirent la perte du premier ministre. Les gentilshommes sont déguisés en paysans. Arrive Franck. Il s'assied à une table, et il demande à boire. Tout en buvant, il couvre d'imprécations le premier ministre. Les conspirateurs, l'entendant parler ainsi, lui disent : *Sois des nôtres !* Il dit : *Je le veux bien !* On se touche dans la main, et les conspirateurs le conduisent hors de la cabane pour lui expliquer toute la conspiration.

« La toile change. Nous sommes ni plus ni moins dans la chambre à coucher de la princesse Clémentine. La princesse a passé la nuit dans les ennuis du bal et dans les dégoûts d'une fête. Elle rentre attristée et pensive au milieu de ses dames d'honneur, qu'elle congédie. Restée seule, elle pense à son amant, au bel Othon, son amant qu'elle aime. A force de penser à son amour, la princesse sent le besoin de voir son amant, et de lui dire encore une fois : *Je t'aime !* Elle lui écrit donc une lettre signée, et sur cette lettre elle met le nom de son amant ; puis elle sonne pour qu'on aille la porter au comte ; mais à l'instant où elle va pour sonner, une porte secrète, cachée dans la boiserie, comme vous en avez tant vu, s'ouvre tout à coup : « C'est Othon, c'est votre amant, ma princesse, qui est à vos genoux ! »

« A peine Othon est-il aux genoux de sa princesse que voilà une autre porte qui s'ouvre, la porte d'un cabinet vitré qui se trouve là tout exprès. Cette porte laisse voir à la princesse interdite, Franck, le frère de Justine la brodeuse. Franck rappelle au ministre tous ses projets de vengeance. Il menace d'appeler et de découvrir les amonrs de la duchesse. Franck triomphe. Il consent à remettre sa vengeance à demain ; il donne encore vingt-quatre heures au ministre pour rendre l'honneur à sa sœur ; en même temps, il prend en cachette la lettre que la princesse vient d'écrire à son amant et qu'elle a laissée sur la table, imprudente et malheureuse qu'elle est ! La toile change.

« Cette fois vous vous trouvez dans une prison d'État, comme il y en a beaucoup en Allemagne. Le ministre Othon qui, chez la princesse Clémentine, a promis au frère de Justine satisfaction entière, a changé d'idée dans la nuit, et fait jeter son ami Franck dans un cachot. Du fond de ce cachot, Franck lui écrit qu'il a déposé quelque part le *fatal billet de la princesse*, et que ce billet sera publié dans trois heures, si lui, Franck, ne sort pas de prison avant ce temps. A cette nouvelle la tête du ministre s'égare et se trouble. Il arrive lui-même à la prison, il parle à Franck, il le trouve inexorable ; Franck veut à toute force que l'honneur soit *rendue* à sa sœur, ou bien il déshonore la princesse Clémentine. Que faire ? Écoutez ce qui arrive !

« Ballotté entre le remords et l'amour, également en danger s'il accuse sa maîtresse et s'il ne l'accuse pas, le ministre Othon prend une résolution sublime. Dans la prison où nous sommes, il a fait enfermer les conspirateurs que vous avez vus au cabaret dans le tableau précédent. Le ministre fait tirer ces conspirateurs de leurs cachots, il les assemble dans une chambre haute, et là, à l'un d'eux qui sait écrire, il dicte une déclaration par laquelle lui, Othon, reconnaît avoir été leur complice, que chaque nuit il se rendait au cabaret susdit, qu'il a voulu la mort du grand-duc, et que pour cacher ses visites nocturnes il a accusé d'amour une innocente, Justine la brodeuse. — Par ce moyen vous voyez que ce drame si compliqué sort tout à coup de tous ses embarras. La princesse est à l'abri de tout soupçon aussi bien que la brodeuse,

Franck est satisfait, les conspirateurs sont sauvés, Othon seul est perdu. Reste à savoir à présent, en bonne morale et en bonne politique, si le comte Othon, premier ministre, a le droit, pour sauver la femme de son maître, de faire rentrer en grâce auprès de son maître un tas de conspirateurs qui, en dernier résultat, peuvent être fort dangereux ? Le prince Othon n'y regarde pas de si près.

« La toile change. Si vous saviez combien j'ai en horreur toutes ces toiles qui montent et qui se baissent à chaque instant ! C'est pitié de voir comme l'intérêt est coupé en trente-six morceaux par ces machines inertes : place publique, palais, mansarde, cachot, taverne, chambre à coucher, village ; cela monte et s'abaisse, cela arrive et cela s'en va, cela vous interrompt dans vos émotions les plus douces : distraction impatientante et mesquine, une distraction d'enfant. Ce qu'on appelle *le tableau*, voyez-vous, c'est la ruine totale de l'art dramatique. Le tableau a fait du drame, la chose du monde la plus facile. Le tableau vous dispense de récit, de transition, de péripéties, de dénouement. Il casse, il brise, il fracasse, il violente ; il va par sauts et par bonds ; il ôte toutes les nuances de la passion et de l'intérêt ; il est ennemi de toute vraisemblance et de toute vérité ; nos anciens grands maîtres, nos respectables faiseurs de rhétoriques, Aristote à leur tête (pardon, Maître, de parler de toi à propos de l'Ambigu, mais à propos de quoi veux-tu qu'on en parle ?) avaient compris très-bien la puissance de l'unité ; ils renfermaient l'action dramatique dans un seul lieu, une seule journée, un seul fait, un seul héros. — C'étaient là les beaux temps de la passion, de l'amour, de la vengeance, de la poésie et du drame. Comme on était poëte alors avec le cœur, avec l'âme, avec les sens, avec la terre, avec le ciel, avec les enfers ! Comme on s'abandonnait à ces développements divins dont l'unité avait besoin, pour se soutenir à la hauteur de l'intérêt public ! Une seule famille, songez à cela, une seule famille grecque a suffi aux émotions dramatiques de trois grands peuples, la Grèce, Rome, le Paris du grand siècle... la seule famille d'Agamemnon, tant l'unité donnait de verve, de larmes, de passions et de ressources infinies aux poëtes anciens ! Alors aussi c'était le beau temps de la critique ; alors aussi c'était chose utile de savoir les règles et d'avoir lu les grands modèles et d'être un rhéteur habile.

La critique était une vocation, quand la poésie était un sacerdoce ; mais aujourd'hui le bel emploi pour le critique, — rester debout devant des toiles peintes et écrire, comme je l'ai fait, neuf à dix fois de suite : *la toile change ! la toile change ! la toile change ! la toile change ! la toile change ! la toile change ! la toile change ! la toile change ! la toile change ?* Et d'ajouter niaisement, après avoir décrit toutes ces toiles, *l'auteur de la pièce s'appelle....* et... c'est un pitoyable métier, en vérité.

« J'achève mon analyse. Quand la toile a changé une dernière fois, vous êtes dans un joyeux village ; vous entendez le tambourin et la cloche qui sonne. Le tambourin fait danser la noce de Justine et de son amant Fritz, qui est revenu à sa maîtresse innocente ; cette cloche qui sonne là-bas, c'est le glas funèbre de la princesse Clémentine. Pauvre femme ! elle est morte de douleur ! Déclaré coupable de haute trahison, son amant est mort sur l'échafaud.

« Pendant que la cloche sonne et que le tambourin joue, Franck, sur le devant du théâtre, s'écrie tout bas : *Que la réputation d'une femme coûte cher !* »

Je trouve à la même date, écrit avec le même accent, un des drames les plus terribles de M. Scribe, et sans attendre le chapitre à part qui sera consacré à cette personnalité charmante, je place ici cette violente et terrible composition ; elle n'appartient que par sa date, à l'ensemble des travaux de ce merveilleux amuseur, qui pourrait écrire, au premier tome de son théâtre, cette pensée d'Horace en son *Art poétique :* « ... sapientia prima stultitiâ caruisse !... le premier devoir d'un esprit sage c'est de ne pas tomber dans l'excès ! » C'est peut-être, dans ce drame *de la Vie d'une femme*, la première et la seule fois que M. Scribe ait manqué de modération, comme s'il eût voulu, lui aussi, payer son tribut à la misère de ces époques troublées qu'amènent, à leur suite sanglante, les émeutes et les révolutions !

DIX ANS DE LA VIE D'UNE FEMME,

Drame en cinq actes en prose, et en neuf tableaux,
par MM. Scribe et Térier.

« La pièce finie le parterre a voulu connaître les auteurs. Lockroy est venu, qui a annoncé : M. Térier tout seul. Ce n'était ni le compte du parterre, ni celui de la critique. Cet épouvantable drame avait besoin, pour attirer toute notre attention, de reposer sur des épaules plus fortes. D'ailleurs on savait, à l'avance, que M. Scribe était l'un des auteurs. C'était son nom surtout que cherchait la critique. Heureusement, homme courageux qu'il est, M. Scribe est bientôt revenu de sa première terreur, l'affiche aujourd'hui porte son nom en grosses lettres. A la bonne heure, et maintenant entrons, à notre tour, dans ce très-long et très-cruel roman de mœurs dans lequel la société est remuée jusqu'à la fange. Préparez vos nerfs et votre courage, s'il vous plaît !

Adèle Darcey, fille d'un honnête négociant, femme d'un riche banquier, est mariée depuis six mois seulement. Le bonheur est avec elle, tous ses désirs sont accomplis aussitôt que formés. Elle a près d'elle sa sœur Clarisse, honnête fille, pleine de vertu et de douceur ; elle a pour mari un galant homme, plein de sens, de droiture et de prévenances ; elle a pour femme de chambre une jeune paysanne bonne et rieuse. Voilà l'héroïne du drame, voilà l'honnête femme ainsi entourée, qu'il s'agit de perdre, et de conduire en deçà même des limites de la prostitution.

Deux femmes, deux femmes du monde, du moins dans la pensée de M. Scribe, sont chargées de perdre Adèle. Ces deux femmes, faites attention à ceci, sont des femmes de banquier. Vous savez tout ce que M. Scribe a fait pour les femmes de banquier, jusqu'à présent! Il en a fait la société de la Restauration. — Le salon de la Chaussée-d'Antin a été le salon favori de M. Scribe ; c'est là qu'il a pris ses héroïnes, ses héros, ses meilleures histoires ; au salon de la Chaussée d'Antin M. Scribe a prêté les grâces et le charme de son esprit ; il en a fait le centre du monde frivole : réputation, éclat, fêtes, la littérature, les arts. Il est impossible de rendre plus d'éclatants services à une classe de la société qu'en a rendus M. Scribe à la finance. Il a pris la finance comme un moyen terme entre l'Empire et ses soldats poudreux, entre la Restauration et ses grands seigneurs brodés. Aussi la Chaussée-d'Antin a-t-elle été fidèle à son poëte ! Aussi ont-ils fait, elle et lui, un pacte qui paraissait éternel ; aussi a-t-elle encouragé de tous ses efforts cet esprit charmant, ces bons mots semblables au trait qui vole et qui frappe en volant.

Or voici, aujourd'hui que la Chaussée-d'Antin, grâce à la dernière révolution, est tombée ou plutôt s'est élevée au niveau de tout le monde, M. Scribe rompt brusquement avec elle. Aujourd'hui que sa société lui échappe, M. Scribe la dépouille brusquement des grâces qu'il lui a faites; il lui arrache les vertus qu'il lui a prêtées : seulement il lui laisse encore, et ne pouvant faire autrement, son esprit et ses bons mots. Est-ce ingratitude? est-ce habileté chez l'auteur dramatique? Je l'ignore : seulement j'avais besoin de constater ce fait dans une pièce de M. Scribe. Deux femmes de banquier, je veux dire trois femmes de banquier, effrontées, perdues de réputation et d'honneur, avilies à outrance, sont sorties du cerveau de M. Scribe, leur auteur favori! Hideuses coquines dont on ne supporte la vue qu'avec effroi! Ceci, c'est la grande contre-révolution de M. Scribe. Comme il leur fait payer cher, à ces pauvres femmes, et tout d'un coup, — en un seul jour, tous les soins qu'il leur a donnés pendant quinze ans!

Les deux femmes des deux banquiers, Sophie et Amélie, sont les amies d'enfance de la jeune Mme Darcey. Ce sont déjà des femmes perdues, pour qui le vice est une vocation, et qui l'enseignent pour tuer le temps. « In eodem omnes mihi videntur ludo doctæ ad malitiam! » disait un ancien ; il parlait du penchant des femmes aux choses de l'amour, il ne songeait pas à ces bassesses et à ces crimes! Quel est l'intérêt de ces femmes, à venir tout d'un coup troubler ce paisible ménage? On n'en sait rien. Quoi qu'il en soit, le ménage est troublé par ces malheureuses intimités. Darcey, l'honnête mari, défend à sa femme de revoir désormais ses amies, sa femme obéit à la façon d'Escobar. Elle ne reçoit plus ses amies; elle les voit chez elles. Bientôt une de ces bonnes amies prête son boudoir à Adèle pour ses rendez-vous d'amour. Aussi, au second acte, Adèle est déjà une femme perdue. Ses bonnes amies lui ont donné pour amant M. Rodolphe, un jeune fat emprunté au monde du Gymnase. Donc et déjà, au second acte, il y a adultère, adultère complet, adultère en société avec d'autres femmes, cet adultère extrême qui ne rougit plus de rien, pas même des regards de l'amitié!

Quand Adèle, femme sans cœur et sans remords, est tout à fait perdue, arrive du fond de la Russie un nommé Valdéja, ami intime de son mari. Ce Valdéja est un philosophe pratique d'un aspect tout à fait allemand. Quoique jeune encore, il a eu des peines de cœur. Il a beaucoup souffert de l'inimitié d'une femme, de Sophie, l'amie intime de Mme Darcey. Il a été amoureux de Clarisse, la sœur d'Adèle ; mais, sur de faux rapports, Clarisse a refusé sa main. Valdéja, à force de malheur, s'est mis à détester toutes les femmes. Il n'a pas d'autre occupation que de leur faire une guerre à mort. A peine arrivé à Paris, son premier soin est de démontrer à son ami Darcey que sa femme le trompe, soin cruel, inutile, et qui n'est pas dans nos mœurs. Pendant qu'Amélie est à son rendez-vous, Valdéja, qui la fait épier, se rend, de son côté, à ce rendez-vous. Là, caché derrière une porte, il est témoin de la scène la plus étrange qu'on ait vue sur un théâtre. Adèle, sur le point de rentrer chez son mari, imagine une indisposition subite. Pour faire croire à ce mensonge, elle ne se trouve pas assez défaite. Aussitôt son amie la déshabille à moitié, elle entr'ouvre sa robe, elle détache sa ceinture, elle lui met sur le visage une couche de blanc, elle la fait aussi malade et aussi pâle que possible ; si bien que Darcey, quand sa femme sera de retour, ne pourra pas douter de l'évanouissement de sa femme. Vous voyez d'ici tout ce que cette scène a d'étrange. Cette robe chiffonnée à dessein, cette ceinture dénouée, cette pâleur factice ! Pour compléter le stratagème, Adèle oublie chez son amie son chapeau et son mouchoir. N'est-ce pas là une femme bien enseignée, une femme bien perdue, bien complétement perdue ? Que peut donc ajouter M. Scribe à ces minutieux détails de toilette ? Or cette scène, tout étrange qu'elle est, n'est pourtant qu'une scène d'exposition !

Valdéja qui a tout vu, n'en est que plus décidé à ouvrir les yeux de son ami. Avec sa rage de prouver ces sortes de choses que l'amitié dissimule d'ordinaire avec soin, ce Valdéja est inconcevable. A peine sorti de ce triste boudoir où il a pris le mouchoir d'Adèle, comme pièce de conviction, le premier soin de Valdéja est d'aller à la recherche de Rodolphe, l'amant d'Adèle. Justement comme il va chercher Rodolphe chez lui, avec épée et pistolets, entre Rodolphe aussi avec épée et pistolets. Ici je dois dire que cette scène est une excellente scène de comédie. La provocation des jeunes gens est de bon ton et de bon goût ; il y a esprit, sang-froid et courage dans cette scène ; aussi le parterre, déjà froncé par les étranges événements du boudoir, en a-t-il su bon gré aux auteurs. Tout ce qui est vrai et simple plaît au parterre! il aime de préférence les émotions décentes, tant il a été saturé d'horreurs! La fin de ce troisième acte ne dépare pas la première moitié. Quand Rodolphe et Valdéja sont sortis pour aller se battre, la scène change; nous sommes chez le père d'Adèle : le bon vieillard, que M. Darcey, son gendre, vient de sauver d'une faillite, donne ce soir une petite fête. Toute la famille est invitée. Adèle, qui ce matin même était avec son amant, arrive au milieu de sa famille; elle est parée, elle est pleine d'amabilité et de grâces; elle embrasse son père, elle embrasse sa jeune sœur, elle flatte jusqu'à sa vieille tante, elle est charmante! Or, si j'ose parler ainsi, en présence d'un si beau, si habile et si heureux esprit, toutes ces grâces, dans le projet de M. Scribe, sont autant de contre-sens.

Le projet de l'auteur étant de montrer comment une femme se perd, M. Scribe a eu grand tort, j'imagine, de nous montrer une femme toute perdue. Vous dites qu'elle a été perdue par les mauvais conseils? Les mauvais conseils n'avaient rien à faire sur cette âme de boue. Adèle, comme vous la présentez, ce n'est pas une leçon dramatique, c'est tout simplement une de ces femmes sans âme, sans cœur et sans honte; froidement criminelles, criminelles sans passions, sans amour, sans remords, scélérates monotones qu'on rencontre quelquefois dans le monde, mais qu'on ne jette jamais dans un drame, le drame vivant surtout d'hésitations, de caprices, d'émotions, de *remords combattus*, comme dit Boileau.

Toutefois la scène est belle quand le mari outragé vient demander vengeance au père de sa femme; quand, après avoir consulté le vieillard, il rend cette femme à son père! Alors il y a de l'émotion dans ce drame! Puis, comme Darcey va sortir pour chercher Rodolphe, rentre Valdéjà, qui dit à son ami : *Rodolphe est mort!*

Quand la toile se relève, Adèle, séparée de sa famille, et toujours femme sans cœur, est déjà dans la misère. Elle est arrivée dès l'abord à ce moment difficile dans la vie d'une femme, quand le luxe est devenu un besoin pour elle, quand le mot *argent* se mêle à tous les battements de son cœur, à toutes les actions de sa vie! De ces femmes qui se vendent, argent comptant, le type est bien effacé chez nous, s'il n'est pas perdu tout à fait. Tranchons le mot, car ici j'ai besoin de toute liberté de langage, *la fille entretenue*, cette licence si fort à la mode à la fin du dernier siècle, et dont on se faisait gloire comme d'une vertu, est une chose qui se cache, de nos jours, comme une honte. Cette scène de vente où paraît Adèle, a cessé d'être vraie, du moins dans nos mœurs publiques. Puisque cette dame-*folle de son corps* devait conclure cet infâme contrat, j'aurais voulu qu'elle le fît en secret, dans les coulisses, bien loin de nos yeux, sauf à nous le faire raconter par sa soubrette, car Adèle a conservé sa soubrette. Cette jeune paysanne du premier acte, mariée à un honnête jardinier, s'est perdue comme sa maîtresse et avec sa maîtresse. M. Scribe a été bien dur pour cette pauvre fille! Dans cette longue période de dix années, et pour unir entre elles les diverses parties de sa fable, M. Scribe avait besoin de l'innocente Créponne; pour cela, il n'a rien trouvé de mieux que de la plonger dans le vice avec sa maîtresse. Une de plus, une de moins, la belle affaire!

Suivons cependant la pauvre femme dans cette longue décadence. D'abord heureuse et considérée, puis chassée par son mari, pauvre et ruinée, elle se vend donc au banquier Rialto. Ainsi vendue, elle passe par toutes les angoisses de la fille entretenue. — La jalousie et la laideur du maître; — les longues promenades, suspendue à son bras; — les insipides discours; — l'avarice, et dans son intérieur l'isolement, la honte, la gêne, le mépris des laquais, et pour tout délassement les romans du quai Voltaire; une vie désenchantée, hideuse, malpropre! un vice incomplet, inassouvi, et pour comble de maux un vice ridicule! Descendre plus bas, c'était descendre trop bas; descendre plus bas que le banquier Rialto, c'était friser la borne! Mais M. Scribe a voulu descendre aussi bas que possible. Son héroïne ne lui a pas encore paru assez nue, et voilà maintenant qu'il la jette au bras d'un vieillard édenté et hideux. Quoi encore? Il la jette dans la boue, et le soir, en revenant du Théâtre Français, vous entendez une voix rauque chanter un refrain lascif à votre oreille, vous sentez derrière vous un faux parfum, vous entendez le bruit d'un soulier rempli d'eau; ne vous retournez pas, c'est elle, c'est Adèle qui vient de boire un verre d'eau-de-vie sur le comptoir.

Oui, M. Scribe est allé jusque-là! oui, cet esprit si charmant, si fin et si heureux, est descendu de ses salons dorés dans cet abîme; oui, l'élégant élève de Marivaux s'est mis à copier de sang-froid les hardis tableaux de Rétif de la Bretonne! Cela aura fatigué M. Scribe de s'entendre dire à tout propos: *ceci est joli!* et il aura voulu faire peur, au moins une fois dans sa vie! Au cinquième acte, enfin, nous sommes dans une maison à plusieurs portes et à petits couloirs. Adèle, qui passe de mains en mains, appartient à présent à un mauvais sujet de mauvais lieu qui l'associe à ses désordres et à ses vols. Cette figure de mauvais sujet est une chose inouïe dans un drame public. Léopold est un de ces êtres en redingote blanche, *avec de l'écossaise dedans*, dont Henri Monnier nous racontait les atroces aventures, le soir, quand nous étions entre nous, jeunes gens excusés par les flammes du punch. Vraiment c'est pousser l'horreur beaucoup trop loin! Léopold, l'homme à la redingote blanche, assassine le beau-frère d'Adèle. Cet assassinat est de trop. On reste ainsi dix minutes dans cette maison, entre le sang, la prostitution et le vol; on nous en montre tous les replis, tous les détours; on en compte toutes les portes. Quand tout est dit, vous croyez que tout est fini, que l'horreur est épuisée, tenez-vous bien, vous dis-je! La toile change, vous êtes dans un grenier; voilà la table couverte de graisse, la chaise de paille. Dans le coin de la chambre, les vases de terre; Adèle habite là, quand elle n'est pas dans la rue! Elle mange là, quand elle ne mange pas au cabaret! Une toux pulmonique la consume, et sa femme de chambre lui conseille *de ne pas prendre le grand air!*

Heureusement enfin, à l'instant où le drame devient tout à fait insupportable, vous voyez arriver Clarisse, la jeune femme honnête et honorée — arrive aussi Darcey, l'époux malheureux, puis Valdéja, le dénonciateur des femmes, et alors — ce sont des cris, ce sont des remords, ce sont des pleurs, c'est quelque chose de l'homme, c'est quelque chose du cœur. Adèle échevelée, pâle, mourante, morte, ressemble enfin à une femme.

Voilà tout ce drame. C'est une lamentable histoire qui se démène dans tous les sens, qui touche à tous les extrêmes, histoire du vice dans ce qu'il a d'atroce et d'exagéré! — O pauvre scène française, autrefois si décente! O monsieur de La Harpe, si indigné de la scène des bosquets dans *le Mariage de Figaro!* Quant à l'effet de l'ouvrage de M. Scribe, on s'est passionné pour et contre; on a hésité longtemps; on a écouté avec des grincements de dents: on avait honte de l'intérêt qu'on prenait malgré soi à ce récit funeste! On se répétait de toutes parts que ce n'était pas là notre société corrompue, que c'était là un vice arrangé à plaisir, un vice de convention, un vice calomnié! En effet, pour des mœurs du grand monde, pour des passions de la société, pour des accidents d'honnête femme, ce sont des mœurs, des passions et des accidents au delà de toute vraisemblance, au delà de toute vérité.

Au reste, comme histoire de dégradation sociale, il a paru à la fin du dernier siècle un livre non moins hardi et non moins ardent que la comédie de M. Scribe. La pensée première de son drame, M. Scribe l'a puisée, à coup sûr, dans le livre dont je parle. Quand *les Liaisons dangereuses*, ce complément funeste des légers romans de Crébillon fils, parurent à la fin du XVIIIe siècle, comme pour résumer l'histoire des mœurs de ce temps-là, le XVIIIe siècle dévora ce livre avec un étonnement qui tenait de la peur! Ce siècle de l'esprit et des vices ingénus, avait si fort la conscience de son immoralité, qu'il sentit que peut-être Laclos avait raison, que peut-être *les Liaisons dangereuses* n'étaient pas un mensonge, et que la *Marquise* des *Liaisons* existait. De là l'effroi de se voir découvert, la honte de se savoir compris. De là l'effet inouï de ce livre qui produisit isolément une sensation aussi vive que *le Mariage de Figaro* en avait produit sur les masses.

Le livre de Laclos était en effet une révélation de l'avenir de ce siècle : certainement pour des mœurs ainsi faites le châtiment était proche! A cela surtout, à cette terreur subite, le livre de Laclos a dû son immense succès. La tentative de M. Scribe n'est pas appuyée sur les mêmes causes de réussir. A voir des mœurs qui ne sont pas les nôtres, nous pouvons ressentir tout au plus un intérêt de curiosité, mais non pas un intérêt de passion. »

THÉODOSE BURETTE.

Dans les époques troublées qui suivent les révolutions, entre le sable et l'écume de toutes choses, le plus grand soin de la critique et son plus impérieux devoir c'est de veiller au maintien des lois salutaires de la république lettrée, et de s'opposer aux envahissements de la rue, aux violences du carrefour. — Tel est le penchant funeste de tous les hommes, celui-ci armé d'une pique, ou celui-là armé d'une plume ; — une fois le fossé comblé pour celui-ci, on dirait qu'il est comblé pour celui-là, si bien qu'à l'heure même où l'émeutier, de sa main violente, arrache à la constitution de ce pays les pages qui lui déplaisent, l'écrivain, mettant à profit les ruines d'alentour, s'affranchit aussitôt des règles communes, brise le joug qui lui pèse, et dans son petit domaine de prose ou de vers, de comédie ou de roman, de philosophie et d'histoire, accomplit obscurément à son usage, sa petite révolution de Juillet, sa petite révolution de Février. Ceux-là donc, qui tiennent la férule, *tristes ferulæ*, dit Martial, doivent être attentifs, le lendemain des révolutions, à ne pas laisser pénétrer, par la brèche ennemie, une foule d'abus, d'excès, de tentatives, de violences qui nuisent aux lettres, qui les retardent, qui les dégradent, qui les changent de leur voie honorable en leur ôtant leur plus grand privilége, l'isolement de toute injustice, et l'abstention de toute vengeance. Notez bien que lorsque nous parlons des excès de la plume, en ces moments d'angoisses et de peines, nous ne voulons pas désigner, à Dieu ne plaise, ces bandits de la parole écrite ou parlée, ces mécréants de la grammaire et de la morale publique, ces assassins de la plume et du paradoxe, à demi éclos dans le bourbier de l'émeute. A Dieu ne plaise que nous touchions à ces fanges! Nous écrivons, de notre mieux, l'histoire d'une critique loyale et savante, nous serions honteux, et pourquoi faire? de dresser un réquisitoire de cour d'assises. Nous laissons les bandits au procureur du roi, nous gardons pour nous les esprits égarés, les cœurs blessés, les écrivains mécontents. Jamais, plus que le lendemain de la révolution de Juillet, les excès du théâtre n'ont été poussés plus loin et n'ont duré plus longtemps. Dans cette effervescence d'une liberté nouvelle, accordée au théâtre, on eût dit que tous les esprits, les bons et les mauvais, pressentaient qu'il était impossible que la France restât livrée à cette licence; les bons esprits commençaient à s'indigner, les autres se hâtaient de produire, et je vous jure qu'en ce temps-là on n'entendait guère répéter au premier feuillet des œuvres nouvelles le sonnet, la chanson, le refrain de Malherbe :

Je ne vois rien à la cour
De si beau que Vaubecourt !

On ne voyait rien de beau à la cour, et les malheureux princes des temps passés étaient traités comme on dit *de Turc à Maure!* A ces violences du drame effaré, le parterre applaudissait, heureux d'écraser avec rage ce qu'il avait adoré avec terreur [1], et ce fut, sans contredit, une des bonnes, courageuses et loyales actions du feuilleton dramatique aux premières années qui suivirent la révolution de Juillet (hélas! la liberté..... la licence des théâtres a duré cinq ans sans rien produire!) de dire enfin ses plus justes vérités à ce théâtre sans lois (*et potus et exlex*), à ce théâtre ivre encore d'une liberté sans excuse et sans frein. Chacun hésitait : nul n'était assez hardi pour entreprendre cette croisade contre les violences de la comédie et les mensonges du drame :

Sæpe ego nimbosis dubius jactabar ab undis!

Les insulteurs étaient jeunes et bien nés pour la plupart, ils étaient audacieux et ardents ; ils appartenaient à ce monde à part, où la poésie est un aliment, où la prose est une passion, où la couleur est une excuse, où l'image est un pardon et fait oublier les plus cruels excès ; certes, cela coûtait à la critique, qui était jeune et active elle aussi, de faire entendre, au milieu de ces concerts d'une jeunesse irritée et peu sérieuse, des paroles de blâme et le grand mot de cette époque : *Tu n'iras pas plus loin!* mais plus cette séparation absolue était un chagrin pour elle, et plus le courage de la critique se doit remarquer après la révolution de Juillet, d'avoir pris fait et cause pour les rois de l'histoire contre le théâtre moderne, d'avoir arraché l'histoire au drame qui la mettait en lambeaux, et qui la traînait dans toutes les fanges, cette grande dame insultée à plaisir. Un jour, François Ier, le roi du XVIe siècle, le héros de Marignan, le vaincu de Pavie, une étoile dans le nuage, un soldat, un poëte, un amoureux, un vaillant homme qui indiquait la poésie et les beaux-arts à cette France réservée aux destinées même de Louis XIV, — François Ier, sur un théâtre du boulevard, fut indignement outragé par un jeune

[1] Nam cupide conculcatur, nimis ante metutum.

homme dont les premiers commencements, tout remplis de grâce et d'essais ingénieux, étaient loin d'annoncer le pamphlétaire à froid qu'il a été depuis, lorsqu'il a poussé la violence et la déclamation au delà de toute limite, à propos de ces illustres exilés dont tout au moins il aurait dû respecter l'exil : M. le duc de Bordeaux, M. le comte de Paris ! — Ce jeune homme, animé à bien faire et disposé aux meilleurs sentiments, appartenait à la même province que George Sand et Jules Sandeau; ils étaient partis de leur province tous les trois, à peu près le même jour, sans se connaître, à peine s'ils se sont rencontrés même à Paris, et pendant que les deux compagnons joyeux de l'élégie et du roman des bords de la Creuse essayaient leurs forces rivales dans toutes sortes de pages charmantes, empreintes de génie et de jeunesse, d'enthousiasme et d'amour, l'autre jeune homme essayait sa colère. Il grondait déjà à vingt ans, le malheureux et l'insensé ! Il avait rencontré chez moi le meilleur et le plus tendre de mes amis et de mes camarades d'enfance, Théodose Burette, une âme tendre, un bel esprit amusant et plein de grâce, un poëte à ses heures, un de ces hommes que le bon Dieu a mis au monde tout exprès pour être heureux un instant, et qu'il rappelle aussitôt que la jeunesse est passée et que la lèvre avide va toucher à la lie amère des vieilles années. Tu n'es déjà plus de ce monde, ô mon cher camarade qui m'as si souvent prêté l'appui de ta force et de ton courage. Mon vieil ami, mon protecteur et mon conseil ! Si heureux quand tu avais une louange à faire, et si triste quand c'était un blâme ! Quand il avait une idée, il me la donnait aussitôt, quand il avait fait une découverte heureuse, sa découverte était pour moi. Enfants des mêmes travaux, enfants des mêmes plaisirs, sortis de la même génération et du même collége, nous avons été tout de suite heureux de peu, contents de tout ; jamais nous n'avons joué au génie incompris, au désespoir, au byronisme, et la mélancolie elle-même, elle eût ri à nos gais visages. Que de gaîtés lui et moi, quelles fêtes innocentes de la jeunesse et que de printemps en fleurs ! Plus tard, et quand déjà pointait l'âge mûr, nous aimions à nous rendre cette justice que nous avions été fidèles aux amitiés de notre enfance. — Oui, nous avons pleuré avec ceux qui pleuraient, nous avons battu des mains aux grands triomphes de ceux qui marchaient en avant, nous avons aimé les puissants et les célèbres, à plus forte raison les inconnus et les malheureux. J'ai dédié à Théodose Burette un de mes livres[1], et dans ces pages honorées de son nom, je lui disais : « De nous deux, tu as été le plus sage, car tu as été le plus modeste. Le grand jour t'a fait peur, et tu as pris pour ta règle une belle devise : *Cache ta vie!* Tu as mis sous le boisseau, comme on cacherait une action mauvaise, l'esprit, le talent, la verve, et ces dons précieux qui donnent la renommée à coup sûr ; tu n'as pas voulu de la renommée, et je crois même, Dieu me pardonne ! que tu ne voudrais pas de la gloire. Bien plus, ami, je ne serais pas étonné quand tu te serais effacé pour me faire place, afin que la route me fût plus facile. — Quand tu possédais les plus rares qualités de l'écrivain, tu m'as laissé libre cette carrière où tu devais marcher ; tu étais un maître dans l'art de corriger les œuvres rebelles et les esprits indociles, et c'est moi qui juge les autres ! Tu t'es fait humble et petit à plaisir, et tu m'as caché ces longs travaux historiques qui ont produit de si charmants livres auxquels tes disciples ne préfèrent que ta leçon parlée. Ainsi, tu es devenu un savant historien. Sans me le dire tu te levais chaque matin avant le jour, pour fouiller dans les vieilles chroniques, et tu venais chez moi, chez nous, ta juste tâche accomplie, en me disant : Jules, *tu travailles trop!* Nous parlions alors des choses qui m'instruisent et qui te plaisent parce que je m'y plais, des grands hommes d'hier et des chefs-d'œuvre de l'avant-veille, et tu te plaignais de ces gros livres, et tu plaignais ceux qui les font, disant souvent que les poëmes d'Homère ont pu être contenus dans une coquille de noix. Que si par hasard quelque bruit politique arrivait jusqu'à nous, tu ne comprenais pas que le peuple le plus spirituel de la terre (cela se dit en France) jouât ainsi jusqu'à la fin du monde, cette farce énorme : *Beaucoup de bruit pour rien.* En fait de politique, nous savions seulement que le palais de la Chambre des députés est un monument en belles pierres de taille, et qui produit un bon effet vu du bord opposé ; nous aimions le Luxembourg pour ce beau jardin tout d'air, de soleil, et de fleurs..... Je te vois d'ici, homme prudent pour moi, non pour toi : — Il ne faut pas, dis-tu, le doigt sur ta lèvre, parler

---

[1]. *Les Catacombes*; 6 vol. in-18.

sans respect des grandes puissances. Laissons-les faire et tenons-nous à l'abri..... « Eh bien, tu as beau dire et me conseiller, il m'est impossible d'accorder mes sympathies à ces fièvres lentes, à ces fièvres cachées, à ce malaise universel qui n'est pas la paix, qui n'est pas la guerre, à ces ténèbres qui ne sont pas la nuit ni le jour. Je suis avant tout l'homme des époques sérieusement tranquilles, profondément apaisées, où l'on peut s'occuper à loisir de la belle prose accorte et sonore, des beaux vers écrits avec le feu de la passion, des drames bien faits, des vaillantes comédies, des brillantes exigences de l'esprit quand il produit ses œuvres les plus délicates. Voilà ce que j'aime, et avec ces amours de ma vie, un peu de liberté, un peu d'espace et de soleil. En vain j'ai voulu m'habituer aux changements, aux révolutions, aux émeutes, aux conspirations, aux bruits de la rue, aux bruits de la tribune... il m'est impossible de m'y faire, et de tous ces drames lamentables que j'ai déjà vus, pas un ne s'est présenté plus horrible et plus touchant que cette monarchie à bout de ses gloires, et ce vieux roi de nos jeunes années qui s'en va rejoindre, à Cherbourg, ce fatal vaisseau prédit par Bossuet, qui reste éternellement à la disposition des rois, dans cet Océan que rien ne peut plus étonner. Je hais, de toutes les forces de mon instinct, le drame brutal de la violence, du désordre et des multitudes déchaînées. A quoi nous mènent ces changements qui déshonorent l'histoire? Ils hébètent un grand peuple, ils le troublent, ils le dégradent, ils le perdent, ils l'habituent à courber la tête, ils l'arrachent aux choses qu'il aime le plus, à la poésie, à la philosophie, aux beaux-arts, à toutes les grandeurs de l'intelligence. O misère! et tant pis pour moi si je blasphème, je donnerais tout ce fatras mal défini qu'on appelle les *doctrines de la Convention*, pour une scène d'*Athalie;* je troquerais volontiers tout le *Contrat social* pour une fable de La Fontaine. En toutes ces choses de la révolution je hais les vaincus, je plains les vainqueurs, je n'estime ni ceux-là ni ceux-ci. Plus d'écrivains, nous avons des parleurs; plus de poëtes, nous avons des *députés;* parmi ces députés se sont absorbés même les poëtes, et les voilà proclamant dans un affreux patois, la liberté, entourée de ses garanties, comme Apollon au milieu de ses nymphes sur les hauteurs de l'Ida, le centre droit, le centre gauche; le *huit décembre*, le *vingt août;*

le roi règne et *le roi ne gouverne pas!* Affreux charabia, cette *langue politique*, qui est devenue un domaine de la langue française et qui nous mènera, si l'on n'y prend garde, à parler comme des sauvages. Je sais bien ce qu'on va dire : le despotisme. Ah! oui, le despotisme! Eh bien! je m'accommoderais volontiers, je te le jure, d'un tyran comme Louis XIV, entouré des plus rares chefs-d'œuvre qui aient honoré la langue française et l'esprit humain. En ce temps-là, c'était un honneur rare et charmant d'être lu par tant de juges excellents dans tous les genres de controverses, entre Port-Royal des Champs et l'hôtel de Rambouillet. Le style était non pas tout l'homme, au moins était-ce quelque chose de l'homme; on se préoccupait tout autant de l'oraison funèbre du grand Condé que de la bataille de Rocroy; une satire de Despréaux était une fête publique, une comédie de Molière était un événement; une lettre de madame de Sévigné courait le monde; il y avait honneur et gloire, en ce temps-là, d'être un poëte, ou tout simplement un critique..., » et je me lamentais ainsi aussi longtemps qu'un homme sage peut se lamenter.

C'était là, en effet, entre mon ami et moi, nos grands sujets de dispute; il avait le contre-coup de mes découragements d'un instant, de mes chagrins d'un jour. Avec une habileté très-grande, il savait me plaindre et m'encourager tout ensemble. Ah! je ne retrouverai pas cette bonne grâce et cette bonne humeur toujours prêtes à panser mes piqûres. — Quand donc j'avais bien pleuré sur ma triste condition : remplir, sans cesse et sans fin, ce gouffre béant du journal, cet abîme qui dévorera tout ce siècle, véritable tonneau des Danaïdes qui eût englouti l'*Encyclopédie* en un mois, mon homme arrivait, et d'une voix d'un bel accent, il me représentait les avantages de cette profession du journaliste, qui est une profession à part dans l'exercice assidu des belles-lettres.—La critique, disait-il, a ses peines, ses ennuis, ses fatigues, qui en doute? Elle a ses triomphes et ses fêtes! Le critique a ce grand avantage, il n'est pas forcé de vivre toujours sur son propre fonds, il a le fonds d'autrui.

> Brouter l'herbe d'autrui, quel crime abominable!

Tout homme aujourd'hui qui tient une plume écrit tout d'abord pour fournir à la critique un aliment, une étude, un prétexte tout au moins! Les prémices des esprits, la fleur du panier, appartiennent à la critique! Elle est écoutée, elle est applaudie, elle a de grands ennemis, elle a de chauds partisans! A tout prendre, c'est une position grande et magnifique celle d'un homme qui peut dire, à la foule attentive, le motif de ses opinions, le secret de ses admirations, la raison de ses blâmes! Celui-là qui peut imposer à la foule obéissante une part, la moindre part de son admiration ou de ses répugnances personnelles, est entouré des mêmes déférences que les hommes qui disposent des places et des honneurs; le ministre, après tout, ne peut que faire la fortune de celui qui l'implore, le critique absolument peut donner la renommée! Il est très-exposé, Dieu le sait, aux vengeances, aux murmures, aux calomnies, à la satire; eh! qu'y faire? « quand on a la rage de carreler et de décarreler chez les autres! » disait Diderot. Il y a aussi les sympathies de beaucoup d'honnêtes gens qui compensent les murmures des voix impuissantes. Or, la sympathie arrive à l'écrivain qui de temps à autre sait montrer un peu de talent, et qui s'efforce d'être juste toujours. « Un homme d'esprit est celui qui en a quelquefois, » c'est un mot de Vauvenargues; un critique homme d'esprit est celui qui en a une fois par hasard, pourvu que les autres jours il ait du bon sens, pourvu qu'il soit juste et de bonne compagnie, on ne lui en demande pas davantage; ajoutez la joie intime de l'homme qui tire de la foule où il se noie, où il se meurt, un poëte aujourd'hui, le lendemain un grand artiste; tantôt il sauve une comédie aux abois, tantôt il relève un livre ignoré; ou bien si le parterre, ébloui d'un vain bruit de paroles, se met à applaudir à faux quelque horrible mélodrame, alors c'est le triomphe de la critique de s'opposer à ces désordres d'une admiration hors de sa voie. En ce moment, vous êtes seul contre une foule, et vous domptez d'un mot ces fureurs, ces violences, ces volontés..... *Quos ego!*.... et quelle joie, et quel bonheur de prendre ainsi la défense de la raison outragée, de la langue française insultée, de toutes les majestés de l'art livrées en pâture aux parterres ignorants! Ou bien, par un matin de printemps, vous voyez entrer dans votre maison honorée, M. de Chateaubriand qui vous dit : *Bonjour!* comme à un homme de sa famille. Ou bien M. de Lamartine qui se fie à votre parole, ou bien Meyerbeer qui vous raconte les passions nouvelles dont il va remplir, tantôt, ces artistes qui ne chantent, qui ne pleurent, qui ne vivent que par lui. Ce sont là certes de grandes fêtes et des joies sincères. Et souvent, quel bonheur encore de savoir toutes les nobles mains qui vous sont tendues, les voix éloquentes qui vous défendent, ces lecteurs qui marchent à vos côtés, dans vos sentiers, dont vous savez les espérances, les passions, les études. O nobles clients ! ils font du critique une espèce de consul !

Oui, tu as raison, Théodose, la profession est noble et belle. Comment veux-tu cependant, quand nulle voix sage n'est plus écoutée en ce royaume malheureux, que la critique ait ses franches coudées, et lorsqu'on va chercher tant d'asthmatiques pour disserter sur les affaires publiques, comment veux-tu que nous tenions la foule attentive à des dissertations de comédie et de vaudevilles ? C'est là justement notre peine à nous autres qui cultivons les lettres pour les lettres même, qui n'avons jamais eu d'autre ambition que de rester à notre humble place, et qui n'avons jamais été que des écrivains, lorsque, autour de nous, se sont produits soudain tant d'ambassadeurs, d'orateurs, d'hommes d'État. — Fi ! disent-ils, nous voyant passer... des artistes, des écrivains, des oiseaux sur la branche, des cigales d'été !

Par cette règle étroite que *les amis de nos amis sont nos amis*, Théodose Burette avait adopté le nouveau venu de la Creuse, et le voyant tout rempli d'ardeur et de passion pour le théâtre, il lui proposa (l'idée était heureuse, elle a produit, depuis ce temps, de gros drames : *Caligula*, par exemple, *Catilina*, le *Testament de César*, quoi encore ? le *Moineau de Lesbie*, *Horace et Lydie*, et tant d'autres Romains peu vêtus !) de mettre en scène les Romains chez eux, et de les montrer *bourgeoisement* chaussés du socque et non du cothurne. Par Bacchus ! disait Théodose Burette, il n'y a pas seulement les Romains de Corneille, il y a les Romains de Plaute... Aussitôt les deux associés se mirent à l'œuvre, et de l'expérience du professeur et de la vivacité du disciple il résulta une comédie inexpérimentée et curieuse, intitulée : *Une Conspiration d'autrefois*. Catilina était le héros de cette ébauche, disons-mieux, de cette débauche, et certes on pouvait plus mal choisir. Il n'a rien d'un homme vulgaire, ce Catilina, le type éternel de ces hommes injustes qui veulent faire porter à leur patrie innocente le faix énorme de leurs débauches et de leurs vices! Ces grands criminels qui jouent à pile ou face la liberté de tout un peuple, partent de très-haut ou viennent de très-bas ; Catilina est au rang des sénateurs, Spartacus conspire au milieu des gladiateurs et des esclaves. Ils n'ont rien de vulgaire l'un et l'autre, ils n'ont rien de risible, ils ont tenu celui-ci à la pointe de son épée, et celui-là au tranchant de son couteau, la poitrine et la tête de leur république ; même vaincus, ils ont été d'un méchant exemple pour les conspirateurs à venir, Catilina n'est pas inutile à César ! A cette conspiration manquait l'élément bourgeois, le sourire que cherchaient Théodose Burette et son complice, et pourtant telle était la vie et si grand était l'entrain de ces Romains terre à terre, que le parterre en rit à outrance ; il y eut même un peu trop de gaieté, et *la Conspiration d'autrefois* fut arrêtée net pour une mauvaise phrase dont le public fit une allusion sans respect, à laquelle certainement dans cette réunion d'étudiants, un des deux auteurs du moins, était loin de penser : *Il est gros, gras et bête !* Où était *l'atticisme ?* On supprima la pièce ; elle fut imprimée avec cette indication : par MM. (ici le nom du jeune homme : on lui laissait volontiers le haut du pavé) et *Théo... Théo* était l'abrégé du nom de Théodose Burette. Il n'a jamais cherché le bruit, et l'applaudissement lui faisait peur.

Comme, en dépit de mon amitié pour les deux auteurs et de mon admiration profonde pour l'esprit et le talent de Théodose Burette, je n'admirais guère cette *Conspiration d'autrefois*, je me tirai de la difficulté par une louange à outrance. C'est un moyen assez souvent employé en critique, et dont on use volontiers pour les esprits malheureux qui ne veulent souffrir aucune censure. Il arrive rarement que le public se laisse prendre à ce torrent de louanges. Il écoute, il regarde, il se demande : « Qui diable trompe-t-on ici ? » et il vous plante là bel et bien, vous, votre critique, et le poëme que vous admirez un peu trop. La vraie et sincère critique a d'autres allures ; elle ne se contente pas à si peu de frais, et c'est pourquoi elle est la critique :

« Pour nous faire comprendre, disais-je en cette louange posthume, cette comédie un peu brutalement effacée de l'affiche, on l'a publiée, et maintenant le public, privé de son plaisir au théâtre, se réjouit à la lecture de cette bluette gallo-romaine intitulée : *Une Conspiration d'autrefois*. Les auteurs, qui sont gens d'esprit et qui respectent les ruines, n'ont pas osé présenter leur pièce ainsi faite au Théâtre-Français ; ils s'étaient contentés de l'Odéon ! En effet, qu'aurait dit M. Dumilâtre, qu'aurait dit M. Saint-Aulaire, qu'aurait dit Mlle Dupont, qu'auraient dit tous les sociétaires du Théâtre-Français, s'ils avaient appris qu'on avait refait en 1833, *Catilina*, la même tragédie que Voltaire avait déjà refaite d'après la tragédie de Crébillon? Qu'auraient-ils pensé, ces arbitres du goût en France, s'ils avaient vu Catilina en déshabillé, César sans ceinture, Cicéron en robe de chambre, Vercingétorix un plat de poisson sous le bras? C'est pourtant ce que viennent d'exécuter avec un rare bonheur, avec un rare esprit, les auteurs de la pièce nouvelle, ces imprudents qui n'avaient pas compté sur une admiration si compromettante et si vive !

« Il est impossible de faire descendre plus habilement Catilina de la hauteur où l'a porté Salluste, Cicéron de la hauteur où l'ont placé son génie et son malheur, Jules César des sommets où il est monté lui-même plus tard.

« Il est impossible de mieux mettre à nu la dissolution romaine, le vice romain, la gourmandise romaine, tous les fléaux qui déjà menaçaient Rome et qui devaient engendrer plus tard la rivalité de César et de Pompée, d'Auguste et d'Antoine, et livrer l'Italie aux Barbares.

« Il est impossible aussi quand on a lu les discours de Cicéron et l'Histoire de Salluste, d'éprouver un étonnement plus grand que celui qu'on éprouve à la lecture de ce petit drame. On est heureux d'échapper enfin aux vers pompeux, aux cinq actes, aux chlamydes et aux cothurnes de nos grandes tragédies. Quoi ! ces gens accroupis à table! Quoi ! ces femmes à demi nues ! Quoi ! ces ricaneurs perpétuels! Quoi ! cet homme si plein de lui ! ce sont les Romains de Catilina, c'est Fulvie, c'est la femme de Cicéron, c'est la sœur de Caton, c'est Cicéron lui-même! Cicéron!
— Ça m'a fait honte d'abord, ma honte a fini par se tourner en agrément et en plaisir. »

Sa comédie une fois *lancée dans le torrent de la vente* (c'est un mot anglais, métaphore un peu rude à nos oreilles françaises), notre ami *Théo* ne songea guère plus à la *Conspiration d'autrefois* que si elle eût été écrite en l'an 632 de l'ère romaine et il revint à des travaux moins bruyants ; il n'aimait pas le théâtre, il n'a pas entendu vingt drames, tragédies ou vaudevilles, en toute sa vie ; il n'est allé qu'une seule fois à l'Opéra, et c'était une de ses gloires de raconter comment il avait fait tomber, en le sifflant, un ballet *absurde ;* il se figurait bonnement que c'était le seul ballet de cette qualité qu'eût jamais représenté l'Opéra ; au contraire, il faut croire aux ballets de l'Opéra justement parce qu'ils sont absurdes. A peine s'il avait entrevu mademoiselle Mars ; de Talma pas un mot ; il n'a jamais voulu voir danser mademoiselle Taglioni, et ça l'étonnait toujours que l'on pût tant et tant s'occuper d'une danseuse. Il y avait en lui du théologien, du savant, du pédant, du bonhomme et du railleur. Il croyait à ce qui était exact et vrai dans tous les arts. Son grand talent c'était de représenter d'un coup de crayon net et vif tout ce qui s'offrait à son contrôle, et si l'on pouvait publier l'*album* qu'il a couvert de toutes ces charmantes fantaisies, non pas sans accompagner l'image d'un quatrain en belle humeur, on arriverait à quelque chose de funèbre et de charmant tout ensemble. Hélas ! à si peu de distance, en moins de quinze ans, la plupart des portraits que Théodose Burette avait dessinés de sa main légère, sont devenus des images insensibles ! Même il est arrivé que ces morts, laissant après eux des gens qui les aimaient, l'*album* de Burette a été déchiré afin que l'image enlevée allât consoler le père ou la mère ou la compagne éplorée ! Et que de morts, que de lacunes sur cet *album !* Le premier enlevé s'appelait Chaudesaigues... un poëte... le dernier mort s'appelait Pradier, le plus grand sculpteur de ce siècle. M. de Chateaubriand visitant le musée de Rome, écrivait sur ses tablettes : « Qui a bu dans cette coupe !..... un mort ! »

Mais pendant que *Théo* faisait si grand fi de sa fameuse comédie, il arrivait que son collaborateur ne pouvait se consoler des injustices de l'autorité et qu'il versait, en son fiévreux par-dedans, des larmes de rage, au souvenir de ce premier succès dramatique si brusquement interrompu par le *veto* du ministre de l'intérieur, qui ne savait certes pas tout le dégât commis en son nom. Pour ma part, j'attribue, et pour beaucoup, l'irritation et la férocité de cet esprit tourmenté par une ambition inégale à ses forces, à la suppression brutale de cette première et innocente comédie. Il faut si peu pour blesser les âmes naturellement malades! Et quand je pense à toutes les douleurs intimes qui ont bouleversé cette âme pendant vingt ans, quand je me représente ce qu'il a fallu d'orages et de tempêtes intimes pour surexciter à ce point un cœur naturellement bon, dévoué et bienveillant, je me prends à regretter de n'avoir pas fait plus d'efforts pour calmer cette irritation et pour panser cette blessure. Certes il a été pour moi un rude ennemi, il m'a poursuivi cruellement par tous les petits moyens qui sont à l'usage des plumes bien taillées, il a fait tout ce qu'il a pu faire pour troubler mon repos et mon travail..... il n'a pas été heureux dans cette entreprise plus que dans les autres; il a manqué son but pour l'avoir outrepassé! Attaqué par lui dans ses journaux, dans ses préfaces, dans ses discours, il m'a été facile de ne pas lui répondre... je ne le lisais pas! Même quand il se fut retiré de moi j'ai ignoré longtemps ses malveillances, et quand, par hasard, j'en savais quelque chose, eh bien! le vent l'emportait. Il me suffisait de ne pas parler de lui, de ne pas lire ses œuvres et de ne pas assister à ses comédies. Le plus rude châtiment que puisse infliger un galant homme, à ces violences sans portée, à coup sûr c'est de les ignorer. Malheureux! que de peines tu te donnes pour outrager un homme qui ne se sent pas blessé! Dans cette carrière illustre des belles-lettres, il faut redouter avant tout le silence, l'oubli, le néant, et leur contre-partie : l'admiration absurde, le *rappel* inutile, le fracas sans portée et la louange sans écho. Vous avez un ennemi qui vous blesse, ignorez la blessure et ne parlez pas de celui qui l'a faite. Ne dites rien de cet homme, ni en bien ni en mal; qu'il soit absent de vos discours, de vos écrits, de votre pensée, et si, pendant de longues années, vous entourez cet homme, mort pour vous, de ce silence dédaigneux, vous trouverez en fin de compte que vous êtes trop vengé! De ces deux hommes, celui-ci qui parle, à tout coup, de celui-là, celui-ci qui fait le bruit, la fumée et l'écume autour de celui-là, celui-ci qui ne dort ni jour ni nuit afin d'être prêt à toute heure à la calomnie, au venin, à l'intrigue, celui-ci bruyant, passionné, furieux, pendant que celui-là reste calme et paisible à ses travaux accoutumés, sourd au bruit, insensible aux piqûres, c'est celui-là de ces deux hommes qui se venge le mieux et qui hait le plus.

La colère de mon ancien ami éclata tout à fait quand il eut fait jouer, en compagnie d'un brave et digne garçon qui n'a jamais été offensif qu'une fois en sa vie, et qui l'a payé d'un exil de cinq ans, un drame incroyable qui s'appelait *Ango*, et qui devait clore enfin la série interminable de tant de drames dangereux contre lesquels, depuis mon entrée au feuilleton, j'invoquais la prudence et la prévoyance de ces lois athéniennes qui ont sauvé le théâtre grec après les excès de la comédie d'Aristophane ! Aristophane et Socrate ! celui-ci la victime de celui-là... pour de petits injures voilà de bien grandes choses et de bien grands noms !

Je le rapporte ici, ce feuilleton dont les cendres ont couvé une colère qui a duré... vingt ans, dix ans de plus que la guerre de Troie, — et je le rapporte ici tout entier, sans même toucher aux premières lignes qui étaient écrites comme une conclusion de la fameuse affaire criminelle où ce jeune lieutenant, à Saumur, était accusé d'un lâche attentat sur la personne de la fille de son général. En ce moment solennel, Paris entier se préoccupait de ce drame aux péripéties infinies, Paris entier bondissait de douleur et de pitié aux plaidoiries des deux avocats illustres, M. Chaix-d'Estange et M. Berryer, maîtres des âmes et du barreau de Paris. Depuis ce jour ces colères se sont apaisées, ces douleurs se sont calmées ; la victime a reparu, triomphante, le coupable a purgé sa peine ; il a fait mieux, il l'a rachetée à force de courage et de dévouement. — O misère des vanités et de l'orgueil humain ! Voici un crime énorme, et deux familles considérables qui se débattent, pour leur honneur, aux pieds de la justice émue, attentive, impatiente ! L'Europe entière s'inquiète de ces débats où se joue un si grave intérêt sous la parole ardente des deux plus grands orateurs du xixe siècle... à peine de ce crime fameux une trace est restée... Au bout de vingt ans, il y avait une âme, à Paris, qui se souvenait encore du feuilleton : *Ango !* et qui rêvait une vengeance ! — Et l'on dit que la foudre atteint surtout les têtes éminentes, que la tempête s'adresse de préférence aux sommets les plus élevés :

Summa petit livor, perflant altissima venti !

ANGO,

MÉLODRAME EN CINQ ACTES ET EN SIX TABLEAUX, PLUS UN ÉPILOGUE.

« A la fin, la cour d'assises se repose ; le grand drame est fini ! Pendant toute une semaine nous avons attendu le dénoûment, avec quelles palpitations de cœur, vous le savez ! Mais aussi quel intérêt immense ! que de mystères ! quel pathétique sujet ! et quels acteurs ! Nous nous souviendrons longtemps de cette scène à l'heure de minuit, scène touchante et terrible, quand nous avons vu tout d'un coup s'avancer, d'un pas ferme devant ses juges, la pâle et blanche figure de cette jeune fille outragée, qu'on eût prise pour l'Ophélia de Shakspeare. — C'était l'heure solennelle de sa raison, c'était l'heure de sa force mentale, c'était l'heure aussi de sa justice. Aussi personne, dans la vaste salle silencieuse, remplie, à demi éclairée, n'a pu soutenir ce regard. Pauvre enfant, si forte en présence du tribunal ! C'est bien elle qui pouvait dire, en montrant l'accusé : *J'ai passé, il n'était plus !*

Donc, après ce drame — Laroncière, faites des drames, entassez à plaisir des émotions violentes sur des émotions terribles, préparez avec soin vos événements de coulisses et de théâtre, serrez avec force le nœud de votre fable, arrangez violemment votre catastrophe et arrosez-la de sang. Pauvres dramaturges ! vous prenez une peine inutile. Le premier crime de la nuit dernière va laisser, bien loin, toutes vos inventions puériles. — Votre spectateur, de glace à votre théâtre, sera tout de feu à la cour d'assises ; et vos acteurs ! quelle misère, si vous les comparez à ces voix puissantes et convaincues : celui-ci élève la voix pour attaquer, celui-là pour défendre, cet autre pour résumer les débats. Vos acteurs ! mais que sont vos acteurs, comparés à la parole de M. Odilon Barrot ; à l'entraînement plein d'animation de M⁰ Chaix-d'Estange ; au regard, au geste, à la voix, aux larmes de M⁰ Berryer? Vos acteurs ! votre drame ! ce sont de misérables parodies de ce qui se passe aux assises, entre ces deux familles puissantes, et que sépare un crime ! Comme aussi, comparez donc les rares spectateurs de vos salles de spectacle, auditeurs inattentifs et blasés, pour lesquels vous n'avez plus assez de poisons, assez de meurtres, assez de viols, à cette assemblée d'hommes et de femmes qui se pressent, qui s'entassent, qui s'étouffent dans l'étroite enceinte des assises ! Là véritablement vous trouverez l'intérêt, la pitié, la passion, les larmes et la terreur. Là on tremble, on pâlit, on frissonne, on écoute, on regarde, on ferme les yeux pour mieux voir ; les âmes sont en suspens, toute passion commune est arrêtée, tout besoin vulgaire est oublié ; il y a même des femmes qui ont oublié qu'elles avaient, ce jour-là, une belle robe de mousseline à fleurs, et qui à défaut de siége se sont assises sur les dalles poudreuses du tribunal ! En présence de pareils événements, on comprend fort bien que toute chose ait été suspendue, qu'on n'ait plus eu d'attention pour personne, ni pour ce général espagnol qui meurt laissant son œuvre anéantie [1], ni pour ce grand artiste, l'honneur de la peinture en France [2], le seul peintre de ce monde qui ait compris l'Empire et l'Empereur, s'arrachant à la gloire pour se précipiter tout d'un coup dans une si déplorable mort, ni même l'enlèvement de madame de Châteauvillars par son mari, charmant incident qui a mis fin au plus élégant procès en séparation de corps ; à plus forte raison n'a-t-on pas fait attention à messire Ango, comte et marchand de Dieppe, qui a donné son nom au mélodrame en cinq actes avec épilogue, dont nous allons nous occuper.

Si vous allez à Dieppe, la vieille cité normande, on vous montre aux environs de la ville, le manoir de Varengeville, élégante maison de la renaissance, toute taillée à vif, toute brodée dans le roc ; sur les murs de cette maison, vous voyez, encore sculptés dans le même médaillon, Ango et sa femme, les anciens propriétaires de ce beau manoir. A cette heure le riche manoir n'est plus qu'une élégante ruine qu'on vient admirer de bien loin. La solitude et le silence se sont emparés de ces murs autrefois remplis de joie et de fêtes. Dans la maison de ce marchand, un roi de France est venu, et le plus brillant des rois de France. C'est qu'au XVIe siècle Ango de Dieppe, à la fois armateur de navires, mar-

---

1. Zumalacarréguy.
2. M. Gros.

chand et banquier, étonnait la Normandie de sa fortune et son luxe. Il avait pris à ferme le duché de Longueville et l'abbaye de Saint-Wandrille, et bien d'autres domaines qu'il faisait valoir en grand, et dont il payait les revenus à leurs puissants propriétaires. Tel était Ango. C'était une espèce de François Ier au petit pied. Il avait subi à son insu l'influence de ce beau xvie siècle, le maître des grands siècles. Il aimait les belles armes damasquinées, les beaux meubles de chêne et d'ivoire, les tableaux des grands maîtres de l'école florentine, les riches tentures de soie et d'or, les belles ciselures sur les vases d'argent ; il partageait l'enthousiasme de cette riche époque pour tout ce qui était la grâce, le goût, la richesse, l'élégance : c'était un homme du xvie siècle pour tout dire ; il avait senti, à son insu peut-être, l'influence de François Ier, de Léonard de Vinci et de Benvenuto-Cellini, ces trois grands artistes. Tel était Ango de Dieppe. Il portait toutes les nobles passions des rois dans l'âme d'un marchand.

Outre sa belle maison de pierre taillée, hors de la ville, Ango possédait à Dieppe une riche maison de bois, *la plus belle maison de bois que j'aie jamais vue,* disait le cardinal Barberini en 1647 : sur le port les vaisseaux d'Ango étaient nombreux. Un bâtiment de sa maison fut un jour capturé par les Portugais, l'équipage fut massacré. Aussitôt Ango le marchand crie : vengeance ! il lève une petite armée et il envoie une flottille venger l'affront fait à *son pavillon.* La flotte d'Ango le marchand força l'embouchure du Tage, brûla plusieurs vaisseaux aux Portugais, détruisit plusieurs villages sur les côtes, et porta la terreur jusque dans Lisbonne. La terreur de Lisbonne fut si grande, que le roi de Portugal envoya des ambassadeurs au roi François Ier, qui apprit seulement ainsi que la France était en guerre avec le Portugal. Cette fois encore le roi François Ier fut bon maître ; il renvoya à Ango le marchand les ambassadeurs du roi de Portugal, disant que ce n'était pas son affaire, mais bien celle de son sujet de Dieppe. Ango donc reçut les hommages du Portugal ; il fut clément et pardonna à ce royaume repentant.

« Ainsi Ango fut comblé un instant de toutes les faveurs du pouvoir et de la fortune. Le roi François Ier fut son hôte, et le fit comte ; il fut gouverneur de Dieppe au moment où cette florissante marine de Dieppe tenait le sceptre de la mer ; il se bâtit deux palais à l'instant même où le goût français était dans sa plus élégante pureté ; il fut riche, il fut puissant, il fut aimé, et, ce qui n'est guère moins doux quand on est au-dessus des autres, il fut haï. Malheureusement Ango n'eut pas la tête assez forte pour supporter tant de bonnes fortunes. Le temps n'était pas arrivé, où le premier venu, quel qu'il soit, pourvu qu'il soit assez riche, peut impunément vivre comme un prince. Pour avoir voulu être plus qu'un marchand, Ango tomba bientôt au-dessous du dernier manant de la ville. Il fut accablé par son luxe, il fut égaré par son élégance, il lutta vainement contre sa destinée ; il lui arriva ce qui arrive toujours à ceux qui s'élèvent trop haut : il tomba. Sa chute fut rapide et cruelle ; sa ruine fut prompte et complète. Il était le seul artisan de sa fortune ; il n'avait derrière lui ni aïeux pour le protéger, ni famille présente pour le défendre, ni apanages pour le soutenir ; il était isolé au milieu de l'aristocratie, au niveau de laquelle il s'était élevé ; il n'était pas tout à fait un marchand, il n'était pas absolument un grand seigneur ; il ne fut soutenu ni par les marchands, ni par les grands seigneurs, ou plutôt il fut écrasé par les uns et par les autres ; en un mot, cet homme, qui avait étonné le roi François Ier lui-même, finit par la plus misérable fin qui se puisse voir, il finit par une banqueroute. On sait à peine comment il est mort. Cependant on voit encore son tombeau à Dieppe, dans l'église Saint-Jacques, avec ses armes, un globe surmonté d'une croix, et cette devise en latin : *Dieu est mon espoir!* C'était, disent ses contemporains, un homme mince et petit, doux et gai, coloré et vermeil, enjoué, bon compagnon, hardi ; il avait la tête grosse, la barbe rousse, le front large, le nez aquilin ; bref, le corps robuste d'un manant et la tête intelligente d'un grand seigneur.

Tel est le héros de la pièce nouvelle. Sans nul doute, c'était là une assez bonne découverte pour faire une pièce de théâtre, et pareille idée ne peut être venue qu'à des gens de tact et d'esprit. Ce marchand, qui est tout à la fois un marchand et un grand seigneur, un rude marin et un savant artiste, moitié peuple et moitié courtisan, homme de la foule d'en haut et en même temps de la foule d'en bas, pouvait fournir, non pas le sujet d'un mélodrame, mais, ce qui vaut mieux, le sujet d'une comédie. Il fallait nous montrer Ango de Dieppe placé par sa naissance et par ses goûts, par son nom vulgaire et par son esprit distingué, dans un juste milieu impossible. Bourgeois, il est repoussé par les bourgeois, parce que François Ier est venu chez lui. Grand seigneur, il est dédaigné par les grands seigneurs, parce qu'il n'est après tout qu'un armateur et un marchand. Il n'y a pas jusqu'aux artistes de son temps qui ne travaillent pour cet homme qu'à leur corps défendant ; en ce temps-là, pour mériter le chef-d'œuvre d'un artiste il était bon, non-seulement d'être riche, mais encore un gentilhomme ! Voilà, à peu près, comment se pouvait concevoir ce nouveau personnage dramatique, trouvé si habilement dans l'histoire de la ville de Dieppe. Il fallait nous le montrer tel qu'il était, ni trop haut, ni trop bas, ni trop marchand, ni trop grand seigneur, une espèce de Masaniello que sa fortune accable. Il fallait prendre garde surtout de ne pas se servir de cet honnête personnage pour immoler à plaisir la mémoire du roi de Marignan et de Pavie, du roi-chevalier armé par Bayard, du roi des femmes, des poëtes et des artistes, du roi François Ier.

Au premier acte, Ango de Dieppe arrive à Paris avec sa femme pour demander justice et vengeance au roi de France ! Les Portugais, contre le droit des gens, ont massacré l'équipage d'un vaisseau d'Ango le marchand. Voilà pourquoi Ango veut absolument parler au roi. Le véritable Ango a mieux agi, il s'est fait justice sans demander permission à personne. A peine arrivé à Paris, Ango est arrêté dans une hôtellerie avec sa femme, parce qu'il a mangé gras un vendredi. A peine arrêté on le sépare de sa femme; on le jette dans un cachot. Bientôt on le traîne devant des juges masqués; devant ses juges Ango n'est pas seul. Plusieurs misérables attendent leur sentence de mort, entre autres cet infortuné Étienne Dolet qui a été brûlé vif sur la place Maubert, le 3 août 1546, pour avoir traduit Platon ; Dolet, cet esprit distingué et courageux qui est mort accablé à la fois par les catholiques et par les calvinistes, par les prêtres et par les pasteurs, par les savants et par le peuple. Il fut un des premiers défenseurs de l'imprimerie, que voulait détruire la Sorbonne ; il prit le parti de Cicéron contre Érasme ; c'est lui qui écrivait à François Ier cette belle épître :

> Quand on m'aura ou bruslé ou pendu,
> Mis sur la roue, et en quartier fendu,

> Qu'en sera-t-il ? Ce sera un corps mort !
> Las ! toutefois n'aurait-on nul remords ?
> Nul homme est-il de valeur si petite,
> Si fort muni de science et vertu,
> Pour être ainsi qu'une paille ou festu
> Annihilé ? Faict-on si peu de compte
> D'un noble esprit qui maint autre surmonte ?

Certes, la mort d'Étienne Dolet est une tache dans la vie de François Ier, ou plutôt dans l'histoire de son siècle ; mais n'est-ce pas assez que François Ier ait laissé mourir cet honnête homme sans nous montrer, sur la scène, le roi François Ier mêlé aux juges d'Étienne Dolet, le visage couvert d'un masque, et condamnant ses sujets à la peine du feu, comme ferait le dernier des inquisiteurs ? Pourtant cela se passe ainsi dans ce mélodrame. François Ier, sous son masque d'inquisiteur, s'amuse à porter des sentences de mort en attendant l'heure du bal. Dans cette même salle de l'inquisition, on fait entrer Ango de Dieppe. Ango, qui sait que le roi est là sous son masque, parle hardiment de l'insulte que lui a faite le Portugal. François Ier, entendant ce marchand parler ainsi de lever une armée et d'armer une flotte, ôte son masque et éclate de rire. Les inquisiteurs, entendant rire le roi, éclatent de rire à leur tour. De son côté, Ango, voyant tous ces hommes sanglants dans cette joie burlesque, entre alors dans une grande indignation ; en effet, il y avait de quoi s'indigner, si jamais la chose s'est passée ainsi. Quand il a bien ri aux éclats, le roi sort pour aller au bal ; ce qui m'a bien étonné, c'est qu'avant d'aller danser le roi n'ait pas condamné Ango à être roué vif pour avoir mangé de la chair un vendredi.

> Vendredi, chair ne mangeras,
> Et le samedi mêmement.

Ango, resté seul au pied du tribunal de l'inquisition, est abordé par une espèce de traître de mélodrame, qui lui dit : Regarde ! Ango se met à la fenêtre ; et que voit-il ? Juste ciel ! Il voit sa femme, dont il est séparé depuis un mois sans savoir ce qu'elle est devenue, et qu'il croit en prison comme lui ! Sa femme, elle va au bal dans cette maison, elle est toute parée, elle donne la main à un galant seigneur, elle est reçue en personne par le roi François Ier, que vous dirai-je? elle est la maîtresse du roi François Ier !

Au second acte, nous sommes à Dieppe. Ango est absent, et les marchands ses confrères, jaloux de son influence, ont soulevé contre lui tous les ouvriers du port. C'en est fait ; le peuple de Dieppe ne connaît plus de frein. Il livre au pillage la maison d'Ango, il met le feu à ces admirables solives qui ont été brûlées définitivement au bombardement de Dieppe. L'émeute est complète, et sauf une mauvaise chanson hurlée en chœur, cette émeute est un assez beau spectacle. La maison brûle ; sur le premier plan du théâtre, le peuple défonce des tonneaux ; la place n'est que bruit et tumulte. Tout à coup un homme accourt, un homme arrive, c'est Ango, c'est lui-même. A sa voix, la multitude s'arrête épouvantée ; il fait un geste, les ouvriers du port tombent à ses genoux. Alors cet homme qui triomphe de l'émeute annonce à la ville qu'il a besoin de matelots et de soldats, qu'il déclare la guerre à Lisbonne, qu'il veut venger ses concitoyens égorgés contre le droit des gens. A cette nouvelle, toute colère populaire a cessé. L'enthousiasme pour Ango a remplacé la fureur de tout à l'heure. Le peuple baise les pieds de cet homme qu'il maudissait naguère ; Ango est plus puissant que jamais. Ce second acte, qui est franchement abordé sans allusions politiques, cette peste de toutes les œuvres littéraires, sans colère anti-monarchique, cette superfétation indigne de gens d'esprit, ce second acte est animé, chaleureux, bien pensé, et par conséquent bien écrit.

Nous sommes au troisième acte. Ango pleure toujours sa femme absente, et dans son âme il maudit le roi qui l'a séduite. Pour se distraire de ses chagrins, Ango élève et décore son beau manoir de Varengeville. Cependant sa flotte est entrée dans le Tage ; il est vainqueur. Déjà même arrivent les ambassadeurs du Portugal ! Vite, s'écrie Ango, qu'on me fasse un trône ! vite quatre morceaux de bois doré et un morceau de velours. Et sur ce trône improvisé Ango reçoit les ambassadeurs du Portugal. Ici nous assistons à un étrange spectacle. Ces grands seigneurs portugais sont couverts d'opprobre par le marchand de Dieppe. — Votre épée ! et ils rendent leur épée. — *A genoux !* et ils se mettent à genoux, non sans quelque hésitation. Et toutes ces scènes, qui ne sont ni du mélodrame ni de l'histoire, sont ordinairement applaudies par des parterres comme le parterre de l'Ambigu-Comique. Là, pour peu qu'un homme soit élevé en dignité au-dessus des autres hommes, c'est un plaisir de l'avilir sans merci ni miséricorde. Voyez-vous d'ici l'ambassadeur de cette fière nation du Portugal, ces cousins-germains de tant de grands d'Espagne dont le privilége est de parler la tête couverte à leurs rois, se mettre aux genoux d'Ango de Dieppe! Encore une fois, c'est une triste manière de faire applaudir un mélodrame.

A la fin cependant, Ango de Dieppe pardonne au Portugal : Ango est bon prince. Les ambassadeurs se retirent. Arrive alors à Ango la nouvelle que le roi de France, François Ier, lui veut faire visite à son manoir de Varengeville. A cette nouvelle, Ango frémit de rage; mais il dissimule ses projets, et il répond que dans quinze jours, quand son château sera achevé, le roi de France sera le bienvenu chez lui.

Quinze jours se passent. Marie, cette jeune femme tant pleurée par Ango, son époux, Marie est de retour. Elle a trompé la surveillance du roi, qui a déjà pris une autre maîtresse. Marie s'est enfuie de la cour, et elle est revenue à son mari qui lui pardonne; car ce n'est pas à sa femme qu'il en veut, c'est au roi. Cependant tout est prêt pour recevoir le roi de France. La maison d'Ango est brillante, l'or et le marbre et les riches peintures étincellent de toutes parts. François Ier émerveillé se promène dans ces longues galeries. Le roi évidemment cherche quelqu'un dans ce vaste palais. A coup sûr ce n'est pas Ango son hôte, mais bien sa femme Marie. Enfin, dans certaine tourelle, François Ier ouvre une porte, et que voit-il? Marie elle-même! Marie, qu'il a enlevée un vendredi dans une hôtellerie, dont il a fait sa maîtresse un samedi, qu'il a menée au bal un dimanche après avoir condamné au feu une demi-douzaine d'hérétiques, Marie dont il a été abandonné si brusquement, qu'il n'aimait plus hier, qu'il aime de tout son cœur aujourd'hui. Pauvre Ango! c'était bien la peine de tant cacher ta femme et de la tant parer! De son côté, à la vue du roi, Marie oublie ses bonnes résolutions conjugales; même, après une douce violence, elle donne tout bas un rendez-vous à Sa Majesté dans une chambre reculée du château. — A minuit! — Mais ce rendez-vous n'est pas donné d'une voix si basse, que maître Ango n'entende sa femme Marie qui répète : A minuit!

La fête commence ; toute la cour se met à table ; la table est somptueuse ; rien n'égale la magnificence de ces buffets chargés d'une riche vaisselle ; François Ier est à côté de Marie, la reine de la fête. Cette décoration, qui est belle, doit être de MM. Philastre et Cambon, et elle leur fait honneur. Une seule chose dépare cet ensemble, c'est un ballet grotesque, dansé par des danseurs encore plus grotesques. Il est impossible de se figurer les sauts et les soubresauts de ces messieurs et de ces dames ; il est vrai que le roi François Ier est si occupé de la femme de son hôte ! Ainsi, au milieu du banquet, au milieu des fleurs et de la danse, arrive l'heure des fantômes et des amours, l'heure du roi et du marchand, l'heure d'Ango et de François Ier : entendez-vous..... minuit !

Cinquième acte. — En effet, il est minuit. La tourelle est sombre, un grand lit se distingue à peine dans un coin de l'appartement ; au dehors, l'Océan gronde, l'orage éclate, l'éclair brille dans le nuage ; c'est la nuit d'Otello et de Desdemona, cette nuit sublime et funèbre si souvent empruntée et volée à Shakspeare ! Vous pensez bien que ce mari trahi, ce farouche Ango de Dieppe, va commencer par tuer sa femme : je vous répondrai : *C'est fait !* — Les rideaux du lit sont tirés, mais le cadavre de Marie égorgée occupe cette couche funèbre, vêtu d'une robe blanche. Ango se tient sur le devant de la scène en proie à la plus vive agitation. Tout à coup, une barque s'arrête au pied de la tour ; c'est le roi qui vient par la fenêtre au rendez-vous de Marie. Le roi est seul et dans l'obscurité la plus profonde ; il avance à tâtons. Tout à coup, une grande main l'arrête, une grosse voix se fait entendre ; c'est la voix, c'est la main d'Ango, et alors commence entre le roi et le marchand, entre Ango et François Ier, la scène la plus étrange, la plus inouïe et la plus incroyable qui se puisse imaginer.

Singulier malheur des préoccupations politiques ! Pour plaire à quelques misérables exigences d'un parterre fait pour obéir à l'auteur dramatique, et non pas pour lui commander, voilà pourtant deux hommes qui savent sans doute l'histoire de leur pays, qui se mettent à donner à l'histoire de leur pays le démenti le plus formel. Figurez-vous donc que dans cette dernière scène du cinquième acte, Ango se trouvant face à face avec le roi François Ier, traite le roi de France plus mal encore que, tout à l'heure, il n'a traité les ambassadeurs du roi de Portugal! Il l'insulte, il l'accuse, il l'accable, il le maltraite de toutes les manières! Il le menace du poignard, il le menace de la main, il le menace de la voix! Enfin, après avoir ainsi poussé à bout le roi de France, Ango, au lieu de le poignarder, le provoque en duel; il lui met une épée à la main, au roi François Ier, et le croiriez-vous? dans cette position désespérée qui donnerait du courage au plus lâche, lui, le roi François Ier, une épée à la main contre un homme qui tient une épée, et qui veut l'égorger, et qui l'appelle lâche, il tombe raide mort, le roi François Ier, oui, mort, oui, évanoui de peur, accablé par le poids de cette épée qui lui donne une attaque de nerfs, et alors Ango, au lieu de le tuer enfin, le foule aux pieds; oui, il est foulé aux pieds par Ango, lui, le vainqueur de Marignan; le vaincu de Pavie; l'ami de Bayard, de Bonnivet et de Montmorency, l'ami de Foix et de La Trémouille; lui, le roi François Ier!

La scène dure ainsi très-longtemps; il m'a semblé qu'elle durait un siècle; quand Ango croit avoir assez assouvi sa frénésie, il appelle la suite du roi; les courtisans arrivent: *Ramassez votre roi*, leur dit-il, *il a tout perdu, même l'honneur!* Disant ces mots, Ango se fait jour avec son épée, et il se jette dans la mer.

Qu'en dites-vous? Trouvez-vous enfin, honnête parterre des boulevards, qu'on vous ait assez immolé de rois et de reines? Trouvez-vous enfin qu'on ait assez arrangé l'histoire à votre bénéfice? Quel malheur que nous en soyons encore à ne pas respecter les rois que respecte l'histoire! François Ier un lâche qui s'évanouit à la vue d'une épée! Et quand on pense que ces horribles profanations des noms historiques, cette violation de la sainte majesté de l'histoire, passent tous les jours de plus en plus dans nos mœurs dramatiques et littéraires, et quand on pense que nulle renommée n'est épargnée, que pas un grand nom n'est à l'abri de l'insulte, que pas une gloire ne reste debout, immolée qu'elle est à la furibonde démocratie d'un parterre qu'on égare en le flattant, on se prend à avoir bien peur!

Au reste, ce triste dénouement n'a point excité les trépignements d'enthousiasme qu'on aurait pu en espérer. Cette horrible scène a été accueillie par un silence glacial. Personne n'a osé applaudir à une fiction dramatique qui faisait du plus brillant, du plus spirituel, du plus brave, du plus intelligent, du plus amoureux et du plus courageux des rois de la maison de Valois, le dernier des misérables. C'est déjà beaucoup que ce silence d'un parterre ainsi élevé, mais ce n'est pas assez. On m'a raconté qu'en 1815, cette malheureuse année où nous aussi nous avions tout perdu, *fors l'honneur*, on jouait à Londres, dans le Cirque, un mélodrame intitulé : *la bataille de Waterloo*. Dans ce mélodrame, l'empereur Napoléon se jetait aux pieds du duc de Wellington, et dans l'attitude d'un suppliant, les mains jointes et sans épée, il criait : *grâce! grâce!* pendant que le duc de Wellington le repoussait de sa botte. Par hasard, un officier français assistait un jour à cet infâme spectacle. Quand on fut venu à cette scène de Napoléon aux genoux du duc de Wellington, le Français se lève, descend dans l'arène, tire son épée, et si on n'eût pas arrêté son bras, c'en était fait du pauvre diable qui jouait le rôle de l'empereur!

Les Anglais, qui comprennent toutes les nobles actions, ont battu des mains à l'action de ce vieux soldat de l'empire qui voulait venger son général indignement outragé!

Respectons l'histoire ; n'allons pas détruire à plaisir nos gloires nationales. Parce qu'un homme a été de son vivant un roi, c'est-à-dire le maître de la société de son temps, ne l'accablons pas d'insultes et d'outrages ; que la couronne, pour celui qui l'a royalement portée, soit aussi bien une protection que le chapeau de feutre ; le manteau royal, qu'il ait au moins le privilége d'abriter tout autant les personnes royales que l'habit de matelot. Eh! mon Dieu! l'histoire ne compte-t-elle pas assez de rois vicieux, lâches, traîtres, ingrats et pervers, sans que nous nous fassions encore un malheureux plaisir de briser la statue des grands princes, afin que la foule qui passe s'amuse un instant de ces nobles débris! Voilà les conseils qu'on devait aux deux auteurs d'*Ango*, voilà ce que M. Thiers lui-même leur aurait dit sans doute s'ils avaient voulu l'écouter quand le ministre a demandé à voir le manuscrit de ce mélodrame. Et puis il était si facile de changer ce dénouement! Il était si facile de faire tuer Ango par François Ier! Puisque aussi bien on voulait à toute force rendre François Ier le plus odieux et Ango le plus intéressant des hommes, ce dénouement faisait l'affaire. Le roi n'en était pas moins odieux, mais il était autrement odieux. Les auteurs n'avaient donc qu'à demander un conseil au ministre pour rendre leur drame plus vraisemblable. Mais qui voudrait aujourd'hui s'en remettre au goût, à l'esprit et à l'opinion d'un censeur aussi peu éclairé, aussi peu littéraire, aussi peu compétent en ces matières que l'auteur de l'*Histoire de la Révolution ?* »

J'ai beau lire et relire, avec un soin extrême, ces pages de ma jeunesse, et chercher avec la bonne volonté d'en trouver quelqu'une, une excuse, une seule excuse aux violences dont, après vingt ans, ces pages ont été le motif, sinon le prétexte, il m'est impossible de ne pas me rendre à moi-même cette justice que ni dans le fond, ni dans la forme, on ne saurait trouver un mot pour légitimer, je ne dis pas une si longue rancune, mais un moment de colère véritable. Quoi donc, pour de si justes observations, à propos d'un drame impossible, pour des critiques si méritées, d'un ton si calme, et parce que j'avais pris, comme c'était mon droit et mon devoir, le parti de la vérité, de l'art, du goût, de la justice, de l'histoire, du sens commun, je me serai vu toute ma vie exposé aux colères, aux agitations, à l'antipathie, à la haine de toute une légion d'esprits habiles, violents, et sans remords ! — Après tant d'années perdues dans l'abîme du passé, après tant de choses, grandes la veille et le lendemain si petites, — au milieu de ce vide et de ce néant que nous avons agité et bravé les uns les autres, un homme s'est rencontré pour se souvenir, de cette façon implacable et criminelle, d'un feuilleton où la justice parlait un accent si vrai et si humain à tout prendre ! Ceci était pourtant le premier chapitre et l'entrée en jeu de cette *diffamation* (c'est le texte de l'arrêt) intitulé : *Marie Chénier et le Prince des Critiques !* — « Prends bien garde, a dit un ancien, d'égratigner les oreilles trop délicates, d'une trop dure vérité. »

Heureusement que ce feuilleton *Ango* fut tout à fait un de ces feuilletons *décisifs* dont je parlais tout à l'heure. On m'en sut un gré infini dans le public de nos lecteurs, et il se trouva que je répondais, comme il fallait répondre aux angoisses et aux tortures de la conscience publique, indignement provoquée par ces excès dont les auteurs eux-mêmes ne comprenaient pas la portée. —

Hélas! le coup de foudre de 1848 qui a perdu toutes choses, devait confirmer plus tard les transes et les répulsions de la France de 1830 ; elle savait, confusément il est vrai, les fruits amers que devaient porter ces belles spéculations dont elle était l'enjeu définitif. Elle comprenait, sans trop s'en rendre compte, à quel point étaient dangereux ces innocents petits Robespierre avaleurs de pois gris et mangeurs d'étoupes. On avait beau dire à la France : Ils rêvent, ils cherchent, ils sont incapables de faire le mal, laissez-les faire et laissez-les rêver..... cette imitation, cette contrefaçon toute innocente et toute poétique qu'elle était dans le principe, — un jeu d'enfants — déplaisait à ce pays-ci ; il accepte assez volontiers un Danton original, un Marat de la première édition, un Saint-Just en sa primeur.... il exècre les contrefaçons. Paris même s'indigne qu'on les copie et qu'on les montre aux yeux ces grands hommes de la terreur d'autrefois! En vain l'*Art poétique* a dit en songeant aux gorgones, aux chimères, aux dragons des fables mythologiques :

> Il n'est point de serpent ni de monstre odieux
> Qui par l'art imité ne puisse plaire aux yeux...

Le talent, l'éloquence et le drame ne sont pas du côté des monstres. — Ariane, ma sœur, vous n'avez pas besoin du labyrinthe et du serpent écrasé par Thésée pour être belle et touchante. En vain dans un style excellent et tout rempli des meilleures qualités de la poésie essayez-vous de sabler le chemin qui mène à l'échafaud tant de grandes victimes et tant de scélérats fameux..... l'échafaud ne sera jamais le Parnasse, il n'y a pas de Muses dans ce tas de tricoteuses, ne cherchez pas l'Apollon inspirateur parmi les terreurs et les déclamations des Conventions et des Assemblées nationales ; tout ce parlage et toutes ces violences, ces tribunes improvisées, ces hurlements, ces fanatismes, ces accents malsonnants de toutes les provinces révoltées, n'ont rien à voir et rien à faire avec la poésie, avec le drame, avec les beaux-arts, amis des choses élégantes et pacifiques! Vous avez vu par hasard.... par malheur, dans un épouvantable et hideux tableau, cet ignoble Marat dans son bain dégouttant de sang? On vous répond, si vous demandez le nom du peintre de ces fanges méotides, que ce peintre a nom David! — Avec ce Marat il a fait tout ce qu'on pouvait faire, une immondice. Par grâce et par pitié, ne touchons pas à ces héros en bonnet rouge; Homère et Virgile appelés en aide à ces monstres, compromettraient leur toute-puissance à cette œuvre de ténèbres :

> Monstrum horrendum, informe, ingens, cui lumen ademptum...

Ovide a voulu montrer le chaos, il l'a fait en quatre vers, encore savait-il que tout à l'heure au milieu de poëme réjoui allait resplendir le soleil. Ni la nuit, ni les ténèbres, ni le nuage, ni l'horreur, ni la foule hurlante, ni le haillon fangeux, ni le sang qui dégoutte des échafauds, ni aucun genre de crime lâche et bas du fort contre le faible, ne conviennent aux cœurs poétiques. Ceci est le lot de l'histoire. Les anciens, pour faire accepter les grands crimes aux peuples attentifs, les ont attribués à leurs dieux, à leurs rois, à la fatalité, le plus aveugle et le plus inexorable de tous les dieux. Ils ont fait du crime et du malheur une nécessité qu'ils ont enveloppée en des langes de pourpre brodés par la main des poëtes, chefs des nations. « Divins oracles, s'écrie le chœur de l'*OEdipe* de Sophocle, nous attendons l'arrêt de votre sagesse! Je tremble, je frémis dans l'incertitude du destin que vous nous préparez, ô Dieu terrible venu de Delphes à Thèbes, chargé de décrets mystérieux. On vous adore ici, ô divin guérisseur des rois et des peuples! On prête l'oreille à vos arrêts, oracle éloquent, fils immortel de l'espérance! Acceptez aussi nos vœux et nos invocations, ô Minerve, aimable fille de Jupiter, ô Diane, assise en reine au milieu de notre cité suppliante, et toi Apollon, vainqueur du serpent! Divinités propices aux mortels, montrez-vous sensibles à tant de malheurs! Hélas! nos maux sont innombrables! Vous voyez un peuple entier descendre lentement au tombeau; plus d'espérance et plus de salut pour nous! Elle-même, la terre impitoyable, nous refuse ses dons accoutumés, — l'enfantement de la mère annonce une double mort; sur les rives de son Styx épouvanté, Pluton ne sait plus le compte des âmes que le courroux céleste lui envoie. Sauvez-nous, dieux immortels; rappelez le fléau qui nous décime, plus terrible et plus cruel que le dieu Mars, exterminateur des nations. O misère! Et ce qui survit aujourd'hui, demain sera mort! Je t'invoque enfin, Jupiter, dieu des rois! et toi Bacchus, le Thébain, chef des Ménades, paré d'une mitre d'or! »

Je n'insiste pas sur ce parallèle, entre les crimes presque divins de la tragédie antique, et les forfaits misérables de l'histoire moderne. Euripide et Sophocle, et leurs plus grandes violences entouraient les rois parricides d'une certaine grandeur invisible; au contraire, les poëtes démocrates (l'horrible mot) vont couvrant de fange et d'insultes les plus grands rois de nos vieilles monchies. Encore si l'insulte s'arrêtait aux vieux âges! Mais bientôt elle descendra, des trônes écroulés, sur le trône resté debout, des rois couchés à Saint-Denis, sur le roi qui règne aux Tuileries. On écrit par hasard une phrase : « il est gros, gras et bête! » la phrase fait rire, aussi par hasard, un troupeau d'étudiants, et si le gouvernement insulté se fâche et fait supprimer de l'affiche d'un théâtre *royal*, c'est-à-dire payé par le gouvernement même, cette injure gratuite à la royauté d'un pays, à peine échappé aux tempêtes, pensez-vous que l'auteur repentant va revenir soudain à des sentiments meilleurs, à des idées justes, à ce je ne sais quoi de sain et de bien portant des belles œuvres, écrites dans le droit et dans le devoir? Si vous pensez cela, vous n'avez jamais su à quelles fureurs sourdes, à quelle violence intime, à quelle haine cachée peut se porter un esprit étroit, énervé, peu fécond, et peu viable. Puis comme on ne peut pas être toujours en fureur contre les royautés de ce monde, et toujours briser des sceptres, fracasser des couronnes, déchirer les pourpres, écraser les abeilles, gaspiller les fleurs de lis, on va du prince au sujet, on va des *courtisans* aux bourgeois; on tombe sur le bourgeois imbécile qui a la prétention de vivre en paix à l'ombre de ce trône pacifique. Oh! le bourgeois, voilà la bête de somme de la comédie et du drame. Il est bête, il est laid, il est gros, il est gras, il est égoïste, il est vaniteux, il est mesquin, il est avare, il est l'obstacle aux grands projets de l'avenir! Écoutez-les tous, ces grands réformateurs, si le bourgeois n'existait pas, le mal physique et le mal moral seraient inconnus de ce bas monde. Si le bourgeois n'existait pas, vous auriez là, du jour au lendemain, les phalanstères, les Élysées, les paradis terrestres, les ruisseaux de lait et de miel, tous les oasis et tous les rêves.

Le bourgeois.. c'est pis que si l'on disait *le cosaque!* Il n'aime rien, il ne sait rien; enfant, il a entendu dire qu'il y avait autrefois un roi nommé Louis XIV, qui vivait au milieu des splendeurs de la toute-puissance, entouré d'une douzaine de génies excellant dans tous les arts de la guerre et dans tous les arts de la paix, et c'est pourquoi, la belle raison! le bourgeois est resté l'admirateur obstiné du grand siècle; il croit aux maîtres, il a lu l'*Art poétique* de Despréaux, et même il en récite encore quelques bribes de temps à autre; il veut, encore aujourd'hui, faire lire à son fils aîné, le Télémaque de M. de Fénelon, et qu'il apprenne par cœur les fables de La Fontaine! O le bourgeois! Fi du bourgeois! Haro sur le bourgeois! Ainsi, le pauvre hère se voit enveloppé dans la haine et dans le mépris que les grands révolutionnaires portent à toutes les royautés présentes, passées et à venir, oubliant, ces révolutionnaires intrépides, que leur père était un honnête et pacifique bourgeois, marié à une fidèle et économe bourgeoise qui fut leur mère, et qui, pour élever ces Robespierre au petit pied, a vécu de gêne et de privations.

Ainsi, — on commence par haïr en haut, — on finit par haïr autour de soi! — Tel qui n'a pas de trône à briser, va porter des mains violentes sur son propre berceau, comme s'il fallait, de toute nécessité, que ce brave garçon brisât quelque chose. Au commencement de ces œuvres malséantes, le jeune homme était bon; il devient méchant par sa persévérance même, et plus il se sent isolé dans sa tentative avortée, et plus il se met à détester tant d'obstacles qui s'opposent à l'exercice immédiat de ses injustices et de ses rancunes. Que faire alors et que devenir? La jeunesse s'en va sans avoir produit une fleur; l'âge mûr arrive sans avoir donné un bon fruit; plus tard, dans cette âme pervertie et non pas perverse, il arrive que tout se change en fiel, en violence impuissante, en colère à voix basse; on commence à comprendre enfin les vanités de cette vie errante; on voit que l'on ne tient à rien, et que rien ne tient à vous; on voulait être un centre, on n'est même pas un point imperceptible de la circonférence immense; autour de vous tout se rapetisse, et même votre malheur qui est grand, et qui mériterait toutes les sympathies, apparaît aux gens indifférents dans des proportions si mesquines, que vous ressemblez beaucoup moins à un Catilina dans l'exil, qu'à un enfant que l'on châtie!

O vanité *des longs espoirs*, *des vastes pensées* de cet esprit aimable et plein de grâce! O vanité de cette imagination poétique! O rage et grincements! O misères sans fin, abîmes sans fond, abandon, délaissement, épouvante! Et pourquoi, juste ciel! qui aviez fait cet homme à l'image des plus éloquents et des plus diserts! pourquoi cet abandon, pourquoi ce silence — et ce dédain autour de cet enfant des muses méconnues? Le motif de cette ruine est des plus simples, ce jeune homme, au départ, mal conseillé par sa vanité et par son orgueil, aura pris au rebours la profession des belles-lettres, des lettres humaines! *Humaniores litteræ!* disait Cicéron; le malheureux, il aura tourné en venin ces élégances, en fureur ces courtoisies, en malédictions ces gais refrains, en tuerie abominable cette prose accorte et discrète; insensés qui apportent à l'aimable travail des belles-lettres autant d'efforts que le porte-faix de la halle à son labeur de chaque jour! Ils appellent : Muses! les Euménides de leur cerveau; ils invoquent la nuit, le fantôme, le néant, la torche, l'incendie! Ils insultent; ils s'abandonnent nuit et jour, le poing fermé, à la joie immonde du pamphlétaire, entre la haine qui les pousse et la Loi qui les arrête, incertains de savoir s'ils jetteront toute leur bave, à leurs risques et périls, sur les poëtes heureux et faciles, et si leur propre écume ne va pas les étouffer! Voilà d'où leur vient la pituite vitrée qu'ils ont retrouvée au fond de leur gosier desséché par le cri de leur conscience coupable! Insigne malheur de ne pas se connaître soi-même, avant d'entrer dans cette carrière des lettres si remplie de périls, d'obstacles, de dangers, de trappes, d'embûches, et qui demande à un si haut degré, la patience, l'étude, la santé, l'absence d'envie et de toute passion mauvaise, la réserve, la prudence, la modestie et le courage! Il n'y a pas de chute plus terrible et plus haute que la chute de ces imprudents qui veulent entraîner à leurs ténèbres le char même du soleil! Il n'y a pas d'ambitions destinées à des châtiments plus affreux que l'ambition littéraire. On a fait un livre intitulé : *la Marâtre des grands*[1], et ce livre est tout rempli d'enseignement à l'usage de ces têtes superbes qui dominent un

---

1. *La fortune marâtre de plusieurs princes et seigneurs de toutes nations depuis environ deux siècles*, par le sieur J.-B. de Rocoles, historiographe de France et de Brandebourg. Leyde, 1684.

instant toutes les autres ; on ferait un livre cent fois plus utile intitulé : *la Marâtre des écrivains*, où l'on verrait, pour parler comme l'historiographe de *France et de Brandebourg* : « Les attributs de la Fortune, son inconstance, sa brutalité et « son peu de discernement entre la pourpre et la bure, les « chaumes et le palais, afin que chacun se souvienne être « monté sur un échafaud dont les pilotis sont ébranlés, que cette « même roue qui les élève les entraîne, et que leur condition est « semblable aux vicissitudes des flots de la mer ! »

De ces histoires de *marâtre* notre époque est remplie — autant et plus que toute autre époque, parce qu'en effet à toutes les misères ordinaires aux gens de lettres dans tous les siècles, s'est jointe, de nos jours, une misère inconnue aux littérateurs de la France, je veux parler de la passion politique, et de ce besoin tout récent chez nous, la perte des lettres. C'est ce besoin qui a poussé tant de beaux esprits de profession à se mêler, comme si la chose était de leur ressort, de l'administration des cités et du gouvernement des peuples. A ce rude et triste métier, pour lequel le bon Dieu, certes, ne les avait pas créés et mis au monde, on a vu de nos jours les plus rares intelligences succomber et se perdre en mille efforts impuissants, en mille travaux inutiles. Nous reviendrons sur ce propos une autre fois, quand nous nous rencontrerons, non pas dans la poussière de la montagne des esprits médiocres, que leur médiocrité avait condamnés à l'avance, mais au sommet du Parnasse des âmes d'élite qui contenaient des poëmes éternels, et qui se sont amusées à formuler des constitutions éphémères, pour des peuples ingrats qui les déchirent en moins d'une matinée. Hélas ! ces ministres d'un jour ! ils avaient donc oublié qu'ils étaient des poëtes immortels.

Bien commencer en toutes choses, mais surtout dans l'exercice des lettres, voilà ce qui importe avant tout. « Le commencement dépend de moi-même, la fin, c'est la fortune qui en décide. » Commencez par être bienveillant, si vous voulez que l'on vous soit bienveillant à vous-même ; commencez par être juste et bien élevé, si vous voulez rencontrer à votre tour la sympathie et la politesse ; commencez par être un esprit droit, simple, naïf, facile et de bonne humeur, si vous voulez que le lecteur s'habitue à vous écouter, à vous suivre, à vous aimer, si vous tenez à sa confiance, à son estime, et plus tard à ses respects. Puis, quelle triste vie, après tout, la malédiction contre les hommes, la violence contre leurs œuvres, la rage contre les institutions établies et respectées, cette démence furieuse, inassouvie, implacable ! Elle a gâté bien des talents en germe, elle a démenti bien des espérances, elle a changé plus d'une plume docte et ondoyante en quelque outil difforme, semblable à une barre de fer. Nous l'avons vue à l'œuvre, cette furie aux yeux glauques, aux poings fermés, martelant en petites épigrammes piquantes ses prétendus discours politiques, mâchant menu cette belle langue ample et claire que parlaient nos pères, et faisant de la tribune nationale un journal à *coups de lancette*, comme on parlait dans le *Figaro*, qui était un petit journal de ma jeunesse. — Ah ! le triste effet de ces tristes épigrammes, improvisées en huit jours d'épilepsie, apprises par cœur et récitées dans le ton même du *pro Milone !* Chacun dans cette salle improvisée en 1848, à la façon même de la révolution que cette salle habitait, se regardait étonné, attristé, et ne comprenant rien à cette éloquence en petits grains de plomb qui s'agitent dans une marmite de cuivre arsénical. Mauvaise éloquence, efforts impuissants, vilaine et maladroite justice, la justice de ces déclamateurs à froid qui ne reconnaissent que les lois d'en bas, les passions de l'abîme, la volonté du désordre, la divinité du néant. Le moindre et le plus léger de tous les crimes de ces fanatiques, accablés de leur propre impuissance, c'est de changer en hurlement les saines paroles, c'est de mettre en lambeaux la pourpre des maîtres; leur admiration et leur amour sympathique pour le haillon les poussant à rechercher les broussailles, les landes, les ténèbres, les barbarismes, les mots nouveaux, et les vieilles fautes de français.

Dans l'intervalle de cette malheureuse pièce d'*Ango*, de la première à la vingtième représentation, un des plus grands événements de la monarchie, un crime qui n'avait pas d'autre antécédent que la *machine infernale*, vint jeter Paris, la France et l'Europe, dans cette espèce d'épouvante égoïste qu'amènent avec eux certains forfaits d'une espèce à part. Le danger passé, l'Europe entière se demande à quel accident elle vient d'échapper, et la réflexion même ajoute à l'imminence du péril. L'Angleterre, encore aujourd'hui, se rappelle avec horreur la conspiration des poudres ; elle a voué aux gémonies immortelles ce Fawke et ses complices. Fieschi, Pepin et Morey resteront dans les souvenirs de la France ! A l'heure où la machine de Fieschi mit en si grand péril la tête couronnée du grand homme qui sera, plus tard, le modèle des rois de la France moderne, un congé de quinze jours (dans ma vie ils sont rares) m'avait porté dans les belles plaines de la Normandie heureuse, à travers ces paisibles cités, ces herbages verdoyants, ces souvenirs, ces ruines et cette histoire éclatante de toutes les grandeurs du moyen âge que je devais raconter, plus tard, dans un livre imprimé deux fois à une quantité immense d'exemplaires, qui m'a pris trois années de ma vie, et dont j'ai à peine retiré autant de renommée et de profit que s'il se fût agi d'un petit conte, bien fait, qui va de main en main, de mémoire en mémoire. Ainsi j'ai publié la *Normandie*, et bientôt après la *Bretagne*, deux de ces tomes illustrés qui ne pouvaient venir à bonne fin que par un concours immense de souscripteurs. Que de travail dans ces deux tomes! que de recherches! que de patience! et quel zèle!.... Et pourtant mieux vaudrait avoir écrit *le Mouchoir bleu* d'Étienne Becquet, tant c'est chose inutile, une fois que vous êtes accepté dans un petit coin du monde littéraire, de tenter les aventures dans les limites du pays voisin.

De ce voyage en Normandie et du retentissement de la machine de Fieschi, de Morey et de Pépin, je retrouve un chapitre intitulé : *le Château d'Eu.*

LE CHATEAU D'EU.

« Le 29 juillet, c'était hier, j'étais de grand matin sur la route du château d'Eu. C'est une vieille cité normande s'il en fut, et sur laquelle on peut compter déjà huit grands siècles, qui tous y ont laissé leur empreinte. Pour arriver de Dieppe à la ville d'Eu, la route est belle. Partout des moissons qui se balancent au souffle léger du vent; partout des ruines que le temps disperse chaque jour comme une vaine poussière; partout la mer, on la voit reluire au soleil, on l'entend gronder au loin. La journée était aussi belle que la route, et les chevaux allaient au galop, si bien qu'à huit heures du matin, je pouvais admirer la vieille église bâtie par Guillaume, le premier comte d'Eu, puis rebâtie par Henri, en 1130. Là, vous reconnaîtrez facilement l'architecture du xiie et du xiiie siècles. L'église est petite, étroite, élégante au dehors. On a fait pour les caveaux de l'intérieur ce qu'on a fait pour les caveaux de Saint-Denis : les ossements des morts qui reposaient dans cette enceinte, attendant la résurrection éternelle, ont été dispersés par l'orage révolutionnaire, mais au moins les noms des morts ont été rétablis sur des tombes toutes nouvelles ; ce n'est pas la seule génération de princes et de guerriers qui ait été enterrée deux fois.

Dans cette église, comme vous pouvez le lire sur la pierre, reposent les corps de Monsieur Jehan d'Artois, comte d'Eu, et de Madame Jeane de Valois, sa fâme, fille de Monsieur Charles de Valois, fils du Roi de France et père du Roi Philippe et de Madame Katerine, qui fut empereur de Constantinople. — *Priez pour eux ! —* 1339.

Cy-gist aussi très-noble et puissante dame, Madame Isabelle de Melun, jadis fâme de très haut et très puissant seigneur Monsieur Pierre, comte de Dreux, et depuis fâme de Monsieur Jehan d'Artois. — 1389. — *Priez pour elle !*

Cy-gist encore, Monsieur Philippe d'Artois, comte d'Eu, connétable de France, lequel trépassa en la ville de Micalitz, en Turquie, le 16e jour de juing, l'an de grâce 1397. *Priez Dieu pour l'âme de lui. Amen.*

Toute la vieille église d'Eu est ainsi parsemée de vieux souvenirs auxquels on a rendu récemment de nouveaux honneurs funèbres. Là ont reposé dans leurs tombeaux de pierre Charles d'Artois, que vous voyez encore dans son habit de pair (1471), couché à côté de sa femme, sur une table de marbre noir. Là repose, à côté de son mari, Mme Jehanne de Saveuse (1440). Là vous retrouverez dans toute leur simplicité primitive les statues de Catherine de Clèves et de M. le prince de Dombes. Là vous lisez sur une colonne funéraire le nom du duc de Penthièvre. *Deo, Regi, pauperibusque carissimus.* Toute une histoire est enfouie dans les lugubres caveaux de cette petite église, où le voyageur est étonné de retrouver ensevelis tant de grands noms.

Mais aujourd'hui, que nous importent les tombeaux ? Quel est le tombeau qui renferme les os du héros dont il porte le nom ?

Vaines et froides sépultures reblanchies d'hier, qui semblent accuser encore plus les profanations de nos pères, qu'elles n'attestent nos repentirs tardifs. Aujourd'hui, les tombeaux violés ont perdu leur majesté sainte ; nous ne savons plus comment on rend hommage aux morts, trop heureux encore quand nous nous retrouvons dans le cœur quelque respect pour les tombes qu'on n'a pas violées et pour les ruines qu'on a réparées. On répare une ruine, on ne refait pas une tombe. Nous pouvons bien dire aux vieilles pierres : *Relevez-vous!* mais dire aux ossements épars : *Rentrez dans le cercueil!* il n'y a qu'une voix qui leur puisse commander, c'est la voix qui nous parlera à tous dans la vallée de Josaphat.

Laissons donc ces tombes réparées, quittons ces bières vides ; nous avons assez vu le vieux cimetière qui ne peut que remplacer les nobles morts d'il y a huit cents ans, par les morts vulgaires d'aujourd'hui et des jours suivants ; laissons l'église pour le château, quittons les morts pour les vivants, entrons dans le vieux parc qui est toujours jeune, marchons sous ses vieux arbres plantés par les Guise, le dernier printemps vient de leur rendre leur couronne de verdure, plus belle et plus fraîche que jamais ; quittons les ossements des hommes de la maison d'Artois, de Penthièvre et d'Orléans, pour ces eaux qui murmurent toujours, pour ces gazons qui naissent toujours, pour ces arbres qui grandissent toujours. Entrons ; la maison est hospitalière ; c'est une de ces maisons dont on peut dire : *Frappez, et l'on vous ouvrira!* En effet, la porte est ouverte. A votre premier pas, vous êtes dans le parc. C'est un noble et bel endroit, ce grand parc : tout est silence, tout est verdure, tout est fraîcheur. C'est là que l'ombre est épaisse, c'est là que le gazon est touffu ! Ne dirait-on pas que le printemps vient de naître, et que sa robe de verdure en est encore à ses premiers jours ? Marchons lentement, s'il vous plaît, car ces longues avenues peuvent finir ; avançons lentement, et à chaque pas reposons-nous, car c'est là un coin de terre que nous foulons, pour la première et peut-être pour la dernière fois. Ainsi, nous avançons pas à pas, lentement, heureusement, dans cette belle et vaste allée où se sont promenées tant de grandeurs. A notre gauche, un mur de verdure ; à notre droite, des abîmes de verdure, des prés sans fin qui se perdent sous des ombrages sans fin ; et tout au bout de l'avenue, entendez-vous, là-bas, ce bruit immense? voyez-vous, là-bas, ce mouvant nuage bleu qui s'élève de la terre pour se mêler aux nuages du ciel; voyez-vous le soleil qui se joue à travers ces deux abîmes, la mer et le ciel, et tout au loin ce port, cette ville qui l'entoure, ces hautes montagnes moins hautes que l'Océan? voyez-vous tout ce grand spectacle, et, je vous prie, en avez-vous jamais vu de plus beau?

Ces plaines, ces vallons, ces forêts, ce rivage de la mer, tout cela est encore vivant, comme aux premiers jours de la création divine, le paysage n'a pas changé depuis Jules César; donc contemplez ce paysage, comme vous avez contemplé la vieille église, l'église qui ne peut pas revivre; le paysage qui ne peut pas mourir. Puis, quand vous aurez assez écouté la mer et son flot, prenez à gauche dans le parc, descendez par ces étroits sentiers de verdure; vous étiez tout à l'heure dans le vieux parc; vous entrez à présent dans le parc moderne; vous vous promeniez dans le bruyant jardin français, arrangé par Mlle de Montpensier sur les dessins de Lenôtre, vous allez vous perdre à présent dans les ténébreuses et modernes clartés du jardin anglais. Maintenant, au fond du parc, les grands vieux arbres disparaissent pour faire place aux jeunes arbustes; vous ne voyez plus et vous n'entendez plus le vieil Océan; mais en revanche vous vous promenez sur les bords de jolis petits ruisseaux fleuris qui murmurent doucement à vos pieds; plus loin, au milieu d'un étang, voyez nager ce cygne féroce entouré de sa famille; c'est le seul animal redoutable de cette maison, où vous n'entendez pas un chien aboyer dans la cour, où vous ne voyez pas un fusil reluire au soleil. Ainsi ce grand parc se divise en deux parties bien distinctes. Là-haut, les grands arbres, et les majestueuses allées, et la contemplation de la mer; là-bas, les sentiers tortueux, les ruisseaux limpides, le lac transparent, le grand silence. Là-haut se promenaient les vieux comtes dans leur majesté presque royale, qui ne les quittait jamais; ici se promène un roi-bourgeois dans tout le laisser-aller de la majesté populaire. Mais où sont les maîtres de ces beaux lieux, comment les reconnaître, à quels insignes? Comme ainsi je pensais, je découvris sur le bord du ruisseau, à demi cachés par les saules du rivage, et dans une grande barque, quatre ou cinq jolis enfants blonds et rieurs; ils avaient mis habit bas, et ils se livraient à leurs jeux avec tout l'abandon du jeune âge. — *Bon*, me dis-je à moi-même, *le premier de ces jeunes enfants qui me rendra mon salut, sera le fils de la maison;* en effet, je vis bientôt que je ne m'étais pas trompé; seulement, ils étaient deux, car il y en eut deux qui me rendirent mon salut; quant à leurs compagnons, voyant un homme mal vêtu d'une blouse, et qui tenait à la main un mauvais chapeau de paille, ils m'honorèrent à peine d'un coup d'œil.

Enfin, et tout d'un coup, après ces mille détours, vous retrouvez le château à l'instant même où vous vous croyiez bien loin. C'est bien là ce même château que M. de Lauzun *a trouvé joli avec un air de grandeur*. Il fut bâti en l'an 902, par Rollon, son premier fondateur. Ce fut d'abord une place forte, merveilleusement située sur l'extrême limite de la Normandie, près de la mer; ce n'est plus, depuis longtemps, qu'une admirable maison bourgeoise, dans laquelle vous retrouverez réunis, sans confusion, toutes les époques, tous les styles et tous les siècles. Cela est si rare de nos jours : un vieux château entouré de respect! Cela est si rare de nos jours, de vieilles pierres protégées contre la faux du temps! Toutes les ruines, et les plus belles, s'effacent peu à peu de notre vieille France qui les a tant mutilées. J'ai vu, en Normandie, le château de Mesnières, qui attendait la bande noire, et qui sera vendu demain. J'ai vu les faibles restes du manoir d'Ango à Warangeville. On a fait une grange de la vaste salle où le roi François Ier n'a pas été foulé aux pieds par Ango, son serviteur et son sujet. Donc honorons ceux qui honorent les ruines; rendons mille actions de grâces à ceux qui rendent leur vieille splendeur aux monuments renversés; et, puisque voilà le château d'Eu qui nous est ouvert par la renaissance excellente, donnons au maître de ces nobles demeures, si habilement et si royalement rétablies, tous les éloges qui lui sont dus.

Au dehors, la maison est toute en brique; elle est toute chargée de vieux chiffres et de vieilles devises; à gauche, elle est adossée à l'église, monument gothique; à droite, elle s'appuie sur une fabrique de biscuits de mer et sur une vaste scierie de planches, établissements tout modernes. Vous avez vu le vieux parc commencer à l'église; vous voyez le parc moderne aboutir aux établissements industriels; 1130 et 1830 sont ainsi en présence, aux deux extrémités du château ; le château s'élève fièrement au milieu de ces neuf siècles, renfermant ainsi dans sa vaste enceinte tous les temps, tous les âges, toutes les croyances, tous les personnages divers de tant de familles qui ont planté au sommet de ces tours, si souvent détruites et si souvent rebâties, leur bannière, leur écusson, leur cri de guerre et leur drapeau.

Je sais qu'en général toute description est difficile à lire et difficile à faire. La description écrase et tue. Comment dire, en plusieurs pages, ce que vous avez vu d'un coup d'œil? D'autant plus que rien ne ressemble à un beau parc comme un beau parc, à un vieux château comme un vieux château. Mais ici, au château d'Eu, heureusement pour vous et pour moi, chaque merveille, chaque plafond porte son nom, sa date, son héros et son histoire ; ce n'est plus là un de ces vieux manoirs inhabités où le souvenir a tout à faire; c'est une vaste demeure habitée en effet, en même temps et à la fois, par ses anciens maîtres qui y respirent, armés de pied en cap, celui-ci dans son armure de fer, cet autre sous sa cape de moine, celle-ci reine sur son trône, celle-là grande dame couronnée de fleurs. Depuis neuf siècles que ces demeures sont fondées, pas un homme n'a touché ce seuil de son pied de fer, pas une dame n'a effleuré ces dalles blanches de son pied de satin, qu'on ne trouve là-haut son portrait dans ses habits, avec sa physionomie d'autrefois, avec la date de sa naissance et de sa mort.

Et maintenant figurez-vous ce vaste musée composé de tous les personnages qui ont vécu ici, qui ont commandé ici, qui ont souffert ici, qui ont aimé ici ! Là ils vivent, ils respirent, ils commandent, ils souffrent, ils aiment encore. La nuit, quand la lune est sombre et voilée, quand la mer est noire et soulevée, ils descendent de leurs cadres dorés, incrustés dans la boiserie, et ils se promènent solennellement dans ces longues galeries, sous lesquelles leurs pas ont retenti depuis tant de siècles. Jugez s'ils doivent être étonnés de se voir entre eux, ainsi tous ensemble, sous ces toits dorés et chargés de peintures, puisque nous-mêmes, nous qui vivons, nous qui tenons dans nos faibles mains le fil sacré de l'histoire, nous sommes saisis d'un certain effroi en les voyant réunis en ce lieu, ces hauts barons et ces grandes dames, et ces saints prélats, et ces joyeux pages, et ces belles damoiselles, cœurs d'acier et cœurs féminins. Quel étrange pêle-mêle, grand Dieu ! et que ce doit être, en ce lieu, une singulière nuit de Noël, quand tous ces morts s'animent de nouveau !

Le duc Rollon descend le premier de son cadre, où je l'ai vu sombre et sévère, — et alors, — en parcourant ces salles magnifiques, en foulant ces parquets somptueux, il se demande : qu'a-t-on fait de mon toit de chêne, et qu'a-t-on fait de ma vaste cheminée, et pourquoi les dalles de pierre de ma citadelle normande ne résonnent-elles plus sous les éperons de mes chevaliers? Ainsi dit Rollon, ainsi Guillaume, ainsi Robert, ainsi disent tous les anciens comtes d'Eu que vous voyez là-haut, fixés sur la muraille et regardant d'un œil farouche les frêles et rieuses beautés de la Régence. Le comte Robert cherche en vain la salle où mourut Béatrix, son épouse bien-aimée ; cette chambre de deuil est devenue une chambre nuptiale ; Béatrix s'appelle Louise, Guillaume, aux yeux crevés, cherche en vain à se reconnaître dans cette vaste galerie, autrefois remplie d'hommes d'armes, et qui ne sert plus aujourd'hui qu'à recevoir les convives d'alentour. En même temps saint Laurent, archevêque de Dublin, poussé par un pieux désir, se fait ouvrir la chapelle ; en entrant, il baisse la tête, et il est tout étonné à la vue de cette étroite enceinte si parée. Ecoutez ! ne voyez-vous pas ces deux jeunes gens qui entrent doucement dans le petit salon d'en bas? C'est la belle Alice qui s'appuie modestement sur Raoul de Lusignan, son bel époux. Lusignan meurt en Palestine ; Alice, comtesse d'Eu, lui élève un tombeau dans la vieille église dont vous voyez le clocher là-bas, au Tréport. Découvrez-vous et voyez-les tous passer ainsi l'un après l'autre, les maîtres de ce château qui renferme leur image : Marie de Lusignan, épouse de Jean de Brienne, empereur de Constantinople ; Bérangère de Castille, sœur de la reine Blanche, jusqu'à ce qu'enfin vienne une nouvelle race qui s'empare de cette belle comté : Jean d'Artois, Isabelle de Melun, Hélène, vicomtesse de Thouars. Sur cette même place où la mer domptée par la mécanique fait mouvoir la scie à fendre les arbres, le comte de Thouars fut tué dans un tournoi, le jour de ses noces ; là aussi Isabelle d'Artois est morte à seize ans ; Isabelle c'est la jeune fille que vous voyez assise non loin de Philippe d'Artois son frère, Philippe, le compagnon de Boucicaut et de Jean de Bourbon. C'est ce même comte d'Eu qui est mort en Palestine, « dont « ses compagnons duement furent dolens et moult le plaignirent, « de grande vaillance et de bonté estoit. Si ensevelirent le corps « le plus honorablement qu'ils purent, et après fut porté en « France. »

Mais ceci est toute une histoire. A chaque pas que vous faites dans le château d'Eu, vous êtes arrêté par une figure historique, et cette figure, si vous savez la regarder, porte souvent toute son histoire écrite sur ses traits. Rois d'Angleterre, rois de France, ducs de Normandie, ducs de Bourgogne, ils ont tous passé dans ces murs, vainqueurs et vaincus tour à tour; là aussi elle a dormi une nuit, Jeanne d'Arc, la vaillante fille, Jeanne, le héros, quand les Anglais l'emmenèrent à Rouen pour la brûler; et en preuve, son portrait est suspendu à la muraille; noble portrait plébéien au milieu de tant de nobles personnages qui sont fiers de lui ouvrir leurs rangs.

Louis XI aussi, le terrible sire, il a envoyé par là sa justice; il a fait brûler toute la ville, maisons, château, édifices : tout brûla, excepté les cinq églises et l'hôpital. A ces causes aussi on a donné droit de bourgeoisie au roi Louis XI dans les murailles du château d'Eu.

François Ier, le roi chevalier, le roi poëte, le roi de Bayard, y est venu un jour à la prière de Marie d'Albret, comtesse d'Eu. Le roi menait avec lui la reine, François duc de Vendôme, Marguerite de Bourbon et beaucoup d'autres seigneurs. Ceci soit dit pour donner occasion aux dramaturges de nous montrer un jour François Ier foulé aux pieds par les domestiques du château d'Eu.

A présent que nous avons parcouru tous les appartements du rez-de-chaussée, voulez-vous que nous montions au premier étage? Ouvrez en tremblant ce vaste salon : c'est le salon des Guise. Voici Henri de Lorraine, duc de Guise, vingt-quatrième comte d'Eu par Catherine de Clèves; près de lui Anne d'Eu, sa mère, et Catherine de Médicis qui fut sa reine. Les Guise, c'est toute une histoire qui commence, une histoire de sang, de trahison et de vengeance, une histoire qui s'ouvre par un meurtre et qui s'achève par un meurtre. Aussi est-ce chose triste et solennelle à voir, cette salle où tous les Guise sont réunis.

Vient alors Henri IV, dont le blanc panache a recouvert de sa gloire toutes ces traces de sang. Henri IV fit au château de la ville d'Eu le plus grand honneur qu'il pût lui faire ; il lui fit l'honneur de l'assiéger. Il partit du château pour aller se battre dans cette étroite, charmante et glorieuse vallée d'Arques, *où le brave Crillon n'était pas.*

Mais c'est surtout à mademoiselle de Montpensier que commence la gloire du château d'Eu. Cette fois le château d'Eu change encore de propriétaire. De la maison de Guise il passe à la maison d'Orléans, à laquelle il est revenu après avoir appartenu aux fils naturels de Louis XIV. Le souvenir de la petite-fille de Henri le Grand est partout dans ces murs. Princesse, avec toutes les passions de la femme et tous ses malheurs. Dans sa calme retraite du château d'Eu, elle a écrit les touchants Mémoires de sa vie, quand accablée sous le poids de ses inutiles grandeurs elle attendait, sous ces beaux ombrages, l'ingrat Lauzun, qu'elle avait tant aimé, et qui ne venait pas. A mademoiselle de Montpensier commence le grand siècle, pour le château d'Eu. C'en est fait, les armures disparaissent pour faire place à la dentelle et au velours. Une génération nouvelle remplace les vieilles générations descendues au cercueil. La main de Mademoiselle se fait sentir encore aujourd'hui dans ces jardins qu'elle a agrandis, dans ce pavillon qu'elle a élevé, dans ce palais qu'elle a augmenté. Femme à plaindre s'il en fut ! Destinée à tous les rois de l'Europe, et ne pouvant obtenir la main d'un officier de fortune ; amoureuse à quarante ans d'un jeune fat qui la méprise, donnant tous ses biens au fils de madame de Montespan pour racheter la liberté de M. de Lauzun, puis mourant dans une résignation toute chrétienne, en pardonnant de loin à celui qu'elle avait tant aimé : voilà l'histoire de cette noble dame. Or, comme il est vrai qu'une passion véritable vivra plus longtemps, dans le souvenir des hommes, que les plus beaux faits d'armes, le nom de Mademoiselle est le premier nom qui vous vienne en mémoire quand vous entrez dans cette maison, dans ces jardins, dans ces vastes galeries remplies de tant de grands noms et de glorieux souvenirs.

Que vous dirai-je ? Comment vous raconter, l'un après l'autre, les neuf siècles de combats et de gloire, d'ambition et de vengeance, d'amour et d'esprit, qui sont représentés sur ces murailles ? Tous ces siècles disparaissent, l'un après l'autre, et se remplacent l'un par l'autre, comme un homme remplace un autre homme. Déjà Louis XIV disparaît, puis le duc du Maine, son fils bien-aimé, le fils de son cœur et de son adoption. Alors commence la Régence; alors toutes ces belles Dames se parent de guirlandes à la façon des bergers de Vatteau : l'esprit, les grâces, le scepticisme, la raillerie innocente, le beau langage, les beaux vêtements remplacent le courage, l'héroïsme, le sang-froid, le fanatisme, les rudes habits. Comme toutes ces têtes sont belles et riantes! quel éclat! que de grâce! quelle fraîcheur! hélas! hélas! Le sourire est sur toutes les lèvres, l'espérance est sur tous les visages; tous les cœurs sont tranquilles, tous les fronts sont sereins. Dites-moi, s'il vous plaît, qui règne là-bas sous ces ombrages frais, dans ces riantes campagnes, sur ces heureux hameaux? C'est la vertu, sous les traits du duc de Penthièvre, *trente-troisième et dernier comte d'Eu.*

Arrêtons-nous ici, car bientôt toutes ces têtes vont disparaître sous la hache tranchante des révolutions. Grands noms, valeur, beauté, vertu, génie, rien ne vous sauvera, vous, les maîtres de la société française. — Que de ruines! quels échafauds! — Parmi toutes ces belles têtes, contemplez la plus belle, la plus jeune, la plus charmante de toutes, Louise de Lamballe; son père, le duc de Penthièvre, qui cependant l'a rachetée et payée à ses juges, meurt d'épouvante; et sa fille, l'enfant de son adoption, qui pourrait dire, qui oserait dire comment elle est morte?

Illustre maison, si remplie de grandeurs évanouies! Quelle puissance l'a arrachée à tant de ruines? Quelle main a balayé tous ces décombres? Comment ont-elles pu se relever, encore une fois, de tant de révolutions et de tant d'orages, ces nobles pierres brisées et dispersées au loin? Comment chacune de ces générations, tant de fois anéanties, a-t-elle retrouvé sa place dans ces tombeaux et sur ces murailles? Par quel bonheur et quelle providence se revoient encore, en ces lieux éprouvés si souvent, ces écussons, ces héros, ces femmes, ces neuf siècles debout encore dans le château debout? C'est là un de ces miracles de la patience, du courage et de la volonté, qu'on ne saurait ni comprendre, ni trop admirer. Vingt propriétaires comme le propriétaire actuel du château d'Eu, et la vieille France serait encore sous nos yeux dans ce qu'elle avait de grandeur, de génie et de majesté.

Comme je descendais lentement le grand escalier qui conduit du siècle de Rollon au siècle de Louis XIV, un courrier arrivait de Paris à toute bride. Eh bien! ô vanité, vanité des résurrections! Il apportait l'horrible nouvelle, et le mot *assassinat*, ce mot qui n'est pas un mot français, retentissait déjà sous ces vastes plafonds. Oui, le maître de cette maison si belle, si riche, si heureuse, si calme, si tranquille, le maître de ces eaux murmurantes et limpides, le père de ces deux enfants qui tout à l'heure jouaient encore sur le lac d'argent, il venait d'être tiré, à bout portant, comme une bête fauve, dans la capitale la plus civilisée du monde civilisé!

A cette nouvelle horrible, aussitôt toute la maison rentra dans le silence. Plus de fêtes, plus de jeux, plus rien que de mornes visages. Avant de quitter ces beaux jardins, j'attendis que les deux enfants fussent rentrés dans leur appartement, en passant par le salon des Guise, étonnés eux-mêmes de cette nouvelle. Pauvres enfants, quelle épouvante et quelle douleur! Trois ou quatre balles de plus dans la machine de Fieschi, et ils restaient les seuls propriétaires du château d'Eu! »

Aujourd'hui, je relis ces pages écrites à tant de distance, et j'y retrouve un souvenir vrai, une émotion sincère; — même il me semble que, depuis ces journées de royauté et de bonheur, les accidents du château d'Eu, ses pompes, sa fortune, sa gloire, la visite de cette reine d'Angleterre au milieu de cet Océan dont les flots les plus nombreux obéissent à ses lois, quoi encore? Le château d'Eu mis en vente, les Guise vendus à l'encan, et ces portes royales brisées par le marteau d'un forgeron; — ces changements et ces retours de la fortune implacable ont ajouté à ces murailles, à ces jardins, à cet Océan consterné, un intérêt tout nouveau, inattendu, que certes notre pensée alors ne pouvait pas prévoir. Impuissance et misère de la parole humaine à raconter le passé, à décrire le présent, à démontrer l'avenir! Il me semble que c'est aujourd'hui même que j'entre au château d'Eu, vêtu d'une blouse d'artiste, un bâton de voyage à la main, un chapeau de paille sur la tête, et à peine rafraîchi de six heures de marche au soleil. J'avais pour compagnons deux peintres de paysages; l'un d'eux, qui commençait alors, est devenu célèbre, il s'appelle Louis

Cabat. Je revois, en ce moment, le château d'Eu dans sa masse imposante. Je vois ces jardins sévères et charmants. J'entends même les cris de ces jeunes enfants, la joie et le printemps de la maison d'Orléans, le duc d'Aumale, un écolier bruyant, le duc de Montpensier, plus paisible. Eh! que dis-je? ce même jour j'ai tenu, dans mes mains tremblantes d'émotion et de respect, la lettre que Sa Majesté la reine des Français écrivait à ses deux fils absents.

C'était bien la lettre d'une reine, d'une mère; elle commençait ainsi (peut-être il n'y a que moi qui me la rappelle) : « Mes chers enfants, quand vous ouvrirez cette lettre, mettez-vous à genoux, et rendez grâces à Dieu, qui vient de donner encore à la France et au roi votre père, un signe éclatant de sa miséricorde! » Et continuant ainsi, Sa Majesté la reine racontait, dans ses tristes et cruels détails, cet immense attentat sous lequel la France pouvait périr. Hélas! cette noble lettre où est-elle? Elle aura partagé le sort de ces feuillets sans nombre déchirés aux vents des révolutions! Ce *Château d'Eu*, qui semblait posé à tout jamais sur le roc vif d'une fortune éternelle..... après avoir reçu dans ses murs hospitaliers la reine d'Angleterre et sa cour, au milieu des plus grandes et des plus justes célébrités de la France, une nuit d'hiver, une nuit d'orage il a vu, ce château croulant, arriver, sous l'habit d'un villageois, le roi de ces demeures, le roi accompagné de la reine et suivi de quelques serviteurs fidèles. Quelle nuit de deuil au milieu de ces Guise étonnés eux-mêmes de cette grande infortune! Le lendemain une barque se perdit dans le nuage au milieu de l'Océan irrité. Cette barque de pêcheur emportait dans les abîmes, le roi et sa fortune! Misères incessantes des royautés modernes: vouées à l'exil, aux spoliations, aux vengeances, c'est à elles maintenant que peut s'appliquer ce mot prévoyant de Sénèque : « Apprenez toute votre vie à savoir vivre. *Vivere tota vita discendum est.* » Si l'on avait pu deviner et prévoir que ces domaines, un jour qui n'était pas loin, seraient exposés à l'encan des paysans normands, quelle page on pouvait écrire!.... Il est mort au delà de cet Océan sans pitié, dans un parc moins beau certes que le parc de son château d'Eu, le roi Louis-Philippe, notre père. A l'heure où j'écris, le maître de ce domaine qui n'avait pas son égal sous le ciel, n'a pas même de tombeau!

Certes, nous voilà bien loin du fameux drame d'*Ango*, et du poëte qui l'a mis au monde. *Ango* tomba et devait tomber en effet sous les lois de septembre (on les disait sans pitié, *ces lois de septembre;* on les disait implacables, et telles que pas une nation civilisée ne les pourrait supporter, et maintenant instruisez-vous, *erudimini*, grands braillards de libertés impossibles, voyez où nous ont conduits vos sauvages aspirations de *Convention* et de conventionnels, enfants précoces de Saint-Just et de Camille Desmoulins, le déclamateur). — Laissez-moi cependant, pour achever ce chapitre, vous raconter un drame féroce de ce même auteur d'*Ango* intitulé *les Deux Serruriers*, vous verrez que l'emphase et la déclamation stérile étaient l'état habituel du célèbre auteur d'*Ango*, et vous comprendrez que l'on n'ait pas pour ces choses là, une grande admiration, *ami lecteur*, si l'on peut vous parler, comme autrefois à son lecteur un bonhomme d'écrivain qui se rassurait de temps à autre, sur l'effet de son livre, en invoquant *l'amitié* du bonhomme qui le lisait :

LES DEUX SERRURIERS.

« Il fait nuit, la nuit est profonde, pas la plus petite clarté fumeuse pour éclairer ces ténèbres. Dans une mansarde, sous les toits, exposée à tous les vents, une pauvre famille d'honnêtes gens languit et se meurt. La faim, le froid, l'isolement, l'abandon, la misère dans toutes ses horreurs habitent pêle-mêle cet affreux grenier. Le père de famille succombe lentement sur une chaise de paille; l'enfant au berceau appelle en vain, d'un cri plaintif, la mamelle de sa mère, la mamelle est épuisée, la mère est morte; le fils aîné est à l'hôpital, le fils cadet n'a pas d'ouvrage. Pour comble de douleur, les huissiers s'abattent sur ce pauvre rien que fait saisir le propriétaire de ce taudis. Dans cette extrémité, le bon vieillard Davis, qui ne veut pas mourir insolvable, fait appeler un médecin (la scène se passe en Angleterre) pour lui vendre son cadavre, mais à condition que ce cadavre, vivant encore, sera payé d'avance. Bref, l'huissier arrive pour balayer ce taudis rempli de misère; le fils aîné revient de l'hôpital, mais affaibli par la douleur; le fils cadet se fait soldat; l'enfant au berceau s'endort abîmé dans la faim; le père de famille tombe mort. Vous n'avez plus sous les yeux qu'une mansarde vide. Voilà tout le premier acte, et il me semble que c'est assez.

Donc Georges Davis est resté seul sur la terre, son frère est parti on ne sait où, emportant l'enfant au berceau, sans emporter le berceau *vendu à l'encan*. Lui-même, Georges le serrurier, il ne sait plus que devenir, lorsqu'il est appelé chez M. Murray le banquier. Un singulier accident est arrivé à ce M. Murray : il a perdu la clef de sa caisse. Cette caisse est à elle seule une petite chambre où dorment, en toute sécurité, l'or, l'argent, les billets, toute la fortune, tout le crédit de M. Murray. Justement le jour où notre banquier a perdu sa clef est le dernier jour du mois, jour funeste entre tous. Ce jour-là, il faut payer ce qu'on doit, sinon le lendemain vous n'aurez ni un habit à mettre sur votre corps, ni un morceau de pain à vous mettre sous la dent. Cependant l'heure avance. Dans un instant la Banque va venir, chargée de son immense sacoche, et à la Banque on ne dit pas : — *Attendez que j'aie ouvert mon coffre-fort*. Non, vous êtes rayé du véritable livre d'or, du seul livre de la noblesse qui ait survécu à tous les autres. D'où il suit que vous pouvez juger de la douleur du banquier Murray. Il va perdre son crédit devant une caisse pleine; son coffre-fort serait aussi peu rempli que le vôtre et le mien, Murray ne serait guère plus malheureux. Nul ne voudra croire à cette histoire de clef perdue. Pour comble de malheur, cette année-là les serruriers sont très-rares dans la ville de Londres. Huret voyage sur le continent, Fichet est allé à New-York ; il n'y a que Georges qui puisse forcer ces quatre morceaux de fer. Ainsi, à entendre le présent mélodrame, le serrurier tient entre ses mains la vie et la fortune du riche banquier. Georges arrive : d'abord il ouvre la caisse sans se faire prier ; mais au nom de Murray, Georges referme la caisse. Non, non, à aucun prix il ne consentirait à tirer d'embarras ce méchant homme d'argent qui a ruiné son père, qui a jeté le cadavre du vieux Davis à la porte. A cette résolution inattendue, Murray se lamente de plus belle. Que faire? que devenir? Eh! Monsieur, appelez des marteaux et faites briser cette porte rebelle. Mais quoi! on ne songe jamais à tout, et déjà Murray ne vaudrait plus rien sur la place, si sa fille Jenny n'entrait pas à l'étourdie dans le cabinet de son père. O bonheur! Jenny, c'est la bien-aimée de Georges. Il l'a connue autrefois qu'elle était une enfant ; il lui a sauvé la vie dans une fête ; même sur le grabat de l'hôpital, Georges a rêvé qu'il aimait cette fille si belle et qu'il en était aimé. Aussitôt la caisse est ouverte, et M. Murray fait honneur à sa signature : il était temps.

Alors vous voyez sortir de sa cachette un autre serrurier, M. Burle. Celui-là c'est le mauvais serrurier tout comme l'autre est l'honnête serrurier. Burle, lui aussi, ouvre la cassette, mais non pas sans se faire prier. Au contraire, il accoste la susdite cassette avec les tremblements timides d'un amant bien épris. Il lui fait tout bas sa déclaration d'amour. C'est tout à fait la paraphrase de ce mot de Molière : — *Les beaux yeux de ma cassette!* Sachez tout de suite que ce Burle est encore un de ces bandits pleins d'esprit et de saillies dont maître Robert Macaire est le père primitif. M. Frédéric Soulié avait un voleur de cette jovialité dans un mélodrame intitulé *l'Ouvrier*. Telles sont les inventions modernes. Autrefois rien n'était sérieux, sentencieux, réservé comme un voleur. Aujourd'hui le voleur s'abandonne à toutes sortes de bonnes plaisanteries ; il joue avec son crime comme fait le chat avec la souris ; il est jovial, facétieux, bon camarade ; il ne fait plus peur. C'est toujours cela de gagné.

Ce Burle, en sa qualité de serrurier, ouvre la cassette! Mais psit, les oiseaux sont envolés ; la brillante compagnie qui faisait la sieste dans l'intérieur de ce gouffre a fait place au néant. Plus rien à prendre que de méchants papiers dont cependant M. Burle saura bien faire son profit plus tard.

En effet, notre voleur a bientôt reconnu que ces papiers n'étaient rien moins qu'un testament au profit d'un absent. — Je serai cet absent, se dit Burle. Tant pis pour Murray, mais j'aurai pied ou patte de sa fortune. La tentative est hardie, mais la hardiesse sied bien aux belles âmes. Voilà donc M. Burle en présence du banquier Murray. Il l'appelle son bon oncle. Il lui raconte toute l'histoire de sa famille. Ses frères cadets déshérités et celui-là qui fait sa fortune en Amérique et qui meurt après avoir écrit ce même testament, en faveur du troisième frère qu'on n'a plus revu. Burle veut être à tout prix le frère de ce frère, l'héritier de cet oncle, et cependant Murray s'agite et tremble, lorsque tout d'un coup l'idée lui vient de faire arrêter non pas

Burle, qui est un faux neveu, mais Georges, l'honnête serrurier, qui n'est autre que le propre neveu de Murray. Par ce moyen, Georges une fois pendu, ne sera plus dangereux pour Mlle Jenny. Certes voilà ce qui s'appelle faire d'une tête deux coups.

A ces causes M. Murray fait appeler le constable. Le constable arrive, et Georges est dénoncé comme le voleur d'une somme considérable. En effet, qui donc aurait volé le banquier, sinon Georges? Il est un très-habile mécanicien, il a pu voir de ses yeux les entrailles du coffre-fort dont il avait fait une seconde clef. Que de présomptions! Aussitôt Georges est entraîné loin de celle qu'il aime, on le jette en prison, on lui fait son procès ; Burle, le serrurier voleur, accuse tout haut de vol le serrurier honnête homme. Pour le coup, Georges l'innocent est pendu ou peu s'en faut. — Encore on ne sait pas ce qui serait arrivé sans l'intervention de Mlle Jenny.

Au quatrième acte, il fait nuit pour la seconde fois. La Tamise n'est pas loin, non plus que l'hôtel de M. Murray. Ce terrible Murray n'a pas renoncé à la joie de se défaire de son beau neveu. Puisque son beau neveu est acquitté par le jury, Murray fera assassiner cet importun. Burle, qui est aux gages du banquier, accepte la traite de sang tirée sur lui : « — à première vue, il vous plaira assassiner le nommé Georges Davis, — etc., » la chose se se fera, à coup sûr, pour peu que M. Burle n'ait pas égaré la clef de son poignard. — Donc, le bandit s'en va à travers la ville, cherchant son homme. Hélas! le pauvre Georges, il est tombé d'inanition à la porte même de sa maîtresse. La faim le dévore jusqu'au fond des entrailles, il n'a jamais été aussi malheureux, même sous le toit paternel. — Bref, il se meurt, faute d'un morceau de pain. — Burle arrive à l'instant même où le cadavre n'est plus chaud. De son côté arrive Murray pour s'assurer que son complice a fait de la bonne besogne. C'est ici que j'attendais M. Murray. Le crime de cet homme odieux ne pouvait pas durer plus longtemps sans faire une insulte au drame *providentiel*, comme on dit aujourd'hui. Aussi bien, à peine a-t-il eu le temps de se réjouir de cette mort, que M. Burle vient demander son salaire. A ce mot de salaire, Murray veut renouveler contre Burle la scène de tantôt contre Georges. Il veut se défaire de celui-ci, comme il s'est déjà défait de celui-là. Mais cependant qu'il y prenne garde, Burle n'est pas Georges. Burle ne sera jamais pris sans vert. Burle invoque à chaque instant *saint Hasard, le frère adultérin de la Providence ;* en un mot Burle poignarde Murray son complice. Justement Murray tombe à côté du cadavre de Georges. A la vue de son ennemi jeté par terre d'un coup de poignard, Georges se traîne jusqu'à lui pour le secourir. Pauvre Georges! le voilà qui ressuscite dix minutes trop tôt. En effet, à peine est-il debout, que chacun le désigne comme l'assassin de Murray. Il a tué, s'écrie-t-on, le même homme qu'il a volé au second acte. Ainsi raisonne la foule, juge suprême. A cette nouvelle accusation l'embarras de Georges est au comble. Ce matin, disait-on, il était un voleur, il est un assassin ce soir. Ce qui m'étonne, c'est que Burle, le véritable assassin, ait été arrêté, lui aussi, en même temps que Georges. Serait-il donc vrai que la justice des hommes ne se trompe pas toujours ?

Enfin, au dernier acte (toujours par une nuit profonde), vous voyez les deux serruriers chacun dans son cachot respectif. Le bon serrurier est à droite, le mauvais serrurier est à gauche. Ils boivent la même eau fangeuse, ils mangent le même pain noir. Chacun d'eux, dans son cachot, se livre à la philosophie qui lui est propre : Georges rêve aux lamentables destinées de l'homme quand il est pauvre; Burle chante et se moque même du supplice. C'est un homme terrible ce Burle ; rien ne lui fait. Toutefois il imagine, pour se tirer d'affaire, une ruse des plus compliquées. Voici la ruse, ce sera la dernière, car aussi bien il est temps de sortir de ces inventions :

Burle, en sa qualité de serrurier-voleur, ouvre une porte de communication entre son cachot et celui de Georges. La porte ouverte, Burle tuera Georges d'un coup de couteau, puis, sur le cadavre du malheureux jeune homme, il écrira avec un crayon de plomb coupé aux vitraux de la prison : « Je me tue de mes mains pour n'être pas pendu. C'est moi, Burle, qui ai tué et volé M. Murray. *Signé* Burle. » Comprenez-vous la ruse, maintenant? — Pas encore? Que votre intelligence est peu exercée! Mais, encore une fois, suivez donc ce raisonnement de Burle :

J'entre dans ce cachot, je tue Georges, je mets dans sa poche ce papier signé de moi ; donc, Georges mort prend mon nom, et moi vivant je prends le nom de Georges. Par ce moyen, je fais déclarer Georges innocent, et sous son nom je deviens l'héritier de Murray en vertu de ce testament. C'est là, j'espère, un véritable raisonnement en *Barbara*.

Oui, mais cette fois Georges n'est plus disposé à être la dupe de ce confrère. Georges, chose étrange! est devenu enfin un homme plein de sages méfiances. Au lieu de dormir tranquillement sur la paille de son cachot pour se laisser assassiner une seconde fois, le serrurier vertueux attend mons Burle de pied ferme. C'en est fait, ils sont en présence. Georges est tué? — Non, non, rassurez-vous, ce n'est pas Georges qui est tué, c'est Burle. C'est le voleur qui est châtié de ses crimes. J'avoue cependant, voyant le train de Murray, que j'avais bien peur qu'il en fût autrement.

Quand Burle est tué, Georges le replace très-proprement dans son cachot avec l'autographe en question sur la poitrine. La porte de communication est refermée avec soin; ceci fait, Georges attend la justice de pied ferme.

Elle a fait de belles sottises la justice! Elle a trouvé que Burle était innocent, et elle l'a acquitté En même temps elle a trouvé que Georges, le plus honnête des hommes, est un assassin et un voleur, et elle vient le lui dire à sa face, sans se gêner plus que cela.

Heureusement que la ruse de Burle a tourné contre lui-même. Le geôlier, qui vient pour lui ouvrir les portes de la prison, ne trouve plus qu'un cadavre. — En même temps, on lit tout haut la lettre écrite par Burle dans une toute autre intention. Plus de doute, l'innocent c'est le coupable, le coupable c'est l'innocent; il faut être juste pour la justice, elle n'a pas trop l'air de s'inquiéter du quiproquo. »

A relire aujourd'hui, ces choses mortes, oubliées, sans valeur, rêves fébriles de cerveaux aigris, on s'étonne de voir que les doctrines qui naguère encore ont mis la France à deux doigts de sa ruine définive, et qui ont justifié si cruellement cette admirable parole de Tacite, lorsqu'il parle du penchant des multitudes à se ruer dans l'esclavage absolu : *Ruere in servitutem* — sortent justement de ces beaux drames, faits pour le peuple et par le peuple! Un jour que le roi Louis XV (il savait un peu d'histoire, il en savait trop peu) contemplait le tombeau des ducs de Bourgogne, — *Voilà pourtant*, dit le roi, *le berceau de toutes nos guerres!* Eh bien ! de tous ces mélodrames mauvais, vous pouvez dire : *Voilà le berceau des socialistes!* Voilà, voilà le point de départ du *droit au travail!* Voilà les spectacles qui ont soulevé toutes ces haines effrayantes, et ces instincts féroces de vengeances inassouvies dont la moindre explosion est devenue aujourd'hui l'effroi du genre humain! Non, ce n'est pas M. Proudhon et sa fameuse formule, dont on n'avait jamais entendu parler avant 1848; non, ce ne sont pas les philosophes — faiseurs de livres, et les déclamateurs in-32, qui ont porté la corruption et la colère dans ces âmes faciles à toutes les empreintes, ce sont les drames et les mélodrames mauvais, c'est la chose jouée en chair et en os ; la chose en action, revêtue à peine de quelques haillons, et râlant la faim, le froid, l'hiver, l'injustice, l'horreur, le cachot, le bourreau! *Voilà le berceau de nos guerres!* voilà le commencement de ces déclamations *pareilles à des lampes brûlantes sur des gerbes de blé*, disait le ministre Saurin. Le théâtre était, de nos jours, une chaire, une tribune, et la seule chaire où les âmes fussent attentives, et la seule tribune où la parole fût suivie à l'instant même d'un effet réel. Est-ce que vous croyez que l'admirable discours de Jean-Jacques Rousseau *sur l'inégalité des conditions*, ce chef-d'œuvre, ait jamais fait dans les esprits de son peuple, le ravage de ces drames de gémonie et d'hôpital? Eh! oui, il y a des pauvres qui sont des gens d'honneur, il y a des riches qui sont des bandits; qui le nie, et pensez-vous les uns et les autres avoir fait une belle découverte? Il y a des injustices dans le monde, oui, il y en a et de cruelles, moins cruelles cependant, moins furieuses et moins injustes que ces déclamations féroces dans lesquelles vous désignez, aux vengeances populaires, la moitié des hommes de cette société européenne livrée au couteau de l'autre moitié! Croyez-moi, à toutes ces fureurs en cinq actes, et même au discours de Jean-Jacques Rousseau, sur *l'inégalité des conditions* je préfère, et de beaucoup, un petit apologue oriental que m'a raconté M. Alix Desgranges, le savant interprète du roi :

« Des enfants, dit l'apologue en question, se disputaient dans la rue pour un sac de noix. Passe un bon derviche qui veut arrêter la dispute : — Mes enfants, leur dit-il, voulez-vous que je partage ces noix entre vous, tout comme le ferait le bon Dieu lui-même? — Nous le voulons! nous le voulons! répètent les enfants. Alors le bon derviche, prenant le sac de noix, donne tout aux uns, et rien aux autres; et ceci fait, il poursuit tranquillement son chemin. »

MARIE-JOSEPH CHÉNIER.

Je place ici, non pas dans l'ordre chronologique du feuilleton (il n'y a pas d'ordre absolu, — il n'y a pas de chronologie à attendre en cette suite vagabonde de drames, comédies et vaudevilles qui se suivent, comme à la file du troupeau un mouton pousse un mouton), le feuilleton qui servit de prétexte — après vingt ans de rage, aux diffamations de mon triste diffamateur. J'en veux finir, une fois pour toutes, avec cette guerre énorme, et le lecteur, s'il en est qui se souvienne de ces batailles, restera bien étonné que tant de fureurs aient été soulevées à propos du poëte Marie Joseph Chénier, poëte manqué, écrivain redondant et faux, admiré un instant pour avoir touché à la première révolution, et tombé chez nous dans un oubli si profond que jamais, j'en suis convaincu, cet homme oublié et justement oublié ne reparaîtra dans un répertoire régulier. La première fois que l'auteur de *Tibère* et de *Henri VIII* s'était rencontré sous ma plume, je l'avais traité assez mal, et puisque le diffamateur cherchait une occasion, il eût mieux fait de s'en prendre à ma véhémente sortie à propos de *Henri VIII*, qu'à ma dissertation à propos de *Tibère*. Entre les deux passages, deux années s'étaient écoulées, mais au moment où je parlais de *Henri VIII*, le pamphlet n'était pas encore improvisé, une vingtaine de mois ne pouvait pas nuire à ce léger morceau que déjà l'auteur ruminait dans sa pensée, et colportait fragments par fragments :

« Mais, je vous prie, par quelle suite d'idées incroyables le second Théâtre-Français a-t-il été poussé à représenter *Henri VIII*, tragédie de M. Jean-Marie-Joseph Chénier? Quel plaisir peut-on trouver à apprendre par cœur de pareils vers? Quel plaisir peut-on trouver à les entendre? A contempler des inventions pareilles, on se demande si l'on n'est pas le jouet d'une mauvaise plaisanterie? Ce Chénier-là est un insipide écrivain dramatique. Son vers flasque et mou nous représente ces enfants à demi créés qui tombent à chaque pas et qui, une fois à terre, ne sont pas assez intelligents pour se relever eux-mêmes. De pareils vers ressemblent fort aux crétins du Valais; masses inertes qui n'ont de la vie que le souffle, et de l'intelligence que la boîte osseuse. Cette belle Jeanne Seymour! M. Chénier en a fait une demoiselle à marier. Le roi Henri VIII veut épouser Jeanne Seymour, mais elle se gardera bien de donner sa main à cette Barbe-Bleue couronnée. Jeanne sait trop bien les inconvénients de ce mariage. Cet homme, en effet, en *étalant ses feux*, inspire la crainte; il est entouré de *grands vendus à sa puissance, dont la bouche homicide égorge l'innocence.* — A coup sûr, Jeanne Seymour n'épousera pas un pareil homme, d'autant plus qu'il est marié et que sa femme est vivante; à quoi le roi Henri répond : J'aimai longtemps Boulen, *cet aveu m'humilie*, mais elle *est avilie*, mes yeux se sont ouverts, *j'ai rougi de l'aimer. Ah! remplissez mon cœur!* Remplissez mon cœur est joli, et le *ah!* est charmant. Toutefois, pour faire plaisir à Jeanne Seymour, qu'il appelle déjà son épouse, Henri VIII consent à voir, encore une fois, Anne de Boulen.

Cependant, Norfolk est très inquiet de cette *bonté* du roi Henri; mais Henri le rassure par ces deux vers:

> . . . . Je suis sûr de mon cœur ;
> Pour devenir heureux il faut que je l'opprime.

C'est-à-dire il faut que j'opprime mon cœur. Eh bien! non! cela veut dire: il faut que j'opprime *cet objet odieux*, Anne de Boulen. En même temps, le roi veut savoir si les faux témoins ont bien rempli leur office. *La vertu n'est qu'une ombre*, dit le roi, *un fantôme illusoire*. Ce qui veut dire : On a autant de faux témoins qu'on en veut avoir. Ceci dit, Anne de Boulen sort de sa prison : *Est-ce encore le soleil qui me luit?* Elle revoit ces *superbes murs, voilés de sa douleur* ; elle revoit *le pontife* Crammer, qui l'appelle *sa reine*, et elle lui répond : *Ah! ne m'insultez pas!* Cependant elle avoue que son cœur *est un peu soulagé*, maintenant qu'elle a revu le *prélat vertueux*. A ce moment arrive le roi, qui dit à son épouse: *Vous avez trahi vos ser-*

ments; elle répond : *Ils vivent dans mon cœur!* — Le Roi : Je veux mettre un terme à tant d'*ignominie.* —Boulen : *Pouvez-vous le penser?* Puis enfin elle s'abandonne à son indignation, elle se plaint de *sa triste grandeur,* qui l'a rendue malheureuse *avec splendeur,* et de ses larmes, et de ses alarmes, et de sa vie asservie, et elle demande à quitter ces lieux odieux, et à s'ensevelir dans les flancs d'un rocher solitaire! Elle en dit tant que le roi Henri dit à Norfolk : Peux-tu le concevoir? j'ai pensé me laisser émouvoir! Mais bientôt cet homme, *sûr de son cœur,* reprend toute son assurance, et *en preuve le roi veut voir lui-même les faux témoins* et *leur parler.* Le roi Henri fait là un bien vil métier, et peu dramatique, ce qui ne l'empêche pas de dire à sa femme ces deux vers :

> A la vertu, Madame, accorder un refuge,
> C'est le plus bel emploi d'un monarque et d'un juge.

Cependant tout ne va pas aussi bien que le roi le voudrait. Le plus important de ses faux témoins, Norris, qui a promis de *confondre le crime,* après une habile explosion de quinze vers, finit par s'écrier : *La reine est innocente!* A ces mots, le roi Henri appelle Norris *un traître qui brave son maître.* Norris répond au roi qu'il ne veut pas acheter ses jours *par une calomnie,* que les juges de Boulen sont des *juges sinistres,* de l'injustice *les ministres — Qu'on le mène au supplice!* répond Henri VIII. En même temps le roi sort, non pas sans se plaindre de *cette audace extrême qui manque de respect au diadème.* De bonne foi, est-il possible de nous montrer, dans une action publique, un roi qui veut égorger sa femme légalement, solliciter lui-même, en présence de la femme qu'il veut égorger et en présence de la femme qu'il veut épouser, le témoignage d'un faux témoin, et, quand ce témoin se trouve favorable, l'envoyer à la mort, à l'instant même? Il serait bien plus simple et même plus légal de faire égorger Anne de Boulen dans son cachot, tout simplement.

Après cette belle action avec son doux juge, la reine est ramenée dans sa prison. Là, elle apprend qu'elle est condamnée à mort, et que le roi *a signé l'arrêt des ministres des lois.* — Déjà *les autres accusés* ont subi leur arrêt. La reine n'a plus qu'à faire ses adieux à sa fille. Cette entrevue de la mère et de la fille est touchante. Élisabeth est une enfant qui ne sait pas ce que c'est que la mort. Elle est assise sur les genoux de la pauvre Anne, qui pleure, et, telle est la force de la situation, tel est le souvenir du petit roi Joas ou du petit roi Arthur, qu'à ce moment M. Chénier *est presqu'un écrivain simple et naturel*. Lui et nous, nous oublions que cette petite Élisabeth, implacable autant que son père, fournira, elle aussi, le sujet d'un drame plein de bourreaux, intitulé : *Marie Stuart*.

A ces adieux de la mère et de l'enfant, la tragédie devrait s'arrêter, d'autant plus que le cinquième acte est tout à fait l'égal des trois premiers. C'est le même Henri VIII qui parle sans cesse *de l'État qui doit servir son amour — frappons le coup fatal*, dit le roi — *précipitons l'instant — je feindrai le remords!* Encore une fois, on ne se dit pas ces choses-là à soi-même. Il faut, lorsqu'elles sont dans l'âme d'un homme, que le spectateur les devine, et alors vraiment cet homme-là devient odieux et terrible. Mais si vous en faites un fanfaron de crime, *un gascon de tragédie*, cet homme-là arrive tout au plus à la pitié et au dégoût.

La tragédie de *Henri VIII* se termine par un récit de Théramène que fait le *pontife* Crammer. — La grâce d'Anne de Boulen lui est accordée, mais il n'était plus temps ; Crammer n'a plus vu que des *restes palpitants*, une tête *sacrée*, du tronc *séparée*, d'augustes débris ; l'exécuteur *farouche* avait les sanglots *à la bouche*. Mais cependant expliquons-nous : Si cet exécuteur était en effet si farouche, il n'aurait pas ces *sanglots à la bouche*. Toute la tragédie est écrite dans ce système faux, puéril, prétentieux ; tragédie menteuse ! pitié insultante ! Ce même poëte, qui parlait en public d'humanité, de pitié, de tolérance, n'a-t-il pas écrit des hymnes de sang pour les terroristes de 93? N'a-t-il pas demandé les honneurs du Panthéon pour Marat, *et le matin même de la soirée où ce bon peuple s'attristait des malheurs d'Anne de Boulen, n'avait-il pas assisté au supplice de la plus belle, de la plus innocente et de la plus auguste reine de l'univers?*

Ainsi donc, une fois pour toutes, laissez là ces tristes œuvres qui se rattachent aux plus affreux souvenirs, aux larmes les plus hypocrites, *à la poésie la plus boursouflée des mauvais jours.* »

Ce petit morceau à propos de *Henri VIII* n'est pas, je l'avoue, un modèle de bonne critique ; il est violent, on y voit le *parti pris*, la forme en est mauvaise et triviale, et la chose entière manque d'ampleur et de dignité. Ces caprices, ces colères, ces dédains, ces fantaisies, bonnes parfois à écrire au bas d'un journal, pour un lecteur distrait qui s'en va en toute hâte à ses affaires, ne sont pas autorisées dans une critique régulière. A cette critique honorée et sérieuse, il faut ses franches coudées ; elle s'adresse, non pas au lecteur impatient d'en finir avec les petites nouvelles du théâtre de la semaine, elle s'adresse à la tête calme et reposée, exempte d'affaires, au lecteur oisif... Heureux qui, le livre à la main, peut comparer l'arrêt du juge, à l'œuvre du poëte et se rendre compte du travail de chacun. Là se trouve un double danger pour la critique. Le danger c'est d'être acceptée, en passant, comme une distraction d'un moment, par des lecteurs qui s'inquiètent peu que l'on dise faux ou juste ; alors la critique doit se résigner à ne pas vivre plus d'une heure... un déjeuner de soleil, et tout est dit. L'autre danger, c'est de manquer d'entrain, de spontanéité, de charme, et de perdre même ce lecteur futile qui vous lit, en passant. Malheur à la critique, si elle arrive avec les formules, les précautions, les embarras et les preuves de l'enseignement ; malheur au journaliste s'il disparaît dans le professeur ; si le feuilleton devient une chaire au Collége de France, encore une fois, dites : Bonsoir à la compagnie. Elle vous laisse net au beau milieu de votre dissertation commencée. — Ah ! dit-on, que nous veut ce docteur ès-lettres, et que nous fait à nous cet examen de bachelier ? Puis, hommes et femmes, les voilà partis pour une autre contrée. Ingrats qui ne veulent pas un instant de gêne, un seul moment d'attention ! Quel beau livre on pourrait faire avec ce titre : *De l'indifférence en matière de littérature et de critique!* Voilà donc le double écueil de l'écrivain périodique : il ne faut pas, s'il veut être absolument compté parmi les puissances, que sa page écrite en courant se recommande uniquement par les fugitives qualités d'une improvisation pleine de caprices et de hasards, comme aussi il ne faut pas que cette page, emportée aussitôt qu'elle est lue, affecte les allures de l'enseignement et de la méthode ; en un mot, soyez, s'il se peut, tout à la fois un journaliste et un écrivain ; soyez même un docteur, à condition que sous le docteur on retrouve toujours le journaliste. Au bout de vingt ans et plus de ce métier, quand vous aurez bien obéi à cette double nécessité, il arrivera que, pour votre récompense, il vous sera permis peut-être de fouiller dans ces catacombes de votre esprit, et d'en retirer, comme nous faisons à cette heure, un petit morceau par-ci, une dissertation par-là. — Bon, se dit-on, voilà une vingtaine de lignes, armées à la légère, qui tiendront leur place encore dans mon livre. — Bon, voilà quelques pages solides qui me feront pardonner, tantôt, ces frêles et mignonnes fusées. Ajoutez aussi, pour que votre droit de faire un livre avec ces reliques soit incontestable, qu'il est bon que vous n'ayez pas changé trop souvent d'allure, et que votre goût littéraire, et que tous les penchants de votre esprit, et que toutes les sympathies de votre cœur, dans les choses nécessaires et dans les circonstances difficiles aient conservé ce caractère essentiel de constance, de fidélité, d'enthousiasme. A tant de distance, à travers tant de changements dans la passion du public, parmi tant de noms qui s'élèvent, tant d'hommes qui tombent, dans ce pêle-mêle ardent de poésies nouvelles, de poëmes dégradés, de comédiens qui passent, de comédiennes fragiles, quand le héros de la veille est honni le lendemain, par tous les bruits des renommées brutales et charmantes, dans ce nuage mêlé d'éclairs, aux sommets de ce Capitole... aux bords dangereux de cette roche Tarpéienne, il est bien difficile à l'homme qui raconte cette éternelle et changeante histoire des variations de l'esprit humain, de ne pas avoir de temps à autre le vertige, et de rester immobile à contempler toutes ces œuvres qui croulent, à entendre de sang-froid toutes ces machines haletantes !

« C'est pourquoi tout ce qui varie et tout ce qui se charge de
« termes douteux et enveloppés a toujours paru suspect, et non-
« seulement frauduleux, mais encore absolument faux, parce qu'il
« marque un embarras que la vérité ne connaît point. » Ceci est un beau et sérieux passage de l'histoire des *Variations*, quelque peu étonné, à vrai dire, de se trouver compromise en un pareil sujet.

Il était donc facile, à propos de ces lignes sur *Henri VIII*, non pas de me lancer un pamphlet avec toutes les qualités dangereuses du pamphlet (elles sont *dangereuses* tantôt pour le pamphlétaire et tantôt pour sa victime, quelquefois même pour tous les deux), mais au moins une bonne raillerie assaisonnée d'un bon sel, et Dieu sait si j'aurais été content. C'est une belle chose, le bel esprit, il a des charmes irrésistibles, même pour ceux qu'il pique et qu'il frappe, et je me tromperais fort, ou plus d'un savant jésuite, amoureux des belles-lettres françaises, en ses moments de calme et de loisir, s'amusait fort à relire en cachette les cruelles *Provinciales*. Il faut aimer l'esprit, même quand il vous raille, et se moque en riant de vos vanités, de vos folies, de vos prétentions, de vos discours. Malheureusement pour lui, mon accusateur, puisqu'il voulait absolument m'écraser et m'égorger sur le terrain de Marie-Joseph Chénier, avait laissé passer la bonne occasion ; — il me prenait justement, sur un feuilleton écrit avec soin, dans un ton calme, avec la gravité sérieuse et digne d'un homme qui veut porter un jugement définitif sur une renommée expirante, et qui rend les derniers devoirs à une œuvre dont personne ne veut plus.

TIBÈRE,

TRAGÉDIE EN CINQ ACTES, PAR MARIE-JOSEPH CHÉNIER.

« *Tibère* est tout à fait une vieille tragédie, elle en a l'allure, le ton et le langage, elle se termine par le vieux coup de poignard des plus vieilles tragédies. Et notez bien que par ce mot, *la vieille tragédie*, nous ne remontons pas plus haut que Voltaire, son premier inventeur et créateur. Quand nous disons : Corneille ou Racine, nous parlons de la jeune tragédie, celle-là dont la jeunesse est immortelle, un art éclatant, vigoureux, plein de générosité, de passion et de génie. Mais quelle idée d'avoir été chercher, sous le matelas qui l'étouffe, cet abominable Tibère ? Quelle envie d'avoir violé les infâmes secrets de Caprée ? Quelle histoire peu dramatique, cette histoire de la terreur romaine, et ne dirait-on pas que dans notre amour pour les drames de 1793, et quand tous les héros de cette ignoble époque sont épuisés, nous avons voulu remonter, faute de mieux, jusqu'au 1793 de l'empire romain ?

En effet, qui donc nous rappelle davantage, par ses crimes, par ses violences cachées, par ses calomnies honteuses, par ses hypocrisies sanglantes, par ses peurs incessantes, les affreux héros de la Montagne, que ce Tibère, maître et valet de tant de vices amoncelés sur son horrible tête? Qui donc, au monde, ressemble plus à Robespierre ou à Danton, que ce misérable *pétri de sang et de boue*, comme disait le rhéteur qui l'avait élevé? Cette fois, dans la Rome impériale, tout aussi bien que dans la France républicaine, c'est la peur qui domine toutes les âmes, qui abrutit toutes les pensées, qui fait taire toutes les consciences! La peur a jeté sa pâleur sur tous ces visages, sa honte sur tous ces fronts, son froid mortel dans toutes ces veines, naguère remplies d'un sang généreux. Que le tyran de ces époques funestes, où le déshonneur des victimes égale la honte des bourreaux, s'appelle Robespierre ou Tibère, Caligula ou Danton, peu nous importe. A la seule annonce de ces méfaits de la toute-puissance, vous savez par quels drames vous êtes attendus, par quels supplices sans défense, par quels meurtres sans contre-poids, par quelles victimes sans courage, par quel héroïsme apathique et lâche. Or, de cette œuvre d'égorgeurs nous ne voulons pas; nous allons au théâtre pour voir agir des passions et des hommes, et non pas dans le cirque pour assister aux combats des gladiateurs et des tigres. Des Tibère, des Caligula, des Vitellius, des Collot-d'Herbois et des Carrier, de tous ces vils comédiens qui s'enivrent des fascinations furibondes de leur propre éloquence, — de ces bandits armés de la hache du bourreau, la véritable tragédie ne veut rien savoir; avec les bonnets rouges, l'art qui se respecte ne veut rien tenter; on les laisse dans leur fange et dans leur boue; on les abandonne dans leurs gémonies; on s'éloigne de leur cloaque. Ces malheureux! appartenir au poëte, au peintre, au sculpteur, à tous les généreux génies qui font revivre dans un lointain lumineux les races éteintes, y pensez-vous? Il faut les laisser à Tacite, à Suétone, à l'indignation des peuples, au croc de leurs licteurs, à l'échafaud de leurs bourreaux.

Mais, dites-vous, Néron, le Néron de Racine? — Le Néron de Racine! jamais le chaste poëte n'aurait osé arrêter son regard épouvanté sur le Néron des vieilles années! A aucun prix, il n'eût consenti à nous montrer la bête féroce délivrée de toute entrave; il sait trop bien que la tragédie est à la fois un enseignement et une espérance, que les plus grands vices et les crimes les plus terribles, pour être supportés, doivent se mêler à des luttes courageuses, à l'éclat ou tout au moins au souvenir de quelque vertu.

A l'heure où commence la tragédie de Racine, Néron en est encore à commettre son premier crime. — On a pu entendre, tout au plus, les premiers rugissements de la bête féroce, mais sa griffe ne s'est pas plongée dans le sang humain. — Ce qui fait la terreur que le Néron de Racine nous inspire, c'est la prévision des crimes qu'il peut commettre; c'est l'attente de cet avenir rempli de parricides, d'incestes, de violences, de meurtres abominables; en un mot, c'est la lutte du bien et du mal dans cette âme pervertie, mais encore timide, incertaine, flottant de Burrhus à Narcisse. Savez-vous que ces commencements de Néron composent une belle scène dans les tremblements de la ville impériale? Trois tyrans viennent de mourir. Rome a déjà passé par les délateurs de Tibère, elle a courbé la tête sous les soldats de Caligula, elle s'est prostituée aux affranchis de Claude l'empereur, et elle ne peut pas croire, tant elle est humiliée et malheureuse, que ce Néron, ce jeune homme qu'elle appelle *les délices du genre humain*, cet enfant qui a pleuré quand il a fallu signer son premier arrêt de mort, deviendrait si vite le véritable empereur de Rome, le Briarée-dominateur de cette puissance sans limites... Songez donc à ces huit années de paix, d'abondance, de liberté qu'enviait Trajan dans sa gloire! Et c'est pourquoi Racine, à propos de Néron, a entrepris de raconter cette transition funeste, de la vertu au crime, de la simplicité à l'emphase, de la réserve du citoyen romain à la toute-puissance fabuleuse du plus fatal des empereurs. — Tragédie illustre entre toutes! Merveilleuse étude, digne de Corneille! Aussi bien êtes-vous attentifs pour savoir ce que va devenir le fils d'Agrippine, comment l'artiste couronné, le jeune poëte amoureux de la forme, nourri dans la passion des plus honnêtes chefs-d'œuvre, va tout d'un coup dépasser Tibère?

Il faut dire aussi que Néron commençant n'est pas isolé, comme l'est Tibère, et qu'il n'est pas seul dans sa domination, ce qui ajoute un intérêt de plus à la tragédie qui le représente.—Seul

Tibère a vécu; seul, il a rêvé; seul, il s'est abandonné à ces hontes dont le secret a suinté dans les murs de Caprée; il a tout de suite assassiné tous les siens; il a eu la peur pour compagne, la mort pour licteur. Autour de lui et vingt-quatre heures après la mort d'Auguste, (Dieux immortels, avez-vous assez châtié l'empereur Auguste pour avoir fondé le trône de Tibère, de Claude, de Caligula, de Néron?) un grand silence s'est opéré autour de Tibère; il a régné dans le silence; il s'est fortifié sur son rocher; il a commandé de loin à ce vil Sénat qui se décimait lui-même pour plaire au maître. Rien ne va à Tibère que la délation; de Tibère, rien ne vient que le supplice; on compte ses jours par les meurtres et les confiscations; il n'est abordable qu'aux promesses des délateurs; il ose à peine se promener de temps à autre près des murs de Rome; mais dans ces murs il ne doit plus entrer.

En un mot, ce n'est pas un homme qui gouverne l'univers, c'est un spectre altéré de sang humain. — Tibère! nul au monde n'a vu, sans mourir, cette face blême; nul n'a touché cette main livide, sinon un rhéteur pour la baiser et pour deviner au faible battement de ce pouls fiévreux que César pouvait mourir! Tentez donc de composer un drame avec ce Prométhée de la toute-puissance! Au contraire, le Néron de Racine, il vit, surtout par son entourage. A ses côtés se tiennent des vertus et des vices qui donnent le mouvement à ce règne. Néron, c'est Néron d'abord; c'est ensuite Tigellius, Narcisse, Agrippine; c'est Sénèque, c'est Burrhus, c'est Locuste l'empoisonneuse; d'un côté les stoïques, dans l'autre camp les affranchis de Claude; des vertus qui s'arrêtent, des débauches qui commencent; le poison qui se montre, les valets corrupteurs; et puis, tout d'un coup, quand il n'y a plus d'espoir, quand Britannicus est mort, le poëte s'arrête éperdu, épouvanté, trop heureux de couvrir sa tête du manteau de Burrhus! — Il laisse à d'autres le soin de compléter ce funeste récit; à d'autres les proscriptions du règne de Néron, le meurtre d'Agrippine, les licences de Poppée, la mort d'Octavie et l'incendie de Rome, toutes ces misères que Tacite raconte à en avoir le vertige, et qui vous rappellent ces trompettes funèbres du tombeau d'Agrippine qui troublèrent dans *son premier rêve*, dit Suétone, le sommeil de Néron!

Au contraire, dans cette insipide tragédie de *Tibère* point de lutte, point de résistance, personne que Tibère! La terreur est niaise, le héros se donne toutes sortes de peines pour se faire plus méchant qu'il ne l'est en effet; de grands cris, de grands gestes, de la tyrannie à la façon burlesque des tyrans du boulevard! L'addition de tous les meurtres, entassés dans cette histoire est réduite à la mort de Germanicus. — Or, Germanicus est mort, ses cendres ont été rapportées dans Rome attristée. Tout est dit: Tibère est content; et, ceci fait, on ne devine pas pourquoi tout ce premier acte est rempli de ces joies sanglantes. Ici même, il nous semble que le poëte a tué, d'un coup trop hâté, le vaillant Germanicus. A quoi bon en finir si vite avec ce jeune héros: les courtes et malheureuses amours du peuple romain, *breves et infaustos populi romani amores!* A quoi bon passer sous silence l'arrivée d'Agrippine à Brindes? Pourquoi se débarrasser en toute hâte de cette terrible histoire? Au moins Germanicus tenait quelque peu à Tibère; il y tenait par la peur, par la jalousie, par l'envie, par la haine! A ce compte, si Chénier l'eût laissé vivre, il eût trouvé quelqu'un à opposer au tyran.

Mais non, l'auteur de *Tibère* tue Germanicus au lever du rideau... Racine fait durer pendant quatre actes Britannicus, et il nous le montre si jeune, si amoureux, si brave!— La tragédie de Chénier est violente, elle est brutale; on ne comprend pas, maintenant que Germanicus est mort, toutes les inquiétudes de Tibère.

Mais, dites-vous, Agrippine est aux portes du Sénat qui demande vengeance, et c'est une raison pour que Tibère s'agite et s'inquiète. A quoi il est facile de répondre: Pour vous servir du Sénat comme d'un moyen de terreur, oubliez-vous donc quel est ce vil Sénat dont vous parlez, et dans quel abîme d'abjection il était tombé? Tibère, lui-même, avait honte de cette abjection dans la servitude! *Patientiæ tædebat!* et pas un instant le tyran ne s'est inquiété de ces vils patriciens dont il a fait le jouet de ses ironies et de ses vengeances. Le Sénat, dites-vous? mais ce Sénat tremble et se prosterne; mais jamais il n'est plus épouvanté qu'aux jours où Tibère s'humilie devant lui; indigne ramassis de grands noms sans courage, de parvenus déshonorés, de délateurs sans honte, vieillards perdus de débauches, jeunes gens perdus de dettes; fantômes!

Le second acte de cette infime tragédie est aussi peu rempli que le premier. Agrippine accuse Pison devant le Sénat même! Agrippine tient entre ses mains les cendres de son époux; Chénier avait voulu que la veuve du héros fût entourée de ses *trois enfants*. Trois enfants! c'était un peu beaucoup, et le Théâtre-Français, dans sa prudence, les a supprimés comme une déclamation inutile. Pure et vaine déclamation, en effet! Triste colère, cette colère d'Agrippine qui frappe si bas, quand elle devrait frapper si haut! Cette noble et fière image de la première Agrippine, l'auteur de *Tibère* nous l'a montrée sans force et sans grâce. Il n'a su tirer qu'un faible parti de tant de courage, et de tant de malheur. De cette honnête femme d'un grand cœur, belle, fière et féconde, il a fait une déclamation. Et pourtant l'Agrippine de Germanicus et l'Octavie de Néron méritent, entre toutes les dames romaines de l'empire des Césars, les respects et les sympathies de la poésie; de toutes les femmes qui ont approché le trône impérial, Octavie et la première Agrippine, celle-ci par ses vertus pleines de résignation, celle-là par ses douleurs austères et indignées, sont les seules dont l'histoire ait parlé avec louange; toutes les autres femmes de l'empire, si la chose était possible, seraient un peu plus viles que les hommes eux-mêmes..... Et voilà où en étaient venues, ô Lucrèce et Cornélie, les filles austères de la Rome d'autrefois!

La première scène du troisième acte est consacrée à la biographie de Tibère. C'est l'empereur lui-même qui entreprend sa propre louange pour consoler la lamentable Agrippine. Arrive Séjan qui s'inquiète des *pleurs ambitieux* d'Agrippine. Dans cette tragédie de *Tibère*, où il devait tenir une si grande place, Séjan est ignoble; on lui préfère même ce vil Narcisse que Racine a laissé dans toute son abjection. Eh quoi! ne vous souvient-il plus quel fut Séjan? Il a été le maître du monde après l'empereur, quelquefois même avant l'empereur. Le Sénat tremblait devant Séjan; le peuple courbait la tête lorsque Séjan passait dans sa litière; Tibère lui-même en avait peur!

« Séjan a été le héros du plus terrible drame qu'ait jamais raconté Tacite. Quand le Sénat se met à lire cette lettre datée de Caprée et dictée par Tibère. — Lève-toi, Séjan, dit le consul à la fin de la lettre; Séjan se lève, et l'instant d'après il était dévoré par la multitude en furie. A relire cette lettre de Tibère, on dirait une de ces symphonies funèbres dont les premiers accords annoncent le contentement et la joie ; peu à peu la symphonie s'assombrit, jusqu'à ce qu'enfin retentisse le dernier coup de l'ophicléide en deuil. De toutes les précautions que prend Tibère pour se défaire de Séjan, il résulte qu'en effet Séjan était l'homme le plus redoutable de l'empire ; tout au rebours, Chénier en fait le dernier et le plus vil des flatteurs. Dans cette longue tragédie, on cherche en vain le ministre ambitieux qui se posait, sa pensée, comme le successeur de Tibère ; Narcisse n'est pas plus obséquieux et plus vil, mais Narcisse se maintient dans son rôle d'esclave et de flatteur. En vérité, on aurait cru, à tout ce bruit que Chénier a fait de son vivant, qu'il devait être placé parmi les génies qui inventent ; à peine si on le peut compter parmi les beaux esprits qui copient. La belle nouveauté que voici ! et la belle façon de copier Racine ! Le Tibère de Chénier, c'est le Néron de Racine devenu vieux ; le Séjan de Chénier, c'est le Narcisse de Racine avec vingt ans de moins et quelques lâchetés de plus !

« Reste dans tout ce troisième acte une scène: Pison qui s'est trouvé mal défendu par Tibère, menace l'empereur de le dénoncer en plein Sénat comme son complice !

— Vos ordres, à la main je les ai !
— Téméraire, vous les avez gardés ?

A quoi Pison répond :

— Je connaissais Tibère !

« Eh bien non ! répondre ainsi à Tibère, c'est justement ne pas connaître Tibère. A quoi bon conserver ces ordres ? On les montrerait au Sénat, que le Sénat crierait au crime de *lèse-majesté* ! Garder les ordres de Tibère, c'est croire à la justice du Sénat, c'est croire au remords de Tibère. Or le Sénat recevra bientôt des lettres infâmes dans lesquelles Tibère lui-même se vantera hautement du supplice de tous les siens ; il dira comment ils sont morts : celle-ci exilée dans l'île où fut chassée Livie ; celui-là mort de faim en dévorant la laine de son lit ; il dira le nom des bourreaux ; pour les bourreaux il réclamera, il obtiendra une récompense, une malédiction pour les victimes. Ainsi, quand Pison s'écrie : *Je connaissais Tibère!* Pison dit tout simplement une niaiserie qui doit le perdre sans retour. En effet, à peine est-il parti que Tibère fait revenir Séjan, et là, tout de suite et sans chercher s'il n'y a pas une autre façon de se débarrasser de son complice, Tibère indique à Séjan une façon quelque peu compliquée de tuer Pison.

« Le vrai Pison, l'homme de Tacite, est mort mieux que cela, il s'est tué de ses mains, justement parce qu'il connaissait Tibère. Il s'est tué, et dans son testament, non-seulement il n'a pas accusé son complice, mais encore il a déposé à ses pieds toutes ses louanges obéissantes. Il connaissait Tibère : loin de se poser comme un accusateur, l'ancien gouverneur de Syrie se pose en suppliant ; il invoque l'amitié de l'empereur ; il demande grâce pour ses enfants. Il connaissait Tibère ; il savait que cet homme, aussi avide que cruel, aimait à la fois l'or et le sang, et par ses lâchetés d'outre-tombe il voulait sauver le patrimoine de sa famille. Au reste, c'est là justement le grand malheur de cette tragédie : c'est que nous autres, tout comme Pison, nous connaissons Tibère ; au contraire, dans la tragédie de Racine, personne encore ne connaît Néron, et voilà justement pourquoi la tragédie de *Britannicus* nous cause une si profonde terreur !

« Dans le quatrième acte, les rares amateurs de cette mélopée somnolente admirent beaucoup, approuvent beaucoup la scène d'accusation entre Pison et son fils Cnéius. Cnéius, c'est un peu le cousin du jeune Britannicus, moins l'amour. Cnéius, en vrai stoïcien, aime son père ; il aime encore plus la vertu. Si bien que Pison tremble devant son fils, et qu'il finit par dire devant Cnéius son *meâ culpâ* de la mort de Germanicus. A coup sûr la confession du vieux général est une bonne œuvre ; mais ce n'est pas ainsi que se conduit, dans l'histoire romaine, le père de famille. Où donc Chénier a-t-il rencontré ce père de famille qui s'humilie devant son fils, ce père de famille qui *demande pardon* à son fils? Vainement, dans l'histoire romaine, à commencer par Brutus, je cherche un père offensé qui pardonne ; le pardon n'est pas une vertu romaine, encore moins (dans toute l'antiquité) une vertu paternelle.

Crois-tu qu'à pardonner un père ait tant peine ?

s'écrie l'Œdipe de Ducis; mais c'est l'Œdipe de Ducis qui dit cela; il faut en savoir gré à Ducis et non pas à l'Œdipe du poëte grec. Quant à tomber aux genoux de son enfant, voilà ce qui ne fût jamais venu à l'idée d'un Romain! Ceci n'est plus de l'histoire, ce n'est même pas du drame, c'est une invention puérile dont le grand Corneille, ce Romain, ne se fût jamais avisé.

« Le dernier acte est aussi mal construit et aussi embarrassé que le premier. Le poëte inintelligent qui devrait cacher dans une ombre favorable ce ramassis de poltrons et de scélérats dont se compose le Sénat, le rappelle au contraire sur la scène, afin que rien ne manque à notre dégoût. Dans la nuit du quatrième au dernier acte (Séjan le raconte à Tibère) Pison a été assassiné. Cependant, devant le Sénat réuni, et quand l'assassin de Germanicus va subir le châtiment de son crime, Agrippine, cette fière et implacable Agrippine, venue de si loin en criant vengeance, Agrippine dont l'unique devoir, l'unique passion désormais doit avoir pour but la vengeance, Agrippine, dans un bel accès d'une charité toute chrétienne, pardonne à Pison la mort de Germanicus! Agrippine annonce qu'elle retire sa plainte contre Pison; à quoi Tibère, comme un bon procureur du roi, répond à Agrippine qu'elle n'a pas le droit de retirer sa plainte. Avouez que c'est à n'y rien comprendre; ici un père aux genoux de son fils; l'instant d'après, la femme de Germanicus tremblante pour l'empoisonneur! C'est alors que se répand le bruit de la mort de Pison. Donc, tout est fini, et le Sénat n'a plus qu'à s'en aller comme il est venu, lorsque soudain Cnéius s'écrie que son père est coupable! Oui, Pison a empoisonné Germanicus! Mais

Tibère commanda l'horrible sacrifice!

« Que pensez-vous du transport de Cnéius? A quoi bon? Où est le résultat de cette nouvelle déclamation? Quel mal en doit survenir à Tibère? Le peuple va-t-il déchirer le tyran? le Sénat le mettre en accusation? Agrippine montrer à Rome indignée les enfants de Germanicus? Non! tout reste calme, le peuple applaudit, le Sénat applaudit, Séjan est content; Tibère s'en va dîner avec ses rhéteurs, son astrologue et ses maîtresses; rien n'est changé, si ce n'est que le jeune Cnéius, après s'être bien posé sur ses deux pieds, le bras arrondi, la tête penchée, la bouche pleine de vers sonores, se tue d'un grand coup de poignard. — *Tu pâlis, malheureux!* s'écrie-t-il; mais Tibère ne pâlit pas. C'est ainsi que dans une scène antérieure Agrippine s'est écriée: *Quel abîme!* Mais Agrippine est trop bonne pour la susdite tragédie; je ne vois pas où est l'abîme; au contraire, rien n'est plus clair. Quant au suicide de Cnéius, il inspire tout au plus une certaine pitié à la veuve de Germanicus; même peu s'en faut que ces deux victimes ne se mettent à s'adorer comme font la Junie et le Britannicus de Racine. Ainsi la déclamation et l'emphase remplissent, de leur sonorité stérile, toute cette vaine tragédie. Ce coup de poignard final, combien peu il ressemble au suicide improvisé d'Othello, par exemple! « Un jour, dans Alep, un Turc insolent frappait un « Vénitien, je le pris à la gorge et je le frappai ainsi! » En fait de suicides, je ne sais rien de plus touchant que cette mort volontaire, qui commence comme un conte de bonne femme. Mais les emphatiques et les impuissants procèdent autrement.

« Si l'on eût bien fait, on eût laissé dans les limbes, cette méchante tragédie d'un style équivoque et d'un intérêt fort contestable. Puisque le frère d'André Chénier reposait dans cette tombe qui a dû lui paraître bien douce, après toutes les agitations de sa vie, il fallait le laisser couché là, et ne pas en faire le héros posthume d'une première représentation. Celui-là et tous les autres de sa cohorte, ils sont du nombre des poëtes qui ont vécu, ils ne peuvent que gagner à être oubliés, et vus de loin. Ils ont été la queue de Voltaire, mais ils sont restés en chemin pendant que cette comète errante poursuivait sa course en zigzag, dans tous les nuages ardents du ciel irrité. Vie agitée et malheureuse, poésie mêlée de bien et de mal, tragédie entourée de passions et de colères dont le poëte rougit plus tard, popularité de tribune et de carrefour, inquiétude qui ressemble aux remords, brûlante satire qui produisait sur les renommées contemporaines l'effet du fer chaud sur les épaules d'un forçat, gloire d'un jour, fugitive comme la gloire, vanités des révolutions et des émeutes, succès vite oubliés, chutes sans rémission, turbulences misérables, une vieillesse découragée, un frère glorieux dont la gloire grandit chaque jour, gloire consacrée par l'échafaud, la gloire d'un poëte martyr! — Et tout cela pour finir par des doutes cruels: de quel côté était la vertu? où se tenait la liberté? quel est le poëte, de moi ou de mon frère? quel est l'heureux de nous deux, moi qui m'étais assis parmi les bourreaux, lui qui a pris son élan avec les victimes? — A ces doutes d'une âme honnête, d'un bel esprit médiocre, d'un orgueil sans limites, d'un orgueil malheureux, M. de Chateaubriand, le successeur courageux de Chénier à l'Académie française, s'était chargé de répondre; M. de Chateaubriand, dans sa pitié, dans sa justice, a protégé de son silence et de sa tristesse la renommée déjà décroissante (en 1811) de Marie Joseph Chénier. »

CASIMIR DELAVIGNE.

La *Philippique* était véhémente, on le voit, on voit aussi qu'elle ne sortait pas des plus justes bornes de la critique la plus permise. — Au même instant, au moment où j'achevais mon thème, arrive à l'improviste la nouvelle que M. Casimir Delavigne vient de mourir; aussitôt j'abandonne à qui le veut prendre, Marie-Joseph Chénier, et je salue avec des larmes le poëte expiré.

« Combien, oh! combien je préfère aux agitations, aux tumultes, aux doutes, aux succès surtout de ce poëte, qui était un tribun dans ses vers, qui était (dans les temps mauvais) un poëte à la tribune, la vie calme, sérieuse, honorée du grand poëte que la France pleure aujourd'hui après l'avoir applaudi pendant vingt ans! Il est mort, le plus noble et le plus digne représentant des poëtes d'autrefois aux meilleurs jours de la poésie. Quelle vie plus remplie des meilleures œuvres et des plus beaux vers? Que de gloire, et dans cette gloire que de modestie! Quelle carrière mieux commencée, et parcourue d'un pas plus honnête et plus calme? Il a été l'un des premiers à tracer la carrière de la poésie nouvelle! Enfant de la Restauration, il s'est mêlé à toutes les émotions populaires, il a pris sa part de toutes les justices. Le premier, avec lord Byron et Béranger, il a compris que l'Empereur, même vivant, était devenu un être poétique; le premier il a célébré la Grèce captive et ressuscitée; il s'est prosterné aux pieds de Jeanne d'Arc, insultée à plaisir par un démon; il a pleuré avec des larmes éloquentes sur les malheurs de Waterloo. Cette belle âme, toute française, avait en elle-même les plus vifs instincts de tout ce qui était la gloire et la pitié.

Son coup d'essai des *Vêpres siciliennes* a été, pour la France, une grande espérance, — et la France ne s'est pas étonnée quand elle a appris que ce nouveau venu était de la même province que Pierre Corneille. Rappelez-vous, rappelez-vous, vous qui étiez jeunes alors, l'enivrement que vous causaient les beaux vers et les chœurs du *Paria*, et l'éclat de rire que soulevait cette charmante satire des *Comédiens*! et *l'Ecole des Vieillards*! Talma vivait encore, Mlle Mars avait conservé tout le prestige et tout l'éclat de la jeunesse. — Comme cela nous vieillit, juste ciel! Il me semble que je suis encore à la première représentation de *Louis XI*, quand M. Casimir Delavigne voulut montrer que, lui aussi, il savait employer à propos toutes les pompes et les magnificences du drame moderne. — Esprit infatigable, — sourire éloquent, — il était terrible, il était charmant! Il jouait même avec les héros les plus dangereux, témoin Charles-Quint et Philippe II, et cette histoire de *Don Juan d'Autriche* que n'auraient pas reniée Calderón ou Lopez de Véga. C'étaient là ses beaux jours, des jours de fête et de batailles gagnées. — Il s'abandonnait volontiers à l'inspiration du moment, il croyait au hasard comme un peu tous les gens d'esprit : de même qu'il avait trouvé *Don Juan d'Autriche* en ouvrant la *Biographie universelle*, il avait trouvé *les Enfants d'Edouard* dans Shakspeare, et dans la Bible *une Famille au temps de Luther* et dans *le Cid* de Corneille une élégie : *la fille du Cid*. — Habile écrivain, écrivain de bon sens plus encore qu'un écrivain de génie, il cédait tout à la poésie, excepté les lois de la grammaire; de bonne heure il s'était nourri des plus fortes et des plus sérieuses études; recueilli, caché, aimant la retraite, heureux dans la solitude charmante de la famille! On n'ose pas dire quel âge il avait quand il est mort. On n'ose pas calculer toutes les nobles pensées que renfermait ce noble cœur, tous les beaux vers que contenait cette tête encore ombragée de cheveux noirs. Il a vécu sans autre bruit que le bruit poétique, sans autre ambition que les succès venus du parterre ; il est mort au milieu de la louange et des larmes universelles. Deux villes se sont disputé à qui lui donnerait l'hospitalité de la tombe ; la ville de Lyon l'eût enterré avec honneur à côté de l'auteur de *l'Éloge de Marc-Aurèle;* la ville de Paris lui donnera quelque place brillante dans son cimetière, qui suffirait à composer tout un Panthéon. Pleurez-le, vous qui aimez les beaux vers, les pensées touchantes, l'esprit sans fiel, la grâce sans fard ; pleurez-le, vous qui aimez la vie laborieuse, la gloire méritée, les vertus domestiques, les exemples salutaires, les âmes fières, les honnêtes esprits, la simplicité dans le talent, la douce et calme bonne humeur qui vient de la conscience et des devoirs accomplis. Il meurt bien jeune, mais sa vie est remplie, mais son nom ne peut pas mourir, mais il laisse après lui des chefs-d'œuvre, et même, car dans cette révolution de Juillet tout devait être pacifique, dans les œuvres populaires de notre poëte se rencontre le chant de gloire et de pardon de la révolution de Juillet. Insigne honneur d'un chant de triomphe qui est allé trouver sous ses ombrages le poëte le plus calme et le plus loyal de la France. — Il n'est plus! — Lyon, la ville hospitalière, l'a accompagné jusqu'à ses portes qui le perdaient à regret; Paris, qui l'a tant aimé, l'attend après-demain pour lui faire des funérailles dignes de notre reconnaissance, de nos regrets, de nos respects. »

S'il y eut jamais un morceau de critique éphémère, à l'abri des injures et des violences du pamphlet, il me semble que c'était ce morceau sur la tragédie de Chénier; tout était vrai, l'idée et la forme de cette critique, même je m'étais abstenu de dire à quel point le public avait dédaigné cette reprise de *Tibère*, quand j'aurais pu raconter que la seconde représentation de cette émeute en vers alexandrins n'avait pas produit plus de deux cents *livres* (on parlait ainsi en l'an 1660, où fut fondée avec tant de génie et d'une façon si durable la *Comédie-Française* par la volonté du roi Louis XIV et le génie de Molière). Eh bien! ce fut justement ce bon et honnête feuilleton qui servit de prétexte au fameux pamphlet intitulé *Chénier et le prince des critiques!* Il parut d'abord dans un journal *très-avancé*, qui s'appelait: *la Réforme;* il parut en pleine déclamation, en pleine violence, au milieu de ces grands politiques qui ont régné tout un jour, et dont le règne devait aboutir à l'abîme. J'en puis parler sans aigreur, ce n'était rien moins qu'une bonne page, on n'y voyait guère que la haine et le désespoir de l'impuissance. Cela était travaillé au marteau, *marteler le bon sens*, disait Despréaux;

— Le travail de cette pièce oratoire était fouillé jusqu'au précieux, la haine y était si pleine de petites recherches, de grosses élégances et d'ornements à l'emporte-pièce, que peu de gens auront lu la diatribe jusqu'au bout ; personne, excepté une douzaine de furieux n'aura lu cela deux fois. On pouvait dire à l'auteur du pamphlet ce que disait, il y a bien longtemps, un brave poëte, Théophile, attaqué par Balzac[1] :

« Vos missives diffamatoires sont composées avec tant de peine que vous vous châtiez en malfaisant ; votre supplice est si conjoint à votre crime, que vous attirez tout ensemble et la colère et la pitié, et qu'on ne peut se fâcher contre vous sans vous plaindre. Cet exercice de calomnie, vous l'appelez le divertissement d'un malade, il est vrai que si vous étiez bien sain, vous feriez tout autre chose ; soyez plus modéré en ce travail, car il entretient votre indisposition. »

Voilà pour le style de ce pamphlet supprimé par le goût public aussi bien que par arrêt de la cour royale ; et comme, au grand chagrin de l'auteur, ce merveilleux article ne produisait pas tout l'effet qu'il semblait en attendre, de cet article il fit une brochure, et pendant quinze jours (au prix énorme de quinze centimes), cette brochure se vendit à outrance. — Alors il fallut que l'un et l'autre de ces deux hommes vînt s'expliquer catégoriquement aux pieds de la justice ; il fallut que l'accusé et l'accusateur se présentassent dans le champ-clos de l'honneur des deux partis, armés de toutes pièces, l'un pour l'attaque et l'autre pour la réplique. A coup sûr, si une seule des violences de cet homme, une seule eût été justifiée, il avait raison, il était dans son droit, il était sauvé... la vie entière de l'écrivain appartient à ses pairs, ils ont le droit de blâme et le droit de censure ; en vain la loi voudrait abriter l'écrivain attaqué dans ses œuvres vives, cet homme attaqué doit se livrer tout entier à l'attaque, pourvu que l'attaque soit loyale sinon courtoise ! Ainsi, dans ce procès en diffamation, on vit à la cour royale deux avocats réunis contre un seul écrivain, deux avocats puissants par la parole et très-entourés de cette popularité d'opposition qui les fait écouter au dedans, qui les fait

---

[1]. OEuvres du sieur Théophile, etc., augmentées de la *lettre* contre Balzac, Lyon, Jean Huguetan, 1638.

applaudir au dehors. Le premier de ces avocats était maître
Marie, le second était maître Fabre, et l'un et l'autre, poussés
par je ne sais quel besoin de triompher d'une juste accusation,
ils ont plaidé chacun pendant un jour, développant à loisir les
preuves, les matériaux, les commentaires... Travail impuissant,
œuvre inutile! Ces grands avocats procédaient par fragments, par
fractions, on leur avait ramassé des phrases et des débris, et des
lambeaux, et de ces sens tronqués ils avaient composé une con-
tre-accusation sur laquelle, de son souffle puissant, et leur plai-
doirie étant épuisée, souffla ce merveilleux orateur, maître Chaix-
d'Est-Ange, seul contre ces deux forces réunies. Seul, et si bien
convaincu de la bonté de sa cause, et tout rempli des preuves
qu'il avait puisées lui-même dans cet océan de feuilletons amoncelés comme les feuilles d'automne, il parla de si grand cœur, si
simple, si vrai, si calme tout ensemble, que rien ne put résister
à cette indignation, à ce mépris, à cette colère... Ainsi, sa cause
fut deux fois gagnée, à la police correctionnelle, à la cour royale ;
il y eut un arrêt solennel, il y eut le mot *diffamation* prononcé
par le président, M. Moreau : diffamation! une longue prison de
six mois, une amende de mille *livres* (style du petit Châtelet) et
dans trois journaux, si j'avais voulu, l'insertion de la peine!...

Ah! quelles journées ces jours de lutte, ces cris, ces colères,
ces passions, ces paroles, ces angoisses, et comme il faut se réjouir quand cette crise est passée! A celui qui aime avant tout
l'art qu'il exerce et l'étude qui l'enchante, à celui qui, toute sa
vie, a vécu en dehors des disputes judiciaires et dont la dispute
la plus violente a duré à peine deux fois vingt-quatre heures : le
temps d'attaquer et le temps de répondre ; à celui qui est habitué
à se défendre et à se protéger lui-même de sa plume bien taillée,
il est dur, il est cruel de se voir privé de ses armes légitimes et
de son champ clos de chaque jour! Mais le moyen de s'en tenir à
son champ de bataille avec un homme qui se précipite volontai-
rement dans la voie de la diffamation et de l'injure? Non! il y a
certaines limites que l'écrivain ne peut pas franchir ; il y a des
paroles puisées dans les dictionnaires inconnus, auxquelles l'é-
crivain ne saurait répondre. On vous dit : *Méprisez!* C'est bien
vite dit : *Méprisez!* Il y a des hommes auxquels on ne répond pas
par le mépris, j'entends le mépris du silence qui donne trop beau

jeu à la calomnie et à l'injure! A la bonne heure, un peu plus tard, quand on se trouve définitivement à sa place, si quelque goujat des belles-lettres, retiré du commerce des muses vénales, vient à vous les mains pleines d'ordures, passez votre chemin et ne vous inquiétez pas de ces clameurs, elles ne sauraient vous atteindre, elles n'ont jamais atteint que le malheureux insulteur.

Après l'arrêt... eh! bien avant l'arrêt, tout ce bruit d'une heure était tombé, le public avait été le premier juge, — il savait tout ce qu'il fallait savoir, il avait dicté son jugement définitif, il ne fut pas fâché de le voir confirmé par la cour royale, ou pour mieux dire, il n'y pensait déjà plus :

> Que le mensonge un instant vous outrage,
> Tout est de feu soudain pour l'appuyer ;
> La vérité perce enfin le nuage,
> Tout est de glace à vous justifier [1].

Dans l'intervalle de ce long procès où ma vie entière était en cause, j'avais achevé un des livres qui m'ont le plus coûté de zèle, de persévérance et d'attention sur moi-même : *Clarisse Harlowe* [2], et naturellement, comme je voulais donner à M. Chaix-d'Est-Ange, mon illustre et éloquent défenseur, le seul témoignage qu'il voulût accepter d'une reconnaissance qui sera éternelle, je lui dédiais ce livre qui m'avait tant coûté : « Il y eut un jour à Rome, quelque temps avant les Césars, où l'un des poëtes les plus inconnus de la république peu attentive à l'invasion du bel esprit, s'en vint attendre à la porte du sénat son patron et celui de bien d'autres, Cicéron, le grand orateur. — Cet humble client d'un si grand homme, il s'appelait : le poëte Archias. Poursuivi par une accusation qui le dépouillait de ses droits de citoyen romain, le poëte Archias devait comparaître, le lendemain, devant ses juges, et répondre, accusation pour accusation, à quelqu'un de ces entrepreneurs de colères publiques, qui par oisiveté et pour la petite fête de faire un bruit d'un instant, disputait au poëte son droit légitime. Cicéron écouta patiemment la réclamation de son client, et soudain il voulut prendre sa défense en plein Forum ; cette cause touchait à la dignité des Lettres, insultées dans

---

1. Voltaire, *Épit. sur la calomnie.*
2. 2 tomes in-18.

la personne d'Archias. Alors le sénat, le peuple et Rome entière furent attentifs à cette cause devenue une grande cause. Dans un discours merveilleux, l'orateur romain appela sur la tête de cet enfant des Muses, toutes les sympathies du sénat et du peuple romain. Vous savez par cœur ce plaidoyer enchanteur *pro Archiâ poetâ*, il renferme le plus touchant éloge des Belles-Lettres qui ait jamais été porté à la tribune d'un grand peuple, louange renouvelée depuis Cicéron par M. de Lamartine ; celui-là et celui-ci, l'orateur et le poëte, également rempli de son sujet. Ah ! ce fut un beau et glorieux moment pour l'humble Archias, lorsqu'à la vue du grand orateur il vit s'enfuir ces vaines clameurs couvertes de honte, et dissipées comme une vaine fumée ! Il était en venant à ce tribunal auguste, un homme honorable, il en revint honorable et honoré au milieu des applaudissements de la foule ; son droit de cité fut reconnu d'une voix unanime, et s'il n'eût pas été en effet citoyen romain, à l'instant même la voix publique lui décernait le droit de cité, par déférence et par respect pour son illustre défenseur.

Heureuse journée, et d'autant plus belle que le poëte accusé y devait trouver une gloire immortelle. Trois jours après le grand procès que le nom seul de l'orateur recommandait à l'attention publique, pas un citoyen de Rome ne se souvenait de l'accusation et de l'accusateur ; Rome eût également oublié l'accusé, mais Cicéron l'avait fait immortel, et à cette heure, quand c'est à peine si deux ou trois de ses épigrammes qui n'ont tué personne sont enfouies dans les anthologies à côté des anciens inconnus, le nom triomphant d'Archias s'abrite fièrement dans ce manteau triomphal d'éloquence, de génie et de vertu ! »

CHAPITRE IV.

Un des symptômes de ces époques troublées (1830 aussi bien que 1848), à l'heure où les nations, violemment arrachées à la vie heureuse, honorée et libre, cherchent en vain leur étoile dans le ciel attristé, c'est le retour soudain des livres et du théâtre aux insultes anciennes contre les rois, contre les magistrats et les prêtres, pendant qu'à la même heure on se presse, on se hâte à recommencer l'apothéose honteux des hommes et des choses de la Terreur. A l'instant même, sur les débris des couronnes brisées, s'étale en grimaçant le hideux bonnet rouge, l'autel devient un échafaud, le trône est une barricade, le cantique est une *Carmagnole*, un *Ça ira*, une *Marseillaise!* Sur le théâtre insulté, *Cinna* disparaît pour faire place aux *Victimes cloîtrées* du sieur Monvel. On a vu, le lendemain de la révolution de 1848, le *Chiffonnier* de la Porte-Saint-Martin vidant sa hotte immonde en présence de la foule appelée, en ce lieu, par le spectacle gratis, et le chiffonnier, tirait de sa hotte, ô délire! parmi ces haillons, ces immondices, ces papiers *qui avaient servi* (ça est écrit mot à mot dans ce fameux drame), la couronne royale de France, la couronne de ce grand roi Louis-Philippe, qui emportait en partant si vite, hélas! la fortune, l'honneur et la prospérité de tout ce peuple que la Providence avait confié à ses soins!

LA MARSEILLAISE.

Ce sont-là les excès des mauvais jours. On maudit publiquement ce qu'il faudrait adorer; on adore les puissances détestables ! Chose étrange et vraie, il arrive presque toujours que l'imprudent qui s'amuse à ces fictions mauvaises exècre, autant que vous les haïssez peut-être, le crime et les bourreaux qu'il met en œuvre ; autant que vous, il a honte de la lâcheté des victimes. Comment se fait-il cependant que cet homme, en dépit de ses plus chères convictions, et ce théâtre qui compte en son sein tant d'honnêtes artistes, en deuil, pour la plupart, de ce roi qui était leur bienfaiteur, s'amusent, là, tout de suite, à ranimer ces passions éteintes, à remonter ces tragédies oubliées, à chanter ces Marseillaises ? O profanation ! la *Marseillaise* hideuse chantée au Théâtre-Français et l'aimable écho de M. Scribe et de Marivaux, répétant d'un ton plaintif que le *jour de gloire est arrivé* pour les enfants de la patrie ! Eh ! c'est justement la Marseillaise qu'on chante dans la rue, et ce sont les hommes que l'on tue aux pieds des barricades, ce sont les proclamations affichées sur les murailles, complices innocentes de ces désordres, c'est la pluie en février, c'est le soleil en juillet, c'est le nuage en tout temps qui poussent ces hommes sans prévoyance et sans respect :

> Le vent qui passe à travers la montagne
> M'a rendu fou !

La Marseillaise ! Elle a été la haine de ma vie et le plus profond sujet de mon désespoir. Non-seulement elle troublait la rue, elle la remplissait d'épouvante et de bruit, et l'Apollon insulté s'en allait à tire-d'aile, chercher un endroit silencieux

> Où d'être homme d'honneur il ait la liberté !

Un jour même, en pleine monarchie, et tout à coup (quelque assassin venait de tirer sur le roi !), l'abominable chanson avait reparu; pareille à la foudre qui se fait entendre au milieu d'un ciel limpide, il me sembla que ce cri de guerre était un présage, et, dans la fièvre où me jeta cette *Marseillaise* d'un instant, j'écrivis la Catilinaire que voici, en *quo usque tandem?* et Dieu sait si le lendemain de ces foudres, dans la partie active du monde républicain, j'étais bon à jeter aux chiens :

« Nous vivons dans des temps si malheureux ! Pas une heure de repos, pas un instant de silence ! De toutes parts surgissent, des âmes mécontentes, de sourdes et menaçantes clameurs ; aussitôt que ces clameurs se font entendre, s'arrêtent, frappés de stupeur, la poésie, les beaux-arts, toutes les passions heureuses de la vie. A ces terribles murmures de la tempête politique, le livre tombe de votre main tremblante, la plume échappe à vos doigts, la vie de chaque jour est méchamment interrompue, la vie intelligente, rêveuse, heureuse, la vie des peuples plus heureux d'un peu de gloire que de beaucoup d'argent. C'en est fait de tous les délassements de la pensée ; adieu les beaux jours ; poëtes renoncez aux travaux de la poésie. Hélas ! tout s'arrête et se dérange au milieu du monde que nous aimions. La place publique l'emporte sur le théâtre ; l'orchestre éperdu s'arrête au milieu de ses mélodies commencées ; la tragédie se fait pitié à elle-même, tant elle se trouve froide et impuissante à marcher de niveau avec la passion des multitudes ; sous son masque égrillard et fin, la comédie ose à peine sourire ; — et véritablement il faudrait être bien osé pour vouloir nous intéresser par d'innocents sarcasmes, quand c'est le poignard, le meurtre et l'échafaud qui sont à l'ordre du jour. Dans ces horribles émeutes de tous les esprits et de tous les cœurs, en attendant l'émeute de la rue qui est cent fois moins dangereuse, le vaudeville ose à peine murmurer tout bas sa chanson innocente ; la danse éloquente, ne sait plus comment il faut parler à ces regards inattentifs. La misère est générale. Pendant que s'agite en ses fièvres le carrefour révolté, le poëte se rappelle André Chénier, le philosophe murmure le nom de Condorcet, chacune de ces âmes en peine invoque son patron qui est dans le ciel. Le romancier, qui dispose sa fable aux mille incidents divers, reste découragé de tout le bruit qui l'entoure.

— Hélas ! c'est bien la peine, se dit-il à lui-même, que je me mette à la torture pour captiver mon lecteur, quand demain à coup sûr, — aujourd'hui peut-être, mes plus terribles inventions vont être dépassées, d'un seul coup, par quelque misérable va-nu-pieds, la honte et l'effroi de l'espèce humaine ! Bien plus, le mélodrame en personne, cet être grossier et mal élevé qui ne doute de rien, ce grand prodigue à qui rien ne coûte pour amuser son public, ni le vol, ni le meurtre, ni l'inceste, ni les forfaits les plus compliqués... le mélodrame, se voyant dépassé par des fureurs incroyables; remet son poignard dans le fourreau, et il se dit, les bras croisés : Attendons des jours meilleurs!

« Voilà pourtant où la déclamation nous a menés en moins de six semaines. La déclamation littéraire a commencé cette œuvre de ténèbres et cette destruction, la déclamation politique a fait le reste. Cette même nation française célèbre autrefois par son urbanité, par son atticisme, par les charmantes recherches de son langage, par l'aménité de ses mœurs, par tous les raffinements poétiques de la civilisation la plus avancée qui fut jamais, la voilà telle que l'ont faite de misérables hâbleurs sans style! La voilà qui s'agite d'une façon convulsive sous les transes, sous les terreurs, sous les insultes d'une éloquence qui ne respecte rien ni personne, qui ne respecte pas même la grammaire. Pauvre nation! pauvre société française! Elle a beau vouloir revenir à ses vieux dieux, elle a beau tendre la main à ses vieux chefs-d'œuvre, elle a beau revenir, de toutes ses forces, à ce noble passé qui n'est pas encore si loin d'elle, rien n'y fait; la main du premier venu l'arrête dans ses nobles élans. La première voix qui va crier bien haut toutes sortes de phrases horribles, les fera taire, ces poëtes, ces romanciers, ces historiens qui recomposaient lentement les annales du monde, renouant de leur mieux la chaîne brisée. Hélas! qui que vous soyez aujourd'hui, vous tous dont nous espérions encore les secrètes émotions des beaux-arts, vous qui chantiez les transports et les paysages de nos vingt ans, vous les peintres, vous les sculpteurs, les architectes et les réparateurs des vieilles ruines, — vous les artistes qui prêtiez votre talent au drame, à la comédie, et vous les belles personnes qui leur prêtiez votre beauté, votre heure est passée et l'attention n'est plus pour vous. Nous appartenons tous, à cette heure, au démagogue qui hurle dans les carrefours, aux fanatiques des mauvais jours remis en lumière.

Eh! que dis-je? nous appartenons à l'assassin, qui s'en va, la nuit, le fusil à la main, attendre le Roi au milieu de ses sujets. Voilà l'attention universelle; elle n'est pas autre part; qui que vous soyez qui viviez par l'étude, par la pensée et par les beaux-arts, résignez-vous.

« Or, ceci vous explique justement pourquoi et comment, au premier bruit qui se fait dans la rue, aussitôt s'arrêtent les heureux murmures, les douces lueurs, les aimables travaux du cabinet et de l'atelier. Il n'y a dans ce monde que l'émeute qui s'improvise. Il n'y a que les assassins des rois qui prennent leur élan en moins d'une heure. L'homme d'intelligence a besoin avant tout de silence, de loisir, de bien-être, d'ordre et de liberté. S'il est une fois troublé dans sa contemplation, il en a pour plusieurs jours avant que de se remettre à l'œuvre interrompue. Avant tout, il veut savoir pour quels motifs on le vient ainsi troubler, et, si le motif n'est pas logique et loyal, vous n'aurez plus qu'un homme malheureux, incertain, découragé. Dites-lui par exemple que l'ennemi est à la frontière, que la patrie a besoin, non pas tant de son bras que de son exemple, aussitôt le voilà qui abandonne sa maison, sa famille, sa page commencée, et qui s'en va où l'appelle le devoir. Mais tout d'un coup, sans que le même homme sache pourquoi, ameutez à sa porte une foule en colère, faites retentir la rue paisible de chants de guerre, que le bruit de la carabine régicide remue la maison jusqu'en ses fondements, alors voilà un homme éperdu qui cherche en vain une clarté sur la terre, une étoile dans le ciel. Il se réveille en sursaut au milieu de cette calamité imprévue, son oreille est assourdie de ces bruits épouvantables ; tout à l'heure cet homme livré à lui-même, à ses heureux penchants, avait une valeur immense, et maintenant cet homme, bouleversé par vous, les rois de l'émeute et les faiseurs de barricades, n'est plus qu'un malheureux inutile à lui-même et aux autres. Le sage, dit Horace, peut être écrasé sans trembler sous les débris de l'univers. Le poëte romain a raison, sans doute ; mais si l'univers ne se brise pas, si l'univers se contente de faire plus de bruit encore que s'il allait tomber en ruines, alors le sage d'Horace lui-même se met à trembler ; car toutes les conditions de l'héroïsme sont changées ; il s'apprêtait à affronter les ruines du monde, c'est le bruit qu'il affronte !

« Si donc on peut juger des grandes choses par les petites, des produits sérieux de la pensée par ses produits frivoles, d'une page de M. de Chateaubriand, par exemple, par une comédie de M. Mélesville, nous dirons que toute cette tempête des esprits est funeste, cruelle, insupportable. Mieux vaudrait, cent fois, un grand événement bien compliqué, mais dont on serait sûr, que ces abominables et furibondes déclamations, fumée sans feu, bruits inertes, mensonges funestes. Non, rien n'est sincère dans les turbulences de ces esprits venus de l'abîme ; ils s'agitent et nul ne les mène ; ils crient, ils hurlent, ils tuent, sans savoir pourquoi ces cris, pourquoi ces hurlements et ces tueries ! Interrogez l'une après l'autre, ou toutes ensemble les sincères intelligences de ce pays, elles vous diront que cet état de fracas et d'orage est la ruine et la mort de l'intelligence ; elles vous diront que mieux vaudrait la guerre au dehors que tous ces tumultes au dedans, et qu'enfin il ne faut pas compter sur leur concours, s'il ne s'agit que de lire de nouveaux pamphlets le matin, et d'apprendre, en détail, de nouveaux assassinats le soir.

« Quoi donc ! voilà d'honnêtes gens qui se réunissent dans un théâtre ; ces gens-là ont accompli aussi bien qu'ils ont pu, la tâche de la journée ; ils se sont préparés de leur mieux aux paisibles jouissances des beaux-arts. La salle est éclatante de lumières ; les femmes sont belles et parées. A l'Opéra, Meyerbeer éclate dans toute sa puissance ; au Théâtre-Français, le grand Corneille domine de sa voix sérieuse et solennelle les plus hautes discussions de la vieille Rome ; il règle à sa façon ce terrible débat de la République et de l'Empire, ce débat qui dure encore depuis plus de vingt siècles qu'il a été entrepris sur les bords du Tibre. Dans d'autres endroits moins sérieux, la comédie légère s'abandonne à ses gracieuses folies : la joie est partout, le délassement est partout. Tout à coup, à l'instant même où l'intérêt est au comble, au duo de Valentino et de Raoul, à l'instant même où l'empereur Auguste écrase Cinna sous son pardon, ou bien au moment le plus naïf de Bouffé, ou encore à l'instant où va paraître ce nouveau diable qu'on appelle Pauline Leroux, soudain des voix se font entendre, qui, brisant notre joie et notre repos, se mettent à entonner furieusement le cri de guerre : *Aux armes, citoyens ! — Formons nos bataillons ! — Qu'un sang impur arrose nos sillons !* Ainsi ils chantent, ainsi ils brisent à plaisir, par cette tempête hurlée, nos douces émotions de chaque soir ! Mais cependant qui nous pousse ? Où est le danger ? où est l'ennemi ? Pourquoi ces cris de sang ?

pourquoi cette rage soudaine? Quelles sont les libertés qu'on attaque? Quelles frontières a-t-on prises? Que ferez-vous de ce sang, je vous prie? Un sang *impur*, qui vous l'a dit? Vous répondez que ceci est le refrain de *la Marseillaise*, eh! cette abominable *Marseillaise* que vous chantez à tout propos, vous ne savez pas même la chanter.

« Vous ne savez pas, non certes, que cela se chantait la tête nue, au milieu de l'orage, en partant pour la frontière, quand on voulait chanter en gens de cœur. La *Marseillaise!* un signal en ce temps-là, un défi jeté à l'Europe! Aujourd'hui vous en faites un jouet, une menace, un beuglement. *La Marseillaise!* ah fi! Vous la chantez au hasard, par couplets détachés, sans y croire, et quand chacun dans la ville épouvantée et tremblante à ce refrain de cannibales, reste immobile, éperdu, — les yeux hagards, et l'oreille déchirée par ces hurlements qui n'ont plus de sens; — langue oubliée d'une colère usée par le temps et par la gloire; — insensés, vous êtes la parodie et le châtiment des anciennes excitations révolutionnaires; vous êtes les ménétriers d'un quatre-vingt-treize impossible! Si, cette fois le *sang impur* que vous voulez verser, n'appartient pas à vos concitoyens, si vous renoncez à l'échafaud politique, cette machine à couper les têtes innocentes, en un mot, si votre hurlement marseillais ne menace que l'ennemi, alors attendez qu'il vienne, attendez que la guerre soit déclarée, attendez que les libertés publiques soient en péril, et ne déshonorez pas, au préalable, le noble sang que vous allez verser.

« Le sang qui se répand sur les champs de bataille est un noble sang, vous devriez le savoir. De grâce, n'ôtez pas à la guerre son éclat et sa grandeur, ne déshonorez pas l'ennemi que vous n'avez pas couché par terre; surtout, dans vos déclamations chantées, soyez des hommes sérieux, ne venez pas à l'improviste jeter ainsi dans nos instants trop courts de repos et d'oubli, des menaces de carnage. Certes, la chose en vaut la peine, de ne pas crier au hasard. Recueillez-vous pour crier : *La guerre! la guerre!* et ne prenez pas pour votre champ-clos, un théâtre, c'est-à-dire une frivole enceinte destinée à donner quelque réalité à toutes les inventions qui peuvent passer par la tête des hommes. Songez aussi, avant que d'entonner votre chant de guerre, devant qui vous le chantez. Rappelez-vous, rappelez-vous, non-seulement les victoires remportées au bruit de ce refrain célèbre, mais encore tous les meurtres dont il a été l'accompagnement obligé. Ceci est une arme à deux tranchants ; l'un de ces tranchants est empoisonné, si l'autre est salutaire. Salut donc à *la Marseillaise* sur les champs de bataille. Oui, je la comprends et l'accepte quand elle s'en va, un mauvais fusil à la main et des sabots à ses pieds, soulevant et domptant l'Allemagne, traversant le Rhin éperdu et soumis, abaissant les montagnes d'Italie, réjouissant les échos rajeunis de Marengo et d'Austerlitz. Mais *la Marseillaise* dans nos villes, dans nos campagnes, dans les clubs qu'elle enivre comme ferait la poudre à canon coupée d'eau-de-vie, dans les tribunaux révolutionnaires où elle étouffe la voix tremblante des innocents, autour de l'échafaud où elle égorge sans pitié le roi de France et la reine de France, et jusqu'à Mme Élisabeth obligée de crier au bourreau : — *Monsieur le bourreau, couvrez-moi la gorge!* mais votre *Marseillaise* de carrefours, de places publiques, de théâtres, de comédiennes, de soldatesque avinée, de bonnets rouges égorgeurs, je n'en veux pas, je la hais, elle me fait peur, et fasse Dieu qu'elle soit effacée de la mémoire de nos villes ; des villes entières, des villes françaises, se sont écroulées de fond en comble, rien qu'à l'entendre, cette chanson des meurtres, plus puissante et plus terrible mille fois que la trompette de Jéricho !

« Faut-il donc tout vous dire ? Et pourquoi ne le dirions-nous pas ? Pourquoi ne soumettrions-nous pas à la critique littéraire cette trop fameuse chanson, comme on y soumet toutes choses ? Eh bien ! vous serez forcés, si vous voulez un chant national des batailles prochaines, un ralliement pour les guerres, c'est-à-dire, pour les victoires à venir, vous serez forcés d'improviser un autre hymne que *la Marseillaise*, un hymne tout nouveau pour des guerres nouvelles, pour des passions nouvelles, pour la jeune France plébéienne, mais plébéienne cette fois par droit de conquête et par droit de naissance. Certes avec la meilleure volonté du monde, la révolution de 1830, spontanée, éclatante, pure de tout excès, innocente de tout brigandage, qui s'est faite toute seule et par elle-même, ne peut pas chanter à l'intérieur ou porter sur les champs de bataille les inspirations de 1793, la poésie sanglante de ces terribles époques, la verve furibonde des mauvais jours. Elle ne voudra pas adopter pour son champ de bataille, ces malédictions furieuses, ces barbares invectives, cette odeur d'échafaud. Tout comme aussi, même la note de cette avalanche musicale, ne peut pas rester ce qu'elle est. Il y a dans ce refrain à voix basse une certaine agitation qui ne peut pas convenir à une armée de six cent mille hommes, à une France de trente-deux millions d'hommes qui, depuis tantôt dix ans, se préparent à la guerre. Au contraire, ne trouvez-vous pas dans *la Marseillaise* un certain tremblement nerveux d'une nation au désespoir? N'est-ce pas là un chant plus rempli d'inquiétudes que d'espérance? et chemin faisant, dans les champs de bataille, aux jours des batailles, serait-il besoin de proclamer tant de menaces?

« Non pas, certes! La révolution de 1830, le modèle des révolutions, — elle avait, à coup sûr, le sentiment de toutes les convenances, de toutes les justices, — avait adopté tout d'abord, pour son chant national, *la Parisienne*, écrite par le plus élégant poëte de ce temps-ci. Dans *la Parisienne* il était fait appel à toutes les nobles passions qui agitent les peuples, et cependant c'était là un beau langage, des vers que l'on peut citer sans offenser la grammaire, des sentiments élevés, point de défis inutiles, point de morgue sanglante, rien de ce facile héroïsme qui s'exalte à huis-clos, et qui se glorifie lui-même. Vous la pouvez chanter encore, cette improvisation d'un habile poëte, et vous n'y rencontrerez que d'honorables souvenirs. C'est le repos d'un peuple qui s'est battu trois jours pour défendre les lois outragées ; c'est le bien-être intime d'un pays qui échappe aux désastres d'une révolution ; c'est le bon sens d'une nation qui se fait jour, tout de suite, à travers le dernier nuage de la poudre qu'il a fallu brûler pour se défendre. *La Marseillaise*, au contraire, pour tant de souvenirs glorieux, que de misères elle rappelle! Encore à cette heure, il n'est pas une famille en France, qui n'ait perdu à ce refrain sinistre, quelques-uns de ces grands parents dont on se raconte tout bas dès l'enfance, la courage, le dévouement et le supplice. Or ces gens-là, les orphelins de la première révolution, ils seront les premiers, n'en doutez pas, à marcher sur l'ennemi, si l'ennemi vous arrive ; accordez-leur cependant pour toute marche guerrière le hennissement des chevaux, le bruit du canon, le bruit du tambour, et faites-leur grâce de cette horrible chanson!

« Vernet, l'autre jour, Vernet (en ces temps de désordre on accepte tous les bons exemples) ce bon comédien de la vieille roche, a donné, à propos de *la Marseillaise*, un exemple que l'on devrait bien suivre ; il a été plein de goût, de courage et d'esprit ; et voici comme. Il jouait un rôle nouveau dans une pièce nouvelle intitulée *le Mendiant*. Ce mendiant s'appelle le père Maupin. Le père Maupin a été toute sa vie un grand amateur du *far niente*. Il a mieux aimé tendre la main que de gagner son pain de chaque jour, à la sueur de son front. Naturellement, le père Maupin a beaucoup déclamé contre les maîtres, en faveur de l'ouvrier ; mais enfin, dans le fond de sa pensée, le père Maupin est un bon diable. Il est revenu des vanités de ce monde ; il méprise l'ambition comme le plus dur des oreillers ; il s'est fait peu à peu le commensal de toutes les cuisines du quartier ; il est l'hôte d'une rue, et il vit assez grassement de toutes les miettes tombées de la table du riche. Bref, tout pauvre qu'il est, le père Maupin accepte le riche comme un mal nécessaire. Mais à côté du mendiant de la vieille roche, vous avez le mendiant de la nouvelle école : Baberlot, l'ami, l'indigne ami du père Maupin. Ce Baberlot est le dandy du genre. Il est un des grands rêveurs de la loi agraire ; s'il tend la main, c'est en attendant mieux. Le bon Maupin, qui ne se doute pas des mauvaises passions de Baberlot, lui donne des leçons de musique ; il lui enseigne à jouer toutes sortes d'airs sur la clarinette. Là se place la leçon que Vernet a donnée très-sagement à tous les fanatiques de ce temps-ci.

« Dans la scène où le vieux mendiant donne sa leçon de clarinette à Baberlot : — Que veux-tu que je te joue ? dit Vernet. — Alors, un des fanatiques du parterre, s'écrie — *la Marseillaise !* à quoi la salle répond — *Non !* Alors Vernet reprenant son instrument — « Je vais te jouer, dit-il à Baberlot : *J'ai du bon tabac dans ma tabatière*, j'aime mieux ça. » — En effet, Vernet a joué ce grand air, et d'une façon supérieure :

> J'ai du bon tabac
> Dans ma tabatière,
> J'ai du bon tabac,
> Tu n'en auras pas.

« Ah ! vous aimez mieux cela, mons Vernet, en vérité vous n'êtes pas dégoûté, mon camarade! C'est-à-dire qu'en votre qualité de grand artiste vous préférez la paix à la guerre, l'ordre à l'émeute, la chanson où l'on rit à la chanson où l'on égorge! Et de fait, toute colère à part, je ne connais pas dans toutes nos chansons nationales, une chanson plus française et plus nationale que celle-là : — *J'ai du bon tabac!* J'ai du bon tabac, c'est-à-dire, moi, le peuple français, je suis le maître chez moi, je n'ai pas peur de vous, et malgré toutes vos menaces, je trouve encor le petit mot pour rire. J'ai du bon tabac, c'est-à-dire j'ai de l'or plein mes coffres, du fer plein mes arsenaux, la cocarde tricolore à tous mes chapeaux, et sous mes drapeaux autant d'hommes qu'il en faut pour tenir tête à l'Europe. J'ai du bon tabac, c'est-à-dire, ici, chez moi, il n'y a qu'une volonté, une croyance, un seul roi autour duquel on se presse, et que chacun, lorsqu'il passe, salue du regard et du cœur. *J'ai du bon tabac*, c'est-à-dire je vous attends de pied ferme ; je n'irai pas à vous, mais si vous allez à moi, tant pis pour vous! — J'ai du bon tabac.

« Vous savez le reste, et nous gardons ce reste-là pour les jours les plus terribles.

> J'en ai du frais et du râpé, etc.

« Mais que disons-nous? il n'est pas un enfant sur la terre de France qui ne la sache par cœur cette chanson nationale, du bon tabac, qui pourrait nous sauver tout aussi bien que tout autre air national, si nous la chantions d'un transport unanime! Et, soyez-en sûrs, la sainte alliance elle-même, y regarderait à deux fois avant de nous attaquer, si quelques-uns de ses espions venaient lui dire : — C'est à ne plus rien comprendre à la France : point de cris, point d'émeutes, point de clameurs, point de menaces, pas le plus petit régicide; mais chacun se tient par la main, chacun fourbit ses armes, chacun chante à qui mieux mieux, sans trop s'inquiéter de l'avenir :

> J'ai du bon tabac dans ma tabatière.
> J'ai du bon tabac, tu n'en auras pas. »

CAMILLE DESMOULINS. — LE MARQUIS DE FAVRAS.

Parmi les pièces nouvelles et les pièces *du bon temps* que le théâtre aux abois avait la faiblesse, en ce temps-là, de remettre en honneur, j'en retrouve plusieurs qui seraient retombées dans l'oubli définitif avec tant d'autres de la même famille des pièces tombées, s'il n'était pas nécessaire de les laisser ici comme un exemple. Hélas! l'exemple, à quoi bon, à quoi bon surtout l'exemple au Théâtre-Français, et ferez-vous qu'il devienne, une fois pour toutes, le modèle et l'exemple de la constance politique? Il dit volontiers, selon le temps: Vive le roi! et Vive la Ligue! Théâtre royal aujourd'hui, il sera le lendemain *Théâtre de la République*, et si le mot *république* vient à mal sonner, aussitôt voilà mon théâtre déconfit qui se retranche dans un moyen terme, et il s'appelle *Comédie-Française*. De *république*, pas un mot, et si on lui disait qu'il a chanté naguère la *Marseillaise* par la voix stridente de sa comédienne, il vous répondrait qu'il exècre la politique, et qu'il n'en fait pas. Pourtant, cette même *Comédie-Française* avait payé, elle aussi, son tribut aux gens de la Terreur; elle avait vu ses meilleurs comédiens remplir les prisons de la Convention nationale, elle s'honorait, entre autres souvenirs, de l'aumône d'un casaquin blanc que sa plus illustre comédienne avait faite à Sa Majesté la reine de France, lorsque Sa Majesté, les mains liées par une corde, montait sur le tombereau fatal qui la traînait à l'échafaud !

De ce *Camille Desmoulins*, au Théâtre-Français, je n'ai rien à dire, sinon qu'il fit sur moi une profonde impression de terreur. C'était si nouveau, en effet, pour un jeune homme de mon âge, cet appareil de tribunal révolutionnaire, et si nouvelle était cette ardeur de sang humain sur cette scène vaillante et rieuse, où Corneille et Molière avaient semé, celui-ci ses grands diseurs, celui-là ses grands hâbleurs. Même en relisant ce feuilleton inachevé, je ne retrouve pas, tant s'en faut, l'effroi et le malaise que me firent éprouver ces sans-culottes, ces bonnets rouges, ces clefs, ces geôliers en costumes mortuaires, ces coquins s'appelant tout haut : *Voleurs, gredins, brigands, assassins, bourreaux!* et sur le théâtre des *Femmes savantes* et sur le théâtre de *Bri-*

tannicus venant s'ébattre à loisir Saint-Just et Danton et leurs dignes complices les *pourvoyeurs de guillotine!* J'aime assez cependant tout ce passage où je semblais répondre à l'avance aux tentatives que plusieurs ont faites, de nos jours, pour nous montrer, semblables à des philosophes du *Lycée* ou du *Portique*, ces malheureux égorgeurs dont le nom seul restera comme une tache éternelle au front de notre nation :

« Figurez-vous, disais-je à mon lecteur, que tous ces hommes de dommages et de meurtres sont devenus dans ce drame autant de philosophes et de héros. Danton surtout, le républicain, le vertueux Danton, saluez, c'est le Socrate matérialiste qui renie l'âme humaine avec les arguments d'un méchant rhéteur. Voulez-vous tenter un essai sur l'injustice de certaines apothéoses, oubliez un instant ces noms atroces, ces noms d'assassinat et de sang, et tout d'un coup introduisez, au milieu de ce drame burlesque qui se joue en ce moment, un honnête homme de province, un bourgeois élevé dans les habitudes et dans les respects de la tragédie des grandes époques ; ne dites pas à votre homme de quoi il s'agit dans ce drame qui va passer sous ses yeux, placez-le quelque part où on ne le voie pas rougir ; à peine au fond de cette loge obscure, notre homme est attentif, et voulant se mettre au courant de l'action qui se passe sur le théâtre : — Quel est, dit-il, ce pauvre diable qui s'empoisonne et qui meurt bourrelé de remords? — On lui répond : C'est le capucin Chabot! — Quel est ce jeune homme si intéressant qui parle avec tant de feu de la liberté et de la vertu ? — C'est Camille Desmoulins ! — Et celui-là, orateur inspiré, inflexible républicain, plus beau que Brutus, qui est-il ? — A quoi on serait forcé de répondre : C'est Danton! Oui, Monsieur ; oui, pauvre étranger, c'est Chabot que vous plaignez, c'est Camille Desmoulins qui vous fait répandre tant de larmes, lui-même, ce forcené qui s'intitulait avec fierté le *procureur général de la lanterne*! Enfin, ô misère! ô crime! ceci nous représente Danton, le farouche et ivre Danton, l'auteur des massacres de septembre, avec Fabre d'Eglantine, ce comédien manqué; oui, monsieur, vous avez sous les yeux ces hommes qui ont voté tant de lois atroces, qui ont lancé les égorgeurs sur les prisons, qui ont tenté de massacrer et de déporter toute la France, et dont la rage fut vaincue par une rage supérieure à leur rage! »

À ces mots, notre provincial indigné se demande de quel droit on joue en ce lieu, un drame chargé de ces impitoyables démentis donnés aux enseignements de l'histoire, à l'exécration de nos pères, aux premières leçons de notre enfance, à la haine et au mépris indestructibles de la postérité?

« Oui, c'est un épouvantable spectacle, le Panthéon tout grand ouvert à ces noms horribles dont l'écho seul est encore une épouvante; c'est la plus malheureuse de toutes les tentatives, la réhabilitation de ces hommes affreux que la France adorait, il n'y a pas si longtemps, sur les autels de la peur; c'est un vrai malheur pour un homme ami de son pays et de sa gloire d'assister à cette réaction perfide du drame contre les faits de l'histoire, contre les attestations les plus sincères et les souvenirs les plus cruels des contemporains. »

Dans tout ce passage, il y avait un accent qui était vrai, une parole digne d'être écoutée! Bientôt *Camille Desmoulins* disparut de l'affiche du Théâtre-Français, on le croyait à tout jamais parmi les drames morts, lorsque, dix-huit ans après, il reparut sur le théâtre de la Porte-Saint-Martin, enfant mal né d'une révolution, exhumé par une révolution! En littérature révolutionnaire, il est rare que les mêmes causes ne produisent pas les mêmes effets: les révolutions elles-mêmes sont-elles autre chose qu'un immense plagiat?

Le mélodrame consacré au *Marquis de Favras*, reposait sur les mêmes cris, les mêmes peurs, les mêmes meurtres! Tous ces drames révolutionnaires portent la même livrée et procèdent par les mêmes moyens. Au premier tableau, la populace crie: *A la lanterne!* Au second tableau, la populace porte des têtes coupées au bout des piques. Le quatrième tableau représente une visite domiciliaire, et ainsi de suite le tribunal, le cachot, la *toilette*, l'échafaud. Dans ce mélodrame, on voyait Théroigne Méricourt, cette goule du 10 août, qui s'en allait les seins nus, les cheveux épars, à cheval sur les canons. Qui raconte un de ces drames, raconte tous les autres; cependant je ne veux pas passer sous silence un très-curieux incident du *Marquis de Favras:*

« Je disais donc qu'à la dernière scène on voit la potence, une échelle est appuyée à cette potence, et l'illusion est au dernier complet. Chose étrange! cette échelle et cette potence ont compromis le succès de la pièce! L'administration de la Gaîté est d'autant plus coupable en ceci, que les bûchers et les hideuses chemises soufrées des *Dragonnades* lui avaient déjà valu une sévère leçon. La leçon continuait hier. La pièce finie, Adrien est venu pour nommer les auteurs. Alors, du milieu du parterre, mille voix se sont élevées, criant : *Otez l'échafaud! ôtez l'échafaud!* Et, par ses trépignements, ses sifflets et ses cris, toute la salle a protesté contre l'échafaud. L'opposition a duré plus de dix minutes. L'administration, qui tenait à sa potence, ne comprenait pas ce qu'on lui demandait. Alors, on a crié de nouveau : *Otez l'échafaud! ôtez l'échafaud!* et force a bien été de venir enlever cette échelle et ce poteau final.

« Vous voilà donc dûment avertis, vous tous qui écrivez, qui jouez ou qui montez des drames,... avant tout, obéissez à la voix du peuple, *ôtez l'échafaud*. C'est le seul mot consolant que nous ayons entendu au théâtre depuis six mois. »

LE COLLIER DE LA REINE.

Quand la queue abominable de ces histoires en pleines ténèbres eut été épuisée à force de *sévices et d'injures graves*, comme il est dit dans les séparations de corps, messieurs les auteurs montèrent volontiers de la cause au principe, et l'on nous donna, pour commencer, cette histoire infernale avec laquelle on a fait tant de grosses histoires et tant de mauvais romans : *le Collier de la Reine*.

La maladresse, et la mauvaise foi en tout ceci, étaient d'autant plus dignes de blâme et de colère que racontée avec le zèle et le soin d'un honnête homme qui évite avant tout, dans une pareille histoire, ce qui peut ressembler au roman, cette histoire fameuse ne perdrait rien de cette curiosité mêlée de pitié et de respect qui entoure la reine de France à l'épogée de ses malheurs.

« Vers la fin du règne de Louis XV, un bijoutier, nommé Boëhmer, avait réuni à grands frais, un assortiment des plus beaux diamants en circulation dans le commerce, pour en composer un collier à plusieurs rangs qu'il se proposait de faire acheter au roi pour madame Dubarry. Cette parure s'élevait au prix de seize cent mille livres. Louis XV mort, Boëhmer proposa sa parure à

Louis XVI; le roi la vit, et désira en faire présent à la reine: il fit porter l'écrin chez elle; mais la reine assura son époux qu'elle serait très-fâchée d'une semblable dépense, disant, ce sont ses propres paroles, *que la France avait plus besoin d'un vaisseau qu'elle d'un bijou.* A cette réponse Boëhmer fut désolé. Pendant un an entier il offrit son collier à toutes les cours de l'Europe, vainement, soit que le temps des diamants fût passé, soit que les rois de l'Europe comprissent confusément, comme la reine de France, qu'ils auraient bientôt besoin de vaisseaux et de soldats. Au retour de son voyage, Boëhmer obtint encore une audience de la reine; il menaça de se noyer si la reine n'achetait pas son collier; Sa Majesté fut même obligée de chasser le bijoutier de chez elle: de ce jour on n'entendit plus parler de lui.

Certes, il est difficile à une jeune femme, belle et reine, d'avoir autant de retenue en présence d'une des plus riches parures du monde, que lui offre son époux. Ce collier, que la comtesse Dubarry eût porté sans remords, Marie-Antoinette n'ose pas y songer! En ceci les auteurs du drame de l'Ambigu ont fait un cruel mensonge: au premier acte, dans la galerie de Versailles, la reine regarde ce collier avec envie; cela n'est pas; la reine, à cette époque, était déjà moins dans le monde; elle était peu jalouse de riches parures; elle préférait à tous les diamants de la couronne, les jardins de Saint-Cloud ou de Trianon.

Je poursuis mon histoire. Quelque temps se passe; la reine n'entend plus parler de Boëhmer, lorsqu'un jour Boëhmer, tout troublé, se présente au palais, réclamant quinze cent mille francs pour un collier que la reine lui a fait acheter par le cardinal de Rohan. — « Vous vous êtes trompé, s'écrie Mme Campan; la reine n'a pas adressé la parole une seule fois au cardinal depuis son retour de Vienne; il n'y a pas d'homme plus en défaveur à la cour. » Boëhmer, confondu, soutient cependant que le cardinal a vu la reine *prendre elle-même trente mille francs dans le secrétaire de porcelaine de Sèvres qui est auprès de la cheminée de son boudoir.*

Tels sont les faits. La reine n'a pas paru une seule fois dans cette infernale histoire; il était donc inutile de la compromettre dans ce drame, de la faire agir et parler au milieu de tous ces escrocs des deux sexes: le drame, ainsi débarrassé de cet auguste personnage, aurait été ainsi plus vrai, plus juste, et surtout plus à l'aise dans ses invraisemblables développements.

J'ai déjà dit qu'au premier acte, la reine, à l'aspect du collier, exprimait le plus vif désir de l'avoir, c'est une erreur. Il se trouve aussi que madame de Lamotte est très-connue de Sa Majesté. Dans ce drame, madame de Lamotte est à la cour sur un très-bon pied ; elle parle très-hardiment au ministre M. le baron de Breteuil, la reine la prend par la main, et la recommande vivement; autre erreur. Marie-Antoinette n'avait jamais parlé à cette intrigante et odieuse femme qui l'a chargée de tant d'outrages; madame de Lamotte, quoi qu'elle eût dit, n'a jamais approché de la reine. Il est vrai que cette femme descendait de Henri II par un Valois, bâtard des princes de ce nom. C'était une famille que des vices héréditaires avaient perdue. L'un d'eux, à qui Louis XIII demandait ce qu'il faisait à sa campagne, répondit au roi : *Je n'y fais que ce que je dois, Sire;* en effet, on découvrit qu'il était un faux monnayeur.

Voici donc, au premier acte de ce drame, madame de Lamotte à la cour, parlant à la reine, et ne pensant d'abord qu'à gagner un pot de vin de 50,000 fr. Au second acte, madame de Lamotte pense à voler le collier. Elle a pour aide de ses projets deux escrocs, monsieur son mari d'abord, et surtout son amant nommé Villette, faussaire expert, qui contrefait l'écriture de la reine à tromper le cardinal et Boëhmer ; sur l'entrefaite, arrive le cardinal qui, non content des lettres de la reine, demande absolument un entretien avec elle. Grand désespoir des co-associés! Cependant le hasard, qui les sert, vient encore à leur secours.

Dans l'histoire, ce hasard c'est tout simplement une fille du Palais-Royal qui, par sa prodigieuse ressemblance avec madame de Lamotte, trompe le cardinal dans une nuit d'été. Le mélodrame est plus difficile que l'histoire, la fille du Palais-Royal lui a fait peur, il en a fait noblement une jeune personne dont le père est condamné à mort, qui vient implorer sa grâce, et qui s'imagine l'obtenir en se faisant passer pour la reine, dans les jardins même de la reine, dans la galerie même de Versailles ! On reconnaît bien là des dramaturges vieillis dans le métier. Il faut bien être *dramaturgiste* dans l'âme pour mêler un amour à cette escroquerie, pour ajouter une dupe vulgaire à ces dupes royales ! Mais ceci est un innocent stratagème littéraire, nous aurions tort de nous en inquiéter ! Vous ne sauriez croire ce que sont devenues dans cette pièce les délicieuses scènes d'intérieur que raconte madame Campan, lorsque la reine Marie-Antoinette, reine en robe blanche et en simple chapeau de paille, apparaissait dans les campagnes éblouies de sa beauté et répandant mille bienfaits sur son passage. Ce sont là pourtant des souvenirs qui doivent être chers à tous ceux qu'intéressent encore tant de majesté et tant de malheur ! Qui de nous, dans ces moments indicibles de tristesse où nous jette l'histoire, se refuserait à déplorer ces royales infortunes, par l'admiration, par l'amour, par les larmes, par la poésie, par l'histoire, en attendant qu'un autre Schiller s'empare de cette autre Marie Stuart et l'entoure, comme c'est le devoir d'un poëte dramatique, de toute l'histoire de son temps, des passions, des vices et des vertus de cette époque, mettant à côté d'elle lord Cécil et Mortimer, le bourreau et le défenseur. Que voulez-vous donc, vous qui me présentez Marie-Antoinette isolée de tout ce qui fut sa vie, se livrant à des quolibets dignes de mademoiselle Arnould, se déguisant en rosière, et quittant son théâtre pour voir danser des sarabandes ? De grâce, respectons cette élégie et ne nous livrons pas à raconter ces misères royales, sans avoir interrogé nos forces et notre conscience ! C'est ce qu'on n'a pas fait pour la reine aussi n'avons-nous retrouvé ni la reine, ni la femme, ni l'époque.

Heureusement, car c'est un éloge à rendre aux deux auteurs, leur fable une fois acceptée, ils ont été pleins de respect et de réserve ; leur drame est un drame d'honnêtes gens. Hors quelques propos un peu lestes que la reine ne pouvait pas tenir, ils l'ont montrée aussi noble, aussi belle qu'ils ont pu la faire. Si tout cela a manqué, c'est la faute d'un sujet impossible à qui n'aura pas le génie du drame. De Louis XVI lui-même, les auteurs ont fait un grand roi ; ils ont fait plus, ils l'ont rendu, ce roi si timide, éloquent et même bavard. Ce n'est plus le roi Louis XVI, timide, méfiant de lui-même, caché ; dans ce drame, au contraire, le roi est plein d'intelligence et de sagacité ; c'est le roi qui découvre l'infernale machination de madame Lamotte-Valois ; c'est le roi qui dispose toutes choses pour la punition des coupables ; à la dernière scène, grâce à Louis, le collier est remis aux mains de la reine elle-même, tout est sauvé : la réputation de la reine, les diamants de Boëhmer et le père de la fausse Marie-Antoinette, et son mariage avec celui qu'elle aime : heureux et languissant dénouement que l'histoire ne ratifie pas.

Car dans cette malheureuse affaire, le cardinal de Rohan fut acquitté par le parlement, qui croyait faire acte de liberté ; madame de Valois fut fouettée par la main du bourreau, nouvelle et gratuite insulte faite au sang royal de France ; et la reine, livrée désormais aux plus lâches calomnies, aux vils pamphlets de madame Lamotte, venus de Londres, perdit de ce jour le bonheur et le repos. »

Vous verrez plus tard, quelques jours après la révolution de 1848 (les mêmes effets produisent les mêmes causes) un drame entier complet, sous ce titre : *Louis XVI*, mais le drame, en 1830, n'osa pas aller si loin, il s'arrêta sous les murailles du Temple, cette caverne où le tigre de 1792 emporta sa proie innocente..... En revanche, le drame de 1830 s'empara triomphalement de la première aurore des libertés de 1789, ou pour parler d'une façon moins fleurie et plus vraie, on vit soudain sur tous les théâtres de Paris, après Juillet, Mirabeau lui-même qui disputait l'attention publique à Napoléon Bonaparte ; il y avait autant de Mirabeau sur nos théâtres que de Bonaparte, de Catherine ou de Potemkin :

CATHERINE II.

« A quoi pensez-vous que l'art dramatique se soit occupé depuis trois mois ? Le théâtre a rencontré deux biographies nouvelles, et il les exploite. Mirabeau d'abord. Nos auteurs ont jeté Mirabeau dans tous les moules ; ils l'ont mis en mélodrame et en vaudeville ; nous avons vu à l'Ambigu-Comique *les Deux Mirabeau* dans une auberge, déclamant contre le juste-milieu. Encore un grand nom qu'ils ont flétri ! Encore une belle vie gaspillée sur les planches ! Soyez donc un grand homme ; appelez-vous Bonaparte ou Mirabeau ! Vous serez traité comme une marchandise. En vérité, il y a cinq ou six ans, quand on jouait *Mandrin* et *Car-*

touche, je me souviens qu'on y mettait beaucoup plus de soin et de bon sens. Quelle pitié !

Et cependant, pour Mirabeau, passe encore. On peut le gaspiller à plaisir, ce grand homme, qui est toute une époque. Il y a des noms qui ont leur magie toute faite, des événements qui portent leur intérêt avec eux ; mais comment il se fait que l'impératrice Catherine, Catherine II, Catherine le Grand, disait Voltaire, soit devenue une héroïne de vaudeville, voilà ce que je ne comprends pas, en vérité.

Pour ma part, je ne conçois pas que, des Sémiramis d'autrefois et de ces incestes, tant pleurés et si dramatiques de la famille d'Agamemnon, nous soyons subitement tombés, et sans aucune espèce de transition, à ces histoires d'alcôve et d'antichambre dans le palais des rois. Vous parlez des histoires grecques et de la fatigue qui vous oppresse dans ces récits pleins de meurtres et de voluptés sans frein ; vous rejetez bien loin le drame antique, vous ne voulez plus de ces malheureuses amours, de ces vengeances sanglantes ; tout cela vous fatigue, dites-vous. — Inconcevable époque ! Et, fatiguée de ces amours si dramatiques dans leur désespoir, blasée sur ces catastrophes si remplies de pitié et de terreur, voilà mon époque pédante qui va battre des mains aux amours d'une femme qui prend un homme sans le choisir, qui le rejette l'intant d'après pour goûter d'un autre, qui égorge son mari et ses enfants, qui se vautre dans la fange et dans le sang, qui résume à plaisir toute l'histoire d'Atrée et de Thyeste, et qui n'a à redouter ni les Euménides qui grondent, ni les fureurs d'Oreste, ni les émotions de ce soleil qui recule épouvanté ! Notez bien que c'est toujours la même histoire sous le ciel grec ou sous le ciel russe ; mais, à entendre les faiseurs de vaudevilles qui immoleraient Iphigénie elle-même au médiocre plaisir de faire un bon mot, sous le ciel russe tout est sang, rien n'est remords ; autour de Catherine II tout est honte et rien n'est pitié ; il n'y a rien du ciel dans cette histoire sans âme et sans cœur ; les voluptés et les crimes s'accomplissent dans un ordre dépouillé de toute espèce de peur et de prestige, et nous autres, blasés et fatigués que nous sommes, nous allons voir avec le plus grand sang-froid cette impératrice impassible, qui se débat sous le nombre de ses amants.

Horrible mensonge, et pêle-mêle dont l'auteur dramatique s'embarrasse, moins que personne! Je vous demande si ce n'est pas encore là un grand progrès? Il ne nous manquait plus que de tomber dans le vice, comme nous sommes tombés dans le crime et dans la révolution?

Oui vraiment, à voir le sang-froid de nos faiseurs, à les voir remuer ces ordures sans un geste d'indignation et de surprise, on reste épouvanté dans cet oubli de toute morale et de toute pudeur. Prenez, par exemple, Catherine II et les drames dont elle est l'héroïne. Dans ces drames, toute la grande et royale partie de cette vie honorée à tant de titres, par tant de grands hommes de la paix et de la guerre, est outragée et calomniée à plaisir. Voici Catherine : d'abord épouse d'un crapuleux débauché qui lui fait faire l'exercice à la prussienne, Catherine accepte un amant de la main du premier ministre, Alexis Betuscheff. Cet amant, — le comte Soltikoff, — lui est enlevé, trois mois après, par le même ministre qui le lui a donné; Soltikoff est remplacé par M. de Poniatowski; puis, d'amants en amants, elle fait assassiner son mari, elle est autocrate, et alors, une fois au pouvoir, concubine de Grégoire Orloff, elle se plonge dans toutes les saturnales de cette cour barbare. Après Orloff, arrive Potemkin, et avec Potemkin, toute une armée. Désormais, la grande Catherine ne choisit plus, elle se livre. Entrez chez elle, entrez sans être annoncé si vous êtes soldat aux gardes, vous êtes sûr d'être le bien venu et de gagner un grade, tout au moins pour votre peine. O quelle honte! Et qui voudrait croire à la vérité de ces insultes, et qui voudrait convenir que c'est devant pareille femme que s'agenouille le xviiie siècle? — Voltaire s'incline devant cette impératrice comme il s'est incliné devant le roi de Prusse; Diderot, cet énergique Diderot, va la voir et lui baiser les mains; elle a pour chambellans, des gentilshommes français, dans un temps où c'était chose de si haute importance d'être un gentilhomme français; bien plus, il y eut un matin où on lui présenta Bernardin de Saint-Pierre, dans la grande galerie; avec un pouce de plus d'envergure, Bernardin de Saint-Pierre, le timide et charmant écrivain aurait peut-être été autocrate de toutes les Russies, à son tour!

Si bien que je ne sais rien de monotone et de monstrueux comme cette existence impériale où tout se mêle et se confond : la poésie et la violence, les plaisirs et les meurtres, la gloire et la trahison, les sciences et le despotisme, l'art militaire et la toilette, le vice et la majesté : car en fait de vices sans élégance et sans grâce, la gracieuse Catherine donnerait des leçons, même à madame Dubarry.

Cependant cette femme est flattée à outrance; elle s'abrite sous le manteau des philosophes; voilà qui va bien; ce n'est pas cela qui me chagrine. Ce qui me chagrine, c'est que, dans un temps de révision pour l'histoire, comme celui où nous sommes, à une époque où toutes les flatteries sont réduites à leur juste valeur, quand nous savons à présent tout ce que vaut en effet l'impératrice de Russie, ce soit justement les poëtes de notre époque qui choisissent Catherine pour l'héroïne de leur drame. Notez bien que ce n'est pas la Catherine sous le manteau du philosophe qu'ils choisissent, ces poëtes; c'est la Catherine toute nue, la vieille Catherine, qui court après des hommes, à qui on jette des hommes, qui n'a pas assez d'hommes. Voyez à l'Odéon, un jeune officier s'étend sur un canapé dans l'attitude d'un caniche favori; voyez, ce favori est près d'être dévoré quand la royale maîtresse vient à savoir qu'il est amoureux d'une autre femme. Voyez, au dernier acte, lorsque Catherine est au désespoir de se retirer seule dans son appartement, un autre favori se précipite dans l'alcôve impériale, en présence de tous les spectateurs qui ne s'étonnent de rien; à l'Odéon cela s'appelle du drame et s'applaudit.

Voyez au Vaudeville Catherine II, c'est toujours Catherine avec un autre caniche. Ici c'est Catherine soumise à Potemkin, et Potemkin qui lui cherche des distractions, Potemkin lui-même. Or, la fantaisie impériale tombe ce jour-là sur un comte polonais; Potemkin trouve le Polonais trop brillant, et il fait que la fantaisie impériale tombe sur un soldat aux gardes. Vous voyez qu'il ne s'agit que du choix de l'amant nouveau; car pour l'amant, Potemkin veut bien le passer à l'impératrice. Le débat dure trois actes. Qui entrera dans le lit de Catherine cette nuit, voilà tout le drame? Sera-ce Potemkin, sera-ce le comte polonais, sera-ce le soldat aux gardes? Et avec cette donnée on fait un drame pour nous, pour vos femmes, pour vos jeunes sœurs, pour vos enfants, Chérubins de quinze ans, qui doivent revenir le soir à leur collége! Appelez-vous cela un drame? Appelez-vous ce sang-froid du talent? Croyez-vous que, saletés pour saletés, impudeur pour impudeur, je ne regrette pas bien l'impudeur antique, l'inceste antique, avec les poétiques développements, les beaux vers, les remords surtout? Aussi, riez et moquez-vous, j'y consens, du coup de poignard final, de la coupe empoisonnée et des vengeances inévitables du cinquième acte, qui donnait toujours une peine au crime, une sanction à la colère céleste, un Dieu vengeur au tyran; je vous demanderai, quand vous aurez bien ri, ce que vous aurez gagné à la suppression des Euménides?

Nous sommes des gens habiles! Nous avons détruit l'excuse même des plus grands crimes, à savoir le châtiment et la pitié ! Nous avons conservé, il est vrai, l'adultère, le meurtre, l'histoire sanglante; mais à ces meurtres, à ces crimes, à ce sang, à ces longues et insupportables voluptés, nous avons supprimé tout contre-poids. Plus de châtiments, plus de prison, plus de remords, plus de Dieu au ciel, plus même de leçon historique. Bonaparte meurt sur un rocher sans qu'on nous dise pourquoi il meurt; Mirabeau expire sans qu'on nous explique pourquoi il expire; Catherine change d'amant, elle joue ses amants à pile ou face ; un homme nouveau entre chez elle, et la toile tombe aussi tranquillement qu'elle pourrait tomber sur un mariage comme en fait M. Bayard, et rien n'éclate dans l'appartement de cette odieuse impératrice, et Potemkin triomphe deux fois dans les deux pièces que vous savez ; à l'Odéon, c'est lui qui se dévoue et pénètre dans l'alcôve royale ; au Vaudeville, il pousse un de ses soldats dans l'alcôve ; et quand ils sont dans l'alcôve, ou celui-là, ou celui-ci, tout est dit, on n'a plus rien à ajouter à ce que vous avez vu; l'auteur dramatique a fait le reste : profitez de la leçon, si vous trouvez une leçon dans tout cela ; voilà où l'art dramatique en est venu!

L'art dramatique, ce vénérable conteur d'autrefois, toujours si pudique, et si chaste, et si savant, et si réservé dans ses plus grands emportements, honnête vieillard de talent, et toujours prêt à rougir, en est venu à ne plus rougir de rien, à ne plus respecter personne, pas même les enfants ; quels récits n'a-t-on pas mis dans sa bouche! quelles infamies ne lui a-t-on pas fait répéter ! Pauvre art dramatique! réduit pour vivre, aujourd'hui, à faire un métier pareil ! D'abord il a raconté le crime ; à présent il raconte le vice ; il a vécu dans les bagnes, il habite à présent les lieux infâmes des palais impériaux ; il est aveugle et sourd, il répète tout ce que les histoires les plus terribles ont d'infamies, il porte la queue de madame Dubarry et de Catherine II ; Zamore a remplacé Melpomène, et, dans tous ces spectateurs haletants, c'est à peine s'il en est quelques-uns qui s'aperçoivent que le théâtre a changé. Malheureux et ingrat public !

Cela est triste. Tous ces drames sans intelligence et sans respect pour personne sont un spectacle affligeant. Vraiment l'art a perdu beaucoup à ce nouveau système dramatique *sans amour et sans colère*, comme l'histoire, qui raconte tranquillement ce qu'il a appris, s'inquiétant peu de réprimande ou d'éloge. Depuis que l'auteur dramatique s'est dépouillé de ces passions qui faisaient le drame, le drame n'est plus. C'est une grande perte que nous avons faite là. »

Voilà pour les *Catherine*; de tous les *Mirabeau*, je choisis le plus complet : ces Mirabeau ont fait passer de cruels moments au fils adoptif du fameux tribun, M. Lucas-Montigny. M. Lucas-Montigny avait voué à son illustre père un culte voisin du fanatisme, et chaque fois qu'il voyait cette grande mémoire livrée en jouet à la multitude, il se montrait le plus malheureux et le plus indigné de tous les hommes. Que de fois j'ai été le confident de ses douleurs, que de fois je l'ai calmé dans ses projets de châtiment et de vengeance ! Il me semble que je le vois encore au beau milieu de l'orchestre, assistant, l'œil en feu, à cette infime apothéose de Mirabeau, son roi, de Mirabeau, son dieu !

Le feuilleton que voici a été écrit sur les notes même de M. Lucas-Montigny, et encore le lendemain, quand je m'étais donné bien de la peine à le suivre, il n'était pas content de moi :

MIRABEAU.

« Je suis réduit, à propos de Mirabeau, à faire une analyse ; dans cette analyse il y aura beaucoup de tableaux, beaucoup de dates et d'exactitude, plaignez-moi !

Au premier tableau vous êtes à la Bastille chez M. Lenoir. Vous assistez aux réclamations des prisonniers qu'on renferme, aux actions de grâces des prisonniers qu'on rend à la liberté. On a enfermé un abbé dans une bibliothèque, une femme enceinte demande encore un mois de répit avant qu'on relâche son mari, deux vieilles anecdotes de Bastille. M. le marquis de Mirabeau, l'ami des hommes, arrive tout exprès pour faire de la sensibilité et de la morale. Après quoi tout le monde s'en va; l'abbé sort de son armoire, la femme enceinte va rejoindre son amant, le marquis de Mirabeau va ajouter un nouveau tome à l'*Ami des hommes*, M. Lenoir va se promener. Ceci s'appelle une exposition.

C'est au moins la première partie d'une exposition. Quand tout le monde est parti, le secrétaire de M. Lenoir, M. Boucher, reste seul à se parler à lui-même. Tout à coup entre une femme éplorée. Vous ne devineriez jamais quelle est cette femme qui entre ainsi à la Bastille comme on n'entrerait pas dans une maison bourgeoise? Cette femme, c'est madame de Monnier elle-même; oui, madame de Monnier elle-même, la faible et jolie marquise que nous savons si étroitement enfermée dans une maison de filles repenties! Il paraît que madame de Monnier s'est échappée. Sortie de sa prison, elle se précipite à la Bastille! à la Bastille, pendant que son amant est à Vincennes! Cependant, ce bon M. Boucher n'est guère étonné de voir Sophie. Quelqu'un vient; M. Boucher cache Sophie dans sa chambre; un jour plus tôt il l'aurait cachée dans la bibliothèque; mais la cachette n'est pas sûre depuis l'aventure récente de l'abbé.

Ce quelqu'un qui arrive au milieu d'une scène, ce quelqu'un qui se devine à coup sûr, et qui prend au moins deux ou trois minutes pour entrer, c'est toujours le mari jaloux ou n'importe quel autre tyran qui arrive. Ce n'est jamais un premier-venu qui arrive ainsi. Cette fois c'est M. Lenoir. Sophie n'a que le temps de faire une demi-douzaine de gestes et d'entrer dans la chambre de M. Boucher. M. Lenoir arrive. M. Boucher, qui n'est pas accoutumé à cacher de belles dames dans sa chambre, se trouble de toutes ses forces; le soupçon entre aussitôt dans l'âme de M. Lenoir. Il regarde la chambre d'un air narquois; mais il n'est pas encore temps d'éclaircir ses soupçons; c'est un plaisir qu'il se réserve pour une autre fois.

Ce pauvre M. Boucher m'a fait peine; et certainement il doit être bien embarrassé de madame de Monnier dans sa chambre. Il paraît que M. Lenoir est terrible sur l'article! Heureusement un guichetier, Jacques Bonhomme, un serviteur de Mirabeau, qui se trouve à la Bastille parce qu'il est monté en grade, devine que madame de Monnier est dans ce cabinet; il lui ouvre la porte, comme Suzanne au page; madame de Monnier s'en va comme le page, non pas par la fenêtre, mais par la porte de la Bastille, ce qui est bien plus étonnant; et quand M. Lenoir revient pour éclaircir son soupçon de tantôt, quand il se précipite dans la chambre comme le comte Almaviva, il trouve la chambre vide, et M. Boucher triomphe, aussi heureux que la comtesse. N'est-ce pas là, je vous prie, une petite Bastille bien gardée?

La scène change. Nous ne sommes plus à la Bastille, nous sommes au donjon de Vincennes. C'est dans le donjon de Vincennes que Mirabeau a écrit ces lettres de chaude et vive passion, qui se sont placées bien au-dessus des lettres de l'*Héloïse*. Au donjon de Vincennes, Mirabeau était dans une dure captivité, il était seul, sans habit, sans linge, sans maîtresses, mais non pas sans amour; il lisait Tibulle, il le commentait, il le traduisait, il se livrait au vice absent avec plus de fureur et de rage que si le vice eût été sous sa main, obéissant et docile comme est le vice; c'était une prison dure, inviolable, muette, mais enfin ce n'était pas un cachot. Or, les auteurs de la pièce nouvelle ont jeté Mirabeau dans un cachot. Ils ont été violemment sur les brisées de l'*Ami des hommes*. Le donjon de Vincennes, à fenêtres étroites et basses, aux murs tout nus, entre ces fossés infranchissables, ne leur a point paru encore assez bon pour le drame. Ils ont creusé un cachot bien noir, éclairé avec une lampe, une voûte sépulcrale sous laquelle on jouerait parfaitement *Camille ou le Souterrain*, ce grand opéra-comique du bon temps. Au cachot Mirabeau! au cachot, au pain et à l'eau! au cachot Mirabeau qui pleure! Menteurs dramatiques! Artistes maladroits! Pourquoi toujours au delà du vrai? Pourquoi toujours exagérer? Pourquoi le cachot obscur et tout noir à l'homme qui habite une cellule éclairée et morne, mais dans laquelle on peut le voir; pourquoi faire pleurer si fort ce jeune homme qui n'a que de l'amour et de la fureur dans la tête, dans le sang, dans le cœur? Pourquoi renoncer à la belle étude de cette passion brutale, vicieuse, éclatante, qui donnait à la tour crénelée l'éclat et le parfum et les murmures passionnés du boudoir! Que voulez-vous que je fasse de ce cachot vulgaire quand je m'attendais à voir le donjon de Vincennes? Que me fait cet homme qui verse d'insipides larmes? j'attendais un amoureux de vingt ans!

Mais voilà bien une autre nouveauté! Mirabeau, quand il a bien parlé, s'évanouit; il s'évanouit comme Camille dans son souterrain. Alors entre une femme, devinez quelle est cette femme? C'est madame de Monnier. Ainsi le même jour, et à quelques heures de distance, madame de Monnier s'est échappée de la maison où elle était détenue; elle est entrée à la Bastille, et elle en est sortie sans que personne ait pu la voir : à présent, elle a traversé le château de Vincennes, elle entre dans le donjon; et dans ce donjon elle descend au cachot de Mirabeau. Qui eût dit à cette pauvre femme qui a versé tant de larmes, qui est restée si longtemps prisonnière, qui a été si soumise, si patiente, si faible, si souvent faible, qui s'est tuée dans un siècle où on ne se tuait pas, qu'un jour on lui ferait jouer un pareil rôle... celui-là eût bien étonné madame de Monnier.

A peine madame de Monnier est-elle dans le cachot avec son Mirabeau, qu'on entend venir quelqu'un; ce quelqu'un, dont je parlais tout à l'heure, et qui arrive toujours mal-à-propos, ce quelqu'un c'est encore le marquis de Mirabeau, *l'ami des hommes*. Cette fois encore il faut cacher la pauvre Sophie; cette fois il n'y a ni bibliothèque ni chambre à coucher; cette fois Sophie se cache derrière les rideaux du lit. Toujours se cacher Sophie! Sophie si adroite et si maladroite à la fois! Quand le père de Mirabeau est auprès *de son coquin de fils*, il lui fait la plus formidable des semonces, que Mirabeau reçoit fort mal. Entre autres choses, le marquis propose à son fils d'aller retrouver sa femme. Ici, l'histoire est encore indignement violée : vous savez tous quelles belles lettres Mirabeau écrivit à sa femme, du donjon de Vincennes, ses prières, ses excuses, ses lettres à Sophie, dans lesquelles il lui demande la permission de revoir sa femme. A peine sorti du donjon, et avant d'aller voir Sophie qu'il n'a jamais revue depuis, Mirabeau court en Provence, et, devant les tribunaux, il somme sa femme de revenir à lui, son mari. Ces plaidoyers sont même le point de départ de l'éloquence de Mirabeau. Sans une faute, une seule! sans cette lettre adultère de sa femme, dont il eut la maladresse de parler, et dont l'avocat de la partie adverse se servit si habilement, Mirabeau gagnait sa cause.

Eh bien, cet homme en puissance d'une maîtresse qui réclame à grands cris sa femme légitime, cet amoureux qui prie Sophie de lui permettre de rejoindre madame de Mirabeau ; cette pauvre Sophie qui, du fond de sa honteuse prison, dit à son amant, à celui pour qui elle souffre : *Sois libre!* tout cela n'a pas paru assez dramatique à nos auteurs. Ces combats, ces passions diverses, ce procès si hardiment soutenu, cette femme qui se tient à l'écart, cette maîtresse qui se soumet, tous ces obstacles qui surgissent et qui tombent à chaque instant, le drame a méprisé ces misères comme indignes de lui ! Quoi d'étonnant que le vrai Mirabeau ait fait honte à des poëtes qui, pour inspirer plus de pitié pour le héros de leur choix, commencent par le mettre au cachot ?

Vous sentez bien que le père de Mirabeau dit à son fils mille horreurs de Sophie, qu'il ne sait pas cachée là ; à ce discours, Sophie se trouve mal : le marquis est plus furieux que jamais, il va sortir, quand heureusement arrive un ordre de la cour qui relâche Mirabeau. Le premier acte finit là.

Je passerai sous silence une partie du second acte. L'élection de Mirabeau, la révolte du Midi, la fameuse histoire : *Mirabeau, marchand de drap;* tout cela est très-chronologiquement raconté. C'était pourtant une grande nouveauté et bien inouïe que ce gentilhomme qui se dépouille de ses titres, qui abjure sa noblesse, qui se fait peuple, dans un temps où il était si honteux d'appartenir à la gent corvéable ! A raconter de pareils événements il faudrait un homme à la fois très-intelligent et très-poëte ; un homme habile à peindre la stupeur sur les visages, et l'émotion dans les cœurs. C'est quelque chose de touchant, Mirabeau, un Riquety, se dégradant de la noblesse de ses pères, sans savoir même si son renoncement lui sera compté parmi ce peuple renouvelé ? Certes, il dut y avoir, à cet instant de la vie de Mirabeau, un bien cruel moment d'incertitude et de malaise... ils n'ont rien peint de tout cela. Ils n'ont rien préparé de ce qu'il fallait préparer dans leur drame. Tout au rebours, quand il s'est agi d'employer un peu de hasard, ils n'ont pas su se servir du hasard. Comme ils ont traité la belle scène du Jeu de Paume, admirablement représentée par le peintre David ! La scène change. Nous voyons un jeu de paume tout préparé pour une séance de députés. Il y a des fauteuils, il y a des bancs, il y a une table, tout est prêt avant la séance. Et quand la réunion de ce peuple, expulsé du palais de Versailles, vient en ce lieu se constituer maîtresse absolue et indépendante de la royauté même, elle n'a plus qu'à s'asseoir et à parler!

Au contraire! figurez-vous le désordre de l'histoire. Il y a des joueurs dans le Jeu de Paume, il y a des balles et des raquettes, les joueurs ont la sandale et la casaque de toile ; tout à coup le ciel éclate, le tonnerre gronde, il pleut à verse, la porte s'ouvre, et voilà toute l'Assemblée nationale qui entre à la lueur des éclairs, au bruit de la tempête, et voilà tous ces terribles pouvoirs de la révolution française qui éclatent, eux aussi, comme la foudre! Or, dans cette vaste enceinte du jeu de paume, telle que nous le montre l'histoire, rien n'est prêt, il n'y a pas un banc où s'asseoir, il n'y a pas une table où parler, pas un siége ; on s'agite, on se cherche, on s'appelle ; le peuple se place en tumulte, on parle, on ne parle pas, on se tait, le silence est terrible ; vous avez un drame tout entier dans ce beau désordre, et ce désordre n'est pas un effet de l'art!

A la Porte Saint-Martin, on a fait autrement ; on a distribué des siéges par précaution, on a préparé une tribune à l'avance ; il y a une droite et une gauche ; on a confondu le Jeu de Paume avec la Séance royale ; on a mis dans la bouche de Mirabeau, et pêle-mêle, tous les mots sonores qu'il a prononcés dans sa vie, le mot à M. de Dreux Brézé : *Allez dire à votre maître*, et le mot *Silence aux Trente!* prononcés à la même minute et dans le Jeu de Paume ; comprenez-vous cela? Or, entre ces deux mots, il y a un abîme. Le premier est le mot d'un tribun qui bouleverse de fond en comble une monarchie de dix-huit siècles ; la seconde de ces paroles est le mot d'un gentilhomme et d'un citoyen qui se repent, le mot d'un révolutionnaire vaincu par la révolution qu'il a faite, et qui voudrait, mais en vain, revenir sur cette révolution.

Respect, de grâce, respect à des biographies ainsi pleines! Respect à ces hommes formidables! Respect aux cendres de Napoléon et de Mirabeau, à ces deux gloires de la France moderne! Dans vos plus grands écarts, qu'ils ne soient pas ridicules ; car le ridicule est le plus grave des mensonges dont on puisse affubler de tels héros!

Ce qui va vous étonner plus encore, c'est qu'à la fin de cette séance du Jeu de Paume arrive le roi Louis XVI. Oui, le roi lui-même, en cordon bleu! Or, il n'arrive là que pour donner occasion à Mirabeau de dire son mot : *Le silence des peuples est la leçon des rois!* Un mensonge historique pitoyable pour un mot que tout le monde sait, c'est payer ce mot bien cher!

Savez-vous, au troisième acte, qu'il y a une scène où Mirabeau s'écrie : *De l'or, beaucoup d'or, il me faut de l'or!*

Oui, Mirabeau dit cela, Mirabeau l'effréné prodigue, Mirabeau, qui jeta aux vents sa vie et sa parole, sa fortune et celle de ses amis; Mirabeau qui eut besoin toute sa vie de tout ce qui fait la vie élégante et riche, mais qui n'aima jamais l'argent! Je sais bien ce qu'on va dire. — Son traité avec la Cour, les papiers de l'armoire de fer, les reçus signés de sa main, et voilà un homme qu'on appelle vendu! Mirabeau ne s'est jamais vendu. Il a été ambassadeur au compte du ministère, on lui a payé ses ambassades; plus tard, quand épouvanté des progrès de la révolution, il voulut venir au secours du Roi et de la Reine qui l'imploraient, il commença par faire la part de la Constitution; il posa les bases de la loi, il écrivit au Roi des lettres dans lesquelles est deviné tout entier le gouvernement constitutionnel, dans lesquelles sont tracés d'une manière invariable, et très-honorable pour tous les deux, les rapports du Roi et du peuple; voilà ce qu'a fait Mirabeau.

Après cela, qu'il ait accepté un peu de cet or de la Cour, dont il avait besoin, et dont la Cour pouvait faire un plus mauvais usage, qu'importe, quand il s'agit d'un homme comme Mirabeau? qu'importe quand il s'agit d'arracher à une stupide misère ce grand homme que l'arbitraire a ruiné? Qu'importe quelques milliers francs à ce grand génie qui va tout sauver, le Roi et la France? Qu'importe qu'il ait accepté une pension, cet homme de si haute intelligence qui seul a compris ce qui se passe dans sa patrie? Cet homme, n'est-ce pas le Mirabeau emprisonné, humilié, roué en effigie, le Mirabeau odieux à la Cour et aux nobles, le Mirabeau incendiaire, le Mirabeau qui pardonne au Roi, à la Reine, aux nobles tous les maux qu'il a soufferts? Non, Mirabeau n'a jamais proféré ces paroles : *de l'or! de l'or!* Au contraire il l'a très-bien dit à une de ces vénalités vulgaires qui pullulent dans tous les temps. Cet homme, je ne sais plus son nom (pour retenir le nom de toutes les vénalités, il faudrait la mémoire de César), cet homme se plaignait du ministère à Mirabeau. — *Je me suis vendu*, disait cet homme, *et le ministère ne me paie pas.* — *Et voilà toute la différence qu'il y a entre vous et moi*, dit Mirabeau : *on me paie et je ne suis pas vendu !* Je crois que le mot n'a jamais été imprimé.

Je suis indigné quand je songe qu'il a été si peu connu ce sublime gamin qui a commis tant de fautes sans se déshonorer, ce grand homme qui a eu tant d'abandon dans le vice, dans l'amour, dans la vengeance et dans le repentir. Les auteurs de la pièce ne se sont pas arrêtés à cette seule calomnie ! Il ne leur a pas suffi de faire dire à Mirabeau : *de l'or ! de l'or !* ils ont fait plus. La calomnie est tombée sur une autre tête. *Ils ont traîné sur les planches* Marie-Antoinette, cette malheureuse femme, d'une *âme aussi blanche et aussi belle que son visage.* Il y a une belle scène dans l'histoire de la Révolution, entre la Reine et Mirabeau. Il y eut un jour où la Reine se sentit le besoin de voir Mirabeau. Elle voulait le vaincre enfin ce tribun du peuple qui usurpait la couronne de France. Mirabeau partit pour Saint-Cloud, la nuit, tout seul avec un guide. Il arrive dans ces jardins habités par tant de puissances évanouies. Quel fut l'effroi de la Reine quand elle se vit, seule à seule, avec cette espèce de pouvoir populaire, dont la couronne de France n'avait pas d'idée ? Quelle dut être la pitié de Mirabeau et son profond respect, quand il vit la plus grande dame du monde presque à ses pieds, lui, gentilhomme dégradé ? L'histoire ne le dit pas. L'histoire ne rapporte aucune des paroles du grand drame qui se passa la nuit dans ces jardins. Il n'y a pas une seule plume en Europe, aujourd'hui que Walter Scott est mort, qui puisse raconter dignement ce drame fugitif dans lequel il fut décidé que la monarchie vivrait, et peut-être qu'elle eût vécu cette monarchie, sans le poison qui dévora Mirabeau.

Quand la Reine est partie, Mirabeau, qui était à genoux, se relève comme un marquis de Regnard, et il se dit en se frottant les mains : *J'irai ce soir souper chez la Guimard.*

La Guimard et la Reine ! Cette conférence politique et ce souper de fille ! Ce Mirabeau qui se rend au Roi, et qui va se consoler chez une danseuse de n'avoir pas jeté la Reine sur le gazon de son parc! Voilà où en est venu le drame français!

A l'acte suivant, Mirabeau revient de l'orgie; il est abattu, perdu; il va mourir. — Il ne meurt pas empoisonné, dans le drame, comme c'est chose à peu près démontrée pour tous ceux qui savent à fond cette grande vie; les auteurs, après avoir trouvé le donjon de Vincennes trop peu dramatique, auront trouvé le poison trop dramatique. Avant de mourir, Mirabeau envoie 20,000 fr. au fils qu'il a eu de madame de Monnier, et qui fait des dettes. Or, le fils de madame de Monnier était une fille, pauvre enfant qui mourut dans la prison de sa mère, et que Mirabeau a pleurée avec des larmes de sang : ainsi Byron a pleuré à Venise l'enfant de son amour! Enfin, pour compléter cet ensemble, madame de Monnier, qui est morte depuis longtemps, arrive aussi pour recevoir le dernier soupir de Mirabeau! Voilà à quoi s'est réduit le beau récit de Cabanis! Vous avez lu ce récit de Cabanis, les souffrances de Mirabeau, sa fenêtre qu'il fait ouvrir pour revoir le soleil encore une fois, comme le voulut voir Jean-Jacques [1]. Mirabeau se pare et se parfume; il embrasse ses amis; puis, torturé par la douleur, il écrit sur un livre ce mot solennel : *Dormir!* Arrive enfin Barnave, son successeur d'un instant à la tribune; puis cette tête pesante retombe, faisant voler en éclats la plus vieille monarchie de l'univers.

Ce drame a été pour moi une véritable affliction, je puis le dire; c'est une torture morale bien cruelle et bien longue, cette espèce de contresens qui dure cinq heures. Ajoutez qu'il est impossible de plus mal jouer le rôle de Mirabeau, que ne le jouait l'acteur Gobert : cette tête dans les épaules, cette grosse voix sourde et sans timbre, ce jeu anguleux et saccadé, cette démarche vulgaire, ce regard terne et morne, tout cela, Dieu merci! n'a jamais été Mirabeau. Mirabeau, notre hardi gentilhomme, avait une belle et grande tête en dépit des portraits qu'on en a fait. C'était, chez cet homme, l'apparence du commandement, une voix superbe, un regard puissant, des mains charmantes, un sourire imposant, qui devenait irrésistible quand il s'adressait à une femme; une noble fierté qui ne le quittait jamais,

[1] Laissez entrer le soleil, disait Gœthe à cette belle madame de Vaudreuil qui l'assistait au lit de mort.

même dans ses familiarités les plus intimes avec la populace. Ce qui a contribué à faire de Mirabeau un si grand pouvoir parmi le peuple, c'est que Mirabeau était né pour commander, c'est que le peuple ne pouvait pas, sans transition, obéir tout à coup à des pouvoirs sortis de ses rangs. »

C'étaient là des batailles, et d'autant plus qu'à la même heure je publiais un des premiers livres qu'eût enfanté la révolution de juillet, *Barnave*, un de ces livres qui échappent à l'analyse, et qui, au bout de vingt ans, restent une énigme, même pour celui qui les mit au jour. Dans *Barnave*, Mirabeau jouait un grand rôle, on voyait Mirabeau vaincu et désarmé qui se jette aux pieds de la reine, et si ce livre qui obtint un assez grand retentissement, renfermait à peu près tout ce qui se mettait d'admiration et d'extases dans les mélodrames de ce temps-là, du moins, dans son inexpérience des premiers éléments d'un livre écrit à loisir, et avec les déférences qui sont dues au lecteur sérieux, il était empreint, je l'espère, d'un profond respect, d'une sympathie immense et d'une adoration de toutes les heures pour Sa Majesté la reine de France. — *Sancta Majestas!* Même la préface de *Barnave* est restée un instant célèbre par les adieux qu'elle contenait au roi Charles X et à toute sa race. — Il était vaincu, exilé, malheureux, ce bon prince, il avait droit à la louange des honnêtes esprits qui sont nés les flatteurs des causes perdues, les très-humbles et très-fidèles serviteurs et sujets des couronnes sur lesquelles s'appesantit la fortune insolente. O la chance heureuse de s'agenouiller à ces ruines sacrées, pendant que la foule esclave, la foule avide, au-devant du soleil nouveau, va chantant ce vagabond *Te Deum* réservé à toutes les grandeurs passagères! Qui que vous soyez, artistes, poëtes, inspirés naïfs qui vivez loin du maître, ayez soin de saluer celui qui tombe; allez, s'il le faut, jusqu'à Cherbourg, par le soleil de Juillet; allez jusqu'aux rives désolées du château d'Eu par les brouillards et les brumes de Février; montrez au vieillard qui s'en va un front sympathique, un regard ami à l'enfant que l'orage emporte; allons, rendez à ces femmes royales le dernier devoir de la patrie en larmes, et rentrez chez vous, contents d'avoir donné à la fortune, à la force, à la révolution le seul démenti qu'il fût en votre pouvoir de leur donner.

LA JEUNESSE DE RICHELIEU.

Certes, le Théâtre-Français était bien ridicule et bien odieux, lorsqu'il se mettait à représenter, ainsi, sans vergogne et sans pudeur les œuvres nouvelles, nouvellement sorties du cerveau de ces révolutionnaires en travail ; mais le crime et la honte du Théâtre-Français semblent grandir encore, lorsque, par la violence même du torrent qui emporte la société tout entière, il revient, sans qu'on l'en prie et que rien l'y force, *à son vomissement*, ramassant, dans l'ordure où elle est enfouie, une comédie intitulée : *la Jeunesse de Richelieu*, par le citoyen Monvel, célèbre autrefois pour avoir déclaré une guerre à mort aux prêtres, aux aristocrates et aux rois :

« Il faut, en vérité, disais-je alors, et chacun de m'applaudir, que le Théâtre-Français soit bien oisif pour remettre en lumière des œuvres pareilles. Par quelle recommandation littéraire, par quels souvenirs, par quel genre de plaisir malsain et bavard se peut justifier la reprise inattendue de ce mélodrame du troisième ordre ? A quoi bon renouveler dans ces temps dangereux ces insultes brutales dirigées à bout portant contre ce pauvre ancien régime qui n'existe plus nulle part ? Que nous font à nous qui nageons en pleine égalité, ces exécrations ampoulées, ces diatribes furibondes, ces récriminations perfides, dirigées contre d'innocents grands seigneurs qui sont morts, et que la révolution française a fait disparaître, eux et leurs enfants, et leur blason et leurs fortunes et leurs honneurs ? Nous comprenons toutes les passions politiques et toutes les exagérations littéraires. S'attaquer à celui qui est fort, lutter avec le puissant, flatter même les colères de la rue et fonder un grand succès de huit jours sur les haines implacables et fugitives de la foule ; prodiguer dans son œuvre l'ironie, le venin, la vengeance, à la bonne heure. C'est presque le droit de quiconque tient une plume, et fait marcher des hommes sur le théâtre ; que dis-je ? c'est plus qu'un droit, c'est un usage. Il le faut. Dans la chose constitutionnelle, la vie de chacun appartient à tous. On n'arrive à la puissance, à la renommée, à l'autorité, à la gloire, qu'en subissant chaque jour et durant tout le jour, cette rude expiation. Quiconque veut arriver doit marcher ainsi à travers ce tumulte bruyant qui n'épouvante que les lâches, qui ne fait reculer que les faibles. Tristes, mais utiles clameurs, elles servent à reconnaître dans la foule l'esprit, le sang-froid, le courage, la valeur morale des hommes littéraires ou politiques. Nous concevons donc toutes ces fureurs. Nous comprenons parfaitement qu'Aristophane et ses disciples aient cultivé, comme ils l'ont fait, et Dieu sait avec quel bouleversement de toutes les puissances et de toutes les idées adoptées! la comédie politique. Mais quand ces mêmes passions sont éteintes, quand ces haines sont effacées, quand les puissants de la veille sont remplacés par les puissants du lendemain, quand trois à quatre révolutions ont passé, en les amortissant toujours, sur ces pamphlets sans goût, sans retenue et sans art ; quand, au lieu d'attaquer des maîtres vivants et souverains, on n'a plus affaire qu'à des morts et à des vaincus, nous vouloir intéresser après coup, à des œuvres sans style, sans talent, sans valeur par elles-mêmes et qui n'ont vécu un peu de temps qu'à la faveur des rancunes de la multitude aveugle, voilà ce qu'on ne saurait expliquer.

Quand fut joué pour la première fois ce mélodrame : *la Jeunesse de Richelieu*, devenu aujourd'hui intolérable, la lutte commencée depuis longtemps entre le peuple et la noblesse de France était achevée. Le peuple triomphait de toutes parts et il était encore dans le premier enivrement de sa victoire. Le moment était donc bien choisi pour livrer à l'exécration du parterre tous ces beaux et galants gentilshommes de Versailles, représentés par le plus grand de tous, le plus heureux et le plus à la mode, M. le maréchal de Richelieu. Il avait jeté un vif éclat dans sa vie ; il avait poussé jusqu'à l'extrême les qualités qu'on prisait le plus à la cour : il avait été galant et brave ; heureux et prodigue ; il avait eu tous les genres de succès, même les succès de l'esprit. Les honneurs avaient été si loin pour cet homme, qu'on le disait, dans un certain monde, le père même de M. de Voltaire ! Jugez donc de l'étonnement public quand on vit enfin ce rare bonheur, ce nom illustre, ce favori des rois, cette brillante épée et cet esprit délié, ce membre de l'Académie française qui avait assez d'esprit pour se vanter et pour pouvoir se vanter, sans être ridicule, de ne pas savoir l'orthographe, traîné à son tour sur le théâtre comme on y avait traîné le roi et les prêtres, mais cependant avec cette différence glorieuse que le roi et le prêtre étaient immolés, sur un échafaud commun à l'usage de toutes les royautés et de toutes les religions, tandis que lui, le maréchal de Richelieu, par une exception qui l'eût rendu fier, s'il eût pu en être le témoin, il était nommé en toutes lettres ! Si bien que ceux même qui ne pouvaient pas dire : Nous verrons demain insulter le roi Louis XIV ou M. l'archevêque de Paris ! pouvaient dire à coup sûr : Allons voir insulter ce soir M. le maréchal duc de Richelieu !

Et pourtant qu'avait-il donc fait, cet homme illustre, pour être traité comme vous allez voir qu'il sera traité tout à l'heure, sans pitié ni miséricorde ? Toute sa vie il s'était efforcé de se faire pardonner à force d'urbanité, d'élégance exquise, d'esprit et de politesse, ses succès en amour, son courage à la guerre, ses négociations dans la paix. Il portait un nom qui devait être plus odieux à la noblesse qu'au peuple de France, le nom de ce terrible Richelieu, qui fit décapiter un Montmorency ! Il était venu au monde pour ainsi dire, sous les yeux du vieux roi Louis XIV, et, jeune enfant, il put assister aux derniers éclats de ce soleil couchant. Ainsi il devait être, plus tard, dans cet orageux XVIIIe siècle, l'élégant et le plus digne représentant du grand siècle. A quatorze ans il fut présenté à madame de Maintenon, qui se trouva tout étonnée à la vue de ce beau gentilhomme vif, étourdi, léger, aux reparties pleines de grâce et d'esprit. « Votre « fils, écrivait madame de Maintenon au duc de Richelieu, plaît « au roi et à toute la cour ; il fait très-bien tout ce qu'il fait ; il « danse très-bien, il joue honnêtement, il est à cheval à merveille, « il est poli, il n'est point timide, il n'est point hardi, mais il est « respectueux ; il *raille*, et il est de très-bonne conversation ; « enfin rien ne lui manque. *Madame la duchesse de Bourgogne* « *a une grande attention pour votre fils.* » Et en effet, cette belle duchesse de Bourgogne, qui fut le dernier sourire et le chaste amour paternel du vieux roi, pauvre femme morte si vite, qui brillait avec tant de grâce, et qui a passé comme la fleur des champs, appelait le duc de Fronsac : *sa poupée*. Il paraît que cet enfant, plus hardi que Chérubin, *osait oser*, car son père lui-même demanda au roi une lettre de cachet, et il enferma monsieur son fils à la Bastille. Là, ce jeune homme apprit à lire le vers de Virgile, et ce n'est pas un de ses moindres bonheurs, d'avoir lu toute sa vie les *Bucoliques* et *l'Énéide*. Quand il sut par cœur toutes les belles histoires de ces bergers et de ces héros, il sortit de la Bastille pour aller se battre. Et chose étrange! cet écervelé jeune homme, aux passions impétueuses, ce fut madame de Maintenon qui le tira de la Bastille pour en faire un mousquetaire. Le moment était bon pour se battre, Villars était à Denain; le jeune duc de Fronsac fut du nombre de ces soldats de Villars qui sauvèrent la France; c'était là heureusement commencer pour un lieutenant qui devait être un des héros de Fontenoy. Villars voulut avoir pour aide de camp ce beau jeune homme qui faisait si bon marché de sa personne. Ils prirent ensemble Marchiennes et Douai et Fribourg où le jeune Richelieu fut blessé. Ce fut lui que M. de Villars envoya au roi pour lui annoncer que les forts se rendaient. C'était la première fois que le duc de Fronsac reparaissait devant le roi depuis qu'il était entré à la Bastille. Mais qu'ai-je besoin de raconter ainsi toute cette biographie, et n'est-ce pas là déjà une amère critique du mélodrame en question, que de me forcer à écrire toute la vie du maréchal de Richelieu? Quand mourut son père il renonça, en faveur des créanciers du vieux duc de Richelieu, à toute la succession paternelle, faisant ainsi l'action d'un honnête homme. Quand mourut Louis XIV, il fut un des rares courtisans de cette majesté éteinte qui osât la pleurer, et ce n'est pas déjà une médiocre louange que d'avoir entouré de ces respects posthumes ce grand roi dont le cercueil était indignement abandonné aux outrages de la populace!

Alors vint la régence, l'esprit commença à l'emporter sur toutes choses; M. de Richelieu ne fut pas des derniers à entrer dans cette nouvelle carrière. Il se posa d'abord comme un ennemi de ce spirituel régent d'Orléans, qui précipitait si gaîment la France dans toutes sortes de nouveautés hardies. Il éleva, non pas autel contre autel, mais boudoir contre boudoir; il fit le métier de braconnier intrépide et heureux dans les amours, dans le luxe, dans les folies, dans les duels de M. le régent et de ses amis. M. le régent n'avait pas une maîtresse sans que M. de Richelieu lui enlevât sa maîtresse; jouaient-ils ensemble, Richelieu gagnait toujours. S'il tirait l'épée, il était à peu près sûr de blesser son homme. Compromis dans la ridicule conspiration de Cellamare et jeté dans un des plus horribles cachots de la Bastille (c'était la troisième fois qu'il allait à la Bastille), le duc sut garder son secret et ne dénoncer personne. Ainsi il avait tous les genres de courage en même temps qu'il avait tous les genres de bonheur. En effet, même dans le fond de ce cachot infect, il apprit que les propres filles du régent, mademoiselle de Charolais et mademoiselle de Valois, lui tendaient une main secourable. Ainsi avait fait, lors de sa première captivité, madame la duchesse de Bourgogne.

A l'exemple de ces deux grandes dames, toutes les femmes de Paris furent émues de pitié pour l'intéressant captif. Elles accouraient dans leur plus bel équipage pour entrevoir les murs de sa prison, pour le saluer du regard, du geste et du cœur, quand il se promenait sur le préau. Longtemps le faubourg Saint-Antoine, ce terrible faubourg qui dormait encore, ne fut plus qu'une procession de duchesses; même les femmes qu'il avait trahies, voulurent contempler, de loin, cette ombre charmante et captive de leurs amours. Si elles avaient su, les pauvres femmes, qu'un jour viendrait où, en leur nom, cet homme tant aimé serait traîné sur un théâtre; où, en leur nom, il serait livré sans défense à l'indignation du parterre; où, en leur nom, cette gloire toute française serait indignement outragée, comme elles se seraient récriées ! comme elles auraient donné un démenti formel à ce Monvel ! comme elles auraient répondu, la main sur leur cœur : Il n'est pas si coupable que vous le faites ! Nous l'avons aimé, il est vrai, mais à nos risques et périls. Son inconstance n'est pas seulement sa faute, c'est la nôtre encore ; nous, les premières, nous lui avons jeté notre amour, heureuses quand il daignait s'en parer huit jours ! Ne l'outragez donc pas ainsi, cette passion de notre jeunesse ! Depuis longtemps, nous, ses victimes, nous avons pardonné au duc de Richelieu ces charmants malheurs de l'amour ; nous l'avons pardonné justement parce qu'il a beaucoup aimé et parce que nous l'avons beaucoup aimé !

Mais voir ainsi les choses sous leur véritable point de vue, ni trop haut, ni trop bas ; se tenir toujours à ce point fixe, en deçà et au delà de tous les excès ; ne pas séparer un homme de l'époque où il vit, où il règne, où il reçoit la mode, où il la donne ; ne pas imposer à ce temps-ci les mœurs d'un autre siècle, ce n'est pas le compte des déclamateurs. La déclamation est une chose si facile à faire et si profitable, et qui charme à coup sûr tant de bonnes dupes, qu'on ne saurait y renoncer en faveur d'un peu de raison et d'équité.

On sait comment le jeune héros sortit de la Bastille, comment il fut rappelé de l'exil et par quel touchant sacrifice une jeune et belle princesse le racheta au prix de sa propre liberté et de son penchant. Ainsi avait fait Mademoiselle pour le beau Lauzun! Dans les âmes royales, l'amour n'est pas moins fécond en sacrifices que dans les autres âmes. M. de Richelieu avait alors vingt-quatre ans. Il se dit que c'était là payer bien cher l'éclat de ses bonnes fortunes, et il résolut de faire moins parler de lui à l'avenir. Il se présenta donc à l'Académie française où l'attendait le fauteuil du marquis de Dangeau, cet heureux flatteur qui, malgré toutes ses adulations, n'a pas pu parvenir à se déshonorer, car il était le flatteur de Louis XIV. A l'arrivée de ce nouveau confrère, trois académiciens qui étaient des gens de mérite, Fontenelle, Destouches et Campistron, se mirent l'esprit à la torture pour écrire son discours de réception ; mais le duc de Richelieu trouva que Fontenelle avait trop d'esprit, que Destouches et Campistron ne connaissaient pas assez le monde, et à lui tout seul il écrivit, toujours avec sa mauvaise orthographe, un discours tout rempli de ces belles grâces sans apprêt et de ce goût exquis qu'il avait puisé autre part que dans les livres. Dans ce discours qui est un des meilleurs que l'Académie ait entendus, on a remarqué un bel éloge de Louis XIV. L'année suivante il fut reçu pair au Parlement, et les plus belles dames lui servirent de cortége. Quand mourut le Régent et quand le roi Louis XV commença ce long règne si mêlé de mal et de bien et qui allait à l'abîme, M. le duc de Richelieu fut envoyé ambassadeur en Espagne et dans des circonstances difficiles. A cette cour toute irritée du renvoi de l'infante, M. le duc de Richelieu lutta de hauteur et d'insolence avec les plus insolents et les plus hautains. Un jour que le ministre de Philippe V voulut prendre le pas sur l'ambassadeur de France, celui-ci repoussa brutalement l'Espagnol, et cette offense, qui eut pour témoin toute la cour, resta impunie. Un autre jour, ce fut l'ambassadeur d'Autriche qui s'enfuit pour ne pas céder la préséance au duc de Richelieu. Téméraire, il fut un des plus énergiques conseillers du timide cardinal de Fleury, et le vieux cardinal fit bien voir qu'il était noblement conseillé, dans les affaires du roi Stanislas.

Après la mort de sa première femme, notre héros épousa mademoiselle de Guise, princesse de Lorraine, noble et belle et pauvre, il l'aima longtemps avec passion, il la respecta toujours, et quand elle lui fut enlevée par la mort, il la pleura. Il était au siège de Philisbourg, et un soir, comme il revenait de la tranchée, il fut insulté par un parent de sa femme, le prince de Lixen ; il le tua d'un coup d'épée à minuit, à la queue de la tranchée. Le lendemain de ce fatal jour, il monta à l'assaut, et il fut assez heureux pour être blessé à cette même place où il avait tué son parent. Plus tard, il fut nommé gouverneur du Languedoc, et dans cette province il rappela tout à fait, par son faste plein de goût, son entrée triomphale à Madrid sur des chevaux ferrés d'argent et qui perdaient leurs fers à chaque pas. Il apaisa dans cette province les troubles religieux. Plus tard, quand Louis XV s'abandonna sans frein aux passions de sa jeunesse, M. le duc de Richelieu était premier gentilhomme de la chambre du roi, il partageait les plaisirs et les emportements de son jeune maître ; et pourtant, même dans cette licence royale, Richelieu apportait je ne sais quelle décence qui semblait ennoblir même le vice en lui donnant quelque chose de royal. Dans cette partie de sa vie, il fallut au duc de Richelieu bien du tact et bien de l'esprit pour conserver intacte sa réputation d'honnête gentilhomme, mais il était si habile ! il savait si bien parler à la maîtresse régnante ! Il était si fidèle à ces éphémères majestés qui brillaient aujourd'hui d'un si vif éclat pour disparaître le lendemain ; véritables feux follets de l'amour royal !

Ainsi il se servit de madame de Chateauroux pour pousser le Roi à payer de sa personne lorsque la guerre pour la succession d'Autriche embrasa toute l'Europe. Il fut blessé à la journée de Dettingen et son régiment fut taillé en pièces. Le lendemain de ce jour fatal, il ramassait parmi les blessés six cents Anglais qu'il envoyait à l'hôpital Si Louis XV, à Metz, ne succomba pas à cette maladie mortelle, c'est que le duc de Richelieu était près de son lit pour le protéger contre les prêtres, les médecins, les courtisans, défendant, seul contre tous, la meilleure amie du Roi, son bon ange, son bon conseil, madame de Chateauroux. Ainsi couvert de gloire et de bonheur, il était encore un des mieux faisant à la bataille de Fontenoy ; à la tête de la maison du Roi il se précipita tête baissée dans cette colonne formidable de soldats anglais qui déjà criaient : *Victoire !*

Quand madame de Pompadour régna à Versailles, M. le duc de Richelieu, assidu courtisan de la faveur, échappa avec un esprit infini à l'alliance que lui proposait la favorite qui voulait marier mademoiselle d'Étioles au duc de Fronsac. Et la prise de Port-Mahon que j'allais oublier, et Gênes, délivrée et pacifiée, et l'armée du duc de Cumberland repoussée jusqu'à l'embouchure de l'Èbre! ce sont là d'assez belles pages historiques. Pour ce qui est de cette vie de plaisirs et d'intrigues d'amour, nous ne voulons pas la défendre plus qu'il ne faudrait ; mais enfin, rappelez-vous donc, avant de jeter sur cet homme l'indignation de votre vertu, qu'il vivait sous madame de Pompadour, sous madame Dubarry, sous le roi Louis XV, dans une époque perdue de mœurs; qu'il était un gentilhomme, un diplomate, un inconstant, un maréchal de France, quatre titres excellents pour être le très-bienvenu des femmes. Et la preuve, c'est qu'après la mort de Louis XV, et quand ils eurent essuyé l'un et l'autre cette terrible Philippique du cardinal de Beauvais, véritable lapidation *dont les pierres avaient rejailli jusque dans les jardins de Versailles*, le maréchal rentra dans une vie plus modeste. Il se maria pour la troisième fois; il accepta la présidence du tribunal du point d'honneur en 1784; en un mot, il fit si bien, que le roi Louis XVI, cet honnête homme à qui on peut se fier quand il s'agit de vertu et de moralité, venant à penser à tous les travaux de ce vieillard, à ses combats, à la bataille de Fontenoy, à la prise de Mahon, à tant d'esprit dépensé à la cour, à l'amitié que lui portait le feu roi, à la protection dont l'avait honoré Louis XIV son parrain, se prit à l'aimer à son tour peut-être malgré lui, et à lui pardonner les folies de sa vie, en faveur de sa gloire. Richelieu cependant, heureux de rentrer à cette cour dont il avait été l'ornement, avait repris son service Il ne sentait pas venir la vieillesse, et il disait : *Quand la goutte me prend à un pied, je me tiens sur l'autre!*

Ce devait être curieux à entendre ce vieux jeune homme s'entretenant avec M. le comte de Maurepas, — un vieillard-enfant qui avait traversé, lui aussi, trois règnes si différents. Tout vieux qu'il était, il sut prédire la révolution qui s'avançait, et à chaque faute de l'autorité royale, il demandait tout haut *ce qu'eût pensé Louis XIV?* Enfin il mourut, assez à temps pour ne pas voir s'en aller en fumée cette puissance royale à laquelle il tenait par tant de liens; il avait quatre-vingt-douze ans; il fut enterré à la Sorbonne, auprès du cardinal son grand-oncle.

Comme le cardinal de Richelieu, le maréchal de Richelieu représente tout son siècle; il en a le courage et la prévoyance; il en a l'habileté, le charmant égoïsme, l'abandon, la bonne humeur. — Il aime et il recherche le scandale; il est prodigue et n'est pas libéral; il est fier sans être insolent; il porte, dans les choses sérieuses, une ironie sans fard, et dans les choses frivoles une gravité imperturbable. Philosophe à ses heures, mais philosophe, tant que la philosophie ne touchait pas à ses priviléges, il n'eut pas la stupidité de ces grands seigneurs qui s'abandonnèrent eux-mêmes, et qui se dépouillèrent de leurs propres mains, sans comprendre l'étendue et la vanité de leurs sacrifices. Les femmes l'aimaient à ce point, que plusieurs, même quand il fut vieux, ne voulurent pas mourir sans lui laisser dans leur testament un gage de leur amour d'autrefois. Il a eu des mots charmants. Comme il se mourait, sa jeune femme lui disait: Vous avez bon visage! — *Vous prenez donc mes yeux pour un miroir*, lui dit-il. Un jour qu'il avait mis aux abois une dévote assez laide, — *Vous le voyez*, lui disait-elle, *pour vous je me perds.* — *Et moi*, lui répondit-il en s'enfuyant, *je me sauve.* On l'a comparé à Alcibiade; il en a les charmants défauts, les vices nombreux, l'esprit et le courage; en un mot, c'est là un de ces hommes admirablement organisés, et tout préparés à subir la louange et la satire, l'adulation et la calomnie. Ce qui est le sort de tous les esprits supérieurs. »

Ceci dit, à propos de la comédie du citoyen Monvel, rien n'était plus facile (et je n'y manquais pas) que de relever une à une les turpitudes, les absurdités et les mensonges de cette honteuse comédie. Que de cruautés inutiles, que de recherches odieuses, quels mensonges entassés dans ces cinq actes! Le dernier valet du pavillon de Hanovre en eût été déshonoré.

« Otez le nom du maréchal de Richelieu de cette comédie, et vous n'avez plus qu'un homme à bonnes fortunes du plus méchant acabit. Les plaisanteries de son valet de chambre ne sont d'aucune antichambre ; le philosophe est un déclamateur de la plus petite espèce. Restent les malheurs de madame Michelin : ils ont fait verser bien des larmes, mais, grâce à Dieu et à M. de Balzac, les malheurs de madame Michelin sont devenus presque ridicules aujourd'hui ; de nos jours, madame Michelin obtiendrait à peine une dernière place dans la longue liste des femmes malheureuses. Vous rappelez-vous *les Victimes cloîtrées* de ce même Monvel, que l'empereur avait créé membre de l'Institut? On a voulu à la même époque reprendre *les Victimes cloîtrées* sur le théâtre de la Porte-Saint-Martin ; le public des boulevards les a supportées à peine un jour ou deux ; le dégoût en a fait justice, et il faudra de bien cruelles révolutions pour que *les Victimes cloîtrées* s'emparent même de la plus humble affiche du boulevard.

« La Comédie-Française a si bien compris qu'avec sa *Jeunesse de Richelieu*, elle commettait un indigne, un stupide anachronisme, que, pour nous donner le change, elle a affiché, non pas *la Jeunesse de Richelieu*, mais *le Lovelace Français*. Un autre jour vous la verrez afficher non pas *Cinna*, mais la *Clémence d'Auguste*. Eh bien, ce titre de *Lovelace Français* est une bêtise ajoutée à tant d'autres.

« Le héros de Richardson est un gentilhomme qui n'a rien de commun avec le Richelieu de Monvel. C'est un scélérat, il est vrai, mais un scélérat dangereux et plein de génie. La lutte de ce vicieux et de cette vertu qui s'appelle Clarisse Harlowe est admirable, justement parce que Clarisse est de force à lutter contre ce rude joûteur. Si Clarisse était moins courageuse, si Lovelace était moins dangereux, adieu le chef-d'œuvre ! Comme aussi si Clarisse se laissait traiter par Lovelace comme se laisse traiter madame Michelin par Richelieu, toute la vigueur et toute la moralité de ce grand drame seraient perdues ; pour remplacer un chef-d'œuvre impérissable, on aurait un drame du citoyen Monvel ! »

CHAPITRE V

Naturellement, à côté de ces folies, renouvelées des temps sanguinaires, d'autres licences, moins coupables peut-être, et non moins dangereuses, à l'exemple du Théâtre-Français s'emparaient des théâtres d'alentour. Le Théâtre-Français est la règle et l'exemple de toutes les scènes exploitées, à leurs risques et périls par des entrepreneurs qui sont placés dans la nécessité absolue de réussir, et qui certainement, — lorsque le Théâtre-Français jette son bonnet par-dessus les toits, — n'iront pas prendre le cilice et couvrir leur front humilié de la cendre du repentir. Dites-moi ce qui se joue au Théâtre-Français, et je vous dirai volontiers ce qui se joue au Gymnase! Si le Théâtre-Français chante la *Marseillaise*, le Théâtre des Variétés va chanter le *Ça ira!* Le Théâtre-Français donne aujourd'hui le *Nouveau Lovelace*, alors, pas plus tard que demain, vous aurez *Faublas* au Vaudeville.

En effet, le Vaudeville, affranchi de toute contrainte, appelait à son aide ce héros de ruelle et de mauvais lieu, ce Chérubin de filles publiques, ce bellâtre enfanté, un jour de révolution, dans l'arrière-boutique d'une marchande de modes en belle humeur, chez la petite Lolo, à l'enseigne de *la Nouveauté*. C'est un fait, ce livre ignoble a captivé à force de luxe, de vices et de licences, les mêmes lecteurs qui s'étaient passionnés, les premiers, pour la *Nouvelle Héloïse*, pour *Candide*, pour *Manon Lescaut*, pour la

Religieuse de Diderot, pour les *Confessions du comte de* ***, disons tout, le *Faublas*, cette œuvre ridicule du ridicule Louvet et de sa ridicule Lodoïska, il a tenu attentifs et charmés les mêmes lecteurs que M. de Laclos avait épouvantés de ce récit funèbre intitulé : *les Liaisons dangereuses* [1].

LES LIAISONS DANGEREUSES.

« Ainsi il ne faut pas nier le succès de ce livre honteux ; il faut s'en prendre à ces époques fatales dont nous essayons de retracer l'histoire. En présence d'un pareil scandale, garder le silence c'est avouer la défaite et l'impuissance de la critique. Heureusement que, grâce à Dieu, et en dépit de tant d'excès qui nous ramènent à la barbarie, les mœurs publiques ont fait assez de progrès de nos jours, pour que des livres, qui furent la passion de la jeunesse d'autrefois, soient en grande haine et mépris de la jeunesse d'aujourd'hui. Honneur aux jeunes ! Ils conçoivent très-bien une chose que leurs pères n'ont comprise que plus tard, c'est que rien n'est misérable comme la littérature qui parle aux sens. Honneur aux jeunes ! ils comprennent beaucoup mieux *Clarisse Harlowe* qu'on ne la comprenait jadis ; ils ne comprennent pas un mot aux aventures du chevalier de *Faublas*.

Ceci est une remarque à faire et qu'on n'a pas faite. *Faublas* a été donné à la France, afin qu'il fût dit que la France avait, elle aussi, son Lovelace. Faublas est la contrefaçon de Lovelace. Quand l'admirable roman de Richardson parut à la fin du siècle passé, dans ce monde des corruptions et des élégances, Paris, tout occupé de fêtes, de licences, de plaisirs et d'adultères, ne vit dans ce livre que Lovelace tout seul, entouré de toutes les séductions, comblé de toutes les grâces, accablé de toutes les faveurs ; — élégant dans ses vices, retenu dans son libertinage, spirituel dans sa passion ; la France dans le roman de Samuel Richardson ne vit que Lovelace,

---

[1]. Une bonne histoire, on la sait, laissez-moi la dire. M. de Feletz, dans un pamphlet tout rempli d'indignation et de colère, avait pris à partie en vingt-cinq pages, le piètre auteur de Faublas. La brochure se terminait ainsi : *Perge sequar !* — « Va toujours, je m'acharne à tes pas ! » Que fit M. Louvet ? Il se figura que *Perge sequar* était un nom propre, et il adressa sérieusement sa réponse à *M. Perge Sequar*. Un directeur de l'Opéra ne ferait pas mieux, aujourdhui !

rien que lui! Juste ciel! elle n'eut pas un regard pour Clarisse! Elle n'eut pas un regard pour ce sublime duel entre ce crime et cette vertu! Clarisse Harlowe a échappé à tout le xvıııe siècle, même à Diderot. Et cependant là était tout le livre du poëte, là était tout l'enseignement du philosophe, là était tout le drame du romancier: l'héroïne du livre, c'était Clarisse. La France ne vit que Lovelace. Aussi de tous côtés, dans les comédies, dans les livres, dans le monde, dans les ambitions et dans les exemples de ce monde à part, on vit surgir Lovelace; il était le maître absolu de ces consciences éteintes, de ces jeunesses épuisées, de ces petits messieurs étiolés comme des plantes de serre-chaude; on dirait un instant que le farouche Iago, devenu à la longue un des plus galants seigneurs de l'Angleterre, va transfuser quelque peu de sa verve et de son sang dans les veines allanguies de notre jeunesse thermidorienne... Inutiles efforts de ces petits messieurs pour atteindre à la ressemblance de ce scélérat énorme! Ils s'enflaient de toutes leurs forces pour ressembler à Lovelace; quand leurs petits muscles ont été détendus dans leur peau rugueuse et froide, il est arrivé qu'ils ont ressemblé... à Faublas.

Faublas, en effet, est la dernière copie de Lovelace que le xvıııe siècle ait tentée. L'auteur ayant jugé à propos de faire un Lovelace français, n'a pensé qu'à lui donner dix fois plus de femmes que n'en avait eu le Faublas de Richardson. Pourvu que Faublas saute de ruelle en ruelle, et qu'il se perde d'alcôve en alcôve, tout est dit, le Lovelace anglais est vaincu; cela suffit. M. Louvet n'en sait pas plus long que la liste de Don Juan!

Ainsi lâché, le Faublas français s'en va au hasard dans le monde, au bal, à l'église, dans le boudoir profane et dans le couvent, à l'Opéra et dans la petite maison du faubourg, disant comme Don Juan: *Sento odore da femina!* Il court ainsi, démuselé qu'il est, à cette chasse périlleuse dans laquelle tout gibier lui est bon. L'histoire est monotone, c'est vrai; l'histoire est invraisemblable, qui le nie? Elle est immorale, à la bonne heure, mais le xvıııe siècle qui touchait à sa fin, vieillard blasé comme l'avait été Louis XV, et aussi peu difficile dans les derniers délassemens de son esprit que l'avait été le vieux roi dans ses dernières amours, le xvıııe siècle se laissait prendre à ces mensonges aussi mesquins que puérils. Le pauvre vieillard n'était pas fâché qu'on rehaussât, à ses yeux, ces misérables restes de virilité épuisée; ses sens blasés et perdus avaient besoin de ces encouragemens obscènes ; et d'ailleurs il avait toujours cette raison, qu'il ne voulait pas être vaincu par Lovelace ; Lovelace importunait M. de Lauzun et tous les jeunes seigneurs qui marchaient sur ses traces. Voilà comment nos pères se sont jetés, à corps perdu, sur le roman de Louvet, comme on se jette toujours, quand on est vieux et ennuyé, sur une flatterie exagérée qui vous reporte à vos beaux jours.

Ainsi ce succès s'explique de deux manières : rivalité de la jeunesse française et de la jeune noblesse d'Angleterre à qui sera la plus corrompue et la plus vicieuse, Faublas triomphant, chez nous, de Lovelace ; puis aussi décrépitude de cette vieille aristocratie de France, représentée par le maréchal de Richelieu, par exemple, et qui était bien aise de remuer encore quelque peu, en lisant *Faublas*, les cendres de ses amours. Ici tout parallèle s'arrête entre Lovelace et Faublas, entre Louvet écrivain négligé, romancier indiscret, plagiaire maladroit, et Richardson, le plus moral romancier de ce monde, comme aussi toute comparaison s'arrête entre les deux époques dans lesquelles les deux romans furent écrits.

Il suffit d'avoir lu *Clarisse Harlowe*, et de s'en souvenir comme il convient, pour comprendre à quel point se ressemblent peu ces deux héros, et ces deux époques. Vous aurez beau trouver dans la grande fortune de Lovelace, dans sa haute naissance, dans le nombre de ses clients, dans le dévouement et l'immoralité de ses amis, devenus ses complices, dans l'inépuisable fécondité de son génie, toutes sortes de motifs de trembler pour cette innocente enfant, Clarisse Harlowe, cependant quelque chose vous dit que tout ce drame se passe dans une société bien faite, quelque chose vous fait sentir, dans ce livre, que l'action de ce livre se passe sous une loi forte et énergique, dans une ville policée, et qu'il y a derrière l'infortunée, des magistrats qui l'arracheraient à son sort, s'ils pouvaient deviner à quel bandit elle est livrée. C'est là la grande impression que nous fait éprouver le roman de Richardson. On y trouve, à chaque pas, à chaque instant, une société forte, habile, impérieuse, croyante, fidèle, honorée, honorable ; on la trompe, on l'aveugle, on la fascine, mais enfin elle ne se trompe pas elle-même, elle ne ferme pas les yeux pour ne pas voir, elle ne se fait pas la complice de ces vils libertins. Non pas certes : jusqu'au moment où meurt Clarisse, la société anglaise sort sans reproche de cette mort; la loi aussi bien que Clarisse a été la victime de Lovelace ; la loi n'a pas été la complice de Lovelace, le monde n'a pas prêté les mains aux crimes du monstre. Voyez ce que fait le monde ! aussitôt que le monde apprend le malheur de cette fille respectable et sainte, il envoie au terrible Lovelace, le colonel Morden, et Lovelace tombe mort. Selon moi, la grande difficulté de ce livre, c'était de montrer un scélérat consommé, rempli des grâces et des vertus que veut le monde, et de lui faire accomplir ses crimes sans le monde, et, quand ses crimes sont accomplis, de le faire périr par le monde. Lorsque Clarisse est morte, toute la société anglaise a pu pleurer sans remords et se dire à elle-même : *Je suis innocente de la mort de cette sainte qui est au ciel !*

Tout au rebours l'ignoble roman de Louvet. Est-ce une fantaisie, est-ce un rêve? A coup sûr ce n'est rien qui ressemble à un peuple qui se respecte et qui se fait obéir. Dès les premières pages on comprend que ces obcénités, çà et là flottantes, de l'enfant au vieillard, de la grande dame au valet, ne peuvent être exploitées que dans une société en désordre et pourrie. Le vice, qui se cachait tout à l'heure, se montre à présent. Le vice, qui, dans le roman anglais, choisissait de préférence les rues détournées, les chemins de traverse, et frappait timidement à la petite porte du parc, il va tête levée dans les rues de Paris, il court à quatre chevaux à Longchamp, il entre avec fracas par la porte cochère; il marche, on le suit; il parle, on l'écoute; il commande, et son moindre caprice est un ordre absolu ! Dans le roman anglais, Lovelace est absent presque toujours. Où est-il? Que fait-il? Il est dans une chaumière, qui marie une jeune et innocente fille dont il fait une louange à sa chasteté, un prospectus à sa vertu. Où est-il et que fait-il? Il est bien loin, dans un comté reculé, allant à la chasse au renard. C'est à peine si vous l'apercevez de temps à autre ce héros si redouté ; il a trop peur du juge de paix et du dernier officier de justice qui pourrait le surprendre au milieu de son crime ! Aussi bien, cette retraite, et pour ainsi dire cette fuite du héros, et cette grande terreur qui le pousse à éviter, par tous les faux-fuyants, l'atteinte implacable de la loi criminelle, produisent, dans ce drame, un effet immense, et c'est un très-grand témoignage que Richarson, qui tenait à mettre de la vraisemblance dans son livre, accordait à la probité de son temps.

Faublas, lui, n'est guère en peine de ces précautions inutiles ; il va comme il veut, sans même s'envelopper dans son manteau couleur de muraille. Tout lui convient, le jour et la nuit; la maison bourgeoise, la noble maison, la petite maison, la maison suspecte; si Faublas se cache quelquefois, il se cache sous les habits de l'aimable comtesse et son déguisement tourne encore au profit de ses amours, en même temps que le guet lui-même, favorise ses plaisirs. Dans tout le cours de ce roman, si parsemé de filles séduites, de maris trompés, de couvents troublés dans la nuit, on ne tremble pas un instant pour le héros. On voit que le héros est favorisé à outrance par la police, aussi bien que par les mœurs de son temps. En ceci le lieutenant-criminel est parfaitement d'accord avec toutes les comtesses, duchesses ou marquises du roman. Or c'est là une impression douloureuse et mauvaise. Savoir que toute une époque est complice de ces mauvaises mœurs! Savoir qu'elle tient l'échelle qui sert au jeune homme à escalader les fenêtres de ses maîtresses! Savoir qu'on fait jouer à toute la société de ce temps, le rôle infâme d'appareilleuse et qu'on le lui fait jouer avec une espèce de vraisemblance! Savoir que nulle vengeance légale ne surviendra aux emportements de ce petit jeune homme, et que la Bastille même, cette immorale punition, n'intervient un instant que pour servir les amours de madame la marquise de B..., c'est là, sans doute, une impression pénible.

Quelle différence dans le roman de Richardson! Comme on a peur, même pour Lovelace, lorsque Clarisse échevelée, entr'ouvre la fenêtre de l'horrible maison où elle est renfermée, et se met à crier : « *Au secours! au secours!* » Les paroles de Clarisse retentissent profondément dans l'âme du lecteur. Il prête l'oreille dans la rue pour savoir si le policeman ne passe pas. S'il passe, en effet, ce gardien de la nuit, des libertés et des mœurs, s'il entend Clarisse elle est sauvée! Si le constable peut la protéger de sa baguette blanche, elle est sauvée! La moralité de l'époque sauve la moralité de l'action; et quand Clarisse est perdue, le lecteur se console un peu, en songeant que ce n'est la faute ni des hommes ni des lois.

Dans le roman de Louvet, non-seulement vous ne trouvez aucune réaction à ces adultères sans fin, mais encore vous ne trouvez à la morale aucune protection ni du côté des lois, ni du côté des mœurs. On sent, à chaque pas de ce jeune homme, qu'il marche dans une société en ruines. L'auteur rit de tout, et de quel rire! Il flétrit tout ce qu'il touche, sans pitié ni remords. Pendant que Richardson a peine à flétrir, même son héros, et qu'il l'entoure de tous les respects qu'il peut se permettre, Louvet écrase et flétrit à plaisir tous les personnages de son livre; il n'en est pas un seul qu'il ne déshonore, en temps et lieu. Il donne au père de Faublas une maîtresse payée que lui enlève son fils; il fait épouser à Rosambert, type élégant du roué de cette époque, une jeune fille qui est enceinte des œuvres de Faublas; la grand'mère de cette jeune fille, qui probablement a connu Louis XIV, n'est pas plus respectée que Justine la camériste. Quant aux maris trompés de ce livre, il est impossible de les couvrir de plus d'infamies et de bassesses. Enfin, il n'est pas jusqu'à Sophie, Sophie l'héroïne vertueuse du roman, Sophie le paradoxe du romancier, Sophie la Clarisse de ce livre dont Faublas est le Lovelace, qui ne succombe, comme les autres, dans le jardin du couvent où elle est enfermée. Que voulez-vous que devienne un lecteur de sang-froid à de pareilles infamies, à ces infamies sans relâche, sans besoins, sans prétexte, sans remède et sans art? Comment voulez-vous qu'il juge l'époque insultée dans ce livre auquel elle a fait un succès immense, un succès inouï, un succès tel que c'est un livre qu'il sera impossible d'oublier, toutes les fois qu'il sera question de la littérature du siècle passé?

Enfin, enfin, il n'y a pas jusqu'au duel, cette dernière loi des sociétés qui n'en ont plus, que l'auteur de Faublas n'ait trouvé le moyen de tourner en ridicule. Il a fait battre en duel son marquis contre sa duchesse; le duel même tombe en quenouille dans ce roman absurde. Étrange et dernière conquête de la femme sur l'homme, que n'avait pas rêvée même madame de Pompadour.

Comparez le duel de la marquise de B*** avec le duel du colonel Morden et de Lovelace. — « Recommandez votre âme à Dieu, Monsieur, vous êtes mort! »

Ce fut donc une grande preuve de bon sens, un grand témoignage d'amélioration morale, et, par conséquent, de goût littéraire, quand les jeunes gens chassèrent *Faublas* de leur bibliothèque, non pas comme un livre immoral, mais, qui pis est, comme un livre médiocre et faux. L'opinion de la jeunesse y a plus fait que le procureur du roi de la Restauration, et je ne sache pas que jamais livre ait été mis à l'index par la cour de Rome, comme celui-là y a été mis depuis tantôt dix ans, par la génération qui commence. A mesure que nous sommes revenus au roman simple et vrai, à mesure que nous avons senti le charme de ces chastes et faciles études de l'histoire et du cœur humain, nous nous sommes dégoûtés de ces exagérations, plus brutales que littéraires, où les sens jouent le rôle qui n'est dû qu'aux passions, où la matière l'emporte sur l'esprit, où l'amour physique l'emporte sur l'amour moral. En ceci, la révolution a été complète. Si les efforts de l'école nouvelle ont souvent donné dans toutes sortes d'excès, il faut leur rendre au moins cette justice, ils ont été chastes. Malgré tous les excès de la littérature des sens, et peut-être même à cause de cette littérature dont le xviii° siècle abusait avec tant de grâce, de facilité et d'esprit, nous sommes aujourd'hui plus près de *Clarisse Harlowe* que du *Chevalier de Faublas.*

Faublas est un livre hors de nos mœurs. Les jeunes gens n'y croient plus, les femmes y croient moins encore. Comment voulez-vous qu'elles comprennent tout ce dévergondage immoral, ces pauvres femmes qui cachent en rougissant leurs préférences les plus innocentes? Aussi, ce jour-là, à la représentation de *Faublas*, les dames des loges s'amusaient-elles comme à un simple vaudeville; il était facile de voir, à leur étonnement, qu'elles assistaient en effet à une première représentation.

Et puis, si vous êtes honteux de vous être passionné au roman de Louvet, si vous avez regret à l'intérêt puissant que vous avez rencontré dans ce livre sans vraisemblance, sans vérité, sans goût, sans style, sans pudeur, livre effronté comme une courtisane de carrefour, je vous dirai, moi : N'ayez pas trop de honte de votre intérêt passé! Une chose est là qui vous excuse de vous être attaché quelque peu à ces héros perdus de mœurs, à ces héroïnes en désabillé du matin. Cette chose qui vous excuse, c'est la révolution qui a fait justice de ces mœurs et de ces héros.

En effet, à défaut d'intérêt moral, un intérêt douloureux s'empare de l'âme, à la vue de ces hommes et de ces femmes qui se plongent dans le néant, de gaieté de cœur. Leur sang-froid épouvante encore plus que leurs actions. On songe, malgré soi, que le bourreau se tient debout à la porte de ce boudoir couleur de rose, tout prêt à l'enfoncer de sa hache. Le sang de ces hommes et de ces femmes a expié leurs longues voluptés, et voilà comme avec un cœur honnête et des mœurs décentes, on peut encore se sentir intéressé aux plus grands écarts du xviii° siècle, tant ces écarts ont été cruellement expiés!

Seulement, il est affreux que la mort ait fait expier à ces pauvres femmes ces égarements et ces faiblesses que le xvii° siècle punissait toujours assez par le couvent, sans compter que l'horrible peine est tombée souvent sur les plus chastes victimes, sur madame Roland, par exemple, qui poussa l'esprit de parti jusqu'à honorer de son amitié l'auteur de *Faublas*. Mais à propos de tous ces vices d'une société perdue, ne parlons pas de madame Roland! »

Dans cette course à travers l'impossible et les mauvaises mœurs, rien n'arrêtait le vaudeville ; et l'âge et le sexe, et les enfants qui doivent être, au dire du satirique latin, entourés de nos plus profonds respects, ne pouvaient arrêter cette rage de scandale. Un jour même le vaudeville imagina, chose incroyable, qu'il serait bienséant de s'introduire au beau milieu de la maison royale de Saint-Denis, et d'y chanter ses gravelures ! Ça n'a l'air de rien, cette aimable tentative, et pourtant, vue à distance, on ne comprend pas que la chose ait été supportée.

LES DEMOISELLES DE SAINT-DENIS.

« C'est pourtant vrai, le théâtre des Variétés, à bout des capucins et des visitandines, a mis en scène tout le pensionnat de jeunes demoiselles de Saint-Denis ! Il me semble que cette institution aurait mérité plus de respect. C'est d'abord un asile consacré à la jeunesse, à de jeunes personnes de familles pauvres et glorieuses; c'est un lieu dont la porte devait être murée à tout le monde, aux vaudevillistes surtout, qui se croient tout permis depuis qu'ils ont fouillé dans l'intime foyer du pape Clément XIV et de l'archevêque de Paris. Que voulez-vous? la *Muse* ne respecte plus rien aujourd'hui, ni la vieillesse, ni l'enfance, ni le nom des aïeux ; infâme complaisante de votre oisiveté ennuyée, elle va vous conduire, si vous voulez, dans le dortoir de vos jeunes enfants. Nous avons vu cela au théâtre des Variétés.

Au premier acte, nous sommes au dortoir. Vous voyez dans le lointain de petits lits tous blancs, vous entendez dans le lointain des voix confuses ; arrivent les jeunes pensionnaires, c'est l'heure du coucher. Les jeunes filles sont conduites par la surintendante de la maison et par la sous-maîtresse. Madame la surintendante lit tout bas le *Journal des modes*, madame la sous-maîtresse déclame la vie d'un saint martyr. Les jeunes élèves rient aux éclats, puis elles se déshabillent entre elles : voilà une ceinture ôtée, voilà une agrafe de moins, voilà une manche qui se détache.... S'il y a dans la salle quelque bel esprit de province, quelque homme à bonnes fortunes de magasin, voilà mon homme qui essuie les deux bouts de sa lorgnette, il regarde de toutes ses forces, immobile, muet, enivré ! Heureusement le rideau tombe ; tu ne verras pas tomber le dernier jupon de ces demoiselles, grand niais que tu es qui te mets à rire d'une chose si pleine de dégoût !

L'influence du bel esprit de province est terrible dans les arts; aussi terrible que celle du saint-simonisme en politique, deux grands fléaux.

La toile baissée, et ces dames bien tranquilles dans leur dortoir, nous avons cru en être quittes pour la peur, et déjà nous reprenions courage, les croyant couchées jusqu'au lendemain. Grande erreur ! Voilà tout à coup, à un signal donné par une d'elles, toutes ces femmes qui s'échappent en minaudant de leur dortoir. Cette fois (réjouis-toi, mon Lovelace !) ces dames sont toutes nues, en chemise, ou à peu près ; c'est horrible à voir. Croiriez-vous qu'ainsi faites, le bras rouge et tortu, le corps plat à faire peur, elles arrivent, dans ce négligé blanchâtre, sur le bord de la rampe ; et, sur le bord de cette rampe, elles se livrent à leurs espiègleries de petites filles ; elles minaudent, elles chantent, elles égratignent, elles font le petit chat. O le pensionnat de Saint-Denis ! s'il était ainsi, le pensionnat de Saint-Denis, en camisole bouffante, en bas de soie couleur de chair jaune, en dents noires, et aux yeux éraillés, et à la voix fausse, ce serait horrible à voir.

Le spectacle dont je vous parle a duré dix minutes. Après ces dix minutes, si longues, quand le complot est bien arrêté, une des sentinelles donne le signal, et le bataillon séculaire va cacher sa nudité, ses bras, ses jambes, son visage et ses mains derrière le rideau rouge, au moment même où le provincial essuyait ses lunettes pour la dixième fois.

Dans ce premier acte de leur pièce, les auteurs ont poussé l'amour de la nudité et de la casaque blanche jusqu'à faire arriver, en vêtement de nuit, la vieille sous-maîtresse, qui lisait tout à l'heure la Vie des saints Martyrs! Mais quand la vieille sous-maîtresse arrive, tout le pensionnat est couché.

Au second acte nous ne sommes plus à Saint-Denis; nous sommes à Paris, chez le gouverneur de Saint-Denis, chez M. le maréchal Macdonald tout simplement. Le maréchal en grand cordon est à déjeuner, quand arrive le capitaine Jérôme en moustache et en blouse. Le capitaine Jérôme, honnête fermier, officier de la Légion-d'Honneur, a sept enfants; il chante, il fume et il jure, non pas des jurons de théâtre, mais de vrais jurons de corps de garde : *bigre! sacredié!* C'est ainsi qu'on servait de la véritable soupe aux choux dans *le Soldat laboureur.* Tous les progrès se tiennent.

A Saint-Denis, le maréchal entre en souriant. On lui fait trois révérences; on crie: *Vive le maréchal!* Puis le maréchal va visiter les cuisines et le dortoir. Le pensionnat crie: *A bas les jésuites!* Puis le pensionnat s'enferme dans une chambre. Grand embarras du général! Le général fait illuminer les jardins et jouer une contredanse, les élèves attendries sortent de leur cachette en se donnant la main. Tout le monde danse, et voilà comment finit l'insurrection de Saint-Denis. »

Cependant, à côté des licences, les histoires de bourreaux, de forçats, de bandits de toutes sortes allaient grand train, et de temps à autre j'essayais, par exemple, de montrer à qui de droit, combien ces histoires-là étaient d'une invention facile. Ici même je retrouve, à peu de distance l'un de l'autre, un mélodrame et une tragédie de mon invention. J'allais ainsi cherchant et furetant toujours, jusqu'à ce que ma place fût trouvée, et que mon autorité fût reconnue. Il faut se donner bien de la peine, si l'on veut

être enfin quelqu'un dans cette bonne république des lettres. —
Si vis esse aliquis! a dit le poëte latin.

LES NOCES DU FORÇAT,

MÉLODRAME (*à faire*) EN TROIS ACTES ET PLUSIEURS TABLEAUX.

« Je vous parle d'une histoire d'hier, et, par Apollon! si vous êtes né sage et habile vous en ferez votre profit. Il y avait à Paris, quelque part, un forçat évadé du bagne de Brest, et une fille tant soit peu échappée à la prison des Madelonnettes, sa patrie. Un forçat à Paris, n'est pas ce qu'un vain peuple pense ; on se figure un être pâle et livide, ruiné, en guenilles, un je ne sais quoi qui n'a plus de nom dans aucune langue; un forçat, à Paris, c'est quelquefois un monsieur en bel habit, en bottes vernies, en gilet de poil de chèvre, en chapeau neuf; c'est quelqu'un qui joue et qui rit, quelque chose de très-aimable et de très comme il faut; nous avons vu cela dans beaucoup de procès qui ne sont pas des causes édifiantes, et tant s'en faut.

Mon forçat évadé et oisif se prit d'amour pour une jeune et timide fille, blanche, à l'œil noir, bien prise dans sa taille, pâle quelquefois, jamais trop colorée, et penchant vers la tombe; une frêle créature qu'on se hâte d'aimer et de rendre heureuse avant qu'elle meure, brisée par son âme comme une chaudière de soixante chevaux que la vapeur fait éclater.

Le forçat se disait, la dévorant du regard et du cœur : — Si je lui dis que je suis un forçat évadé, elle ne voudra pas de moi qui l'aime tant !

De son côté, le voyant si doux, si calme, si aimant, si exalté, si pleurant au mélodrame, si faisant l'aumône, et occupé à la regarder elle, comme Hernani regarde dona Sol !

Elle se disait : — Hélas ! hélas ! s'il vient à savoir que je suis une contumace des Madelonnettes, hélas ! lui si innocent, si beau, il ne voudra pas de moi !

Ils restèrent ainsi irrésolus longtemps, elle et lui, longtemps en suspens, les lèvres ouvertes pour se tout dire, et leurs lèvres ne restaient pas ouvertes, et cependant ils ne se disaient rien.

Heureux temps des illusions et de l'amour qui espère et qui a peur!

A la fin, leurs deux âmes s'entendirent, leurs deux cœurs se comprirent, deux âmes bien faites pour s'entendre, deux cœurs bien faits pour se comprendre aussi.

Ils voulurent se marier. Point de nœuds illégitimes pour eux, point d'union fortuite, appelons comme témoins le ciel et la terre! O contraste! ô nouveau triomphe de la nature sur la loi des hommes! On parle d'abolir le mariage et de jeter le divorce dans la paix du ménage, comme on jette un caillou dans un bassin tranquille!

Et voici que la prostitution veut se marier devant la loi!

On attaque l'Église de toutes parts; les hérésies s'élèvent; le clergé de Beauvais renie l'évêque qui lui est donné par le Roi; l'abbé Châtel dit la messe en français, ou peu s'en faut; le pape des saint-simoniens se dédouble de sa propre autorité, il s'appelait Bazar et Enfantin hier, aujourd'hui il ne s'appelle plus que Bazar; il n'est pas jusqu'au pédicure du quai de l'École qui ne se fasse dieu, lui aussi, au nom de saint Jean de Jérusalem, et qui n'écrive d'égal à égal à l'archevêque de Paris, en sa qualité de grand-maître des Templiers; eh bien! dans ce débordement de dieux nouveaux, quand les religions nouvelles ne se comptent plus, la prostitution se marie à l'autel!

La noce était à voir. Beaucoup de femmes, simplement élégantes, beaucoup d'hommes d'une tournure honorable; ils marchaient deux à deux et en ordre, cédant le pas à tous les fiacres et à toutes les patrouilles qu'ils rencontraient.

Ils rencontrèrent un mort; les femmes détournèrent la tête, une larme dans les yeux; les hommes ôtèrent respectueusement leurs chapeaux devant ce pauvre corbillard, qui n'avait même pas un chien pour l'accompagner.

La gaieté de la noce fut un instant moins bruyante; mais, pour être plus calme, elle n'était pas moins touchante; il y eut dans cette foule d'heureux, un moment de silence qui attendrissait même les passants.

Surtout c'étaient les deux époux qu'il fallait voir. Elle, attendrie, pénétrée, pendante au bras de son jeune époux, comme la vigne à l'ormeau! et lui, fier, heureux, souriant, pâle de bonheur! On voyait qu'il eût été légèrement querelleur, tant il était complétement heureux ; et puis c'étaient de frais rubans, de fraîches épaules, c'était un modeste bouquet d'oranger, c'étaient des amies, des frères, c'était un beau soleil. Un honnête homme, pour ses noces, ne demanderait pas un plus beau jour.

On se disait, les voyant passer, — c'est la fille d'une boulangère, et c'est le fils d'un vieux soldat, chevalier de la Légion-d'Honneur. On cherchait le père, on cherchait les deux mères; ni pères, ni mères, pas une mère pour eux deux! Orphelins tous les deux, pauvres enfants!

Vous connaissez le boulevard Neuf; quel tranquille boulevard! Tout est calme et paisible! c'est à peine si les bruits de la grande ville y viennent mourir! Figurez-vous une joyeuse grande route toute bordée d'hôtelleries, de petits bosquets consacrés à la bonne chère, de jolies chambres aux jalousies vertes, parcourue dans tous les sens par les écoliers qu'on y mène en troupe, et les vieilles femmes de la Salpêtrière, invalides féminins du travail, de la maternité et de l'amour. C'est au boulevard Neuf que se dirigea la noce, parlant tout bas, riant tout bas, édifiante dans sa gaieté. Ils marchaient sur la pointe du pied, prenant garde à salir leur chaussure, à gâter leurs bas de soie à jour. L'oiseau marche ainsi de ce pas léger, de ce pas ailé.

En traversant le boulevard pour se rendre *au Feu éternel*, ils rencontrèrent une petite fille maigre, étriquée, en haillons, le visage tout bleu de froid, — hélas trois mois avant l'hiver! La pauvre fille balayait, sur le passage, avec un balai usé une boue qui n'existait pas!

Les hommes lui firent l'aumône, une aumône blanche; les femmes la regardèrent en pitié en lui disant : *Sois bien sage, petite!*

Ils entrèrent ainsi dans la vaste salle du *Feu éternel*. La table était dressée, nette et propre; il y avait des verres pour trois sortes de vins, des fourchettes et des cuillers en argent, de l'argent même sur le bouchon des bouteilles, les salières étaient aussi en argent, les manches des couteaux en argent, puis au dessert la lame des couteaux en argent; il y avait des serviettes cylindrées, et sous chaque plat de l'eau bouillante, et des fleurs sur la table, et sur la cheminée des fleurs, et sous les fenêtres mieux que des fleurs, des palmiers, des orangers, des myrtes et le rugissement poétique des tigres et des lions, tout le Jardin des Plantes en guise de corbeille ! Il ne faisait ni trop chaud, ni trop frais, dans cette belle salle si digne du festin. Les convives se mirent à l'aise modestement. Les femmes ôtèrent leurs chapeaux avec autant de précaution qu'une duchesse qui doit aller le soir à l'Opéra ; elles gardèrent leurs écharpes.

On se mit à table, l'époux à côté de l'épouse, personne ne fut trop serré à cette table ; il y eut trois services, non pas les viandes saignantes, non pas les mets grossiers d'une noce vulgaire, non pas les sauces épicées et qui font boire le vin de Meudon à si grands traits ; mais du gibier de la veille, du poisson pêché le matin, d'élégantes sucreries, tout le marivaudage d'une cuisine du temps de M. de Soubise. Les garçons émerveillés n'avaient jamais vu manger si lentement, boire si peu, ils n'avaient jamais entendu parler si bas et si bien.

De quoi on parla ? Je ne sais. On parla politique pour les dames ; on parla de modes et de beaux-arts pour les hommes, comme dans une salle à manger de la Chaussée-d'Antin. On parla peu des théâtres ! Il y a si peu de chose à en dire ! il est de si mauvais ton d'y aller ! Chose étrange ! Personne ne proféra un seul mot de colère contre M. Marty. Tant il y avait de respect pour la vertu dans cette société à part.

Cependant il y eut des hommes qui dissertèrent avec beaucoup de chaleur sur la liberté des théâtres. Ils prouvèrent, très-pertinemment, que la révolution de juillet avait tué les théâtres en confondant tous les genres, en infectant toutes les scènes d'ariettes d'opéras-comiques, en remplaçant l'unité du drame par des biographies qui n'en finissent pas. L'homme dont je parle était beau parleur ; il avait l'accent flûté, et sur cet accent, comme sur une roue de tilbury, s'arrondissait une élégante période dans toutes ses proportions ; c'était plaisir d'entendre parler ce monsieur d'art et de comédie ; on ferait un excellent cours de littérature avec ce qu'il dit ce jour-là.

Quand ce fut le tour des dames, les dames se jetèrent à corps perdu dans la révolution de juillet. Elles trouvèrent que la révolution de juillet avait eu le tort de tuer le luxe ; ces dames défendaient le luxe avec beaucoup d'esprit et de logique, le luxe étant, disaient-elles, l'âme d'une monarchie. Une d'elles, qui avait un joli bonnet brodé, légèrement placé sur le côté de la tête, prouva haut la main qu'un cheval de luxe rapportait plus qu'un cheval de trait; qu'il y avait nécessité pour un royaume à avoir plus de calèches que de charrues, plus de laquais que de laboureurs. Puis des chevaux de trait, par une transition toute naturelle, elles passèrent aux faiseurs de romans ; elles trouvèrent qu'on en faisait beaucoup trop, qu'on les écrivait trop mal, que les aventures en étaient communes, les mœurs mal observées, le style lâche et diffus; que c'était l'âge d'or de la littérature pour les cuisinières et les portiers ; surtout on se récria beaucoup sur le titre indécent du dernier roman de M. Paul de Kock qui avait eu de si beaux jours.

Ayant dit cela, la jolie prêcheuse demanda, sans retourner la tête, un peu de vin de Champagne au garçon qui lui en versa un demi-verre en lui souriant agréablement.

Elle porta son verre à ses lèvres; quand ses lèvres furent légèrement humides et un peu plus roses que tout à l'heure, elle remit son verre sur la table, la mousse pétillait encore au sommet.

Quant aux deux époux, ils étaient peu à ce qui se disait autour d'eux. Tout entiers à leur amour, ils pensaient déjà à l'avenir heureux, à l'enfant à naître, au plaisir de la famille et du foyer domestique ; ils se berçaient dans toute la poésie de ce moment des noces qui passe si lentement et si vite, premiers fugitifs et fragiles rayons de cette lune de miel exposée à tant de nuages !

Vint le dessert. Le dessert, heure de joie ! Alors, la liberté du festin prend un front moins sévère ; les beaux cheveux flottent avec plus d'abandon, la ceinture est plus relâchée; c'est l'heure des propos animés et des chansons joyeuses ; c'est l'heure du succès pour les convives de province, pour les belles voix de la banlieue et les faiseurs de couplets de tous les temps.

Il y a des faiseurs de couplets partout. Il y en avait à cette noce. A cette noce, toute patriarcale que vous la voyez, il y avait plus d'un convive qui avait fait sa tragédie et plus d'un qui avait eu des prix à son collége ; il y avait plus d'une dame très-modeste qui avait fait son roman en quatre volumes incognito :

vous comprenez que les couplets ne manquèrent pas au dessert.

Il y eut des couplets de tous les genres, il y en eut sur tous les airs ; on célébra beaucoup l'hymen et quelque peu la gloire guerrière et la liberté. Ici, historien fidèle, je dois dire qu'il y eut un commencement de tapage. Un homme à gros favoris (il était le seul qui eût des favoris monstrueux) se mit à crier un peu haut : il s'emporta contre une rime, il trouva qu'il avait trop chaud, il voulut ôter sa veste, mais le hourra fut général ! — Que personne n'ôte sa veste ici ! s'écria-t-on de toutes parts ; gardez vos vestes ! gardez vos habits : ce fut tout le désordre de la soirée. Trouvez-moi une noce de tapissiers, de tailleurs de pierre ou de beaux esprits où il y ait moins de bruit, moins de couplets, moins de calembours, moins de mots équivoques et grivois !

Chose étrange ! ce vol dont on parle en tous lieux, ces médailles de la Bibliothèque tant regrettées, tant pleurées, cet inappréciable trésor qui n'est plus qu'un vil lingot d'or, ce beau *travail* nocturne, si noblement apprécié par l'agent de police lui-même, ce malheur européen si récent, si inouï, personne, personne n'en parla dans cette joyeuse et décente société !

Tout le repas se passa avec la même décence. On apporta des verres bleus et de l'eau chaude ; chacun se lava la bouche aussi bruyamment que possible, en mettant sa main devant sa bouche ; on ne fait pas mieux que cela chez les plus grands seigneurs.

Cette noce méritait de mieux finir. Il était onze heures du soir. La police, qui cherchait son condamné et sa contumace, frappa brusquement à la porte, comme on se levait de table. A ce bruit terrible, le marié n'eut que le temps de payer la carte et de donner leur pour-boire aux garçons ; puis toute la noce délogea par le jardin, tous tremblants, tous émus, tous le chagrin dans l'âme et dans le cœur. Le marié chercha sa jeune femme dans la nuit ; on s'appela dans l'ombre, on se cherchait à tâtons dans cette bagarre et *sauve qui peut !*

Allons ! la police est sur nos pistes ! — Plus d'humanité, plus de civilisation, plus de linge blanc pour nous ! plus rien pour nous ! plus d'époux pour l'épouse, et plus d'épouse pour l'époux c'en est fait ! c'en est fait, ils redeviennent tous forçats, toute filles de joie sur la borne. Allons ! allons ! hourra ! hourra !

Plus de frein, plus de gants jaunes, plus de chapeaux neufs! vite et vite! décrochons les portes, détroussons les passants reprenons notre fard et nos refrains chantés faux. Filles de joie et voleurs, forçats évadés et recluses contumaces, voilà tous les héros de ma noce joyeuse, toutes les héroïnes de ma fête décente. Convenez avec moi que c'est là un drame, un vrai drame, un drame vif et animé; je vous le disais bien, moi, que nous ne manquerions pas de drame; quand il n'y en aura plus, il y en aura encore; il y en aura toujours.

Et comme il faut absolument tirer de toute chose une leçon quelconque, toujours faire une découverte, à propos des moindres accidents, je vous ferai encore ici remarquer le contraste. Voyez comme le théâtre corrige! Voyez comme on ne veut jamais ressembler à ce qu'on voit sur la scène! Frédérick, en assassin, se couvre de haillons et laisse passer sa chemise; aussitôt l'assassin des bagnes porte un habit noir et des gants jaunes. Le théâtre se fait chiourme, la chiourme se fait Gymnase. Voilà comment le théâtre corrige les mœurs! il les déguise; il ne les a jamais corrigées autrement.

Qui fut bien étonné en entrant dans la salle du banquet? ce fut la police! Les bouteilles étaient à moitié pleines; il n'y avait pas un seul verre cassé, pas une tache sur la nappe, rien ne manquait à l'argenterie, pas même un bouchon de liége; les tapis étaient jonchés de voiles, d'écharpes azurées, de fleurs éparses; plusieurs paires de gants étaient oubliées sur la table; on ne trouva pas une fausse clef, pas un rossignol, pas un couteau suspect! »

MARCUS CRASSUS.

TRAGÉDIE (*à faire*) EN CINQ ACTES ET EN VERS.

Tel était mon mélodrame; il remplissait, comme on voit, toutes les conditions du genre et le succès du mélodrame entraînait nécessairement l'éclosion de la tragédie. Ma tragédie était prise, on le comprend, dans un autre ordre d'hommes, de faits et d'idées; le héros de ma tragédie était, tout simplement, Marcus Crassus.

Quoi, direz-vous tout de suite, Marcus Crassus, un héros de tragédie! mais, juste ciel! il est cent fois trop riche pour la tragédie; songez donc qu'en partant pour sa dernière expédition, il possédait sept mille sept cents talents, c'est-à-dire quatre millions deux cent soixante mille écus de notre monnaie! — Je sais cela aussi bien que vous, mon lecteur; mais c'est justement parce que Marcus Crassus est si riche que vous le dites, que l'on sera tout disposé à le suivre du commencement à la fin de notre drame. L'argent! Quel intérêt savez-vous plus grand que celui-là, de nos jours? Ainsi mon héros est choisi à merveille pour monter sur le théâtre. Il y a deux siècles, on l'eût trouvé trop riche en effet et pas assez amoureux; il y a cent ans, on l'eût trouvé trop grand calculateur et pas assez grand philosophe; c'est un héros tel qu'il nous le faut aujourd'hui. Chacun sera flatté de voir un homme d'argent brave, intrépide et mourant d'une belle mort, comme s'il n'avait rien à perdre. D'ailleurs, il n'est pas inutile de prouver, par de bons exemples, qu'il y a de l'héroïsme dans tous les états. Il y avait bien un publicain parmi les apôtres du christianisme naissant! Va donc pour Marcus Crassus! Une fois que vous l'aurez adopté, vous aurez de beaux vers à écrire à son sujet.

Par exemple, n'a-t-il pas été amoureux comme un fou de la vestale Licinia? — Témoin l'accusation formelle du jeune citoyen Plotinus, qui voulait faire du bruit en sa qualité d'orateur novice. Il est vrai que les méchantes langues ont soutenu que notre héros n'allait si souvent chez la belle Licinia que pour acheter à meilleur prix un beau jardin dont il avait grande envie, et qu'en effet il a fini par acheter. Donc, il sera très-permis au poëte d'écrire une belle tirade sur la vestale, sauf à prendre parti pour ou contre Crassus, selon les besoins de la tirade tragique. Une autre accusation qu'on pourra lui porter, ç'a été d'avoir acheté comme qui dirait toutes sortes de biens d'émigrés, lorsque ce terrible Sylla mit en vente les terres, les maisons, les palais du parti vaincu. Sous ce rapport encore, Marcus Crassus est tout à fait un héros moderne. Que, si le poëte qui doit écrire cette tragédie veut entrer dans les mille détails de la poésie à la mode, il nous montrera Marcus Crassus achetant de préférence, pour ses esclaves, des architectes, des maçons, des charpentiers; ainsi toutes les fois, ce qui était commun à Rome, que l'on criait: *Au feu!* Crassus accourait au lieu de l'incendie, il achetait à vil prix la maison qui brûlait encore, pour la revendre le double, un mois après, quand ses esclaves l'avaient rebâtie. Vous jugez quel parti, pour ou contre Crassus, on peut tirer de cette armée d'architectes, de maçons et de manœuvres de tout genre. Tous ces petits détails, qui vous paraissent tant soit peu bourgeois et constitutionnels, seront les très-bien venus dans une tragédie moderne. Le bourgeois ne sera pas fâché qu'on lui enseigne en même temps la façon d'être un héros, et de faire une grande fortune. Une bonne petite tirade de cinquante ou soixante vers, où il sera démontré que l'administration d'un royaume et d'un ménage c'est même chose, qu'il faut autant d'art, de talent et de bonheur pour bien louer ses maisons que pour bien parler dans le Sénat, serait une tirade très-bien venue de messieurs du parterre. Ce petit côté rétréci de la question, loin d'être évité, devrait, au contraire, être rappelé à chaque instant, comme on fait pour un refrain favori. Cependant, au plus fort de ces intéressants détails d'une fortune bien faite, reviennent Cinna et Marius, éclatent les guerres civiles, les tumultes, les proscriptions ; c'en est fait, il faut céder à l'orage, sauf à revenir plus tard, *proscrit, pour proscrire à son tour*. Ce dernier hémistiche ferait très-bien une jolie petite fin de vers tragique, à mon sens.

Ainsi nous arrivons au second acte. La scène (écoutez bien !) représente les bords de la mer, — une côte nue et désolée, — une forêt dans le lointain, et sur le devant du théâtre, deux rochers qui « venant à se joindre et à couvrir la mer, reçoivent au de-
« dans un peu de vent doux et gracieux ; il y a une fontaine de
« fort bonne eau qui coule au long du rocher, et les naturelles
« fendasses s'entr'ouvrant à l'endroit où les rochers se viennent à
« joindre, reçoivent la clarté du dehors et la transmettent au de-
« dans. » C'est en effet, dans une de ces cavernes, que s'est réfugié Marcus Crassus, en compagnie de son maître de philosophie, nommé Alexandre. Si cet Alexandre-là n'est pas tout à fait Alexandre le Grand, c'est du moins un grand philosophe. Celui-là nous servira, s'il vous plaît, de gracioso et de bouffon. Il égaiera les sombres terreurs du drame de ses saillies philosophiques. Il arrangera tout Aristote à la taille des infortunes de son maître. En effet, jamais cet Alexandre n'a quitté Crassus.

Il le suivait au bain, au Sénat, dans les champs, à l'armée, partout. — Crassus, de son côté, pour ne déranger en rien la philosophie de son maître, ne lui donna même pas la valeur de dix écus, une fois donnés. Il le maintint dans le mépris des biens de ce monde, à ce point que lorsqu'il lui avait prêté un manteau pour sortir, il lui reprenait ce manteau au retour. Grâce à ces aimables circonstances de la générosité de son patron, le philosophe Alexandre sera le bienvenu de notre second acte; nous pourrons même le conserver pendant tout le drame, et en faire *ad libitum* soit un poltron qui tient à la vie parce qu'il est sage, soit un homme brave qui ne tient pas à la vie parce qu'il en sait toutes les vanités. Quant au traitement fait à Crassus dans cette caverne, ce traitement est des plus honnêtes. Le gouverneur d'Espagne, — la scène est en Espagne, — nommé Vibius Palliacus, est resté fidèle à son amitié pour Crassus. Non-seulement il épargne le proscrit, mais encore il lui envoie chaque soir, sous son rocher, un souper abondant, et, qui plus est, pour que le philosophe et son élève prennent le temps en patience, il leur envoie en même temps deux jeunes filles qui, à peine entrées dans la caverne, demandent à parler à leur maître. —C'est moi, répond Crassus.—Et moi donc? répond le philosophe; chacun n'est-il pas le maître en exil? Ici vous pouvez donner tout à fait raison au philosophe ; même, si vous savez votre métier de poëte dramatique, vous lui ferez jouer le plus beau rôle; il aura l'amour, il aura l'esprit, il aura l'espérance, il aura le courage ; sauf à vous, au sortir de cette caverne et de cet exil, à dédommager quelque peu Marcus Crassus.

Ce second acte se termine par un de ces changements de fortune si communs dans l'histoire romaine, et surtout à ce moment des triumvirats de toute sorte. Cinna est tué; par cette mort, Marcus Crassus est délivré de crainte. Il quitte aussitôt sa caverne, suivi de son philosophe Alexandre; Alexandre suit son maître, suivi lui-même des deux belles esclaves; l'un et l'autre ils vont rejoindre Sylla, qui leur fait bon visage, et même c'est alors que Sylla fit cette réponse mémorable à Marcus Crassus... tâchez seulement, mon poëte, de la mettre en beaux vers : — « Je « te donne, lui dit Sylla, pour t'accompagner, ton père, ton frère, « tes parents et amis, qui ont été méchamment et malheureuse-

« ment mis à mort, et dont je poursuis à main armée la ven-
« geance et les meurtriers qui les ont occis ! » Puis, en réponse à
cette belle parole, vous pourrez écrire une réplique, où vous
direz : « Mais quel Romain n'a donc pas pour sa garde une
pareille garde prétorienne ? etc. » Ceci dit, bien et convenablement développé, peut fournir vingt ou trente beaux vers tout au
moins.

Ici, car nous faisons de la tragédie moderne, et en conséquence il nous faut à chaque instant de nouveaux personnages,
vous verrez paraître pour la première fois, faites silence ! le jeune
Pompée, le même qui doit être plus tard le grand Pompée, et le
jeune César. Quoi ! Sylla, Pompée, César, Crassus dans la même
tragédie ! y pensez-vous, mon bon ami ? Mais avec la moitié d'un
seul de ces hommes-là, les anciens maîtres du théâtre faisaient
toute une tragédie ! — Rien n'est plus vrai ; mais voyez la révolution ! Nous autres avec ces quatre hommes-là, c'est à peine si
nous saurons remplir un seul acte de nos cinq actes. Le drame
moderne, c'est le tonneau des Danaïdes.

Remarquons cependant que ces quatre hommes pourraient
nous donner chacune des nuances de l'ambition humaine, telle
que l'ambition se comporte de nos jours : Sylla, ou l'homme
fatigué de réussir, tout l'ennuie, même la gloire. Pompée, ou
le gentilhomme que pousse l'ambition hors de toutes les sphères
de l'ambition ; mais rien ne pourra le forcer à appeler à son aide
d'autres ressources que ses propres ressources ; il est dédaigneux
de tout ce qui est étranger à Pompée ; il croit à sa force, à son
génie, à sa fortune : tout ce qui n'est pas lui, il le méprise. César,
tout au rebours : il regarde le genre humain tout entier, comme
si le genre humain était fait pour lui servir de piédestal. Il n'y a
rien de si petit que dédaigne César pour s'élever, car il sait bien
que le grain de sable a son prix dans le monceau. Que si vous
demandez quel sera le rôle de Marcus Crassus entre ces trois-là,
regardez le premier bourgeois qui passe dans la rue, et vous
avez Marcus Crassus. Celui-là n'emporte pas la position, il la
tourne. Il est loin de mépriser les hommes à la façon de Pompée, il fait lui-même partie des hommes que Pompée méprise.
Crassus nage entre deux eaux, comme un homme habile. Il ne
méprise personne, il ne se courbe trop bas devant personne. Il

sait très-bien que la première place ne sera jamais pour lui, s'il y a une première place; mais aussi fait-il en sorte qu'il y ait beaucoup de secondes places, et il s'arrange pour avoir, dans ces secondes places, une des premières. Tout ce que je vous dis là n'est pas très-clair peut-être, mais le premier poëte venu peut comprendre mon idée et la développer en quatre ou cinq cents vers, tout au plus.

Ainsi donc nous voilà au milieu de ces trois brigues, les graves et les prudents avec Pompée, les ardents et les volages avec César, les accapareurs de terres et d'argent avec Crassus. Si quelque événement vous manquait pour votre troisième acte, vous pourriez appeler à votre aide la révolte de Spartacus, le chef éphémère et formidable des Thraces et des Gaulois révoltés, ce qui vous donnera occasion de faire de la couleur locale et de comparer tout à l'aise, en un paradoxe appelé le paradoxe-balançoire, Brennus et Spartacus. Dans tous les cas, vous aurez soin de faire remarquer l'habileté de Crassus, contre Spartacus qui gagne la bataille et qui en laisse l'honneur à Pompée; en revanche Pompée fait, de Crassus, un consul. Vous savez déjà qu'en prenant Crassus pour notre héros, nous avions, de prime-abord, un héros du second plan : or, ce sont là les bons héros pour les poëtes dramatiques qui n'ont pas un grand génie. Caché derrière quelque honnête personnage peu éblouissant, le poëte peut facilement faire parler, et faire agir les plus éloquents et les plus braves. Le spectateur est presque toujours la dupe bienveillante de cette tricherie poétique. Vous lui annoncez Marcus Crassus, un homme à la taille de votre talent; le spectateur ne s'inquiète pas du reste; et quand, à l'aide de cet homme si riche, vous faites passer sous nos yeux Pompée, Sylla, César, nous ne sommes pas sur nos gardes, si bien que vous vous en tirez à bien meilleur marché que vous ne pouviez l'espérer.

Acte quatrième. — Maintenant, comment donc viendrons-nous à bout de ce quatrième acte? Ah! je vous entends, vous êtes insatiable; vous pensez déjà à Catilina; il vous faut en même temps Catilina, Céthégus, Cicéron; car, les uns et les autres, ils rentrent tous dans le sujet que vous avez choisi. En effet, Marcus Crassus, froissé par Pompée, est obligé de lui tendre la main, en plein Forum, et de lui demander son pardon.

Crassus veut se venger de ce maître insolent, mais se venger comme un roturier se venge d'un gentilhomme, comme un bourgeois se venge d'un héros. *Il a du foin à la corne*, disait un journaliste de ce temps-là, un certain Sicinius, grand courtier d'élections, grand entremetteur des affaires de la chose publique; et ce Sicinius connaissait bien Crassus. Aussi, quand s'agita Catilina dans les ténèbres romaines, quand il eut rêvé de faire en petit l'immense révolution qu'entrevoyait Jules César, Catilina trouva-t-il un fauteur secret dans Marcus Crassus. Crassus n'aurait pas osé tenter cette révolution du dernier ordre, mais il eût été bien aise d'en profiter. Par ses soins, car notre Crassus était un peu un usurier, ou du moins donnait-il l'alerte et le ton à tous les usuriers de la ville éternelle, Catilina fut bientôt sans ressource. Pas une bourse ne lui fut ouverte, il n'eût pas trouvé à crédit une toge, un dîner, une esclave, — tout au plus un poignard. Voilà ce que c'est que d'être riche dans les républiques en désordre, et lorsqu'on est assez riche pour payer une armée, on est un homme aussi important que si en effet on marchait à la tête d'une armée. Avec son argent, Crassus pousse Catilina; avec son argent, Crassus retient César. A celui-ci, il coupe les vivres et il le jette dans la révolte; à celui-là il prête son crédit et il le soutient dans la révolte. Vous auriez donc bien soin, en poëte habile, et si vous vouliez tenir votre parterre attentif, de passer légèrement sur les plus grands noms de la république; mais en revanche vous appuieriez très-fort sur cette toute-puissante et grande faveur de l'argent, le seul héros auquel on s'intéresse véritablement aujourd'hui.

Acte cinquième. — Quand je dis acte cinquième, je me trompe, je veux et je dois appeler cet acte v, premier tableau du ive acte. Ainsi agissent les plus célèbres dramaturges. Pour peu qu'ils aient besoin de trois ou quatre actes de plus qu'il ne faudrait en bonne logique, ils appellent ces actes-là des *tableaux;* si trois tableaux ne suffisent pas, ils ajoutent un prologue, et si tout n'est pas dit encore, eh! vite un petit épilogue. Voici donc qu'au premier tableau du quatrième acte, Crassus, à force de se pousser entre Pompée et César, finit par être nommé gouverneur de la Syrie. Aussitôt, le drame change, encore une fois, d'aspect, de caractère, de passions. Jusqu'à présent vous avez eu sous les yeux un homme sage, prudent, habile, entendant à merveille ses intérêts grands et petits ; maintenant vous allez avoir une espèce d'écervelé qui marche à sa ruine de gaieté de cœur. Que lui a-t-il donc manqué, à celui-là, pour être sage jusqu'à la fin? Il lui a manqué d'être fidèle à sa passion, l'argent. Il a négligé un instant cet amour de toute sa vie, il a voulu être un héros, purement et simplement, un héros sans arrière-pensée, et sa vanité l'a perdu. Ici, mon poëte, si vous voulez être bien compris, vous indiquerez habilement ce changement si brusque dans le caractère de Crassus. Vous nous montrerez Crassus enivré de son nouveau titre, et s'écriant tout haut qu'il veut surpasser Lucullus, vainqueur de Tigrane, Pompée, vainqueur de Mithridate ; vous nous le montrerez aspirant déjà à la conquête de la Bactriane jusqu'aux Indes, jusqu'à la grande mer, du côté du soleil levant. Il en dit tant, il en fait tant, que César, du fond des Gaules où il avait toute affaire (César avait ses moments de gaieté), lui écrit pour l'encourager dans ses vastes projets. Pompée, de son côté, lui fait bon visage. Quelle admirable scène de comédie, César et Pompée poussant de toutes leurs forces ce bon Crassus à devenir un héros!

Ainsi fait Crassus, il ne se le fait pas dire à deux fois. Ici même, toujours en supposant que vous teniez à la couleur locale, vous pourrez nous montrer, en dépit de Crassus, le tribun Ætius, placé aux portes de la ville pour arrêter le proconsul. Et comme celui-ci veut passer outre, le tribun jette les entrailles de ses victimes dans un brasier allumé, en vouant Crassus aux dieux infernaux. Ce qui vous fournira une belle occasion de finir crânement votre quatrième acte.

Premier tableau de l'acte v. — Crassus a quitté Rome; il jette un pont sur l'Euphrate ; il entre dans la Mésopotamie et passe l'hiver en Syrie, et là il est rejoint par son fils Publius Crassus, un des capitaines de Jules César dans les Gaules. L'hiver se passe vite et bien, car tout ce temps-là fut employé par le général romain à peser aux poids et à la balance l'or et l'argent du trésor de la déesse d'Hiéropolis. Même Marcus Crassus mit tant de zèle à ce dépouillement, qu'un jour en entrant dans le temple de la déesse, il tombe sur le nez, et par-dessus lui tombe son fils, et par-dessus son fils tombe une jeune princesse du sang des Arsacides, venue tout exprès avec l'ambassadeur des Parthes pour insulter le général romain. Je sais bien qu'au premier abord cette chute sur le nez de ces trois personnes sérieuses n'est pas très-facile à transporter dans une tragédie ; mais d'abord la tragédie moderne s'accommode de tout ce qui est un peu nouveau, et ensuite le poëte peut toujours s'en tirer aussi bien que l'historien, en disant: *C'est un présage!* Quand on a dit c'est un présage, on a tout dit.

Je n'ai pas besoin de vous dire que l'entrevue du fils de Crassus et de la princesse des Arsacides doit être tendre et fière tout à la fois, ceci est l'*A b c* du métier. Quant à la scène de l'ambassadeur des Parthes, c'est là une scène qui est des plus faciles à bien faire. Crassus est vieux, cassé, morose, insolent comme un Romain qui a beaucoup vécu; l'ambassadeur des Parthes est jeune, ardent, vigoureux, très-heureux de vivre et de se battre, en un mot, insolent comme un Parthe qui brûle d'envie de se mesurer avec les Romains. Crassus est traité comme un vieux bonhomme par ce vilain Parthe; à cet ambassadeur, Crassus répond qu'il traitera avec les Parthes dans la ville de Séleucie. — Avant ce temps, *il poussera du poil dans le creux de ma main*, répond l'ambassadeur ; et ceci dit, il s'en va, emmenant avec lui la princesse qui regarde tendrement le beau Publius Crassus.

Deuxième tableau de l'acte v. — La guerre est engagée. Crassus s'est mis à la poursuite des Parthes, qui fuient toujours, non pas sans lancer une grêle de traits. Déjà murmurent tout haut les soudards romains, qui s'étaient figuré que les Parthes ressemblaient aux soldats de l'Arménie ou de la Cappadoce, tant battus et tant pillés par Lucullus. — On passe l'Euphrate au milieu des tonnerres et des éclairs, le vent amoncelant les nuages dans le ciel et la foudre tombant sur le pont avec un grand fracas. Crassus, plus obstiné que jamais, brise le pont une fois que l'armée l'a passé, se coupant ainsi toute retraite, comme s'il eût été Pompée ou César. Pour comble de maux, arrive au malheureux général romain un traître, un espion des Parthes, nommé Ariamnes, selon Plutarque, Acbarus, s'il faut en croire Appien. Mais Ariamnes, ou Acbarus, c'est bien le plus grand fourbe qui se puisse voir. Ici vous ferez bien d'opposer Acbarus au philosophe Alexandre, que vous avez toujours conservé auprès de Crassus. Acbarus entraîne Crassus à toutes les folies, en louant César, Caton, Pompée, et surtout en lui parlant de l'or, des esclaves et de l'argent des Parthes. Par ces paroles dorées et mensongères, notre homme conduit le général romain à travers toute sorte d'embûches. Il l'éloigne de la rivière pour le mener à travers les sables brûlants de la plaine ; il l'égare à plaisir dans des campagnes sans eau, sans ombrage, sans fin ni terme, « ny près, ny arbres, ny rivière ou ruisseau, ny cousteau de montagne, ny herbe ou plante verdoyante, ains une mer infinie d'arènes désertes. »

A la fin, quand l'armée romaine est bien empêtrée dans ce désert, le traître Acbarus la plante là et s'enfuit à toutes jambes. Maintenant courez après « les beaux ruisseaux, les fraîches fontaines, les petits bocages, les bains naturels et les bonnes hôtelleries. » Nous sommes sur les confins déserts de l'Arabie et de l'Assyrie, et sauve qui peut !

Vous aurez en ce moment l'admirable récit de Plutarque à mettre en beaux vers. Alors prenez votre courage à deux mains. Montrez-nous ces Romains et ces Parthes dans la mêlée, couverts de sang et de poussière. — Horrible choc où la valeur romaine ne peut rien. — Montrez-nous dans la mêlée le jeune Publius Crassus à la tête des mille soldats de César, les flèches, les dards, les cuirasses, les morts, les mourants, la nuit, l'épouvante, les chevaux bondissants, Parthes et Romains se prenant corps à corps, et enfin cette défaite si complète que les plus braves capitaines de cette armée expirante en sont réduits à se tuer de leurs mains.

Cependant que fait Crassus ? Crassus voit périr son armée, il voit mourir son fils, il entend tomber sur lui les milices parthes comme tombe le tonnerre. A ce moment solennel se montrent de nouveau le soldat, l'homme de courage, le Romain ; c'en est fait, tout est perdu, il faut mourir. Le reste de cette armée invincible s'est réfugié sur une hauteur. Les barbares entourent ce monticule de toutes parts en s'écriant : — Crassus ! Crassus ! — J'y vais, répond le général, et en même temps il se met à marcher vers l'ennemi, non pas sans renvoyer en lieu sûr les sergents qui le suivaient. Il fut tué d'un coup d'épée. On lui coupa la tête et la main, comme un honneur rendu à son courage. Ici finit le cinquième acte de notre tragédie. — Restent sur la place Crassus, son fils, et vingt mille Romains, c'est bien assez.

Epilogue. — Cependant (et ici soyez attentifs, car voilà enfin la partie la plus dramatique de notre tragédie), à la cour du roi des Parthes, savez-vous comment on s'inquiétait de l'invasion romaine? A l'heure même où les deux armées étaient aux prises, le roi des Parthes mariait sa fille à Pacorus, fils d'Artabaze, roi d'Arménie! Or, les fêtes de ce peuple barbare, et ceci va vous jeter dans un étonnement étrange, consistaient surtout dans la représentation animée des chefs-d'œuvre de Sophocle et d'Euripide. Ce jour-là on jouait à la cour *les Bacchantes*, d'Euripide. Nous autres, qui pensons avoir tout inventé, nous ignorons peut-être que dans la tragédie grecque il y avait une certaine espèce de drame où le rire marche à côté de la terreur, où l'éloge du vin et de ses joies s'allie très-bien avec les larmes les plus amères. Cette tragédie des *Bacchantes* est une tragédie satyrique. Bacchus en est le héros; on y célèbre les vendanges et leurs licences. Si le drame se fait jour à la fin de ces bacchanales, c'est presqu'à l'insu du poëte. — Donc, à la cour des Parthes, on jouait *les Bacchantes*.

La princesse des Arsacides, la nouvelle épousée, s'était chargée du rôle d'Agavé, la propre mère de Penthée.

Le drame commence, et c'est là une belle occasion s'il en fut, de transporter sur notre théâtre un des plus curieux chefs-d'œuvre de la tragédie antique. Bacchus paraît et il dit lui-même : « Je suis Bacchus, fils de Sémélé, fille de Cadmus. Je suis né d'un coup de tonnerre; j'ai quitté les vallons de la Lydie et les champs phrygiens, pour conduire jusqu'à Thèbes mes bacchantes hurlantes, armées du thyrse redoutable. Malheur à qui ne me rendra pas les honneurs qui me sont dus! je lui prouverai bientôt que je suis le fils de Jupiter! » Ainsi il dit, et voici le chœur qui commence à se faire entendre. Le chœur célèbre Bacchus, Junon, Thèbes la florissante; il dit aussi le vin, le lait, le nectar des abeilles et l'encens de la Syrie. Vous aurez soin d'écrire tous ces chœurs en petits vers à rimes croisées, car il ne faut pas oublier que ce sont des bacchantes qui chantent.

Ainsi les bacchantes se rassemblent pour célébrer les mystères du dieu nouveau. Déjà le peuple a salué le jeune Bacchus : *Evoë!* La fête est partout, seule le jeune Penthée, un sceptique, qui veut avoir le secret de *ces orgies*, comme il les appelle, se couvre d'un perfide déguisement. Il fait de sa noire chevelure une crinière flottante, il se couvre d'une peau de cerf tachetée, et le malheureux prince, ainsi transformé, s'en va donner tête baissée dans le piége qui lui est tendu : « Tel qu'une biche folâtre, qui joue sur l'herbe fleurie, heureuse et fière d'avoir franchi les filets des chasseurs. » D'abord, à la faveur de son déguisement, Penthée se mêle au chœur des bacchantes ; mais bientôt le profane est découvert. Les bacchantes, ivres de vin et de fureur, déchirent l'impie de leurs mains : vengeons-nous, vengeons-nous! Agavé et ses sœurs, suivies de toutes les bacchantes, se précipitent à travers les torrents et les rochers, agitées d'un souffle divin ; elles s'élancent, elles volent, elles déchirent Penthée en lambeaux ; Agavé, plus acharnée que les autres, tranche la tête du malheureux prince, et.....

A cet instant du drame, tout rempli du délire tragique, quand le vers d'Euripide brille et brûle comme une flamme, arrive à la cour du roi des Parthes, Sillace, le messager porteur de la victoire. — Il prête l'oreille, il arrive en plein théâtre, et pour ne pas interrompre le drame commencé, même par l'annonce d'une si grande bataille, il se contente de jeter sur la scène la tête du jeune Crassus. De cette tête, Agavé, ou plutôt la princesse des Arsacides, s'empare toute sanglante. On dirait que non-seulement la poésie d'Euripide, mais encore la fureur des Bacchantes a passé dans son âme ; et maintenant que la tragédie suive son cours :

« *Agavé* : Femmes de l'Asie ! — *Le chœur* : Que veux-tu ? — *Agavé* : J'apporte de la montagne une proie honorable, un lion que j'ai mis en pièces, de mes mains. — *Le chœur* : Dans quel désert ? — *Agavé* : Le Cithéron. — *Le chœur* : O glorieux trophée ! — *Agavé* : Viens prendre part au festin ! » — Telle est cette scène formidable. Et cependant le bruit de la défaite de l'armée romaine s'est déjà répandu dans l'assemblée. Les Parthes ont déjà reconnu à la main de la reine la tête du jeune Crassus; vous jugez de la joie unanime, des applaudissements, du délire ! C'est une tragédie en partie double, comme la tragédie d'*Hamlet*. Mais quelle différence entre Hamlet et ce peuple entier qui foule à ses pieds la Rome guerrière ! Cependant, tout entière à son rôle, Agavé poursuit ses imprécations :

« *Agavé* au chœur des bacchantes : Voyez ma proie ! regardez la tête de mon lion ! comme sa crinière flottante lui donne un air sauvage ! — *Le chœur*. Quels transports ! — *Agavé*. Oui, ces transports sont éclatants comme ma victoire! » Puis elle ajoute en élevant au-dessus de sa tête cet épouvantable trophée : « Vous tous qui habitez l'enceinte de ces glorieux remparts, « accourez, venez contempler l'animal féroce que les filles de « Cadmus ont saisi sans filets et sans javelots, de leurs mains dé- « licates! Vantez-nous maintenant votre force et votre valeur! Que « servent ces lances et ces javelots travaillés avec art? Ma main « a suffi pour vaincre ce lion et pour le mettre en pièces. Où est « mon père? où est mon fils? Qu'ils se hâtent d'escalader ces « murs et d'arracher aux triglyphes du palais la dépouille du lion « que je viens de terrasser. »

A ces mots *que je viens de terrasser*, un soldat se lève dans l'assemblée et s'écrie : *Non, non, ce n'est pas toi qui l'as tué, mais bien moi!* — Alors chacun de battre des mains en signe de victoire et de joie ; alors la malheureuse princesse de regarder enfin cette tête qu'elle porte à la main, comme si ce n'était que la tête de Penthée, et de reconnaître le jeune et beau Publius Crassus. Vous jugez de l'épouvante de la princesse, de la joie des spectateurs, des éclats de voix de ceux-ci, des larmes de celle-là. Eh ! ces larmes ne sont-elles pas dans Euripide lui-même, quand Evoé s'écrie, à la vue du cadavre de son fils qu'elle reconnaît enfin : — « Je vois un objet funeste!.... ô douleur ! ô malheu- « reuse!.... Je vois Penthée.... je reconnais ses traits chéris!... « Qui l'a tué? Pourquoi ces tristes restes se trouvent-ils dans mes « mains ? » Mais déjà les Parthes, ivres de joie, ne veulent plus rien entendre : que leur importe la douleur vraie ou fausse de cette femme? Rome est vaincue, voilà la grande affaire ; et toute l'assemblée se met à boire jusqu'au lendemain en chantant d'un ton ironique, ces paroles du chœur : « Les destinées se manifestent « sous mille formes différentes ; les dieux accomplissent bien des « destins contre l'attente des mortels ; ce qu'on désire n'arrive « point ; un dieu trouve une issue alors qu'on désespère ; c'est « ainsi que se sont offerts à nos yeux les événements de ce jour ! »

Avouez que c'est là un vaste et admirable sujet de tragédie! Convenez avec moi qu'il est impossible de rencontrer nulle part un plus merveilleux et plus dramatique dénoûment que cette baccanale du grand poëte Euripide, jouée par ces barbares au milieu d'une si grande victoire! Noble et toute-puissante tragédie, en vérité ! Que si vous me demandez pourquoi donc je ne l'ai pas faite, je vous répondrai tout simplement par l'histoire du cheval à Janot. Janot, le paysan, avait trouvé dans les champs un beau cheval, et aussitôt le rustre voulut le monter ; mais le beau cheval, monté par ce cavalier maladroit, se cabra et menaça de briser la tête à Janot. Que fit Janot ? Il descendit de cheval. — Par Dieu, dit-il, tu vas être bien attrapé : tu ne veux pas me porter, nous irons à pied tous les deux.

IL Y A SEIZE ANS !

Malheureusement, il n'était pas besoin d'indiquer aux grands génies contemporains des sujets de tragédie ou de mélodrame ; au contraire, on n'en a jamais tant fait, et tant fait, Dieu soit loué ! que dans les premières années qui ont suivi la révolution de Juillet. J'en retrouve à pleines mains, et des mélodrames fameux qui n'ont guère duré moins d'une année. *Il y a seize ans*, par exemple ; on voyait dans ce drame, imité du *Dernier des Beaumanoirs*, un roman de M. de Kératry, (et c'était un beau livre, payé bien cher), une vieille fille de trente-deux ans, qui devenait enceinte par la grâce d'un petit chevalier échappé du collége, et la pauvre innocente, revenue à peine de sa syncope, elle ne sait pas comment s'est fait cet enfant-là ! Cependant elle l'aime d'une amour toute maternelle, elle l'appelle Félix, et quand elle se sépare enfin, au bout de seize ans, du fruit de ses chastes amours, la pauvre femme en ressent une douleur mortelle. — Ah ! mon enfant ! mon enfant, que vas-tu devenir ? Hélas ! le pauvre enfant, il tombe dans les mains des incendiaires, et peu s'en faut qu'il n'ait joué son rôle dans le fameux drame intitulé : *la Cure et l'Archevêché !* ô terreur ! Ici encore on voit les incendiaires ; on assiste à leurs nocturnes conciliabules, bientôt l'incendie éclate, et le petit Félix est arrêté par les gendarmes ; bien plus, voici qu'on le ramène au château, le jour même où le colonel de Clairville épouse la demoiselle-mère, et celle-ci, voyant son fils entre les mains de la force armée : — O mon fils ! a-t-elle dit en serrant cet enfant dans ses bras. A ce mot étonnant : mon fils ! le nouveau marié ne s'amuse pas à chanter : *Quel est donc ce mystère ?* au contraire, en homme qui sait prendre un parti, il appelle son fidèle domestique. Le domestique est un ancien troupier, Allemand de naissance ; le colonel dit à son domestique : Christophe! prépare nos chevaux! A quoi tiennent les choses! Si, par le plus grand des hasards, le hussard allemand Christophe n'était pas tombé amoureux de la *cholie* soubrette, le colonel Sainval serait parti pour ne plus revenir. Heureusement le bon Christophe ménage une entrevue entre la femme et le mari ; alors la pauvre femme raconte à son mari, comment elle est mère sans l'avoir voulu, comment cet enfant lui est venu en dormant, que c'est l'effet d'un rêve, d'une vision ; que vous dirais-je? Cela est assez embrouillé, comme vous pouvez croire, mais le colonel comprend à demi-mot. A mesure que sa femme raconte, la figure du colonel s'épanouit ; sombre d'abord, puis calme, et radieuse, et folle ! Oui, cet homme, en apparence si raisonnable, c'est lui qui est le rêve, le sylphe, le hasard, le père de l'enfant. Un instant d'égarement chez le mari, un instant de léthargie chez la femme, et voilà comment Félix est venu au monde. Alors on embrasse Félix, on le tutoie, on l'étouffe, et le maire qui l'avait arrêté le salue profondément.

Ce qui prouve pour la millième fois la maxime de Brid'oison : On est toujours le fils de quelqu'un.

HAN D'ISLANDE.

D'abord, vous voyez la Morgue, le gardien de la Morgue, et les morts de la Morgue. Puis vous voyez une prison. Puis vous revoyez la Morgue et le gardien de la Morgue. Dans cette Morgue entre Han d'Islande. Han est un monstre à figure humaine. Il a des griffes ; ses bras sont tatoués rouge et bleu ; il ne boit que de l'eau salée ; ses oreilles sont d'une longueur démesurée au physique et au moral ; c'est une espèce de bête brute qui a fait un fils par hasard, qui l'a perdu par accident, et qui veut se venger sur un régiment de grenadiers ; Han ne parle pas, il hurle, mais comment vous écrire ce hurlement?

On a fait rugir le lion, aboyer le chien, roucouler la colombe. L'autre jour j'ai lu dans un livre le cri du chameau, *bdlgrlgdlg*, oui, *bdlgrlgdlg!* mais le cri de Han d'Islande ! il n'y a pas dans l'alphabet assez de consonnes pour l'imiter.

Quand notre héros est à la Morgue, il s'amuse à faire peur au gardien ; puis il va sur les dalles en pierre et il enlève le crâne de son fils pour se faire une coupe. On ne voit pas le crâne, mais en entend le bruit du couteau, mais on voit le crâne quand il est coupé. Quand il a son crâne, Han s'en va par où il est entré, par la fenêtre naturellement.

Après la Morgue, nous voyons une danse ; après la danse, nous allons dans la maison du bourreau : nous voyons la femme du bourreau et le bourreau en habit rouge; nous voyons une potence veuve d'un pendu ; puis l'orage commence. Au milieu de l'orage entre un ours blanc ; après l'ours blanc entre Han d'Islande. Han d'Islande *empoigne* un homme qui lui déplaît, il le traîne sur un rocher, et du haut de ce rocher il le jette dans un précipice. Vous le voyez ensuite qui détache des fragments du roc et qui les jette avec autant de facilité qu'un enfant qui fait un ricochet dans l'eau.

Au troisième acte, Han d'Islande est dans sa caverne, occupé à dormir. A ses pieds dort aussi le gros ours blanc que vous avez déjà vu une fois. Han est réveillé par un colonel qui l'appelle en duel. Ils se battent. Le colonel a son épée, Han se bat à la massue ; le duel dure longtemps. Tout à coup les soldats entrent dans la caverne; Han se précipite sur les soldats, ils les tue deux à deux. Son ours blanc vient par derrière qui étouffe les plus résolus. Quand cette bataille a duré assez longtemps, la toile change.

On va conduire à la mort un respectable vieillard. Il marche au supplice. Sa fille s'évanouit. L'échafaud est dressé dans la coulisse à côté. Tout à coup Han reparaît, il monte sur l'échafaud, il délivre le bon vieillard et il coupe la tête au méchant ministre. Cet excellent Han avait du bon.

En même temps, vous revoyez le gardien de la Morgue qu'on rapporte sur une civière. On vous montre la tête entr'ouverte du digne homme avant qu'on aille le coucher à côté de ses morts.

Cependant, après avoir tranché la tête au mauvais ministre, Han revient contre le régiment qu'il déteste. Il se bat contre ce régiment, et je crois qu'il l'aurait mangé tout cru, si l'un des soldats ne se fût pas avisé, un peu tard il est vrai, de le mettre en joue, et puis : feu! Han tombe blessé par une balle, voilà qui va bien ! On le charge de fers et on le mène en prison !

Quand il est en prison, Han fait venir le bourreau. Le bourreau revient pour la troisième fois, Han lui vend son corps deux ducats. Quand il a vendu son corps au bourreau, il achète au geôlier une botte de paille. Quand il a acheté cette botte de paille, il fait un trou à la muraille ; il met le feu à la paille ; avec le feu de sa paille, il met le feu à son cachot, le feu du cachot met le feu au corps de garde ; tout le monde saute, Han et les soldats, et le fils de Han est vengé !

LA MORT DE PAUL Ier.

Nous avons vu étrangler *Pierre III* à la Comédie-Française ; nous avons vu bâtonner *D. Miguel* au Gymnase ; on nous a écorché tout vif l'empereur *Paul Ier* à l'Ambigu. A peine sorti du Gymnase, j'ai pris ma course au théâtre de l'Ambigu. Quand j'arrivai au théâtre, les deux premiers actes étaient joués, le drame était à sa péripétie. Paul Ier, égaré par de faux avis, avait fait enfermer son fils, qu'il n'a jamais fait enfermer. Il était seul sur le théâtre, en proie aux angoisses d'un tout-puissant empereur qui sent que son heure est venue, et qu'il faut mourir comme ses pères sont morts. Il ne m'a pas paru que l'empereur Paul Ier mourût autrement que tous les empereurs qu'on égorge. Seulement je l'ai trouvé quelque peu dur pour une jeune et jolie femme déguisée en Russe, et qui venait pour le défendre. Un voisin m'a expliqué que cette femme était une sociétaire de la Comédie-Française, très-attachée par état à l'empereur. Les angoisses de la malheureuse créature faisaient mal à voir. Tout à coup on entend bruire dans le lointain ; les conjurés approchent, le czar veut prendre la fuite, il est trop tard ! Sur trois portes secrètes de son palais, trois portes sont gardées ; alors l'empereur fait bon courage, il se retourne contre l'ennemi, il se bat seul contre tous, puis il se sauve dans l'appartement voisin, dans l'appartement voisin on l'égorge ; quand il est égorgé, le czar revient je ne sais comment sur le théâtre ; alors un des conspirateurs, plus humain que les autres, détache sa ceinture avec laquelle on étrangle l'empereur. A peine est-il étranglé, que son fils Alexandre arrive sur le théâtre. Voyant son illustre père dans ce piteux état, Alexandre lève les mains au ciel, et il s'écrie d'un air piteux : *On dira que c'est moi qui l'ai assassiné !*

Margouillis est le mot. Le théâtre est dans le margouillis, les affaires publiques sont dans le margouillis, disait-on l'autre soir, sur le Théâtre des Nouveautés.

JENNY DURAND.

Donc Jenny Durand dormait dans une alcôve. Son père faisait des vers sur son bureau, et sa mère avait mis ce matin-là un bonnet de gaze et une robe puce; voici que la mère nous dit en chantant : *Elle dort, ma petite Jenny !*

Jusqu'ici tout va bien. Jenny dort, le père fait des vers; mais voici le père qui chante et Jenny qui se réveille. A peine réveillée, Jenny prend ses pinceaux et se met à composer un tableau qu'elle a commencé la veille avec M. Alfred.

Jenny aime M. Alfred, M. Alfred aime Jenny. Quand M. Alfred a dit à Jenny : — Je t'aime, Jenny, Jenny a répondu à M. Alfred, — Vous êtes fiancé à mademoiselle Louise, Alfred ! A quoi Alfred a répondu : — Cela ne fait rien, Jenny. — Mais Jenny a dit à Alfred : — Cela fait beaucoup, Alfred ! Alors survient la mère d'Alfred qui dit : Cela fait beaucoup, Alfred ! Puis Alfred dit : — Adieu, Jenny. Puis Jenny va retrouver Alfred chez le père d'Alfred, pour l'engager à l'oublier, elle, Jenny. Mais dans l'intervalle, Alfred revient chez Jenny, et lui dit : — Je ne puis pas t'oublier, Jenny ! A quoi elle répond : — Oublie-moi, Alfred ! Puis il lui dit : — Je veux t'enlever, Jenny ! Elle répond : — Puisque tu le veux, enlève-moi, Alfred ! Et Alfred enlevait Jenny, quand sont rentrés le père de Jenny, qui a dit : — Ne m'enlevez pas ma fille, Alfred ! et la mère de Jenny, qui a crié : — Ne nous quitte pas pour Alfred, Jenny !

Au second acte : — Tu obéiras à ton père, Alfred ! disait le père. — Je ne vous obéirai pas, mon père, disait Alfred. — Entre la noce; la mariée est parée, elle dit : — Bonjour, mon Alfred ! à quoi Alfred ne répond rien, tant Alfred appartient à Jenny ; alors arrive Jenny, arrive le père de Jenny, arrive la mère de Jenny. Tout ce monde est pâle à faire peur, on va à l'autel, tout le monde va à l'autel, excepté Jenny.

Restée seule, Jenny pleure sur Alfred qui épouse une autre que Jenny. Mais voyez l'erreur de Jenny ! Pendant qu'elle pleure sur

Alfred, Alfred quitte la noce, l'autel, sa fiancée, pour revenir près de Jenny. Alors la conversation du premier acte recommence. — Il faut que je t'enlève, Jenny! — Enlève-moi, Alfred. Un léger bruit se fait entendre. Alfred s'élance dans un cabinet, en disant adieu à Jenny; Jenny se trouve mal en voyant disparaître Alfred. La noce revient très-désappointée en demandant Alfred. Jenny dit qu'elle ne sait pas où est Alfred. Alors Alfred sort de sa cachette pour donner un démenti à Jenny. Jenny rit en entendant Alfred; c'est que Jenny est devenue folle en pensant à Alfred. Alfred c'est l'idée fixe de Jenny; Jenny c'est l'idée fixe d'Alfred. Pleurez sur Jenny; pleurez sur Alfred. On a sifflé Alfred! On a sifflé Jenny!

« J'aime beaucoup les enfants quand ils crient, disait quelqu'un; on les emporte. »

Pour ma part, j'aime beaucoup les mélodrames chantés; on les siffle.

VICTORINE, OU LA NUIT PORTE CONSEIL.

Écoutez ce cauchemar en trois actes; une fillette s'endort, entre le vice et la vertu, et elle rêve qu'elle a laissé la vertu pour le vice. Alors, la voilà, qui sous prétexte de rêve, s'abandonne à toutes les infamies. Elle se vend, elle se livre, elle joue, elle donne à jouer, elle vole, elle ment, elle appartient à la police, et après une vie abominable, elle finit par se jeter dans ces eaux bourbeuses qui clapottent entre la Morgue et l'Hôpital. C'était encore un horrible spectacle dont l'horreur était déguisée assez habilement par ce mot : Le rêve! et c'était, il m'en souvient, un vrai soulagement, lorsque après s'être jetée à l'eau, Victorine à demi-réveillée, se retrouve, ô bonheur! sur son lit de petite fille, en robe blanche, en jupon court, en fin corset; elle a rêvé toutes ces horreurs; elle est sage pour le reste de sa vie; innocente et libre, en pleine jeunesse, en pleine estime de soi-même. On frappe alors à sa porte. Ouvre-moi, ma fiancée, ouvre à Michel ton mari; et la porte est ouverte à Michel! L'instant d'après, on frappe à la porte, c'est Alexandre le mauvais sujet, c'est Élisa la couturière qui viennent chercher Victorine pour la mener à la guinguette! Alexandre, Élisa, ceux qui jouaient cet affreux rôle, dans le songe de tout à l'heure. On ne les regarde pas, on les chasse, on les hait. Sauvez-vous de cette mansarde, exemples de l'enfer!

Ça valait mieux que *la Vie d'une femme*, et c'était le même drame pourtant.

LES 6 DEGRÉS DU CRIME.

De plus en plus fort, comme chez feu Nicollet: voici maintenant les 6 *Degrés du crime*, avec le chiffre 6 sur l'affiche! une affiche rouge, inventée avant l'an de grâce 1848.

Ainsi que la vertu le crime a ses degrés.

Et pour démontrer la vérité de l'axiome, les auteurs ont inventé une double échelle, qui n'est pas la courte échelle, ainsi que vous l'allez voir.

Celui qui grimpe à l'échelle du vice s'appelle Jules. (J'aurais autant aimé qu'on lui donnât un autre nom.) Celui qui grimpe à l'échelle de la vertu s'appelle Gabriel. Jules est le fils d'un riche banquier, mort il y a quelques jours; Gabriel est le fils d'un condamné à mort, guillotiné il y a quinze ans. Les échelles sont tendues, le drame commence; tenez bien les échelles, s'il vous plaît.

Le premier degré du crime, c'est le punch, ce sont les propos libertins, la vie joyeuse, l'enlèvement d'une fille et autres peccadilles en *la* majeur.

Le premier degré de la vertu, c'est l'amour naïf, le travail et la ferme volonté de se marier.

Au milieu de l'enlèvement, c'est-à-dire au moment où M. Jules met le pied sur le premier échelon de l'échelle du crime, passe un homme noir qui dit à Jules: Vous êtes sur le premier degré du crime, monsieur Jules!

Second degré du crime Pour atteindre au second degré du crime, il faut donner des cachemires et une robe de soie à la fille enlevée, il faut la conduire au bal, et à ce bal, donner un coup de pied au derrière de l'honnête Gabriel, l'homme de la vertu.

Second degré de la vertu. — Un habit gris, de l'indignation dans le cœur, et recevoir un grand coup de pied au milieu d'un bal; Gabriel, à ce prix-là, s'élève au deuxième degré de la vertu.

A la fin du bal passe l'homme noir, qui dit à M. Jules. — Voulez-vous lever le pied droit, monsieur Jules, vous allez heurter le deuxième échelon.

Au troisième degré, le vice joue et se ruine. L'auteur nous traîne à la façon de *Victorine, ou la Nuit porte conseil*, dans un indigne tripot plein de filles et de voleurs. Vous voyez des filles de joie et des escrocs assis à des tables vertes. Tout cela joue et se démène, et s'arrache les cheveux. M. Jules perd tout son argent ; quand il a perdu son argent, il écrit à sa maîtresse de venir tout habillée dans ce tripot. La maîtresse y vient avec tous ses diamants et accompagnée d'une fille qui lui donne les plus méchants conseils. M. Jules, quand il voit sa maîtresse ainsi parée, tombe comme un furieux sur ses diamants ; il lui enlève son collier, ses bracelets, ses boucles d'oreilles, il appelle le garçon de salle, lequel garçon lui prête de l'argent sur ces bijoux ; quand il a cet argent, M. Jules le joue sur la noire ; M. Jules perd tout son argent sur la noire. Quand il a tout perdu, sa maîtresse désolée s'écrie : *Comment pourrai-je m'habiller sans diamants?* à quoi son amie lui répond : *Laisse cet homme ruiné, je connais un Américain qui t'aime et qui t'emmènera avec lui, si tu veux, en Italie*. Ce qui est dit est fait ; la maîtresse de Jules s'en va, avec l'Américain. Les tendres amants ! ils verront le soleil se coucher dans le Campo-Santo.

M. Jules, ruiné, s'emporte et crie. La police arrive dans cette maison suspecte ; au bruit de la police, le croupier prend un violon, son rateau se change en archet, on danse, la *rousse* s'en va, satisfaite.

Troisième degré de la vertu. L'honnête Gabriel ne paraît pas du tout dans cet acte ; d'où il faut conclure que la vertu n'a pas de troisième degré.

Quatrième degré du crime. Il me semble que les détails ordSuriers des maisons de jeux clandestins auraient dû suffire. Ces femmes qui jouent et qui dansent, ces chevaliers d'industrie qui jouent et qui volent ; cette fille qui quitte un amant pour passer à un autre, ce luxe dans la boue, on devait être content. Les auteurs du drame en question n'ont pas trouvé que ce fût encore assez. A peine échappés à un infâme tripot, nous nous trouvons dans une des rues de Paris. Il fait nuit ; la patrouille passe et repasse sans rien voir; les voleurs arrivent en se faisant les signaux convenus; tous ces voleurs sont très-laids et très-alertes, chacun d'eux a son déguisement; l'un est habillé en fort de la Halle, l'autre porte une hotte de chiffonnier; celui-ci se rend à la Halle, et celui-là retourne à la barrière. A voir, à entendre ces messieurs, on assiste à un cours complet d'argot et de vol. Il s'agit, en effet, de forcer la maison d'un banquier. L'honnête Gabriel, qui est commis dans cette maison, rentre par la petite porte. Pour ouvrir cette porte, Gabriel tire un passe-partout; il met ce passe-partout à la serrure; il ouvre la porte. J'étais fort curieux, pour ma part, de savoir comment s'y prendraient les voleurs pour dérober ce passe-partout, sans que Gabriel s'en aperçût, et j'imagine qu'il y avait dans la salle plus d'un spectateur aussi intrigué que moi.

Notre inquiétude n'a pas duré longtemps, et nous avons appris un excellent tour dont nous ne nous doutions pas. Quand Gabriel a ouvert la porte, il revient sur la scène pour dire quelques mots à sa mère adoptive. Pendant qu'il dit ces quelques mots à sa mère adoptive, un des voleurs se glisse contre la porte et il enlève le passe-partout. A la place de ce passe-partout, le voleur jette à terre une clef de même dimension que celle qu'il a enlevée; si bien que Gabriel, en rentrant, s'imagine que sa clef est tombée. Il ramasse cette clef, l'honnête homme qu'il est, sans se douter de rien. Une fois entré dans la maison de son banquier, il se contente de pousser la porte. On mérite d'être volé quand on n'est pas plus sur ses gardes que cela. Alors la scène du vol recommence. Les voleurs tirent leurs rossignols, ils préparent leurs échelles de cordes, ils regardent aux fenêtres les bougies qui circulent : voilà le bon moment. Arrive Jules. Jules aspire à l'honneur d'être reçu voleur; on lui fait place, et, pour éprouver ses mérites, on vous poste l'aimable candidat au coin d'une borne; au coin de cette borne, il faut que Jules détrousse un passant. Jules donc, pour gagner ses épaulettes, demande la bourse ou la vie au premier homme qui passe. Justement cet homme c'est l'homme noir. Il donne sa bourse à Jules, en lui disant d'une voix sépulcrale : *Te voilà au quatrième degré !*

Quatrième degré de la vertu. Le quatrième degré de la vertu consiste à souhaiter la fête à sa mère adoptive, à lui faire boire du vin de Champagne chez un traiteur du Boulevard, à la mener en fiacre au mélodrame, et à la reconduire à pied quand le mélodrame est fini. Ce quatrième degré de la vertu est le plus dur de tous à monter, eu égard au mélodrame du Boulevard.

Cinquième degré du crime. Vous voyez un appartement en désordre. On a placé un lit entre deux croisées, et vis-à-vis une porte qui mène au jardin. Il n'y a pas de rideaux à ce lit. Sur la descente du lit, et à la place ordinaire où dort le chien de la maison, vous voyez un bloc noir, un je ne sais quoi sans mouvement et sans forme. Ce quelque chose, c'est le cadavre d'un homme. Ce cadavre, c'était tout à l'heure encore l'amant de la maîtresse de Jules, cet homme riche qui devait la mener en Italie; Jules est entré par la fenêtre, il paraît qu'il a frappé son rival d'un seul coup, et dans le plus profond silence, car la jeune personne ne s'est pas réveillée. Au contraire, elle est nonchalamment étendue sur le lit, elle dort; à ses côtés, on voit encore la place chaude où reposait son amant.

Elle dort. Le meurtrier la regarde dormir. Il tient à la main le poignard sanglant. Il parle tout haut, puis tout bas. — Tu dors, dit-il, tu dors du sommeil de l'*innocence!*

A ce mot *innocence*, le parterre éclate de rire. A la bonne heure, ris, mon brave parterre... où diable l'*innocence* va-t-elle se nicher?

Pour en finir, Jules tue la maîtresse comme il a tué l'amant; la misérable a beau se débattre sur son lit; elle a beau se traîner à deux genoux, et chiffonner son jupon encore tout chiffonné, Jules la tue. Quand elle est tuée, paraît l'homme noir : *Tu es au cinquième degré, Jules!*

Cinquième degré de la vertu. Les degrés de la vertu sont difficiles à monter, ce me semble, témoin l'honnête Gabriel. A son premier degré, il est insulté et presque battu par de jeunes débauchés, et il perd un héritage de mille écus ; à son second degré, il est battu comme plâtre dans un bal au moment où il retrouve sa fiancée ; à son quatrième degré, il entend un mélodrame, et il est presque dépouillé par des voleurs ; au cinquième degré, quand Jules a tué sa victime, Gabriel accourt, et il reçoit une chaise sur le nez ; il monte son cinquième degré de vertu en tenant son nez ensanglanté à pleines mains. Heureusement encore qu'on lui a fait grâce du troisième degré !

Sixième degré de la vertu. En revanche, parlez-moi du sixième degré ! Arrivé au sommet de l'échelle, Gabriel a la croix d'honneur, il est riche il épouse la fille d'un notaire, et d'un notaire *retiré* encore ; touchante délicatesse des auteurs qui ont voulu ne nous laisser aucune inquiétude sur le sort de ce cher Gabriel !

Sixième et dernier degré du crime. Tout se prépare pour une fête. Entre autres préparatifs, un valet apporte des couteaux de dessert qu'il a soin d'oublier dans le salon. Alors, entre l'homme noir qui dit bonjour à Gabriel. Gabriel appelle l'homme noir *son ami*, et il l'invite à sa fête ; l'homme noir dit qu'il n'a pas le temps. Gabriel va chercher sa fiancée ; l'homme noir, resté seul, ôte son chapeau, c'est la première fois qu'il ôte son chapeau. Tout à coup entre Jules échevelé, à demi vêtu ; il a brisé les liens qui l'attachaient, il s'est élancé de la fatale charrette, la vue de l'échafaud lui a rendu de nouvelles forces, et il est entré dans la maison de ce digne Gabriel. — *Te voilà au sixième degré !* lui dit l'homme noir. Jules pâlit, Jules tremble, il se jette à genoux, Jules est au sommet de l'échelle, il n'a plus qu'à tomber. L'homme noir, le voyant si défait, en a pitié. Il va prendre un des couteaux oubliés par le valet, il présente fort proprement le couteau par le manche au condamné ; le condamné hésite et ne veut pas mourir ; l'homme noir remet son chapeau sur sa tête et il enfonce le couteau de table dans le cœur de Jules. On entre, on se précipite, Gabriel se récrie ! L'homme noir, toujours couvert, se retourne vers Gabriel et vers la foule en lui disant : *Cet homme est le condamné à mort et j'avais le droit de le tuer, je suis le bourreau !*

D'où il suit, pour dernière conséquence, que l'échafaud est le dernier degré du crime, et que le dernier de la vertu c'est d'épouser la fille d'un notaire en retraite et d'être chevalier de la Légion d'Honneur.

Pour avoir une juste idée d'un pareil drame, il faut l'avoir entendu comme moi en plein parterre, au milieu de femmes sans bonnet et haletantes, à côté de littérateurs en blouse, au plus fort de cette consommation furibonde de pommes crues, de pain d'épice, de sucre d'orge, de bière et de points d'admiration ! C'est là une foule à entendre ! c'est là un spectacle à voir ! sur la scène, le vol, la prostitution, le jeu, la police, les délateurs, le bourreau, la guillotine; dans le parterre, des hommes et des femmes qui mangent et qui admirent! Confusion, messieurs, confusion.

Même j'ai eu là-dessus une conversation assez curieuse avec un de mes voisins, grand amateur de bière, de mélodrame et de marrons, qui n'avait pas l'air très-satisfait; voilà pourquoi je lui adressai la parole assez volontiers.

— On nous a donné là une assez mauvaise pièce! lui dis-je d'un ton fort modeste en ne voulant rien préjuger.

— Elle serait fort bonne, me répondit-il, sans les fautes inexcusables du dernier acte.

Puis, voyant que je l'écoutais attentivement, il poursuivit:

— Avez-vous remarqué, me dit-il, la toilette du condamné?

— Je l'ai remarquée, lui répondis-je, rien n'y manquait; le col de la chemise avait été coupé aussi bien que les cheveux.

Mon interlocuteur se prit à rire, et il me répondit sur-le-champ et d'un ton fort animé:

— Le col de la chemise n'est pas coupé assez court d'abord. J'ai vu des cols de chemise coupés; le bourreau creuse le dos de la chemise jusqu'à la nuque. Quant aux cheveux, ils sont aussi beaucoup trop longs. Les cheveux se coupent aussi ras que vous voyez les miens. — Et il me montrait sa tête presque rasée, comme cela était la mode de nos élégants du Boulevard l'été passé.

L'instant d'après, il se pencha sur mon oreille, et, couvrant sa voix de sa main: Ces gens-là n'y entendent rien, me dit-il, d'abord il ne savent pas faire une poucette, et ensuite ils ont oublié de fendre la culotte du condamné et de lui ôter ses bretelles; c'est une importante précaution à laquelle le bourreau ne manque jamais.

GEORGES. — PIERRE D'AREZZO.

Après les *Six degrés du crime*, on eût dit qu'il n'y avait plus qu'à tirer l'échelle, et cependant c'était à recommencer chaque jour. Voici encore un ou deux mélodrames que je retrouve en ce moment où je cherchais une voie. — Il y eut entre autres un certain *Pierre d'Arezzo*, qui me fournit une assez bonne occasion de parler du premier homme qui tenta, en Europe, la liberté de la presse. Au compte de bien des gens, ce Pierre d'Arezzo était un bandit, eh! le fondateur de Rome était le fils d'une louve, et un franc voleur!

GEORGES,

MÉLODRAME EN TROIS ACTES, PAR M. LEBRAS.

« Vous vous rappelez peut-être (car cela s'oublie si vite, un malheureux qui se tue ou un malheureux qui est tué) ce jeune homme presque enfant qui s'appelait Lebras, et qui s'est asphyxié avec son ami Escousse. La mort de ces deux jeunes gens produisit un effet bien pénible. Ils étaient morts victimes, disaient-ils, du génie et de la fatalité. Eh bien! nous avons retrouvé à la Gaîté le nom de ce jeune Lebras, attaché à un mélodrame en trois actes, et ce n'a pas été sans un certain serrement de cœur.

Je ne sais pas si je me trompe, mais il me semble qu'un homme mort est si digne de respect qu'il faudrait y regarder à deux fois avant d'exhumer ses restes littéraires ou dramatiques. Laissez à la paix de sa tombe le jeune homme qui s'est précipité violemment dans la mort. Laissez son nom gravé sur la croix de bois, sans le mettre sur les affiches de vos théâtres. Ne troublez pas ce long repos par les rivalités de vos coulisses, les prétentions de vos comédiens, et les disputes de vos parterres. C'étaient là des choses graves pour ce malheureux tant qu'il vécut! Il tremblait quand le tyran avait froid, et il avait mal à la poitrine de la soubrette! C'est pourtant de tout cela qu'il est mort! Il est mort pour être estimé du souffleur, pour n'être pas méprisé de l'ouvreuse de loges. Son monde à lui commençait à la dernière coulisse, derrière l'Océan de carton, et finissait à la dernière banquette de l'amphithéâtre. Il ne connaissait d'autre soleil levant que la lampe du machiniste, d'autre forêt que le paravent du décorateur, d'autre tempête que le poëlon rempli de pois chiches, d'autre paradis que le paradis du théâtre de la Gaîté. Comme il s'était tellement fatigué, blasé et perdu à cette nature de convention, qu'il ne connaissait guère d'autre héroïsme que l'héroïsme de théâtre, il est mort, le malheureux, d'une mort de théâtre, la pire de toutes!

C'est pourquoi je m'oppose, et de toutes mes forces, à ces exhumations coupables. Ne faisons pas du Père Lachaise une boutique de libraire ; ne faisons pas de nos marbres funèbres une profane affiche de spectacle. Ceci posé, je veux faire l'analyse de *Georges*, mélodrame de feu Lebras.

L'héroïne de ce mélodrame est une femme de théâtre ; la préoccupation de Lebras était là tout entière, le théâtre. Sa femme de théâtre s'appelle Laura ; Lebras en a fait une cantatrice italienne, mais une cantatrice comme mademoiselle Sontag, rien que cela. Cependant, il a placé son héroïne sur le théâtre de Marseille tout simplement ; Laura est une Sontag marseillaise qui charme et passionne le monde provençal. Je ne crois pas que jamais l'enthousiasme parisien pour les plus grandes et les plus belles cantatrices ait été plus loin que celui de ces bons Marseillais pour Laura ; ils se battent au parterre quand Laura chante ; ils se battent à outrance, et si bien que la veille au soir, le jeune seigneur Arthur a fait connaissance au théâtre avec un ouvrier du port appelé Georges, qui protégeait de ses deux poings la cavatine de Laura.

Ceux qui savent ce que c'est que la comédie ou l'opéra en province, ne pourront s'empêcher de sourire à l'illusion d'un pauvre auteur qui se livre à des inventions pareilles. Il faut être bien cruellement fasciné, pour imaginer que la belle Laura va faire tomber tant de couronnes et tant de coups de poing dans le théâtre de Marseille ! Quoi qu'il en soit, ce Georges, homme du port, est très-amoureux de Laura la chanteuse. Georges, pour s'introduire chez celle qu'il aime, a séduit Suzette sa servante ; un homme comme il faut ne ferait pas mieux. Georges apprenant que Laura a vendu son collier de diamants, a racheté ce collier avec ses économies et le rapporte à Laura, sans dire de quelle part. Car vous vous doutez bien, Messieurs et Mesdames, que cette belle Laura, non-seulement est belle, mais encore pauvre ; non-seulement pauvre, mais incorruptible ; elle a refusé les offres les plus brillantes : corsaires, capitaines-marchands, armateurs; elle aime tant son Arthur ! En un mot, notre auteur dramatique se tient, tant qu'il peut, à son illusion pour la comédienne idéale. Il la pare de toutes ses forces. Il lui donne toutes sortes de vertus surnaturelles et de bonnes passions ! Pauvre ignorant !

Cependant, Georges, l'homme du peuple, a découvert le véritable nom de l'amant de Laura ; il écrit de très-bons avis, quoique assez peu désintéressés, au père d'Alfred, qui n'est rien moins qu'un sénateur vénitien très-honnête homme. Georges apprend au sénateur les désordres de son fils. Le sénateur arrive à Marseille. Je n'ai qu'un mot à vous dire pour vous expliquer la haute vertu de ce noble vénitien : il est représenté par M. Marty !

Ce bon père débarque naturellement chez Laura. Là il trouve son fils fort amoureux, mais aussi fort soumis. A la voix de son père, ce jeune homme a reconquis toute sa vertu. En effet, avant de quitter Venise, il a abusé de l'innocence d'une jeune personne, mademoiselle Anna, qu'il a rendue mère. Vous voyez d'ici la belle scène entre le père et le fils ! Même pour encourager son fils, le père lui raconte que lui, autrefois, quand il était jeune homme, il a abusé d'une jeune fille dont il a eu un enfant. — Or cet enfant, c'est toi mon fils ! A cette bonne raison, M. Arthur cède à son père, il quitte Marseille et sa cantatrice, il va épouser Anna, la Vénitienne qu'il a séduite. Voilà comment les anciennes séductions du père profitent aux séductions du fils, et tel père tel fils.

Arthur parti ! Georges l'ouvrier est triomphant. A présent Laura est à lui tout seul, Laura ne peut plus aimer que lui. Georges suppose qu'il faut absolument que Laura aime quelqu'un.

Mais Laura, apprenant qu'Arthur est parti pour Venise, est décidée à le suivre. Laura n'a pas d'argent, il est vrai ; vous savez combien c'est une honnête fille ; mais Laura retrouve sous sa main le collier de diamants que Georges lui a rapporté. Voilà le collier vendu une seconde fois, et Laura suit Alfred avec l'argent de Georges. Georges n'avait pas prévu cela.

Et vogue la gondole !

Au second acte nous sommes à Venise. La cantatrice Laura est descendue à l'hôtel garni, et ne sait pas le nom de celui qu'elle aime ; mais en revanche elle sait fort bien le nom de sa sœur. Elle envoie donc une lettre à sa sœur. Vous vous doutez bien que Laura est, elle aussi, issue d'une famille patricienne. Dans les idées de notre jeune auteur, cela serait vraiment beau de faire monter sur le théâtre une femme qui ne serait pas très-noble de nom et d'armes. Laura est donc très-noble. Si noble qu'elle s'est enfuie de chez son père ; si noble que sa sœur s'est laissée séduire. Or cette sœur, c'est Anna ; celui qui l'a séduite, c'est Arthur Voyez la similitude! Le père et le fils se marient tous les deux par suite de séduction, pendant que les deux sœurs se laissent séduire par le même séducteur! Profondes combinaisons.

Avançons. Georges est arrivé lui aussi à Venise. A Venise il a bientôt retrouvé Laura, et non-seulement Laura, mais encore Arthur. C'est Georges qui annonce à Laura le mariage d'Arthur. Oui, Arthur est marié. Laura est furieuse; Georges est content, il se croit aimé de Laura.

Alors, comment vous dire cela? alors vous voyez recommencer devant vous une belle tragédie de Racine, qui est assez connue, et qui s'appelle, je crois, *Andromaque*. Vraiment oui, Oreste cette fois s'appelle Georges, il est devenu porte-faix à Marseille; Hermione chante l'opéra-comique à Marseille; Pyrrhus est un dandy vénitien; la langue du grand poëte est un patois provençal. Voilà toute la nouveauté moderne! Donc Laura dit à Georges : « Il me faut du sang. » Georges dit à Laura : « Vous aurez du sang; mais vous m'aimerez! » Voilà qui est bien convenu. Le second acte finit là.

Il n'est guère besoin j'imagine que je vous raconte le dernier acte. Il y a une fête, un bal masqué. C'est la mode. Au milieu de la fête, Laura vient demander à Georges le cadavre que Georges lui a promis. Georges hésite, et alors Laura lui tient à peu près ce langage; peut-être même ne parle t-elle pas tout à fait aussi bien :

> Je sais de quels remords ton courage est atteint ;
> Le lâche craint la mort, et c'est tout ce qu'il craint.
> Quoi ! sans qu'elle employât une seule prière,
> Ma mère en sa faveur arma la Grèce entière ;
> Les Grecs, pour leur querelle, en dix ans de combats,
> Virent périr vingt rois qu'ils ne connaissaient pas !
> Et moi, je ne prétends que la mort du parjure,
> Et je charge un amant du soin de mon injure ;
> Il peut me conquérir à ce prix sans danger;
> Je me livre moi-même, et ne puis me venger !

Puis, quand l'Hermione vénitienne a bien exhalé sa douleur, Georges prend son poignard; il s'en va dans la coulisse, et tout d'un coup il revient comme le véritable Oreste en trépignant.

GEORGES.
Madame, c'en est fait, et vous êtes servie ;
Pyrrhus rend à l'autel son infidèle vie.

<blockquote style="margin:0">
LAURA.

Il est mort!

GEORGES.

Il expire.
</blockquote>

Laura s'écria à son tour :

> Tais-toi, perfide!
> Et n'impute qu'à toi ton lâche parricide.
> . . . .
> Pourquoi l'assassiner? Qu'a-t-il fait? A quel titre?
> Qui te l'a dit?

L'autre reprend :

> O Dieux! Quoi! ne m'avez-vous pas
> Vous-même, ici, tantôt, ordonné son trépas?

C'est tout à fait le même drame et tout à fait la même action, il ne manque guère qu'un peu du même style. Mais on écrit tout cela au hasard, le hasard est la véritable et la seule grammaire, il ne s'agit que d'avoir un peu de génie, la grammaire est un être de raison.

En résumé, Laura se jette à l'eau.

L'autre dame expire frappée d'un coup de poignard.

Alfred s'appuie sur son père qui est désolé comme lui.

Georges, le héros de la fête, se livre aux gendarmes.

La ville de Marseille sera bien étonnée d'avoir possédé, sans le savoir, une pareille cantatrice dans ses murs.

Non, ce n'était pas la peine de réveiller, pour si peu, M. Lebras, ce demi-poëte, dans sa tombe endormi! »

PIERRE D'AREZZO,

MÉLODRAME EN TROIS ACTES.

« Cette fois, nous avons affaire à un bandit d'une autre espèce ; on met en cause un coquin sérieux ; il ne demandait pas aux gens : *la bourse ou la vie!* il leur disait sur le grand chemin de leur puissance ou de leur gloire : *la bourse ou l'honneur!* Pierre d'Arezzo c'est l'Arétin lui-même! On l'a pris, et c'est bien fait, dans son oubli fangeux pour le traîner sur le théâtre, on l'a soumis à ce traitement dramatique qui consiste à faire autour du même homme un plaidoyer pour et contre cet homme, sans prendre la peine de tirer une seule conclusion de ce même plaidoyer. Rien n'est plus facile en effet que d'arranger un pareil débat. Vous prenez le premier homme qui vous tombe sous la main, l'Arétin par exemple, et vous dites à votre parterre attentif : — Voici un pauvre diable qui a vécu de calomnies, d'insultes et de mensonges, ce qu'il y a de plus vil après la flatterie ! Peuple, sifflez cet homme ! A l'instant même où le peuple obéissant va pour siffler cet homme, vous passez de gauche à droite, et vous dites :

Oui, mais cet homme eut bien de l'esprit dans sa vie ; il savait tenir une plume à l'instant où l'on ne tenait guère qu'une épée ; tel que vous le voyez, cet homme chargé d'injures, il a contribué un des premiers à fonder la liberté de la parole écrite, en s'attaquant aux puissants et aux rois de ce monde ! Donc pardonnez à cet homme ses calomnies et ses bassesses, en faveur de son courage et de son esprit. — Ce que le peuple entendant, il remet son sifflet dans sa poche, et il va pour applaudir, quand tout d'un coup, faisant volte-face, vous l'avocat pour et contre, vous reprenez : — Mais prenez garde ! le XVIe siècle tout entier s'est indigné des méfaits de ce misérable. Lui vivant, il a été couvert d'outrages ! On l'a frappé à coups de poignard, on l'a frappé à coups de bâton, on lui a jeté à la tête l'or et les crachats, à la joue les soufflets et les perles. Au nom du ciel, bon et honnête parterre, ne va pas applaudir ce Pierre d'Arezzo dont le nom est souillé d'infamie ! N'est-ce pas lui qui a écrit ces sonnets orduriers que tu n'as jamais lus et dont tu as entendu tant parler ? Peuple, respecte-toi ! — Et le peuple, qui tient à se respecter lui-même, remet sa main dans sa poche pour y repêcher ce grand sifflet dont malheureusement il perd l'habitude chaque jour.

Vous cependant, retrouvant votre public irrité, vous reprenez votre voix douce et pateline : — Pitié ! dites-vous. Pitié pour cet homme de tant d'esprit, qui s'est défendu uniquement par son esprit dans un temps où l'homme n'avait pour se défendre que sa cuirasse et son poignard. Pitié pour lui ! Il était seul dans ce monde de soldats, de grands seigneurs, de vainqueurs et de lapidateurs de tout genre. Comme il ne pouvait se faire jour les armes à la main, il s'est protégé de sa plume, et sa plume ne lui a pas manqué. Vous criez *à la calomnie !* Mais qui donc a-t-il calomnié? Quelle vertu a succombé sous ses coups? Sa rage a-t-elle été aussi loin que celle d'Archiloque forçant un citoyen à se pendre à son propre figuier? A-t-il jeté, comme Juvénal, son sarcasme et son fiel sur la société tout entière? Non. Il a pris corps à corps quelques hommes puissants à qui il a dit la vérité et peut-être quelque chose de plus. Il a menacé de sa satire ingénieuse, savez-vous qui? Charles-Quint et François Ier, deux hommes qui avaient des bûchers à leurs ordres, les deux plus terribles orgueils de l'Europe; il a été plus brave à lui seul que tant d'hommes armés qui n'auraient pas osé regarder en face ces deux majestés inviolables! Donc, pitié pour cet homme, dites-vous de votre douce voix. — Mais cet homme, répond la grosse voix, cet homme a flatté Charles-Quint et François Ier. — Eh! dit l'autre voix, Charles-Quint n'est-il pas le vainqueur de Pavie? Et ce qui est plus glorieux peut-être, François Ier n'est-il pas le noble vaincu de Pavie? La louange comme le blâme ne sera-t-elle pas admise autour de ces deux grands hommes si divers? Charles-Quint, ce maître du monde, a eu peur de l'Arétin; gloire à l'Arétin! François Ier a tremblé devant l'Arétin! gloire à l'Arétin! Honneur aussi à ces deux rois qui ont reconnu les premiers la toute-puissance de l'esprit; il n'y a pas là de quoi crier bien fort. Que faisait l'Arétin au XVIe siècle, sinon ouvrir les voies de la presse politique?

Ainsi parlez-vous. Et comme l'origine vous paraît tant soit peu louche à vous-même, vous ajoutez en forme de péroraison : — Oui, l'Arétin est un des fondateurs de la liberté de la presse. Mais qu'importe, pourvu que la presse renie son père? et ne vous souvient-il pas que Romulus, qui fonda la grandeur romaine, fut d'abord un chef de brigands? — Mais c'est bien vrai cela, se dit la foule; et en considérant quelle a été la lutte de ce Pierre d'Arezzo, surnommé l'Arétin, quels dangers il a courus, de quels excès affreux il a été la victime, à quelles violences il a été exposé, la foule, qui est juste, se prend à plaindre ce malheureux esprit, victime d'une lutte inégale. — Et puis, dit toujours la même voix, la voix qui défend et qui protége, — si l'Arétin a écrit ces tristes sonnets, Jules Romain, le grand peintre sérieux, n'a-t-il pas eu le tort de faire avant l'Arétin les tableaux de ces sonnets? Quoi! vous pardonnez au peintre cette vive et puissante couleur, et vous écrasez le poëte pour quelques vers qu'il aura inscrits, par une complaisance coupable, sous ces licences! Mais l'auteur de la *Métromanie* a écrit bien pis que ces vers ; et qui songe aujourd'hui à lui en faire un crime? Que si l'Arétin a été frappé du bâton, Voltaire a été frappé aussi : en est-il moins Voltaire? Et si le sang, qui lave tous les outrages de ce genre, a manqué, à l'Arétin comme à Voltaire, pour laver cet outrage, à qui la faute? Telle est la dissertation qui occupe tout le premier et tout le second acte de ce mélodrame. Si bien que vous, qui ne savez pas et qui ne pouvez pas savoir tous les détails de cette histoire, vous êtes tour à tour, et au gré de l'auteur, Jean qui blâme et Jean qui loue, et Jean qui pleure et Jean qui rit.

Or, ne pensez pas que, même en arrivant à la fin de son drame, l'auteur s'amuse à tirer une conclusion pour ou contre son héros. Jusqu'à la fin, il a mille raisons toutes prêtes, et chacune de ces raisons est un prétexte à ne pas porter un arrêt définitif. Il vous dit : — Cet homme est la honte littéraire du xvie siècle ; oui, mais il a été l'ami de Léon X et de Clément VII qui étaient deux grands esprits. Cet homme est un insulteur à gages ; oui, mais il a veillé sur son lit de mort, mais il a pleuré avec des larmes de sang ce brave et illustre Jean de Médicis, le capitaine des bandes noires, le sauveur de Florence, qui aimait l'Arétin comme il eût aimé son frère. Cet homme était plein de fiel et de venin ; oui, mais il s'est entretenu longtemps avec l'empereur Charles-Quint, l'Empereur prenait plaisir à sa louange ; cet homme a été l'ennemi du Tintoret ; oui, mais il a été le partisan fanatique du Titien, qu'il soutenait dans ses moments de découragement mortel! Cet homme a été entouré d'ennemis, et cependant pas une des plus belles personnes du xvie siècle n'a résisté à son amour. Et il les a aimées, ces femmes, d'une passion vive, dévouée! Et comme il aimait ses enfants, surtout sa fille, pour laquelle il mit en gage cette belle chaîne d'or que lui avait donnée l'Empereur! Vous dites qu'après tout c'est là un écrivain médiocre... Est-ce un motif pour le vouer aux gémonies? Ses contemporains l'avaient surnommé *le Divin!* Il écrivait en vers aussi bien qu'en prose ; il a fait des comédies que ne désavouerait pas Machiavel! il a écrit, un siècle avant Corneille, une belle tragédie d'*Horace!* Enfin il est mort en riant, comme il a vécu ; et cependant pourriez-vous dire, à cette heure, quelles ont été les injustices de cet homme? Tous ceux qu'il a honorés des attaques de son esprit, où sont-ils? qui sait leurs noms? Or, il n'y a pas d'injustice là où il n'y a pas de gloire. On sait très-bien que le poëte attaqué par Zoïle s'appelait Homère, et voilà pourquoi il vaudrait mieux encore s'appeler l'Arétin, que s'appeler Zoïle!

Cependant, avec cette façon d'agir et de poser toujours des prémisses inutiles, ce drame n'avance guère. Le poëte dramatique doit avant tout être le maître de l'action qu'il conduit, des personnages qu'il fait agir. Il faut qu'il les mène d'une main ferme, non pas à leur but, mais à son but. Un drame n'est pas un plaidoyer à double face : un drame est le plaidoyer d'un homme contre la foule, d'un seul contre tous, du poëte pour l'histoire ou contre l'histoire; quelle que soit la vérité que l'on vous démontre, toujours faut-il que cette vertu, pour être sérieuse, ne parle qu'un langage. Vous voulez glorifier l'Arétin? ne le chargez pas ainsi de coups de bâton et de crachats; vous voulez rendre l'Arétin haïssable? ne l'entourez pas, comme vous faites, de toutes sortes de louanges et de vertus Ou plutôt, quand un homme se rencontre sur vos pas si chargé de misères, abandonnez cet homme à son triste sort, — *regardez et passez*, — comme il est dit dans l'*Enfer* du Dante; cet homme, par cela même qu'il se trouve dans une fausse position, qui n'est ni la gloire ni l'infamie, ne mérite pas qu'on s'y arrête plus longtemps.

Ainsi a fait le public. Ce plaidoyer en partie double pour et contre le même homme, un homme dont on ne connaît que le nom, a trouvé le public très-peu attentif. En général, le parterre ne s'intéresse guère à ces êtres à part, qui tiennent une plume et qui s'en servent avec plus ou moins de talent. De l'écrivain, ce qui intéresse, c'est l'œuvre et non pas la personne. Tant que vous voudrez, si vous êtes un critique habile, parlez-moi du livre; mais si vous êtes un faiseur de drames, laissez les écrivains de côté. Piron lui-même, l'auteur de *la Métromanie*, dont nous parlions tout à l'heure, malgré ce talent vigoureux, accentué et plein de verve, n'a pas pu nous intéresser à ces misères poétiques qu'il avait ressenties dans toute leur énergie. De nos jours, on a sifflé une comédie intitulée *Lord Byron*, et Dieu merci! celui-là était un héros dramatique. Mais cette fois le poëte a tué l'homme dramatique. Je ne crois pas que jamais on vienne à bout de faire un drame intitulé : *Jean-Jacques Rousseau, citoyen de Genève*, et cependant quelle vie fut jamais plus dramatique ? »

Ainsi j'entrais peu à peu dans les entrailles de mon sujet! De temps à autre, on pouvait voir que je finirais par *tomber dans le sérieux*, c'est un mot de Shakspeare; en attendant, je me livrais volontiers, j'avais une entière confiance à ce grand dieu de l'écrivain périodique, le Hasard, je sentais que j'étais jeune, et comme on me permettait d'être jeune tout à mon aise, il fallait voir comme j'abusais de la permission! Un jour, le théâtre de l'Ambigu, dans un coin de son affiche annonçait un vaudeville en un petit acte, intitulé *La Femme de Lettres*.

« Aussitôt je rentre chez moi et je dîne à la hâte, et tout pensif. — *La Femme de Lettres!* Quel drame! quelle comédie! A peine à table, je me lève, je prends mon chapeau et je me mets en route pour ces parages lointains. — *La Femme de Lettres!*

Ah! me disais-je chemin faisant, prépare-toi à voir des choses incroyables : quel magnifique sujet de drame ou de comédie! Quelles tortures! mais aussi quels éclats de rire! *La Métromanie* de Piron ou le *Chatterton* de M. Alfred de Vigny, ne sont que des œuvres avortées. Être poëte en riant, c'est le lot de l'homme; être poëte en se déchirant le sein de ses ongles, c'est le lot de l'homme; tenir la plume et s'exposer aux colères, aux vengeances, aux dédains, à tous les mépris réservés à quiconque la tient d'une main ferme ou tremblante, cette arme terrible, c'est œuvre virile. Il est donc bien convenu que le héros si heureusement tourmenté de Piron, ou le héros suicide de M. de Vigny, sont des exceptions qui n'ont rien d'étrange. Mais une femme dans cette même position exceptionnelle! Que va-t-on en faire? Comment va-t-on la représenter? Jeune ou vieille, belle ou laide, jeune fille ou mariée, ridicule ou chargée de gloire, à peine écoutée par les oisifs qui passent, ou soulevant d'un mot les plus terribles passions des hommes? Tohu-bohu!

Plus j'y pensais et plus je songeais aux dangers de cette tentative, et je me demandais quel était le grand poëte qui avait dû s'emparer le premier de cet être si éminemment dramatique : — *La Femme de Lettres?* Mais quelle héroïne va-t-il choisir entre tant d'écrivains femelles, et de quel côté fera-t-il pencher sa table? Du côté du rire ou du côté des larmes? Ira-t-il s'occuper de cette pauvre fille mal vêtue, qui arrive à pied de son village, la tête pleine d'illusions et de vers, pour continuer la misère de Malfilâtre et de Gilbert? Ou bien, nous montrera-t-il accroupie à son foyer domestique, cette muse bourgeoise et enluminée, qui chante les plaisirs des champs en écumant son pot au feu? S'agit-il de ces beautés sur le retour qui rêvent la gloire des lettrés, ne pouvant plus prétendre à l'amour, et qui se consument lentement au feu du génie, comme elles se consumaient naguère au feu des passions? Ou bien va-t-il être question de ces lestes poëtes en jupon court qui montent à cru le cheval Pégase, pauvre bête poussive sur laquelle les pauvres muses se livrent à de véritables exercices d'acrobates! — Ou bien allons-nous assister à quelques réunions d'esprits féminins révoltés qui fondent des religions, qui formulent des lois et qui remplacent *les femmes*, ces êtres charmants, par cet être à barbe qu'on appelle *la femme*? Et dans ce drame, que deviendront le mari, les enfants, la famille? Quel drame ou quelle comédie à écrire? — *La Femme de Lettres!*

Mais avant d'arriver à ce théâtre lointain et inconnu, où me poussait mon impatience de voir la seule pièce de théâtre dont le sujet soit neuf et puissant, je m'arrêtais tout pensif et je me demandais ce qui pourrait arriver si, par hasard, lord Byron revenait au monde (car lui seul était capable d'aborder un pareil sujet, lui, l'auteur de *Manfred*), pour mettre à la scène une femme que je pense, la reine des hommes, le roi des femmes, cette immense éloquence, cette immense révolte, cette immense passion? Et si l'auteur de *Manfred* allait nous dire ce qui se passe dans cette âme que nul n'a devinée, et qui se révèle à peine dans des œuvres qu'aucun homme de ce monde ne voudrait nier... Mais je me sauvais, en me disant : — C'est impossible, Byron est mort.

Ainsi j'arrivai en toute hâte à la porte du petit théâtre, éperdu, inquiet, tremblant d'une émotion inconnue, et je m'écriai : — A-t-on commencé le nouveau drame — *La Femme de Lettres?* — Monsieur, me répondit un littérateur de l'endroit, *La Femme de Lettres* n'est pas un drame. — Tant mieux, me dis-je à moi-même, ce sera une comédie. — Et à quel acte en est-on de cette comédie? repris-je tout haut. — Monsieur, répondit mon homme de lettres, ce n'est pas une comédie, c'est un tout petit vaudeville en un acte qu'on a joué à cinq heures du soir.

La *Femme de Lettres!* un tout petit vaudeville en un acte!

Vous verrez qu'on écrira un jour *l'Histoire de la Révolution française* en trois couplets. »

Ou bien d'un vaudeville abîmé, *Tabarin, le Tambour-major*, je tirais un croquis, une image, un portrait en relief.

LE TAMBOUR-MAJOR.

« Il s'avance, dominant de la tête l'armée entière. L'armée entière s'est ruinée pour le vêtir. Elle a pris des villes pour lui avoir une cravate en dentelles; elle s'est fait décimer pour lui avoir un galon d'or; c'est là sa folie, et c'est là sa grande dépense. Le voltigeur consent bien à n'avoir que cinq petits pieds anglais, à condition que le tambour-major soit haut de dix coudées; donnez-lui du pain noir et de l'eau bourbeuse, à la bonne heure; mais que son major fasse chère lie. Il ira pieds nus à la bataille, sans shako, sans habit, le fusil à moitié brisé; mais, par le ciel! il faut que son major ait un habit d'écarlate rehaussé d'or, et au sommet de son chapeau des plumes brillantes, et que la poignée de son sabre soit en or, et le pommeau de sa canne en argent. Quand cette canne se balance dans l'air, suivie de ces roulements formidables qui réveilleraient les armées endormies dans la tombe, on dirait une comète à queue, dont la tête ébranle le monde. *Vive le tambour-major!* Il est l'orgueil du régiment; il est sa grande dépense; il est son luxe! Et malheur! trois fois malheur! s'il y a un plus grand tambour-major que notre tambour-major!

Lui cependant, heureux plus qu'un roi, se laisse aller à sa bonne fortune. Rien ne l'étonne, et rien ne le gêne. Il se laisse être beau et aimé, comme font les grandes coquettes qui daignent à peine jeter un coup d'œil sur les martyrs imprudents de leur beauté. Comme il sait que sa beauté est à l'ordre du jour, il l'entretient avec une abnégation touchante. Il boit, il mange, il dort par dévouement; il est cruel aux tendres regards des belles dames, car il sait très-bien qu'il ne s'appartient pas, qu'il n'est pas beau pour son propre compte, mais pour le compte de son régiment, qui le suit au pas de course. Grand homme! à peine il touche la terre, à peine sait-il ce qui se passe à ses pieds. Dans la bataille, il mène le bruit, il pousse l'armée, il agite son blanc panache comme faisait Henri IV ; il n'a pour arme que ce sceptre de jonc et d'argent qu'il fait reluire au soleil ; il anime, il précipite, il arrête cette armée qui se bat depuis le matin, à son ombre. Il est le courage de plusieurs, il est le dernier adieu de ceux qui meurent, la dernière espérance de ceux qui restent mutilés sur le champ de bataille. Tant qu'on peut le voir, la bataille n'est pas perdue, et tant qu'on peut l'entendre, la France n'est pas loin ; il est là encore lorsqu'il faut rendre les honneurs funèbres au maréchal de France enseveli dans sa victoire. Alors, et seulement alors, son regard daigne s'abaisser sur la terre, il a l'air de comprendre la vanité des choses humaines : — Ah ! se dit-il, ce que c'est que de nous !

Savez-vous cependant comment il a fini, ce coq-plumet des batailles impériales ? Écoutez ! sa mort est digne de sa vie, et c'est tout dire. Un jour, il entrait à Vienne en Autriche ; la ville lui ouvrait ses portes et venait, à genoux, lui présenter ses clefs d'argent. — Jour de triomphe et de deuil ! Notre major, à la vue de cette proie, bondit de joie et d'enthousiasme. Il jeta en l'air son enthousiasme et sa canne triomphante... Un dieu jaloux fit retomber la canne non pas dans la main, mais sur la tête du major... et la canne roule à ses pieds, et l'armée, de joyeuse qu'elle était, devint triste et rêveuse... C'en était fait : elle était déshonorée dans la personne de son major.

Lui, cependant, il conduisit son armée jusqu'à Schœnbrunn ; là, il commanda le roulement final, puis il rentra sous sa tente, plein de honte et de deuil.

Il renvoya à sa bien-aimée la trente-sixième demi-brigade les ornements qu'il en avait reçus, l'or et l'habit, les dentelles et les perles, les boucles en diamants et les deux montres d'or, le jabot et les bottes brodées, il resta nu comme il était avant que d'être major... Tout d'un coup, on entendit un coup de feu qui partait de cette tente désolée : c'était le major qui s'était fait justice.

On l'enterra avec sa canne, cause première de tant de douleur. Dans mille ans d'ici, quand cette tombe sera ouverte, les savants diront que l'empereur Napoléon faisait pour ses soldats des cercueils de trente pieds, comme faisait Alexandre le Grand pour les siens au bout de l'Asie, afin que tout fût fabuleux dans l'histoire de ces demi-dieux.

TABARIN.

Cet homme, dont le nom est écrit deux fois dans les vers de Boileau, une fois dans les vers de La Fontaine, était né quelques instants avant Molière, comme pour annoncer sur le Pont-Neuf, au milieu des lazzis et de la joie universelle, la comédie qui allait venir. Il était tout simplement le valet d'un charlatan nommé M. de Mondor, et il faisait la parade devant les drogues de son maître, au son d'une viole et d'un rebec. A ce crâne si fécond commence la longue génération des queues rouges, dont Brunet a été le dernier représentant parmi nous. Mais Tabarin était un queue-rouge créateur, un maître queue-rouge. Il improvisait sa propre comédie, il remplissait en petit le grand rôle que Molière accepta plus tard. Il était, comme Molière, le comédien de sa propre comédie. Les bons mots joyeux, les fariboles plaisantes, les licences tant soit peu avinées qu'il jetait incessamment, du haut de son théâtre, à ce peuple avide qui pressentait la comédie sans l'avoir jamais rencontrée, Tabarin les trouvait dans sa tête féconde. Quel comédien! quel poëte! Il inventait une comédie nouvelle tous les jours, et il la jouait en l'inventant. Le sujet de sa comédie, c'était tout bonnement la société de son temps, les mœurs, les ridicules, les vices, quelquefois les haines politiques. Car, chose étrange dans ce temps d'autorité absolue, et quand le premier ministre Mazarin faisait mettre les princes du sang à la Bastille, il y avait à Paris un homme qui avait le droit de tout dire à tout venant, et cet homme, c'était Tabarin le farceur. Mais aussi la foule était grande autour de son théâtre. Les esprits remuants, les âmes inquiètes, les chercheurs de fortune ou de plaisir, avocats, procureurs, jeunes clercs, soldats du guet, bourgeois, rentiers, écoliers et laquais, chambrières et filous, Tabarin était leur fête et leur leçon. Il les mettait de moitié dans le drame qu'il improvisait pour leur plaire. Il savait leur patois, leurs instincts, leurs passions, leurs amours; il aimait comme eux le vin, le lard, le sel, les épices, les jurons, les gros mots; les plus gros mots de la langue et les plus gras lui servaient à merveille. Il avait pour théâtre quatre planches, pour manteau deux aunes de serge dont la couleur était mangée au soleil, un hoqueton de toile verte et jaune, une épée de bois, un morceau de feutre gris qu'il pétrissait de ses deux mains jaseuses; il avait mieux que cela, il avait la verve, l'esprit, l'entrain, la réplique facile et brutale, la bonne humeur, bon pied, bon œil et bonne dent. Oh! la comédie, ce n'est pas elle qui se vantera jamais de sa noble origine. Un tombereau, des tréteaux, Thespis pris de vin, Tabarin après déjeuner, et même les grands poëtes comiques, qui sont-ils? des bohémiens, des vagabonds, Molière avec sa troupe, et Shakspeare le braconnier. Ce qui fait de Tabarin un personnage, c'est qu'il appartient en quelque chose à la comédie, quand bien même il ne lui appartiendrait que comme le bœuf qui traînait jadis le tombereau de Thespis.

Il avait une femme qui s'appelait Francisquine, et dont la fille s'appela plus tard madame Gauthier-Garguille, l'associé de Gros-Guillaume, un des noms de l'antiquité comique. Francisquine était-elle tout à fait la femme de Tabarin? on en doute; mais qu'importe? elle et lui ils s'entendaient à merveille. C'est le propre de tout homme qui appartient à la comédie de faire de tous ceux qui l'entourent autant de comédiens. D'un comédien, chaque parent est comédien : son père, sa mère, ses enfants, son valet et même son chien caniche. Tabarin ne manqua pas à ces instincts du poëte comique. Il fit monter sa femme Francisquine sur les tréteaux de la place Dauphine, et il trouva qui lui tînt tête. L'improvisation du mari se répandit sur la femme, et voilà le monologue qui devient dialogue. Cette fois, la joie de l'auditoire est doublée; Francisquine est belle et jeune, alerte et vive; elle est parée avec une guenille. Elle était un peu forte en gueule, elle était née une soubrette; si elle aimait les hommes, monsieur son mari aimait le vin, et partant ils étaient quittes : seulement de temps à autre ils apuraient leurs comptes, et alors ils jouaient en famille et en toute vérité la farce de *Francisquine et de Piphagne*, qui se noue par de grands coups de pied au bas des reins et par un œil poché au naturel.

C'est un spectacle plein d'intérêt de voir cet homme et cette femme chercher à eux deux, en tâtonnant, cette grande œuvre qu'on appelle la comédie. Quelque chose leur dit au fond de l'âme qu'ils sont chaque jour sur le point de faire une grande découverte, mais ils mourront avant que d'avoir rien découvert. Tant de popularité n'arrive pas à deux bateleurs sans qu'il y ait dans leurs folies quelque peu de l'ingrédient qui fait la comédie. Ce succès-là n'a pas duré moins de dix années ; si bien qu'en 1622, la ville et la cour ne parlaient que de Tabarin et de Francisquine.

On disait leurs bons mots, et très-souvent on leur en prêtait ; car c'est surtout aux riches d'esprit que l'on prête. Pour Tabarin, comme pour le théâtre de l'Opéra aujourd'hui, le vendredi c'était le beau jour. Alors vous eussiez vu les raffinés de la cour, les jeunes magistrats du Parlement, les grandes coquettes du Marais, par le vent, par le froid, par la pluie, accourir aux joyeux propos du célèbre farceur. Lui, alors, s'il avait bu le matin à la façon d'un disciple de Rabelais, son maître, il redoublait de gaillardises, de rapprochements singuliers, imprévus, inouïs, de métaphores étincelantes, de répliques facétieuses, de grimaces, de sarcasmes et de bonne humeur. Il créait ainsi, sans le vouloir, sans le savoir, la langue de la comédie populaire. Aussi lui est-il arrivé ce qui est arrivé à plus d'une comédie de Molière : le livre s'empara de cette comédie en plein vent ; on finit par publier *les Questions tabariniques, les OEuvres et Fantaisies de Tabarin,* et le succès de la farce écrite ne fut pas moins grand que le succès de la farce parlée. Les halles, les clercs de procureurs, les antichambres s'emparèrent avec joie de ces joyeux petits cahiers qui se vendaient six sous alors, et que les bibliophiles s'arrachent au poids de l'or aujourd'hui. Tabarin ! c'était le grand poëte il y a deux cents ans. Les libraires disaient : *Faites-nous du Tabarin,* comme ils ont dit plus tard : Faites-nous du Montesquieu, comme ils disent aujourd'hui : Faites-nous du Paul de Kock. *Rencontres, inventions, fantaisies, farces* tabariniques, on ne voit que cela dans la joyeuseté de nos pères. *Rencontres, fantaisies et coqs-à-l'asne du facétieux baron de Grattelard. — Adventures et amours du capitaine Rodomont.* — Paillasse, mon ami, dis-moi z'un peu... (Tabarin est l'inventeur de la formule), quel est le plus habile jardinier de l'univers ? — Le jardinier de la place de Grève : il n'a pas plus tôt planté l'arbre que le fruit est au bout.

« Parmi ces gaillardises, dit la préface, on trouve des préceptes
« sérieux, d'excellentes doctrines, mais non couchés en si bons

« termes que ceux de Tabarin, ni tirés si au vif qu'il peut faire
« sur son théâtre ; car, comme il est unique qui peut assembler
« les parties d'une vraie éloquence, aussi est-il seul qui en peut
« faire un raccourcissement et en crayonner un portrait au
« vif. »

Comment il est mort, on n'en sait rien. Il disparut un beau jour, emportant avec lui l'éclat de rire et la comédie du Pont-Neuf. Depuis la retraite de son comédien, la place Dauphine n'a plus été qu'un triste passage qui conduit les plaideurs et les accusés au Palais de Justice. Tabarin s'effaça en homme sage devant la comédie véritable qui allait venir et dont il était le grotesque précurseur. Mais, avant de disparaître de ce monde qu'il avait tant amusé, monde de calembours et de pamphlets, il voulut faire son testament. Aux courtisans, il laissa son vieux feutre comme un modèle de changement et d'obéissance, car de ce feutre usé il avait fait, tour à tour et selon la mode, un chapeau plat, un chapeau pointu, un chapeau à grands bords ; son masque d'arlequin, il le laissait au crocheteur de la Samaritaine que le soleil couvrait de son hâle ; sa noble jaquette, il la léguait aux coupeurs de bourse, n'ayant pu la laisser à la Faculté de Médecine, comme fit Rabelais pour sa vieille robe aux docteurs de Montpellier. Son haut-de-chausses, hélas ! son éternel sujet de plaisanteries ordurières, il voulait qu'on en revêtît le pauvre Jacquemart du clocher de l'église Saint-Paul. Ceci fait, il supplie qu'on lui tranche la tête, pour n'avoir plus rien à dépenser dans les cabarets et hôtelleries où l'on dit : *C'est tant par tête !* Singulier homme ! Un farceur mort depuis deux cents ans, et qui, après avoir fait la joie des antichambres et des guinguettes à force de porcheries, a pris tout bonnement sa place entre Le Pogge et Rabelais.

JANOT.

Ce Janot est pourtant le père du *Théâtre des Variétés* et de tous les Janots de ce monde ! Il fut, pendant un temps, le héros de la farce à grandissimes coups de pied, vous savez où ? C'était un grand dadais, mal bâti, aux grands pieds, aux grosses mains, à l'air naïf. Il avait un de ces nez mobiles et à double face, rouge et blême, qui font rire, et ce nez-là était le miroir de l'âme à

Janot. En le voyant, en l'entendant, chacun fut étonné et ravi d'apprendre qu'un homme pût être si bête, et si complétement bête. Peut-être bien cet admirable idiot n'était-il pas si bête qu'il en avait l'air. A la fin du siècle passé, siècle d'esprit s'il en fut, il n'y eut que Janot qui consentît à être tout à fait une bête ; il ne fallait rien moins pour être un homme original ; aussi ce fut une foule immense pour le voir. Un idiot, c'était chose si rare sous le roi Voltaire ! La ville et la cour, l'armée et l'Église, les magistrats et les savants allaient voir Janot, et savez-vous ce qu'ils allaient voir, tous ces gens blasés sur l'esprit, sur la grâce, sur la poésie, et sur la beauté? Ils allaient voir une scène unique qui se jouait entre Janot et un pot-de-chambre : on versait l'un sur l'autre, et Janot, portant son doigt à son nez, disait : *Ça en est!* Et tout Paris d'éclater de rire ! Le *Ça en est!* eut plus de succès que le *Qu'en dis-tu?* de Talma dans *Manlius*. — On le répétait à tout propos : les belles dames dans leur boudoir, les magisters dans leurs écoles. Pour mieux célébrer Janot, on inventa une langue : *le janotisme*. On faisait des *janotismes* comme on fait aujourd'hui des *rêveries poétiques*. Janot eut les honneurs de la porcelaine de Sèvres, son buste fut placé à côté des plus précieuses chinoiseries, son portrait fut gravé sérieusement; Figaro lui-même, oui, Figaro l'homme d'esprit qui se révolte, ne fut pas plus fêté, plus admiré, plus célébré que Janot la bête. Bien plus, toute sa vie a été gravée dans une suite de dessins, comme on eût fait pour la vie d'Alexandre le Grand.

Cependant la Reine de France, Marie-Antoinette, pauvre femme que tuait l'ennui, avait si souvent entendu parler de Janot, on lui faisait à elle-même tant de janotismes, qu'elle voulut entendre à son tour le fameux : *Ça en est!* Voilà donc Janot mandé à Versailles! Mais à Versailles la scène principale qui faisait rire tout Paris depuis un an, manqua son effet; le Roi, ce Roi de tant de bon sens, qui était là, ne rit pas, non plus que la reine. Le *Ça en est* passait les bornes du comique; et cependant, que j'aurais voulu voir et entendre l'indignation de Louis XIV surprenant à Versailles le roi et la reine de France occupés à s'amuser avec M. Janot et son compère ! Pour le coup, il se fût écrié : *Otez d'ici ces magots !* Janot retourna donc à Paris où il reporta son fameux : *Ça en est !* en pensant tout haut que le roi et la reine de France n'avaient pas de goût pour la fine plaisanterie et la plus fine encore !

L'étrange succès de ce Janot fut si universel, que messieurs les comédiens de la Comédie-Française, qui étaient de gros bonnets en ce temps-là, s'en inquiétèrent et le voulurent avoir, la Comédie-Italienne aussi : Janot donna la préférence à la Comédie-Italienne. A cette nouvelle, ce fut dans la ville une immense rumeur ; on eût dit qu'on allait prendre la Bastille. Quoi ! perdre Janot ? C'était impossible. Le jour du début de Janot, il y eut une émeute à la porte de la Comédie-Italienne. Il y avait eu à peu près le même rassemblement, un jour que Janot avait un petit rhume ; mais ce jour-là c'était un encombrement de marquis et de duchesses qui apportaient à Janot du vin de Bordeaux et des confitures. Donc la salle du Théâtre Italien est remplie, trois heures à l'avance, de toute la *canaille* de la Foire et des boulevards. « Ces *bandits*, ajoute un historien de ce temps-là (le mot « est fort), furieux de se voir ravir leur idole, semblaient vouloir « *ravoir* leur Janot et le ramener aux tréteaux. » Cependant ces bandits n'avaient pas tellement rempli la salle qu'il n'y eût place pour les plus grands seigneurs et les plus belles dames qui voulaient non pas *ravoir* mais *avoir* Janot. L'orchestre des musiciens avait été envahi, les coulisses aussi. Quand la toile se leva, ce parterre de bandits, cette *canaille* toute fière de commander en souveraine à la Comédie-Italienne (elle devait bientôt commander autre part et chanter le *Ça ira, ça ira !* à la place du *Ça en est !*), ordonna impérieusement que les coulisses fussent évacuées. Il fallut obéir. En vain quelques-uns résistèrent ; le parterre se fâcha tout rouge. Il y eut entre autres un grand homme noir qui fit la plus belle défense, mais il fut forcé à la retraite comme les autres. Cet homme noir, c'était le bâtonnier de l'ordre des avocats ; il avait été reconnu par Linguet, un des chefs de ce parterre des boulevards, et qui préludait au milieu de ces *bandits* à des émeutes d'un autre genre.

Mais quand parut Janot, le silence fut solennel... Le pauvre diable ainsi jeté entre toutes sortes de passions et d'intérêts, ne savait déjà plus auquel entendre. Ici les boulevards qui voulaient *ravoir leur Janot*, plus loin le Théâtre-Français qui ne voulait pas que Janot réussît à la Comédie-Italienne, sur le théâtre les nouveaux confrères de Janot quelque peu humiliés de jouer avec un pareil ouffon, enfin çà et là, les *janotistes* purs, les janotistes à tout prix qui auraient applaudi Janot quand même, même quand Janot eût été fait ministre à la place de M. de Maurepas.

Il arriva, à Janot, sur cette nouvelle scène, ce qui arrive, ou peu s'en faut, à tous les comédiens qui abandonnent leur théâtre natal et qui changent brusquement de public : ils perdent toute la naïveté de leur esprit, et ils s'appliquent si fort, pour être plus qu'ils n'étaient, que tout ce qui plaisait en eux disparaît et s'efface. Toutes les fois que nos bouffons les plus populaires ont voulu jouer la comédie de Molière, ils ont été insipides ; il n'y a pas eu un seul de nos grands joueurs de drame moderne, qui ait pu jouer convenablement Voltaire ou Racine. Il est vrai que Janot ne fut pas exposé à une pareille épreuve, mais enfin on lui ôta son fameux pot-de-chambre, son *fidus Achates*, son interlocuteur bienveillant et dévoué ; on lui fit jouer d'autres rôles que les rôles de Janot, on lui fit dire d'autres bêtises que des janotismes, il ne fut plus Janot, il fut M. de Volange, et après deux ou trois débuts, la belle société le planta là en disant, comme on avait dit à Versailles : *Ce n'est que ça !* Il en était de Janot comme de ces ragoûts de portière dont les duchesses veulent manger, mais qu'il faut manger chez la portière.

De son côté, *la canaille* de Janot voyant que la Cour n'en voulait plus, fit tout à fait comme la Cour. Hélas ! c'était la dernière autorité que conservait Versailles sur Paris ! La canaille ne voulut plus de Janot, parce que la Cour n'en voulait pas. Elle eût été le chercher à Versailles chez le Roi, si le Roi eût fait mine de vouloir garder Janot ; mais à présent qu'on lui rendait son Janot, elle était tout près de se fâcher tout rouge comme la queue de Janot. En vain, Janot dégoûté des grandeurs fit annoncer la reprise des *Battus paient l'amende*, il joua dans le désert.

Alors, et pour tenter un dernier effort, les directeurs de Janot se résolurent à commander pour lui une pièce nouvelle, à leur auteur en titre. Cet auteur était un malheureux homme d'esprit qui s'appelait Dorvigny, mais comme un premier ministre a toujours des flatteurs, on avait attribué la comédie des *Battus paient l'amende* à M. le comte de Maurepas. M. le comte de Maurepas avait eu tout au plus l'honneur d'en deviner, un des premiers, les agréments et les belles grâces, cependant il ne s'était pas trop fâché quand on lui avait attribué cette bonne parade. La parade appartenait en effet à ce pauvre malheureux Dorvigny ou plutôt il l'avait vendue, 10 écus, un jour qu'il était resté en gage au cabaret pour pareille somme. Cette comédie vendue 10 écus avait rapporté 500,000 fr. au directeur; aujourd'hui, Dorvigny toucherait le dixième de ces 500,000 fr. : les temps et les faiseurs de vaudevilles sont bien changés !

Ce bon Dorvigny ne se mettait à l'œuvre que lorsqu'il avait assez bu pour être à demi ivre, et pour avoir encore soif. Quand son directeur avait besoin de lui, il le cherchait, de cabarets en cabarets, puis il ne le quittait pas qu'il n'eût sa comédie. Plus d'une fois, dans ces œuvres ainsi faites par de pauvres diables, sur la table rougie d'un cabaret, on a rencontré bien des idées comiques et de l'esprit de bon aloi. Ainsi a été écrite une des plus amusantes improvisations du dernier siècle : *le Sourd, ou l'Auberge pleine*. Dorvigny écrivit donc, pour Janot, plusieurs comédies au gros sel : *Janot chez le dégraisseur ; Jeannette, ou les Battus ne paient pas toujours l'amende*, si bien que le vrai public de Janot lui pardonna et finit par revenir à lui, tant bien que mal.

Janot en sa qualité de comédien eut, comme un autre comédien, ses bonnes fortunes, ses billets doux, ses grandes dames, ses flatteurs, ses grands seigneurs qui lui donnaient à dîner. M. le marquis de Brancas avait voulu régaler ses convives de maître Janot à un grand souper qu'il donnait. — Mesdames, dit-il à ses belles convives, je vous présente Janot ! — A ce nom de Janot, Janot se fâche. — Monsieur le marquis, dit-il, je suis Janot sur le théâtre, ici je suis M. Volange. — Soit, répondit M. de Brancas ; mais je ne voulais que Janot, qu'on mette à la porte M. Volange !

C'est qu'entre autres fantaisies, Janot avait voulu devenir seigneur de village (il prenait bien son temps !). Il avait acheté un château avec toutes sortes de droits seigneuriaux, il avait son banc à l'église, son morceau de pain bénit, et il fut encensé par le curé !

La révolution entre autres châteaux, emporta le château de Monseigneur Janot ; les paysans de Janot se révoltèrent contre leur seigneur, Janot disparut dans la tourmente, et comme chacun était occupé à tuer ou à être tué, pour la liberté, nul ne songea à demander, parmi toutes ces puisssances déchues, ce qu'était devenue la tête à Janot?

Janot fut plus heureux que bien d'autres seigneurs châtelains plus grands seigneurs que lui ; il se tira d'affaire avec armes et bagages. Il perdit son château, mais il sauva sa tête. En 1805, il était plus riche que bien des grands seigneurs de son temps, il avait encore une charrette et un cheval borgne. « En 1805, dit « M. Dumersan, j'étais à Ermenonville, je vis passer une char- « rette chargée de décorations et de bagages ; deux femmes et un « vieillard étaient assis sur les malles. Cet équipage, qui rappelait « l'équipage du Roman comique, était celui de Janot. » Pauvre Janot ! Il mourut pauvre, ignoré, seul, lui, cet homme dont la gloire avait balancé un instant la gloire de Voltaire : il mourut certainement sans avoir bien compris tout ce qui s'était passé depuis son année de gloire, 1779 !

Maudit siècle ! on n'en peut pas sortir, une fois qu'on y est entré ! Vous croyez qu'il est épuisé, il se montre à vous sous un nouveau jour ! Tout à l'heure on se croyait délivré du maréchal de Richelieu, le voilà qui reparaît au détour du feuilleton !

M. de Richelieu, depuis tantôt vingt ans, a paru bien souvent sur nos théâtres ; il a été le héros de vaudevilles nombreux ; que de contes, que de romans dans lesquels il a joué le beau rôle ! M. Alexandre Dumas nous l'a montré sous un très-beau jour dans une de ses bonnes pièces : *Mademoiselle de Belle-Isle* ; M. Ancelot a exposé un *Richelieu à quatre-vingts ans* ; M. Octave Feuillet, un bel esprit de nos dernières journées, a écrit un drame en cinq actes que vous retrouverez plus tard : *La Vieillesse de Richelieu*. — Plaçons tout de suite ici une ingénieuse comédie en deux actes de MM. Bayard et Dumanoir, jouée à l'instant même où les maçons démolissaient l'hôtel habité par ce grand seigneur, afin de bâtir des maisons bourgeoises sur l'emplacement de cet hôtel et de ces jardins.

LES PREMIÈRES ARMES DE RICHELIEU.

Le revoici, M. le maréchal duc de Richelieu. En a-t on abusé de celui-là ! L'a-t-on couvert de flatteries et d'insultes, de roses et de fange ! S'est-on écrié que c'était le plus grand des misérables, que c'était le plus charmant des héros ! Et faut-il bien encore qu'un homme soit à coup sûr d'une grande valeur, pour suffire, pendant de si longues déclamations, à toute cette rage vertueuse, à toute cette apothéose de la licence et du vice ?

Cependant, tout puissant que nous savions ce caractère, nous avouons que, pour le coup, nous le croyions épuisé. — O le triomphant athlète ! En même temps que les dramaturges s'emparaient de sa vie entière, depuis le berceau jusqu'à la tombe, la bande noire s'emparait de l'hôtel qu'il s'était bâti, comme le seul endroit qui fût digne de servir à son usage. La bande noire entrait de force dans ces murailles sculptées au dehors, toutes dorées au dedans ; en un tour de main, elle renversait ces plafonds chargés de chefs-d'œuvre ; elle vendait à l'encan ces glaces brillantes ; elle écrasait, sous son hoyau affreux, ces boudoirs sans mystères ; elle remplissait de chaux et de plâtre ce qui restait de ces jardins ; elle coupait, en vingt parties, ces vastes salons, pour en faire autant d'appartements bourgeois. — Qui l'eût dit cependant au tout-puissant duc de Richelieu, que si près de lui, une maison à peine achevée, ce bel endroit qu'il remplissait de fond en comble, de sa galanterie et de sa gloire, cette riche demeure qui était son Louvre amoureux, que tout cela tomberait un jour, non pas avec honneur, sous la hache d'une révolution, mais de la façon la plus humiliante, sous le marteau d'un manœuvre ? Oui, cela est ainsi, Monseigneur, élevez de hautes murailles, appelez, dans cette enceinte presque royale, les plus grands artistes de votre temps ; que votre luxe, dont vous êtes si fier, se déploie à l'aise sous ces plafonds chargés d'emblèmes ; incrustez votre nom dans la pierre, gravez vos armes sur le fer, fouillez la terre, et pendant que votre hôtel s'enfonce aussi profondément dans le sol qu'il s'élève fièrement dans le ciel, amenez là de belles fontaines, plantez d'épais gazons, dites aux arbres de grandir, afin que vos courtisans puissent comparer votre verte vieillesse à la jeunesse des chênes ; recevez dans ces beaux lieux la ville et la cour, les plus fringantes comédiennes, les plus hardis capitaines, sans oublier Voltaire ; donnez la main aux favorites royales, qui ne se croient jamais sûres de leur triomphe si Richelieu ne les a pas approuvées. C'est cela ; — sortez, la nuit, enveloppé de votre manteau couleur de muraille, pour attraper quelque bourgeoise qui vous a plu ;

sortez en plein jour, et tout armé, pour aller vous battre à Fontenoy, et pour en revenir le mieux faisant et toujours le mieux vêtu de la journée ; dans cet hôtel que les passants regardent à peine, que les maris redoutent à l'égal de l'enfer, que les femmes saluent du regard et du cœur, contre lequel les jeunes gens se frôlent timidement, comme si l'étincelle magnétique sortait de ces pierres taillées, faites tout cela, Monseigneur, entassez dans cette citadelle à votre usage tout l'esprit, toutes les grâces et tous les vices de ce xviiie siècle, qui n'a son égal ni en vices, ni en grâces, ni en esprit, afin qu'un jour, à quatre-vingts ans de distance, l'architecte arrive, son horrible toise à la main, et qu'il dise, ouvrant de grands yeux : — *Ceci vaut mille écus la toise!* Mille écus la toise, pauvre et illustre maison ! c'est ton arrêt de mort.

C'en est fait, il faut mourir. Mille écus la toise ! tu seras vendue à l'encan, morceau par morceau, pierre par pierre, lambeaux par lambeaux. Ainsi ont disparu les plus belles maisons de la ville, les plus fécondes en souvenirs, les plus charmants asiles de la causerie de nos pères, les lieux témoins de leur esprit, de leurs amours. Et avec ces maisons-là a disparu le peu d'ombrage, le peu de soleil, le peu d'air et de silence que la ville avait conservé. Le commerce est venu, qui s'est installé sur l'emplacement de ces musées, de ces bibliothèques intimes, de ces beaux salons, de tout ce bien-être intérieur! Mais telle est la loi inexorable sous laquelle le temps passé doit succomber.

Ainsi, à mesure que tombait l'ancien hôtel Richelieu, on pouvait croire que s'en allait aussi la mémoire de celui qui le bâtit. Oublier Richelieu, c'est impossible ! Il avait trente ans dans le drame affreux de Monvel ; il a quinze ans, juste quinze ans dans l'aimable vaudeville de M. Bayard. Richelieu et l'empereur Napoléon, deux héros inépuisables ! Même on peut affirmer qu'il n'y a pas aujourd'hui un comédien, jeune ou vieux, laid ou beau, qui n'ait représenté, au moins une fois en sa vie, M. le duc de Richelieu. Combien les pauvres diables n'ont-ils pas usé, à ce métier-là, d'habits brodés, de dentelles, d'ambre et de velours ! C'est à ce point que je pourrais affirmer, sans être trop osé, qu'il s'est rencontré, sur nos théâtres, plus de ducs de Richelieu que de Napoléon Bonaparte. Pourtant celui-ci est bien plus facile à habiller que celui-là ; celui-ci, avec trois aunes de drap gris pour se tailler une redingote, avec un tricorne qui n'est jamais assez usé, est le plus heureux et le plus riche des empereurs; celui-là, au contraire, est un des plus effrénés dépensiers. Rien qu'avec ses nœuds d'épée il eût défrayé pendant toute la vie de Napoléon Bonaparte, la toilette de Sa Majesté. Rien qu'avec le prix de ses perruques, de ses perles, de ses essences, de ses bas de soie, il aurait habillé un régiment de la garde impériale. D'ailleurs, entre les deux héros, il n'y a pas de comparaison à faire, l'un est un géant, l'autre est un gentilhomme de la chambre. Et pourtant la chose est ainsi, il n'y a pas à le nier, en fait de sympathies dramatiques M. le duc de Richelieu a balancé l'empereur Napoléon. Richelieu a duré plus longtemps que l'empereur, Richelieu dure encore et il joue le rôle principal dans tous les drames et comédies qui se fabriquent sous son nom.

Quand donc M. Bayard eut découvert que M. le duc de Richelieu avait eu quinze ans, une petite fois dans sa vie, M. Bayard eut bien vite disposé sa comédie. Depuis longtemps, il faut le dire, ces dispositions-là étaient faites. On nous avait montré le roi Louis XV faisant des beignets avec une belle petite demoiselle d'honneur qui ne demande pas mieux que faire autre chose, et la précocité de ces deux enfans de la cour avait été la très bienvenue. Le bourgeois est ainsi fait, il tolère volontiers dans les enfants des rois, des impertinences qu'il ne souffrirait pas dans les siens. Cela ne déplaît pas au bourgeois, je parle du bourgeois garde national et électeur, de voir de temps à autre ces illustres enfants faire l'amour avant le temps, faire des dettes énormes, battre le guet, détrousser les passants sur le Pont-Neuf, s'amuser des maris et des pères; le bourgeois aime cela. Il n'en sent que mieux toute sa valeur personnelle. Il rit de pitié de son roi qui a de pareils enfants, pendant que lui, le bourgeois, il a dans un collège *de la capitale* un rhétoricien de dix-huit ans qui rougit encore comme une fille. Ou bien si le bourgeois est le père de quelque bel esprit de l'Ecole de Médecine :

« Pardieu ! se dit-il, mon gars n'en fera jamais tant que celui-là ! Il ne séduira jamais tant de filles, il ne devra jamais tant d'argent. » Vous voyez que de toutes les façons le bourgeois n'est pas fâché que les jeunes princes s'abandonnent à toute la fougue du jeune âge. Au contraire cela l'inquiète et le chagrine, quand il voit toute une famille royale appliquée à ses devoirs: l'un qui sait son métier de soldat comme les plus vieux soldats de l'armée, l'autre qui est un marin à la taille du premier venu ; celui-ci qui a dix-sept ans, est un humaniste distingué et qui remporte des prix que le fils du bourgeois lui dispute. Sans compter que les sœurs de ces enfants sont dignes des frères, et que l'une d'elles s'est avisée d'être un des grands artistes de ce temps-ci. Quelle belle position, vous le voyez, il y aurait à prendre dans cette royale famille, et qu'il serait le bienvenu parmi nos électeurs le jeune prince qui donnerait à la ville charmée la joie d'un peu de scandale, à qui son tailleur aurait le droit d'envoyer une assignation, et qui serait jeté dans la prison pour dettes, par son marchand de chevaux. Mais quoi? les plus heureuses familles sont toujours incomplètes, et l'on ne s'avise jamais de tout.

Et ce qui prouvera la vérité de mon paradoxe, c'est que l'autre jour, sur un des plus petits théâtres du boulevard, dans un très-innocent vaudeville, on nous montrait des enfants qui fument et qui boivent de l'eau-de-vie en vrais gamins. Aussitôt le bourgeois indigné siffle et resiffle. Il s'écrie qu'il est insulté dans la personne de ses enfants et que c'est un crime de montrer un pareil spectacle! C'est bon, on se le tient pour dit, et le bourgeois rentre dans sa maison, bras dessus, bras dessous avec sa femme et son fils Adolphe, qui attrape, chemin faisant, un long sermon à propos d'eau-de-vie et de tabac.

Huit jours après, à ce même bourgeois, on montre un enfant de quinze ans qui surprend dans un cabinet madame la duchesse de Bourgogne à moitié nue, qui séduit le même jour, à la même heure, une fille d'honneur et une dame de la cour, qui se bat en duel avec deux hommes, qui parie mille louis comme vous avez parié hier soir vingt-cinq centimes à l'écarté, et, chose étrange, ce Don Juan morveux est applaudi à outrance ! Ainsi, parce que cet enfant s'appelle M. le duc de Fronsac, le bourgeois est enchanté, il est ravi, il crie : *vivat!* il applaudit de toutes ses forces! Il amènera à cette comédie son fils Adolphe, et même mademoiselle Zoé sa fille..... Et l'on dit que l'aristocratie n'est plus dans nos mœurs !

Eh mon Dieu ! le roi Louis XIV lui-même et madame de Maintenon étaient déjà bien sévères et bien moroses en 1714, quand le jeune duc de Fronsac fut présenté à Versailles. Autour du grand roi tout était silence et prières. Déjà commençaient les premières tristesses de ces temps d'abandon et de défaites. Pourtant quand le roi vit arriver à sa cour ce bel enfant au regard éveillé, à la démarche hardie, si bien pris dans sa taille et si heureux d'être au monde; et quand madame de Maintenon sentit ces lèvres roses et brûlantes qui se posaient sur sa belle main blanche et déjà ridée comme son front, ni le roi ni la reine ne purent s'empêcher de sourire à ce nouveau-venu qui osait être gai en pleine cour. Le roi se rappela, non sans un soupir, que lui aussi il avait eu quinze ans, et toute sa jeunesse lui apparut reflétée sur ce front si jeune. Madame de Maintenon, de son côté, se rappela ses beaux jours de jeunesse et de misère.

A ce moment, qui eût dit au roi et à madame de Maintenon que cet enfant allait bouleverser toutes choses, qu'il allait défaire en riant toute la pieuse austérité de Versailles; qu'il serait plus puissant à détruire que Louis XIV à fonder; qu'il serait le héros brodé et frondeur de l'époque qui allait venir; que, grâce à lui, ces beaux salons de Louis XIV, — corrects et solennels, allaient se remplir d'un bruit inaccoutumé de fêtes sans fin, de joies sans frein; que les petits appartements, silencieux, allaient retentir à sa voix des chansons de l'orgie; qui leur eût dit, aux deux vieillards couronnés, que cet enfant forcerait le roi de la troisième génération, de couper les arbres de Versailles afin de faire disparaître de ces jardins l'ombre souillée des charmilles; — qui leur eût dit que cette royauté de Louis XIV, si bien faite et disposée d'une façon admirable, et qui dans la pensée du grand roi devait être éternelle, ils en feraient tant, les uns et les autres, que ce peuple finirait par arriver révolté, les bras nus et l'outrage à la bouche, dans ces demeures de la majesté royale, et que dans le lit même de madame de Maintenon, fouillé par ses baïonnettes sanglantes, le peuple viendrait chercher la reine de France? Mais hélas! qui donc eût osé troubler à ce point la sérénité du roi Louis XIV? Laissez-lui donc admirer tout à l'aise ce bel enfant dangereux qui s'appellera M. le duc de Richelieu plus tard.

Ce nouveau petit Richelieu qui commet sur la scène une foule incroyable de choses, plus audacieuse celle-ci que celle-là, est représenté, tout s'explique, et représenté *ad vivum* par mademoiselle Déjazet. Mademoiselle Déjazet, Dieu soit béni! à peine dégagée de la cornette et du jupon court, a bien voulu se charger de nous représenter la jeunesse des grands hommes ; elle est le Plutarque de l'enfance ; elle est le Plutarque effronté qui montre sa jambe à qui la veut voir. Soubrette délurée de l'anecdote historique, c'est bien surtout pour celle-là qu'il n'y a pas de héros. Elle prend d'ordinaire ses héros au berceau, avant qu'ils puissent dire au juste si quelque chose bat dans leur poitrine, et c'est elle qui leur apprend tout l'avenir qui les attend, comme une bonne et indulgente Bohémienne qu'elle est. C'est ainsi que mademoiselle Déjazet nous a montré, pour commencer cette suite de biographies illustres, Napoléon Bonaparte à l'école de Brienne, et vous vous rappelez les transports qu'elle soulevait en récitant dans un long couplet son rêve poétique. Certes, spectateurs et comédienne, il fallait avoir le diable au corps pour se figurer, celle-ci qu'elle allait être le petit Napoléon, et ceux-là qu'ils allaient le voir à travers ces falbalas et ces fanfreluches. La chose se fit ainsi ; et plus tard mademoiselle Déjazet nous montra le petit Jean-Jacques Rousseau arrivant chez madame de Warens. C'était aussi bien le petit Jean-Jacques que ç'avait été le petit Napoléon. Plus tard, encouragée par ces étranges succès, mademoiselle Déjazet s'est appelée le roi Louis XV ; elle quitta très volontiers l'uniforme de l'école de Brienne et le bas de laine de Jean-Jaques pour l'éclatant costume du plus beau roi qu'ait eu la France. Enfin voici que mademoiselle Déjazet s'appelle aujourd'hui M. le duc de Fronsac, et cette fois encore il est impossible de tenter un tour de force plus difficile et de s'en tirer plus galamment.

LA CHEMINÉE ET LE MARÉCHAL DE RICHELIEU.

Voici — toujours le même héros! — une histoire très-jolie ; ils l'ont gâtée au Vaudeville, et moi, je la viens gâter en feuilleton. Que voulez-vous? Le guignon !

Ce riche et fameux fermier général qui a sauvé son nom de l'oubli, pour s'être mêlé aux gens d'esprit, M. de la Popelinière, était le mari d'une femme charmante, très-laborieuse et très-retirée ;

on pouvait dire de cette femme-là ce qui est écrit sur la tombe de cette Romaine parfaite :

> Elle restait chez elle et filait de la laine !

Seulement, madame de la Popelinière ne filait pas, elle parfilait. M. de la Popelinière était donc très-heureux en ménage, sinon que il était criblé de lettres anonymes remplies de délations contre sa femme, et ces lettres étaient assez bien faites pour que le digne homme s'en inquiétât ! Donc, il s'en inquiétait fort, et de tous côtés il cherchait son malheur, sans le trouver. Un jour enfin que le maréchal de Saxe, qui était près de sa mort, passait ses Uhlans en revue dans la plaine des Sablons, M. de la Popelinière prit le temps que sa femme était à la revue pour visiter l'appartement de madame de fond en comble, afin de s'assurer si les lettres anonymes disaient vrai. Pour être plus sûr de son fait, et peut-être aussi pour avoir deux témoins en cas de besoin, la Popelinière prend deux de ses amis avec lui ; un de ces amis n'était rien moins que le fameux Vaucanson, celui qui a fait digérer un canard, le père légitime de l'*automate flûteur*. « *Prolem sine matre creatam !* »

Nos trois amis s'en vont donc furetant partout dans les appartements de madame. Ils parcourent tout cet hôtel doré et vernis, et chargé de peintures. Ils traversent le boudoir, la chambre à coucher, le grand salon, la bibliothèque, la salle de bains, ils ne trouvent rien de suspect. D'autre part, la Popelinière était sûr de la fidélité du Suisse qui veillait à sa porte. Il se persuade alors que les lettres anonymes ont menti, et les trois amis allaient se retirer assez contents de n'avoir rien découvert, quand, arrivés dans le cabinet du clavecin, l'un d'eux fait la remarque qu'un tapis a été tendu dans l'appartement, et que cependant, malgré la saison déjà avancée (on était en automne) il n'y avait dans la vaste cheminée de cette pièce ni bois, ni cendre, ni chenets ! La remarque frappa le mari inquisiteur. Il approche de la cheminée, et machinalement il frappe sur l'âtre avec sa canne, la plaque sonne creux ! Alors Vaucanson, qui n'avait guère pris d'intérêt à tout ce qui s'était passé jusqu'alors, s'anime tout à coup ! Il s'approche de la plaque, il examine, il est heureux ! Il s'extasie.

— Mais, dit-il, c'est une plaque montée sur charnière! mais cette plaque est mobile! mais c'est un travail admirable! mais c'est un ouvrier très-habile que celui-là, Monsieur! Et voilà Vaucanson qui s'agenouille, qui regarde, qui admire, qui s'écrie toujours : — C'est admirable! c'est admirable! et quel est cet ouvrier, Monsieur?

— Laissons là les ouvriers, Monsieur! s'écriait la Popelinière. En même temps, il fracassait avec sa canne la plaque mobile. Et Vaucanson criait toujours : Mais c'est admirable! Et quel dommage de briser un ouvrage si parfait!

Le bel ouvrage fut brisé : derrière la plaque une ouverture faite au mur mitoyen était fermée par un panneau en boiserie. Ce panneau, recouvert d'une glace dans la maison voisine, s'ouvrait à volonté et donnait une libre entrée dans le cabinet de musique au locataire clandestin de l'appartement. Ce locataire clandestin, c'était le duc de Richelieu!

Si vous voulez savoir comment finit l'histoire de la cheminée, je vais vous le dire en deux mots. M. de la Popelinière n'eut pas pour le maréchal de Saxe les mêmes égards qu'il avait eus pour le cardinal de Fleury, son premier protecteur. Il mit sa femme à la porte avec une modique pension; cette pauvre femme alla mourir obscure, loin du monde qui l'oublia aussitôt qu'elle ne fut plus riche. Quant au maréchal de Richelieu, qui volait à d'autres amours et à d'autres plaisirs, pendant qu'elle se consumait dans les douleurs, il fut assez bon pour lui faire de temps à autre quelques visites, et le monde, qui est toujours si juste, disait : *Voyez ce bon maréchal! il a été fidèle à madame de la Popelinière jusqu'à son dernier jour!*

LES BAIGNETS A LA COUR.

Du même goût, du même style et de la même époque, était une petite comédie empruntée à un conte charmant que M. Loève-Weymar avait publié dans un livre intitulé *le Népenthès*, du nom de cette herbe, en *l'Iliade*, « qui fait oublier. » O vanité littéraire! Aujourd'hui c'est le vaudeville qui protége la littérature; c'est le vaudeville qui fait entrer dans la critique les meilleurs ouvrages des contemporains. Faites un bon livre, si ce livre n'est pas découpé, haché, déchiqueté par les manœuvres dramatiques, votre livre court le risque de n'avoir pas une mention de deux lignes dans le journal. Tout au rebours, qu'il plaise à messieurs les associés vaudevillistes de mettre en lambeaux votre plus bel ouvrage, qu'ils se vautrent à plaisir au milieu de vos périodes pour y coudre quelques méchants refrains de leurs couplets ou de leur esprit, oh alors! tout aussitôt vous revenez en lumière, toute la presse est la très-humble servante de votre esprit; si bien qu'un homme de talent qui fait un livre aujourd'hui, n'a pas d'autre prière à adresser au Ciel : — Mon Dieu, faites que mon idée soit agréable à M. Ancelot! Faites que M. Pixérécourt trouve quelque chose à tirer de mon œuvre! Mon Dieu, puisse le héros principal de mon roman ne pas déplaire à M. Théaulon! Mon Dieu, vous savez si j'ai arrangé avec soin mes personnages, si mon héroïne est belle et simple, si mon dénouement est vif et naturel; faites que tout cela soit agréable à MM. Paul Duport, Mélesville et compagnie, afin que ces messieurs me soient en aide, afin qu'ils daignent se servir, comme ils l'entendront, de l'œuvre de mon génie, afin qu'ils produisent mon roman sur leur théâtre, pour qu'ensuite de leur théâtre, mon roman descende et pénètre dans la publicité. Faites cela pour moi, Apollon sauveur! Hélas! vous le savez, vous, le dieu des neuf Muses, tant que j'ai travaillé à cette œuvre, j'ai eu sous les yeux la figure brune de M. Paul, la tête blonde de M. Allan, l'œil langoureux de madame Volnys. Apollon, dieu pythien! je ne te demande pas de m'accorder M. Bouffé et M. Scribe; donne-moi seulement M. Klein, M. Numa, mademoiselle Habeneck, et pour interprètes et pour auteurs, M. Dumersan et M. Vanderburch!

Mais revenons à nos beignets. C'était en l'an de grâce le 17... Mais la date vous tue aussi bien que la lettre, il n'y a que l'esprit qui vivifie. Le jeune roi Louis XV était déjà un grand roi, il avait quatorze ans et il régnait depuis un an. Il était si noble, et si beau, si timide! Ses jeunes passions dormaient encore dans son cœur, et des anciennes passions de son aïeul Louis XIV : la chasse, la gourmandise et l'amour, le jeune Louis ne savait encore que les deux premières, la troisième n'était pas loin.

Dans les bois de Marly et de Louveciennes, le roi poursuivait le cerf, et sa jeune main s'enfonçait déjà, sans trembler, dans les entrailles du vieux roi de la forêt. Puis, quand le cerf est tué, quand il faut revenir à Versailles et qu'on est rentré dans ce grand palais, que faire en attendant le dîner ? Ce que fait le jeune roi, vous l'allez voir.

Donc, au grand château de Versailles, quand vous avez monté l'escalier par où montait le grand Condé *tout chargé de lauriers*, comme disait Louis XIV, quand vous avez traversé la salle des gardes du roi, la salle des gardes de M. le Dauphin, la salle des gardes de M. le duc de Bourgogne, la grande galerie, le salon d'Hercule et la salle du conseil ; quand vous avez passé, en vous inclinant, devant ces échos plaintifs qui ont répété tant de hautes paroles ; quand vous avez longé ces murailles, témoins de tant de gloires et de tant de misères, vous trouvez une petite chambre obscure, toute remplie de vaisselle d'or et d'argent au temps où nous parlons. Dans cette chambre est renfermée toute la vaisselle royale. Coupes antiques, vases précieux, riches aiguières, commandées par François Ier à son orfévre Cellini. Et tout au coin de ce riche réduit, dans une vaste cheminée, voyez-vous ce feu de fagots tout allumé, et sur les deux chenets dorés voyez-vous cette poêle à frire qui chante son chant de victoire ? Près de là, un bel adolescent délaie et remue, dans une écuelle de porcelaine, une pâte blanche, liquide et sucrée, dont il admire la transparence ; tout auprès de cet enfant, une jeune fille bouclée et poudrée, à genoux devant la cheminée, suit d'un œil inquiet et curieux tous les mouvements de la pâte qui se crispe en cuisant dans la poêle à frire. Il est impossible d'y mettre plus d'âme et d'attention des deux parts, surtout la jeune fille. Pour être plus entière à sa friture, elle a quitté sa robe de gros de Tours et elle est restée en simple jupe de basin blanc, dont les basques retroussées dans les poches laissent entrevoir un bas de soie, enveloppe rose d'une jambe blanche et fine. Cependant, dans le coin du même appartement, et assise dans un fauteuil, une vieille dame semble lire attentivement, dans un superbe livre d'Heures, la messe du Saint-Esprit.

Quand les beignets sont bien cuits, bien dorés ; quand cette fine fleur de farine bien sèche et bien rôtie est tout entière saupoudrée de sucre, mademoiselle d'Humières en remplit un vaste plat de porcelaine du Japon, et le jeune roi battit des mains à l'aspect de cette friande pyramide. On se met à table, mademoiselle d'Humières et le roi ; et les beignets d'entrer en jeu. Mademoiselle d'Humières les faisait si bien ! Et puis elle était si belle, et si blanche, et si mignonne dans son simple basin ! Le roi mangeait des beignets, et il regardait mademoiselle d'Humières ! Et elle aussi, de son côté, elle regardait le jeune roi, et bientôt ces beignets si bons furent oubliés, et ces deux regards tout bleus se confondirent; c'en est fait, le roi Louis XV est entré sans le savoir dans l'amour, la troisième passion de son aïeul Louis XIV.

En ce moment, une heure de l'après-midi sonna à l'horloge du château, et l'on entendit gratter doucement à la porte. C'était le valet de chambre du roi, l'honnête Lebel, Lebel, que Louis XV envoya en courrier au-devant de toutes ses amours. Lebel, qui s'éleva en même temps que Louis XV, qui jamais n'a précédé son maître que d'une heure, mais à qui cette heure fatale suffisait pour causer bien des ravages; Lebel, qui comprit le roi beaucoup mieux que n'avait fait le cardinal de Fleury, son précepteur ; il venait annoncer au jeune Louis que la cour était là, et que M. le duc de Mailly allait entrer. — Mon Dieu ! dit le roi, tout troublé, mon Dieu ! Lebel, qu'allons-nous devenir ?

Lebel, sans regarder mademoiselle d'Humières, sans regarder le roi ni personne, montra, d'un geste qu'il ne fit pas, le dressoir sur lequel était étalée la vaisselle. Il n'y avait pas à balancer, mademoiselle d'Humières était en simple casaquin, la robe retroussée, le regard troublé et la joue ardente ; elle comprit, elle aussi, le geste invisible de Lebel, et la voici derrière le dressoir, l'enfant !

Alors le roi, un instant troublé, redevient tout de suite un roi. Cela lui était si facile avec le peuple qu'il avait et les maîtres qu'il avait eus ! Il s'avança donc en présence de toute la cour vers madame la maréchale d'Humières, qui était tout interdite; et, comme s'il eût achevé avec la bonne dame une conversation commencée, il la congédia avec une grâce toute royale. Jamais aux yeux des courtisans le roi n'avait été plus beau. Cependant le roi était mécontent, son sourcil était froncé et il s'apprêta à écouter M. de Mailly avec un air fort visible de mauvaise humeur.

M. le duc de Mailly, vieux courtisan et vieux soldat, avait obtenu du roi cette audience pour lui raconter ses travaux, ses blessures, et pour lui exposer ses droits incontestables au ruban bleu, qui était l'auréole de l'ancienne monarchie; le jeune Louis, tout entier à mademoiselle d'Humières, et qui la savait là, en petite robe, derrière le dressoir, répondit fort mal à M. de Mailly; il sonna Lebel et le duc se retira fort mécontent. Mais comme M. de Mailly était venu tout botté et éperonné pour la chasse, il trouva en son chemin la belle robe bleue de mademoiselle d'Humières, et il sortit entraînant à son éperon la guirlande de cette belle robe oubliée sur un fauteuil. C'était le premier oubli de ce genre chez le roi Louis XV, aussi fit-il sensation à la cour.

Voilà donc le jeune roi resté seul avec mademoiselle d'Humières, car madame sa mère était dans les grands appartements; Lebel était à la recherche d'une autre robe, et décemment mademoiselle d'Humières ne pouvait pas sortir du château de Versailles en jupon blanc, le sein et les bras nus. Cette fois, il ne fut plus question, entre ces deux enfants, de beignets et de friture. Ils baissaient les yeux l'un et l'autre, car l'un et l'autre ils avaient été élevés dans tous les saints préceptes de l'éducation chrétienne; Louis, disciple soumis d'un cardinal; mademoiselle d'Humières, un ange venu de l'abbaye de Chelles, où, en fait de leçons profanes, elle n'avait appris que l'art de faire des beignets, cet art immense qui la perdit. Cependant Louis portait du bon sang de Bourbon dans les veines, tout prêt à brûler à la moindre étincelle, et quant à mademoiselle d'Humières, elle avait beau être l'honneur de la sainte abbaye de Chelles, elle avait beau appartenir à une mère chrétienne et à des parents rigides, n'était-elle pas plongée jusqu'à l'âme dans les tièdes et délirantes exhalaisons du siècle qui couvait déjà l'*Héloïse* et *Candide?*

Mademoiselle d'Humières allait à la messe tous les jours, il est vrai, mais en son chemin elle rencontrait des danseuses et des filles demi-nues, étalant leurs vices effrontés dans les carrosses de la cour. De toutes parts, le luxe et l'amour parlaient à cette âme innocente. Boucher étalait sur chaque panneau ses voluptés sans voiles; les vieillards racontaient à chaque instant l'amour et le repentir de Lavallière, l'amour et le repentir de Sainte-Montespan; toute la régence soufflait son venin dans ce jeune cœur de seize ans, qui battait si vite sous l'ardent regard d'un jeune roi qui en avait quatorze. Pauvre fille! enfermée là par Lebel! Et puis, comment se serait elle défendue? elle n'avait ni sa robe, ni son fichu, ni sa mère !

Enfin Lebel revint fort tard avec la marquise, et Dieu sait si la marquise était inquiète ! Elle avait reconnu à l'éperon de M. de Mailly une frange de la robe de sa fille. Ce jour-là le roi fut malade ; on ne sut pas à la cour qu'il avait mangé les beignets de mademoiselle d'Humières.

Trois mois après, on lut la nouvelle suivante dans le *Mercure de France :* « M. le comte de Mailly a épousé hier à Saint-Louis de Versailles mademoiselle d'Humières, petite-fille de M. le maréchal d'Humières. Sa Majesté a accordé, à l'occasion de ce mariage, à M. de Mailly, le brevet de chevalier de ses Ordres, et l'a élevé à la dignité de maréchal de France ! »

De la première maîtresse à la dernière maîtresse, de mademoiselle d'Humières à madame Dubarry, quel abîme !... Il n'y avait guère qu'un pas ou deux pour le vaudeville. Il hache et confond tous les temps, tous les âges ; vingt fois de suite, il s'attaque au même personnage, et tantôt dans l'apothéose, et tantôt dans la satire, il va sans frein, sans éperons ! C'est un sauve qui peut général ! — Madame Dubarry ! Elle a fourni autant de drames et de chansons que M. de Richelieu lui-même, ou le roi Louis XV ! *Jeanne de Vaubernier*, un mélodrame. — La *Comtesse du Tonneau*, un vaudeville ! Et je prenais galamment la défense de cette belle impure. — On est si facile à vingt-cinq ans !

LA COMTESSE DU TONNEAU.

Jusques à quand donc poursuivra-t-on cette pauvre courtisane royale? On l'a traitée de nos jours avec un acharnement sans exemple. On l'a mise en drame, on l'a mise en vaudeville, on lui a jeté à la tête toutes les déclamations de l'autre siècle. Nos grands moralistes se sont voilé la face devant elle ; on les a vus rougir rien qu'à prononcer son nom. On a crié : A la prostitution ! à l'adultère ! à la dilapidation des deniers publics ! C'est madame Dubarry qui a corrompu le roi Louis XV ! C'est madame Dubarry qui a perdu la France ! Pauvre femme, elle ne s'attendait guère à tant d'honneurs, non plus qu'à tant d'indignités. Elle était jeune et belle, elle avait les plus beaux yeux du monde, la taille d'une abeille, le sourire d'une duchesse, et elle faisait tranquillement son métier de femme jeune et belle et facile, quand un beau jour on vint lui dire : Quittez vos amours commencés, renoncez aux hasards de votre vie heureuse, prenez les habits, l'air et la démarche d'une princesse ; ma jolie fille, dites adieu à vos folies de chaque jour et à ces belles nuits d'intrigues et d'amour, nous allons dans une autre région où le plaisir ressemble à l'ennui, où l'amour n'est plus que de la fatigue. Jeanne (elle s'appelait Jeanne et elle était née à Vaucouleurs!), brise ton verre rempli du vin d'Aï qui pétille contre ta lèvre éclatante, il faut maintenant que tu portes à tes lèvres une coupe d'or remplie d'absinthe et de fiel ; Jeanne, laisse là les mousquetaires qui t'embrassent et qui te battent, il faut que tu te laisses aimer d'un vieux roi égoïste qui n'a vu de l'amour que le côté sensuel, comme il n'a pris de la royauté que l'éclat et la toute-puissance ; allons, la belle, tenez-vous droite, et retenez ce franc sourire, baissez-nous ces jolis yeux, resserrez cette ceinture relâchée, rattachez ces beaux cheveux épars ; il nous faut une comtesse : Madame, soyez comtesse !

Et sans lui donner le temps de répondre, ils l'ont traînée au Parc-aux-Cerfs, et — la pauvre femme, d'abord elle a eu peur de cet homme ennuyé et blasé sur toutes choses ; elle a reculé d'effroi devant cette ruine d'un roi de France autrefois si vaillant et si beau ; elle n'a pas voulu reconnaître, dans ce vieillard vieux avant l'heure, l'amant de madame de Pompadour et des plus belles femmes du siècle de Voltaire ; elle a pensé qu'on la jetait dans les bras de quelque faux Louis XV, et elle a voulu s'enfuir ; et qu'elle eût bien mieux fait de s'enfuir, juste ciel ! Car, sans tant de dangers, tant de contrainte et tant d'ennuis, les amants ne lui manquaient pas, les plus beaux et les plus jeunes ! Mais, hélas ! elle eut pitié de ce roi perdu d'ennui et de débauche. Elle consentit, horrible tâche, à être la dernière maîtresse du *Bien-aimé* de la France. Que pouvait-elle faire de plus pour le roi, sinon lui prêter pour un jour ses grâces, sa beauté, sa jeunesse, cette gaieté vive et facile, cet esprit simple et borné, ce vice admirablement naturel qui était venu au monde avec elle et qui devait mourir avec elle ?

Vous autres grands moralistes, qui reprochez à la comtesse Dubarry d'être une courtisane, avez-vous jamais entendu dire qu'elle se soit montrée autre chose qu'une courtisane? Elle n'a trompé personne, elle n'est venue au-devant de personne, elle est venue quand on l'a appelée : et le moyen de ne pas obéir? Elle a été la maîtresse vicieuse et effrontée du roi Louis XV, comme madame de Maintenon a été la femme austère et chrétienne du roi Louis XIV. L'un et l'autre, ces deux maîtres de la société française, quand ils sont devenus vieux, il a bien fallu les servir selon leurs goûts. Louis XV, aussi bien que Louis XIV, a été conséquent jusqu'à la fin avec lui-même. Madame Dubarry remplace madame de Pompadour, comme madame de Maintenon remplace madame de Montespan. Vice ou vertu, la dernière maîtresse des deux rois n'est guère que l'exagération de sa première maîtresse. Mais, vice ou vertu, il fallait à l'un ou à l'autre Louis, une femme dont il fût l'esclave. Cet esclavage était dans leur nature, cette misère tant déplorée était la conséquence de toutes les faiblesses de leur vie. Où donc est la justice, je vous prie, d'accuser madame de Maintenon des faiblesses de Louis XIV, et de faire retomber sur madame Dubarry les derniers vices de Louis XV? Quelle qu'eût été la dernière maîtresse de Louis XIV, le roi fût mort, repentant jusqu'à la faiblesse, chrétien jusqu'au fanatisme. Quelle qu'eût été la dernière maîtresse de Louis XV, Louis XV fût mort sans souci de l'avenir, ne s'inquiétant que du présent et renvoyant les affaires sérieuses à un terrible lendemain.

Madame Dubarry n'a eu d'autre tort en toute cette affaire que d'avoir perdu sa vie avec cet égoïste couronné. Elle a subi le reste affreux de ces tristes amours. Elle a été chargée d'amuser les derniers jours d'un homme plus ennuyé que Louis XIV; elle a supporté tous les caprices de ce libertin sans cœur qui eût voulu que la France ne fût qu'une seule femme pour en faire sa maîtresse ; pauvre femme, elle était faite pour vivre et pour mourir dans l'insouciant désordre de cette société qui allait à sa perte par un sentier de fleurs, et cependant elle a assisté, témoin inoffensif et sans intelligence, à toute cette décadence qui se pressait autour d'elle. Elle a joué sans le savoir et sans le vouloir son rôle dans toutes les intrigues misérables de la fin de ce règne dont elle n'a connu que les ennuis, les maladies, les insomnies, les lâches remords, les pressentiments terribles, les profonds dégoûts, tous les crimes, toutes les hontes.

Elle qui regardait la cour avec tant d'admiration, qu'elle a dû être épouvantée quand elle s'est trouvée reine à cette cour, et quand elle a touché, de sa main, ces ulcères, et quand elle a compris que d'épines cruelles cachaient ces roses, et quand elle a su par elle-même combien était rare et entrecoupé de songes terribles le sommeil sous le dais royal ! Malheureuse et imprudente créature ! Les plus grands étaient à ses pieds et leurs flatteries lui faisaient pitié ! Elle était exploitée par un homme infâme, Jean Dubarry, et ce Jean Dubarry lui faisait horreur. Elle avait épousé un honnête homme dont elle portait le nom, et cet honnête homme s'était enfui loin d'elle, le jour même de leurs noces. Elle marchait de déceptions en déceptions, d'intrigues en intrigues. Le peuple la sifflait comme si elle eût été heureuse. Elle comprenait confusément combien toute cette prospérité était mensongère et combien elle était la dupe misérable de cet amour royal qui allait s'éteindre comme s'éteint une lampe, faute d'aliments. Cette femme a été la plus misérable des femmes. Je n'en sais pas de plus à plaindre, pas même madame de Maintenon avec toutes les espérances et toutes les consolations de sa piété. Car madame de Maintenon était née pour la domination ; à défaut d'amour, cela lui plaisait de commander au roi. Madame Dubarry était née pour l'amour, elle n'était faite que pour le plaisir. Hélas ! la pauvre femme ! elle se perdit dans la vieillesse de Louis XV comme dans un abîme fangeux : elle était venue à Versailles vingt ans trop tard.

Dans cette grande et triste position où l'avait jetée le dernier caprice du roi, madame Dubarry fut ce qu'elle devait être, une bonne et aimable princesse, sans vanité, sans prétentions et sans orgueil. Si elle servit bien des haines sans le vouloir, elle ne fut l'ennemie de personne. Elle jetait l'argent autour d'elle avec la même facilité que l'argent lui venait. Entourée de courtisans et de flatteurs, elle eut le bon esprit de ne rien croire de ces flatteries. Sa seule préoccupation, ce fut l'amour. J'ai sous les yeux une lettre de cette aimable femme, écrite en tremblant sous les regards de Louis XV ; lettre d'amour et d'un amour bien senti ; elle envoyait à son amant une mèche de ses beaux cheveux, longs et fins comme la soie, et recouverts de cette belle couleur cendrée qui est la couleur blonde des têtes brunes.

« Adieu ! dit-elle, on vient, mille baisers ! » *On vient!* Pauvre amoureuse sans liberté ! — Ne lui reprochez donc pas son château de Luciennes, son luxe royal, son velours et ses dentelles, tout cela c'est le roi qui l'a usé ; autant vaudrait reprocher au palais de Versailles les plafonds de Vandermeulen ! Non, cette femme n'a rien pris à la France, elle n'a pas ruiné la France ; tout au plus doit-on la mettre en ligne de compte dans les profusions de Louis XV. La belle colère à se permettre : la colère contre madame Dubarry !

Louis XVI lui même, ce roi honnête homme, cet homme indulgent comme la vertu, qui devait payer de sa couronne et de sa tête toutes les faiblesses de son prédécesseur, il eut plus de pitié pour madame Dubarry que nos faiseurs de vaudevilles ou de mélodrames. Il comprit que cette pauvre femme n'avait fait que son métier ; il lui permit de quitter l'abbaye du Pont-aux-Dames où elle s'était renfermée, et lui fit une pension pour qu'elle pût habiter Luciennes. La jeune reine Marie-Antoinette n'eut pas moins de bienveillance pour madame Dubarry que le roi son époux. Madame Dubarry revint donc à son château de Luciennes, et elle s'estima heureuse d'être délivrée de sa cour et de ses flatteurs. Elle avait conservé, de ses anciennes grandeurs, une vive passion pour les beaux-arts, et elle obéissait à cette noble passion avec l'imprévoyance et la générosité d'une femme qui un instant avait été reine de France. Du reste pas de regrets pour les grandeurs passées ; mais au contraire un bonheur sans égal d'en être délivrée, et la plus respectueuse reconnaissance pour le roi et pour la reine. Ainsi cette vie à l'aventure, dont les commencements avaient été le désordre, se termina dans la dignité.

Eh ! d'ailleurs, le moyen d'être cruel envers madame Dubarry quand on songe à sa mort ? Quelles faiblesses féminines ne seraient pas oubliées sur l'échafaud où montèrent Louis XVI, Marie-Antoinette, madame Roland et tous les maîtres vaincus ou dépassés de la société française ? — Jusqu'à la fin, madame Dubarry fut fidèle à sa nature ; elle mourut une des dernières victimes de la Terreur ; autour d'elle chacun était mort sans se plaindre ; les plus grands et les plus nobles, les femmes les plus belles et les plus timides étaient montés sur l'échafaud et ces têtes si hautes et si fières ne s'étaient courbées que sous la hache.

Le peuple terrible de 93, le peuple furieux restait chaque jour éperdu et indigné de cet insultant courage ; il n'attendait peut-être qu'une plainte, une larme, pour renverser ces horribles échafauds ; pas une plainte ne fut poussée, et pas une larme ne fut répandue en public..... Seule, quand le tombereau fatal la vint chercher dans sa prison, madame Dubarry appela à son aide ; seule, en marchant à la mort, elle poussa des cris lugubres ; seule, elle leva au peuple ses mains suppliantes ; elle pleurait, elle se démenait, elle menaçait, elle priait, elle criait : *Monsieur le bourreau ! Monsieur le bourreau !* Aussi, à ses cris, à ses larmes, à l'aspect de cette tête, belle encore, et qui allait tomber, au mouvement convulsif de ces deux bras dignes de la Diane chasseresse — à toute l'angoisse de cette admirable personne, qui, au milieu de cette foule de morts, tués ou à tuer encore, s'écriait, d'une voix tremblante : *Pitié ! pardon ! je ne veux pas mourir !* ce peuple de cannibales, qui entourait l'échafaud, se sentit ému et attendri jusqu'au fond de l'âme, si l'on peut appeler cela une âme. Madame Dubarry mourut lâchement, et en ceci elle était dans son droit. En effet elle était une fille du peuple ; sa place était plutôt parmi les bourreaux que parmi les victimes ; elle avait été le jouet de la royauté et rien de plus, et c'est parce qu'elle comprenait confusément toutes ces choses, qu'elle appelait à son aide, afin qu'on ne la confondît pas dans les hécatombes d'une société à laquelle elle n'appartenait que par ses vices.

De son côté, le peuple, qui avait entendu enfin une victime crier : *au secours !* rentra chez lui tout pensif. Il se disait à part lui : Celle-là qui a pleuré et tremblé, n'était pas une aristocrate, cette femme était du peuple ; on l'a tuée sans justice ! maintenant que le bourreau est arrivé au peuple, il faut que le bourreau s'arrête ! En effet, on a remarqué qu'après la mort et la touchante lâcheté de madame Dubarry, la guillotine ne fit plus ses fonctions comme autrefois. »

De ces pages que je rapporte et que je mets, autant que cela se peut faire, à leur place naturelle, vous voyez sans peine l'artifice. L'artifice consiste à faire, avec beaucoup de soin, tantôt un tableau d'histoire d'un tableau de genre, et tantôt un conte, une fantaisie, un feu d'artifice, de la comédie jouée la veille ou du vaudeville promis pour le lendemain. Nous trouverons plus tard, lorsque nous aborderons les maîtres l'un après l'autre, des chapitres entiers uniquement consacrés tantôt à l'œuvre ancienne, et tantôt aux œuvres des poëtes naissants. Alors nous ne penserons pas le moins du monde à nous-même, et nous tâcherons de prouver que la critique est de son essence un art complet qui peut vivre sur son propre terrain. Oui! mais celui qui, trouvant en son chemin *les Beignets à la cour*, *la Comtesse du Tonneau* et *la Jeunesse de Richelieu*, s'arrangerait uniquement à raconter ce qui se passe en ces esquisses, où pas un trait n'est dessiné; celui qui se contenterait de dire au lecteur : « il y a par ici un couplet bien vif! il y a par là une scène piquante! allez-y, n'y allez pas! » celui-là ferait une œuvre absurde! Il se réduirait à l'état d'un causeur de coulisses ou de foyer, celui-là perdrait les meilleures occasions de montrer ce qu'il sait faire, et qu'il est vraiment un écrivain de quelque valeur.

Je ne dis pas que cela soit un crime d'écrire l'analyse exacte d'une pièce nouvelle : « ici l'on entre et là on sort! L'ingénue était en robe blanche et la coquette en robe bleue. Ici le public a applaudi; le parterre a sifflé ce passage » à la bonne heure, mais à Dieu ne plaise qu'un homme sage fasse un pareil emploi de tant de longues et patientes études, auxquelles il est nécessaire de se livrer corps et âme, la nuit et le jour, avant d'avoir quelque peu le droit d'écrire et de parler au public! Et puis, êtes-vous bien sûr que le lecteur vous demande si peu que cela? Êtes-vous bien sûr qu'il veuille savoir ce qui se passe au théâtre, heure par heure, action par action, comme il veut savoir ce qui se passe à la Bourse? Il faut estimer davantage les gens qui vous font l'honneur de vous lire; il faut se bien persuader qu'ils n'ouvrent pas un journal dans le seul but de savoir si le comédien a été sublime tout simplement, et si la comédienne adorée est disparue hier sous les fleurs que lui jettent ses parents et ses domestiques. Je vous le répète, car je dois l'avoir déjà dit, vous tous qui exercez le grand art de la critique, il faut d'abord songer à vous, après quoi vous songerez au poëte, au musicien, au comédien, au décorateur, au machiniste; il faut, avant tout, que le lecteur vous honore et vous estime, et qu'il s'inquiète avant tout de vous-même, après quoi il s'inquiétera, s'il a le temps, de toutes ces choses futiles, éphémères, inertes, qui, les exceptions étant sauvées, ne sont, pour ainsi dire, que le prétexte de vos discours.

Ainsi étudiées, nous parlons des pièces nouvelles que jettent incessamment tant et tant de théâtres dans l'abîme du passé, il n'en est pas une seule, si vous voulez y prendre garde, et l'étudier avec zèle, qui ne vous fournisse au moins le sujet d'une bonne page. Il y a un proverbe : *Tirer son épingle du jeu !* Nous jouons là, les uns et les autres, critiques, mes frères, un jeu ingrat, un jeu très-périlleux, un jeu difficile ; au moins faut-il, pendant que nous sommes attachés à tant de renommées douteuses, pendant que nous rendons célèbres tant d'inventions puériles, pendant que nous trouvons une excuse à tant de faussetés et de mensonges, au moins faut-il que peu à peu nous montions à quelque renommée à notre propre compte ! — Là est la peine et là aussi la récompense ! Eh ! je vous demande où en serait le feuilleton, si après un exercice de vingt années on n'en pouvait tirer que l'analyse exacte d'un tas de chansons tombées en poussière, et dont personne n'a souvenance, pas même les beaux-esprits qui les ont faites et refaites si souvent ?

C'est donc une habitude heureuse de se mettre en quête, et tous les jours, de *l'idée errante dans les nues*, comme dit Shakspeare ! Des pièces nouvelles tant qu'on veut, pourvu que vous ne parliez guère que des œuvres sérieusement acceptées, sérieusement accomplies. Les autres....... hé bien ! les autres serviront de litière à votre esprit. — Ainsi beaucoup de pièces, tant mieux, cherchez votre vie ; et pas de pièces nouvelles, tant mieux encore ; on cherchera sa vie autre part. A condition cependant que nous ne sortirons pas de nos demeures légitimes, à condition que nous chercherons notre thème et notre voie à travers le monde éclatant des belles lettres, de la philosophie et des beaux arts. Eh ! ce n'était pas l'envie absolument qui nous manquait, au départ, de toucher un monde en deçà de nos mondes. De nos jours plusieurs plumes vaillantes l'ont tenté, non pas sans talent, sans grâce et sans succès ; mais quoi ? il faut savoir se maintenir dans ses limites. Comme j'hésitais encore, un très-sage et très-habile article de M. Saint-Marc-Girardin mit tout de suite un terme à mon indécision. M. Saint-Marc-Girardin, jeune encore, était déjà entouré de ces déférences, voisines de l'obéissance, qui ne lui ont jamais été déniées. Sa parole a été tout de suite pleine de gravité, et tant d'esprit qu'il avait et qu'il semait avec tant de profusion, n'a jamais rien ôté, non plus que le charme, aux respects involontaires qui l'entouraient! Voici ce passage, il était question d'un livre intitulé : *L'Angleterre et les Anglais*, et l'auteur expliquait d'une façon très-nette l'influence de cette presse au delà des limites que j'étais tenté de franchir :

« Une cause de la gêne et de la roideur qui nous frappent dans « les relations du monde en Angleterre, c'est la publicité dont la « presse, entièrement libre, menace toutes les actions des parti- « culiers : un bal, une promenade, une conversation, et bien plus « encore, une faute quelconque contre l'usage reçu, une atteinte à « l'ordre établi seront publiés le lendemain dans les nombreux « journaux qui parcourent le royaume. La crainte du blâme ou « seulement de l'examen public rend tout homme scrupuleux, « cauteleux jusqu'au ridicule, et *la police* des gazetiers, servie par « vos voisins, par vos gens, par vos parents, par vos ennemis, par « vos amis, est bien autrement redoutée que ne l'est chez nous « l'espionnage obscur des agents de l'autorité. En Angleterre, la « police est *nationale*, car c'est celle des mœurs et des préjugés, « et sa force est irrésistible. »

À quoi M. Saint-Marc-Girardin, avec cette prudence et ce bon sens merveilleux qui ne l'ont jamais quitté, ajoutait ces lignes d'un ton si net et si ferme, et qui tiendront si bien leur place, dans les enseignements d'un si grand critique, aux journalistes à venir.

« C'est à dessein, disait M. Saint-Marc-Girardin, que nous avons « choisi ce passage, dans le livre sur les Anglais. Tout journaliste « que nous sommes, rien ne nous semble plus intolérable que « cette tyrannie que la presse exerce en Angleterre sur la vie « privée. Que devient la liberté du chez soi avec une pareille in- « quisition? Grâce à Dieu, en France nous n'en sommes pas là, « et nous n'y viendrons pas, je l'espère. Gardons précieusement « le secret de la vie privée. Beaucoup de gens cesseraient de priser « la liberté politique, s'il fallait, à cette liberté, sacrifier la liberté « du chez-soi ; ne les mettons donc jamais dans le cas de choisir « entre les deux, puisque, quel que fût l'événement, il serait mau- « vais, puisque nous y perdrions, ou la liberté pour laquelle nous « avons combattu depuis quarante ans, ou la liberté qui, sous

« l'ancienne monarchie, nous dédommageait de l'absence de
« l'autre. Drusus, et cela a été fort cité et fort admiré, Drusus
« voulait une maison de verre; cela est le mot d'un ancien et point
« d'un moderne. Les anciens ne connaissaient guère la famille,
« la joie de son intérieur, le plaisir de son secret : ils vivaient sur
« la place publique, grâce à leurs mœurs, à leurs institutions, et
« grâce surtout à leur soleil. Chez les modernes, c'est tout diffé-
« rent : le christianisme, par l'émancipation des femmes et l'abo-
« lition graduelle de l'esclavage, a fondé la vie de famille, et nous
« la suivons, nous, au coin du feu, grâce à nos mœurs, à nos insti-
« tutions, et grâce aussi à notre soleil, qui nous laisserait geler
« sans pitié dans nos *forums* et dans nos *agora*. Ayons donc des
« maisons de pierres, et quand nous sommes chez nous, défen-
« dons hardiment aux yeux de la police et des journaux de venir
« nous y surveiller : il n'ont rien à y faire. Dans les élections, aux
« assises, au ministère, à la Chambre, les journaux ont droit
« de regarder ce que je fais : le dehors leur appartient. Je l'ai
« aliéné au profit de la liberté politique, et je ne m'en repens
« pas : tout le reste est à moi. Quand j'ai payé ma part dans les
« contributions publiques, personne n'a le droit de me demander
« ce que je fais du reste de mes écus. Eh bien ! il en est de la vie
« du citoyen comme de sa fortune : il en fait deux parts, l'une
« pour l'État, c'est sa vie publique, l'autre, la plus grosse, est pour
« lui ; c'est sa vie privée, et à cette dernière part, quiconque y
« touche est, passez-moi le mot, un concussionnaire : il prend ce
« qui ne lui appartient pas.

« Le respect de la vie privée : que ce soit là en France le mot
« d'ordre de la presse quotidienne. Quant à moi, je pousse si loin
« l'idée de ce droit, que si, ayant donné un bal, j'en trouvais le
« lendemain le récit, et même l'éloge, dans un journal, j'attaque-
« rais volontiers le journal, à cette fin de se voir dire par la cour,
« qu'il n'avait pas le droit de trouver mon bal magnifique, élé-
« gant, et tout ce qu'il lui plaît. On ne porte pas malheureusement
« le scrupule jusque là. Par vanité, on ouvre de bonne grâce la
« porte de sa demeure à la publicité ; on est flatté des éloges
« qu'elle accorde ; on jouit de ses flatteries, sans penser qu'ayant
« dit du bien, elle a pris le droit de dire du mal, et que, l'ayant
« une fois reçue, il sera difficile plus tard de l'éconduire. »

Il est impossible, avouons-le, de mieux parler, et le moyen de désobéir à une volonté si nette et si ferme ? Il arrive, d'ailleurs, que vous trouvez souvent bien des consolations à ces privations que vous vous êtes imposées vous-même ! Cela s'étend si loin, la vie publique, et puis il y a tant d'anecdoctes qui viennent à vous, il y a tant de braves gens qui se jettent à l'étourdie au beau milieu de votre sentier, il y a tant à faire et tant à voir, à inventer de côté et d'autre ! S'il vous plaît, nous finirons ce chapitre par trois exemples. *Premier exemple* : Une anecdote intime qui appartient à la publicité, puisqu'elle se passe entre un prince et un artiste : *Liszt et le grand-duc de Toscane.*—*Second exemple* : Un maladroit, un brave négociant du douzième arrondissement, la joie et la fête des bals publics, *Chicard* et son ami *Ballochard*, ballottés du vaudeville au feuilleton. — *Troisième exemple* : Un conte de fin d'année, un résumé de tant de travaux que l'année emportait avec elle, intitulé : *les Vaudevillistes et les Brouillards.*

LISZT ET LE GRAND-DUC DE TOSCANE.

Liszt est à Florence. Vous savez si c'est là un grand artiste ! Il a tous les nobles instincts de ces hommes à part qui vagabondent ainsi dans le monde du bon Dieu, jusqu'à ce qu'ils aient rencontré cet idéal qui s'enfuit toujours. Liszt a passé par Milan avant d'aller à Florence ; et quelle différence il a trouvée entre ces deux villes ! Milan, régulière, calme, silencieuse, réglée et correcte ; Florence, heureuse et naïvement abandonnée à l'heure présente. Milan, qui ne voit guère ses maîtres que lorsqu'ils ont en tête la couronne de fer ; Florence, l'amie de son prince. A voir et à entendre la grâce, l'esprit, le goût, la politesse, l'élégance de Milan, Liszt s'était figuré qu'il voyait l'Italie ; à Florence, la ville des chefs-d'œuvre, reine par la poésie et par les souvenirs, Liszt a compris qu'il était véritablement en Italie. Une fois dans ces murs bâtis par des géants, pour les plus ingénieux artistes et pour les plus grands seigneurs du XVIe siècle, vous sentez si notre musicien s'est trouvé à l'aise, et s'il a été heureux de vivre et de chanter !

Homme heureux, en effet ! Il aura vu de près cette belle société d'élite venue de tous les coins du monde pour chercher le repos et le calme. Il aura assisté à cette intime causerie de toutes les heures qui n'est pas l'esprit parisien, qui est un esprit à part, plus sérieux et cependant moins occupé. Il aura suivi à la trace, dans ses vieux monuments, les génies qui les ont illustrés. Le soir, il se sera assis à la place où s'asseyait Dante, non loin du campanille, et par les portes entr'ouvertes du Dôme, il aura découvert le manteau rouge du poëte se promenant dans cette Florence qu'il a bâtie. Et, tournant la tête, il a admiré ce chef-d'œuvre de Ghiberti, ces portes vivantes aux derniers rayons du soleil.

Comme rien de ce qui se passe dans ce beau royaume n'est étranger au prince qui le gouverne, le grand-duc eut bientôt découvert, dans sa ville hospitalière, Liszt le musicien. Un soir, il le fit appeler, et avec cette bonté affable et calme : — Jouez-nous quelque chose, lui dit-il. Aussitôt Liszt se mit au piano. Vous savez qu'une fois au piano, cet être si frêle oublie tout ce qui l'entoure ; la musique, sa seule passion, lui porte à la tête et au cœur ; aussitôt toutes sortes de mélodies l'entourent, et alors c'est à lui à se faire jour dans cette foule qui chante doucement, à son oreille, toutes sortes d'amours, de transports, de douleurs. Rien n'est étrange comme de voir cet homme presque droit, la tête haute, les yeux fermés, les deux mains étendues vers ce monde de sa création qu'il voudrait saisir, s'abandonner librement à un enthousiasme qui tient du délire. Dans quel livre mystérieux voit-il donc cette note qu'il indique? Il obéit au souffle qui l'anime ; il chante comme l'oiseau chante ; quand il a tout dit, il s'arrête ; quand l'expression lui manque, il s'arrête. Ni princes, ni rois, ni ducs, ni puissants, ni riches, Mozart lui-même, son dieu! rien n'y ferait, une fois qu'il ne peut pas aller plus loin ; comme aussi, tant qu'il a du souffle, il marche. Je ne crois pas qu'il y ait jamais eu un seul artiste qui se soit plus isolé de la foule que celui-là.

Il se mit donc au piano et il fut ravi dans son troisième ciel. Toute cette cour d'honnêtes gens d'esprit écoutait cette harmonie inconnue. Lui, cependant, il n'était plus de ce monde. Il avait traversé, pour arriver en ce lieu des chefs-d'œuvre, un jardin suspendu comme les terrasses de Babylone ; il avait franchi cet escalier du Palais Pitti, franchi si souvent par Raphaël à quinze ans; il était entré dans ce musée, qui n'a pas son égal sous le soleil italien, il avait à sa gauche le *Léon X* de Raphaël, il avait à sa droite la *Judith* d'Allori, et devant lui les *Parques* de Michel-Ange, et Titien au-dessus de sa tête et derrière lui Rubens, si bien qu'il eût pu croire que derrière lui se couchait le soleil! Voilà donc comment il fut inspiré et par qui il fut inspiré! Et il joua tout ce qu'il voulut, oubliant toutes choses, la terre et le ciel, et il ne s'arrêta enfin que lorsqu'il eut jeté en dehors tout ce qu'il avait là dans la tête, là dans le cœur.

Il faut vous dire que parmi les nombreux étrangers qui vivent à Florence des bienfaits du grand-duc, il y a un noble Hongrois, pauvre gentilhomme chargé de famille, ruiné par les guerres, et que le matin même la grande-duchesse avait parlé devant son auguste époux d'augmenter la pension du Hongrois.

Quand Liszt eut fini, le grand-duc de Toscane était debout, appuyé derrière le fauteuil de la grande-duchesse, et ils se regardaient l'un l'autre avec ce doux regard de gens qui s'aiment, qui se sentent heureux et qui se disent d'un coup d'œil tout leur bonheur.

Après un long silence : — Quel est son pays, et que ferons-nous pour lui? dit le prince à cette heureuse femme qui l'écoutait.

— Monseigneur, répondit la grande-duchesse, Liszt est Hongrois.

Alors se penchant vers elle, et plus bas que jamais, le Grand-Duc dit ceci à sa femme : — Savez-vous ce qu'il faut faire pour M. Liszt? il faut doubler la pension du Hongrois.

Et voilà comment le Grand-Duc et la Grande-Duchesse de Toscane ont donné, ce jour-là, la plus noble et la plus touchante des récompenses à Liszt le Hongrois.

BALLOCHARD; CHIQUART

ET LE CARNAVAL.

« Il s'agit de prendre ici la défense d'un être fantastique dont le nom est pendant trois mois de l'hiver, la joie et l'orgueil de

Paris. A ce nom-là, les grelots s'agitent d'eux-mêmes, les violons jouent tout seuls leur danse favorite, l'ophicléide résonne, le trombone mugit sous un souffle invisible, les poulets gras se mettent eux-mêmes à la broche, et la broche tourne en chantant les plus folles chansons de Désaugiers. Chiquart! Chiquart! voilà le nom populaire des jours de carnaval, le mot de ralliement de ces danseurs acharnés ; il suffit à tous et à toutes choses, il donne le mouvement à la salle de bal, la vie aux masques, le feu à tous les yeux, la passion à tous les cœurs. Qui que tu sois, ange ou démon, homme ou femme, vieux ou jeune, laid ou beau, qui donc es-tu, Chiquart? Réponds, Chiquart! montre toi, Chiquart! la ville entière évoque son héros. Il se fait alors un grand silence comme dans l'attente d'une tempête qui doit venir.

Lui, aussitôt que son heure a sonné, il s'empare de la ville. Il est le maître, il dicte des lois, il est à lui seul la chambre des députés et la chambre des pairs! Cet homme, heureux, croit à quelque chose. Il croit à la gaieté française, qui s'est enfuie on ne sait où! Il croit au vin qui pétille, au bal qui frémit, à la chanson joyeuse, au galop universel! Il y a cru en tout temps et toujours et même au plus fort des révolutions. Il ne croit qu'à cela, mais il y croit bien. Le premier il a fait le raisonnement suivant, qu'il a communiqué à ses amis :

— « Non certes, ce n'est pas pour se livrer à d'horribles émeutes, à ces lâchetés à main armée, à ces stupides transports d'une populace en délire, que le ciel a donné à la France tant d'esprit, tant de chansons, tant de beautés, tant de bon vin! » Lui, alors, partant de ce raisonnement, il a établi un grand bal, un grand cabaret, une grande orgie, comme d'autres établissent des philosophies et des religions nouvelles! Le premier, dans cette nation joyeuse, il a osé être joyeux et dire tout haut les bons mots que la nation ne pensait même pas. La sage partie du peuple français qui ne s'occupe ni d'élections, ni de coalition, ni d'opposition, ni de majorité, a su bon gré à maître Chiquart d'avoir institué son règne du mardi-gras et d'avoir remis à demain les affaires sérieuses ; aussi bientôt le nom de Chiquart est-il devenu célèbre.

Ce nom a été porté, *sur les ailes du plaisir* (style-chiquart) d'un bout du monde à l'autre. Chiquart a reçu de New-York des demandes d'invitation pour son grand bal, *non masqué et non paré.* A la Bourse, où l'on fait argent de tout, on a coté jusqu'au prix de cinq cents francs les invitations du bal Chiquart, et les agents de change eux-mêmes, qui ne demandent pas mieux que de créer une affaire, ont refusé de vendre leurs billets. Enfin on a fait un adjectif de ce nom-là et même on en a fait un verbe. — *Homme-chiquart, habit-chiquart, chiquarder, chiquandar,* — autant de mots de cet argot innocent qui se parle dans les hauts salons de la Grande-Chaumière et du Cadran-Bleu.

Eh bien ! cet homme universel, ce joyeux boute-en-train de la gaieté parisienne, ce viveur à l'air libre, ce gaillard qui rit tout haut, qui fume en public, qui s'est fait un nom égal à tous les noms de l'Europe, celui qui, l'hiver passé, a dit à la foule : — *Je te donne rendez-vous au Théâtre de la Renaissance,* et à qui la foule a obéi, ils ont essayé de prendre son nom pour l'appliquer sur une affiche de théâtre ! On l'a jeté, lui Chiquart, dans une intrigue moitié sentimentale, et moitié grotesque, dans laquelle il n'a que faire ; bien plus, on l'a mis en présence de Balochard, et comme esprit, comme verve, comme aidant à la joie des grandes tavernes, il a été vaincu par Balochard ! Mais savez-vous bien que Balochard n'existe pas ; que c'est un nom en l'air ; ou s'il existe, Balochard est tout au plus le domestique de Chiquart ; c'est lui qui rince les verres, qui bourre les pipes et qui va au Mont-de-Piété ! Le public, qui est juste, s'est ému de cette indignité faite à son héros ; il n'a pas voulu souffrir que ce grand nom fût traité sans vergogne ; il a défendu aux auteurs d'appeler : Chiquart, ce gros homme sans verve et sans esprit, écrasé sous ce grand nom ; maintenant Chiquart s'appelle tout simplement M. Pierre ou M. Paul. Il y a bien longtemps que le parterre n'avait été juste à ce point-là ! Mais n'admirez-vous point tant de pudeur ! On a montré, à ce même public, François Ier s'évanouissant de peur à l'aspect d'une épée nue, et le parterre n'a pas reclamé ! On lui a montré Chiquart restant court dans un couplet, et la foule s'est indignée ! Il y a de ces profondeurs dans l'esprit humain que nul regard ne saurait percer !

D'ailleurs ce n'était pas le bon temps pour donner les honneurs du théâtre à Chiquart. Chiquart n'a guère qu'un mois ou deux de règne chaque année. Une fois qu'il est au bout de sa dernière bougie, une fois qu'il a vidé et brisé son dernier verre, notre homme, content d'avoir fait tant d'heureux, rentre sans trop se faire prier dans la vie vulgaire. Il redevient ce qu'on devient au Père-Lachaise — bon père, bon époux, bon commerçant, bon citoyen, bon électeur. Il vit ainsi, comme tout le monde, pendant dix mois de l'année, après quoi il ressuscite, aux premiers sons du tambour de basque, aux premiers cris du bal masqué, au premier signal que donne Musard. A cette heure Chiquart est mort, il est rentré dans les vertus publiques et privées. Dans une foule vous ne sauriez le reconnaître. Il est juré, il est peut-être député; s'il voulait être député, il le serait à coup sûr, et je vous assure que ce serait un député..... chiquart. »

A tout prendre, ce temps-là était le bon temps. Chaque homme était à l'œuvre, et chaque tête était éveillée! On s'attendait à toutes sortes d'efforts parmi les esprits nouveaux qui s'emparaient alors de l'attention universelle, et l'attente n'était pas trompée. Il y avait dans Paris, une fièvre de plaisir, et de ces fêtes où le pistolet devenait un instrument de bal, c'était Chicard; — feu Chicard, hélas! — qui donnait le signal avec une verve et un entrain voisins du délire! — A chaque bal s'ajoutait l'intérêt d'une loterie, et dans ces loteries, on a vu le hasard qui donnait à celui-ci un des plus merveilleux tableaux de Camille Roqueplan : *Jean-Jacques Rousseau et les Cerises!* qui donnait à celui-là un cheval arabe harnaché à la turque! Une femme masquée, à l'annonce d'un châle de cachemire, poussait un cri de joie et tombait évanouie. Un piano d'Érard, un très-beau piano, gagné par deux sous-lieutenants qui avaient confondu leurs billets, était scié en deux, afin que chacun de ces deux fous eût sa part de ce chef-d'œuvre, qu'Érard eût racheté mille écus et qu'on ne voulut pas lui vendre! A l'Odéon, le bal annonçait : *le Paradis des voleurs!* Même, l'Ambigu-Comique offrait à ses danseurs, une mosaïque où l'on voyait : *la Colombe blessée par l'Amour!* A voir ce luxe et ces folies... à la Chicard, on se rappelait le fameux dialogue des deux marchands de balais :

Premier marchand : Comment fais-tu pour donner tes balais à si bon compte?

Second marchand : Je vole le bois.

Premier marchand : Moi, je vole les balais tout faits et j'y perds.

LES VAUDEVILLISTES ET LES BROUILLARDS.

Il y a trois jours de cela, la nuit était venue et il était neuf heures ; tout à coup d'épais nuages s'abattent sur la ville ; tout éclat disparaît dans le ciel et dans la rue ; plus d'étoile là-haut, plus de réverbère ici-bas. Il y eut une heure indicible de confusion et de désordre dans Paris. Les passants s'arrêtaient, les maisons dansaient, les patrouilles égarées demandaient leur chemin aux voleurs éperdus ; on eût dit une ville d'ivrognes et de sourds. Il faudrait un volume in-8° pour raconter tous les égarements de cette nuit.

Or, cette même nuit, et au plus épais du brouillard, j'étais, moi, qui vous parle, dans un des quartiers les plus difficiles du Paris nocturne. Il n'y avait pas de rue à suivre, même à l'aveugle, et pas de muraille ou de maison contre laquelle on pût s'appuyer. Partout l'obscurité, le silence, le vide. Le nuage était mon maître, il m'entraînait, m'arrêtait, me poussait à son gré : il m'avait conduit sur la place aux mille noms, qui s'étend si à l'aise entre les Champs-Élysées et le jardin des Tuileries, vaste chemin qui a pour limite : le Château, le Garde-Meuble, la Chambre des Députés et l'arc de l'Étoile. Dans le brouillard, il était impossible de rien voir, ni le Garde-Meuble, ni les chevaux du jardin, ni même les statues gigantesques du pont, dont la blancheur offense les yeux, si cruellement, à toutes les heures du jour.

Je marchais, ou plutôt je nageais dans ces profondeurs obscures ; je divisais de mon mieux ces ténèbres inouïes, et même je crois que je faisais assez bon visage, quand tout à coup, non loin de ce piédestal qui a changé si souvent de destination, et au milieu de quelques pieds carrés qu'avait respectés le brouillard, — car c'était là un des phénomènes de cette nuit singulière, — j'aperçus la plus singulière petite figure de démon qui se puisse imaginer. Figurez-vous un petit homme leste et vif, au sourire gracieux, aux cheveux frisés et grisonnants ; il portait un haut-de-chausses usé comme en portent encore les acteurs du Théâtre-Français qui consentent par hasard à jouer Molière ; quant à son manteau, il avait le manteau bariolé de Sganarelle ; il chantait je ne sais quel flon flon, d'une voix aigre, et qui ne ressemblait pas mal au cri d'un violon faux qui jure sous l'archet.

Bien que ce gai petit homme gris n'eût rien de trop terrible, je doublai le pas ; je m'enfonçai dans le brouillard. Je franchis, les yeux fermés, cette formidable chaîne de montagnes, de palais, de châteaux que formait la vapeur ; je traversai d'une enjambée ces fleuves fantastiques qui se déroulaient devant moi ; je me croyais délivré de mon apparition, quand tout à coup, en retournant la tête, je revois mon petit homme chantant, que je croyais avoir laissé bien loin. Son œil brillait, sa voix criait ; il ne marchait pas, il ne courait pas, comme marche et court un galant homme ; il gravitait sur lui-même, et s'avançait à la façon du brouillard en tournant, en s'étendant, en s'élevant ; il me faisait des gestes de menace, il me chantait dans les oreilles sa petite chanson ; j'étais en sueur, j'étais haletant ; à la fin, n'en pouvant plus, je m'arrêtai sur le bord de la Seine, et j'attendis.

Le petit homme alors, prit sa volée avec beaucoup de précaution pour ne pas tomber dans la rivière ; il avança lentement comme un flon flon lointain que l'espace apporte à vos oreilles étonnées. — Bientôt, assis à mon côté, il s'empara de mon âme et de mes sens, et, tout en se dandinant, il me chantait d'aimables refrains de vaudevilles que je sais par cœur depuis que j'existe. Il chantait ; il chantait en bouffon, il chantait en déclamant, il chantait comme Potier, en entonnoir ; il chantait comme Philippe, la joue enflée ; il chantait comme mademoiselle Fay, d'un air malheureux et tourmenté ; il chantait comme mademoiselle Colon, avec de beaux gestes et de beaux éclats de voix ; il chantait de la tête comme Elleviou ; il chantait du ventre comme un chanteur de mélodrame ; il chantait de la poitrine, il chantait du gosier, il chantait par roulade, il chantait faux, il chantait juste ; il arrangeait, il dérangeait tous les airs connus ; il était infatigable, il était insatiable : chansons d'amour, chansons patriotiques, chansons bachiques, chansons d'esprit ; je sentis que ma dernière heure était venue, et je me sentis mourir, attendant toujours que mon homme chantât mon : *De profundis!*

Quand il me vit aussi atterré et aussi abattu qu'il le voulait, — Sais-tu bien qui je suis ? me dit-il, enflant sa voix triomphante ! Je suis le vaudeville, je suis la *clef du caveau !* — le joyeux, le malin, le spirituel vaudeville, enfant de l'esprit français, contre lequel toi et les tiens vous ne prévaudrez jamais! Et il riait, et il souriait, et il me prenait par la tête, et il se moquait de moi!

— Monstre charmant, lui dis-je, il y a longtemps que j'aurais dû te reconnaître à tes horribles chansons! Puisque tu me tiens, je te conseille de ne pas m'épargner, car entre toi et moi c'est une guerre à mort. Jette-moi donc à l'eau si tu veux, étouffe-moi dans tes bras ; pis que ça, recommence cette monotone kyrielle de *chansons*; enfin ne me laisse pas échapper si tu tiens à vivre longtemps.

A ces mots, le vaudeville se prit à rire. — Insensé! me dit-il, tel que tu me vois, je suis le plus vivace de vos beaux arts. J'ai tué la comédie et la tragédie, et l'opéra-comique, je tuerai l'opéra ; je me suis couvert de toutes les dépouilles ; à présent, grâce à mon esprit, le public n'a plus d'oreilles que pour moi ; on ne construit plus de théâtre que pour moi ; je suis le roi du monde poétique, je suis le seul plaisir de cette nation qui n'en a guère ; les divertissements de la France, ses heures d'oisiveté, ses comédiens, ses priviléges chantants roulent sur moi, le vaudeville! Tu vois bien que je te ferais trop d'honneur si je m'inquiétais d'un futile de ta sorte!

Fatigué de ce grand couplet en prose, le vaudeville se mit à chanter un air de bravoure au nom de la patrie et de la liberté! Quand il eut fini son couplet il s'applaudit lui-même, à trois reprises différentes, après quoi il fit volte-face, et de ce même ton goguenard et triomphant :

— Cependant, me dit-il, bien que tu ne m'inspires nulle crainte, puisque tu es en mon pouvoir, il faut que je t'inflige une peine. Il ne sera pas dit que tu auras impunément méconnu ma puissance ; choisis donc entre ces deux châtiments : ou d'apprendre, par cœur et de ma bouche, le répertoire du théâtre des Variétés, ou toi-même de me réciter ici, et sans te tromper, le nom de tous ceux qui s'inspirent à mes autels ; surtout prends bien garde à ce que tu me répondras!

Vous concevez que la première de ces deux propositions me fit horreur. Jusque-là j'avais été assez viril dans mes réponses ; mon attitude avait été digne de mon opposition. Mais à l'idée d'entendre chanter de nouveau toutes les plaisanteries que je savais déjà, tout mon orgueil s'évanouit. Je devins aussi humble que j'étais arrogant. — Hélas ! hélas ! Monsieur, m'écriai-je, quelle proposition est la vôtre! Je ne pourrai jamais suffire à entendre tous les couplets que vous savez ; songez à cela, Monsieur, je les ai tous entendus une fois en détail, et non-seulement vous voulez que je les entende à nouveau, mais encore il faut que je les retienne. Retenir les vaudevilles par cœur, juste ciel ! Mais une fois dans ma mémoire que voulez-vous que j'en fasse? Non, non, mon bon Monsieur, il n'en sera pas ainsi, tuez-moi, brisez-moi, jetez-moi à l'eau, mais revoir en bloc les vaudevilles que j'ai déjà vus en détail, et les apprendre par cœur, ce sont choses au-dessus de la force d'un mortel ; cherchez un autre supplice, si vous voulez !

Un éclair de joie alors brilla dans l'œil du petit homme. — En ce cas, reprit-il, tu consens à me nommer un à un toute la hiérarchie de mes sujets ; les gais chanteurs, les aimables chanteuses, les beaux esprits qui valent mieux que toi ? Çà, commençons et voyons si tu es instruit comme tu dois l'être, et si tu fais ton métier en conscience. Quels sont les quatre plus grands vaudevillistes de Paris ?

— La réponse est facile à faire, lui répondis-je ; les trois plus grands vaudevillistes de Paris sont... ne parlons pas de M. Scribe, il marche seul dans sa voie, — MM. Mélesville, Bayard et Duport. A cette réponse solennelle le petit homme hocha la tête et me parut assez content.

— A présent, me dit-il, dites-moi les noms de tous ceux qui ont marché sur les traces de mes fils bien-aimés Scribe, Mélesville, Bayard et Duport.

— Et dans quel ordre, voulez-vous savoir tous ces noms chers au public? lui répondis-je en m'inclinant.

— Il me semble, reprit-il, que je me suis assez catégoriquement expliqué. Jules César savait le nom de tous ses soldats ; tu ne dois pas être en peine de savoir le nom de mes féaux et bien-aimés capitaines. Commence donc, je t'écoute, et surtout prends bien garde de te tromper.

— Avant de commencer, Monseigneur, je vous demanderai une faveur : c'est de vous réciter tous ces noms par ordre alphabétique. Placer dans un ordre quelconque tant de beaux esprits de la même famille, à coup sûr le plus habile commettrait plus d'une maladresse... Il fit un signe d'assentiment, et de mon mieux, j'obéis à ce vampire qui m'embrassait à m'étouffer :

— Ont fait des vaudevilles cette année : MM. Alboise, Alexandre Basset, Adrien, Anicet, Audier, Antoine, Arnould, Auguste, Alfred, Adolphe, Antony, Armand, Armand Séville, Ancelot.

— Pourquoi, me dit le petit homme, n'as-tu pas placé M. Ancelot dans cette hiérarchie à part dont M. Scribe est le grand maître? C'est un honneur dont M. Ancelot n'était pas indigne, selon moi.

— Vous avez raison, mon maître, répondis-je au petit homme ; seulement, c'est un oubli, ce n'est pas une injustice de ma part.

— Continue ta leçon, chanta le petit homme en ramenant son manteau sur ses épaules.

Je poursuivis :

— Ont fait des vaudevilles : MM. Barthélemy, Bayard, Bignon, Blanchard, Brazier, Briant, Boisset, Barrot, Brunswick, Batayard.

Mon homme secouait toujours la tête en chantonnant. — Tu es un gaillard, me dit-il ; seulement je te ferai pour M. Brazier, la même remarque que pour M. Ancelot. Brazier est mon fils aîné, Brazier est de mes enfants chéris, ce n'est pas une raison de l'oublier parce qu'il se fait vieux ; vois-tu, il y a dans son vieux crâne assez de quolibets et de pointes et de mots à double sens et d'esprit, pour faire trois auteurs comme Barthélemy. Fais donc honneur à Brazier comme à Ancelot, place Brazier comme Ancelot dans la hiérarchie à part, Brazier le prédécesseur de Scribe, de Bayard et d'Ancelot.

Passons maintenant à la lettre C, me dit le petit homme, et *veillons au salut de l'Empire!*

Je repris, et toujours en allongeant ma phrase, autant que je le pouvais :

— Ont fait des vaudevilles cette année : MM. Casimir Bonjour, Casimir de Lurieux, Carmouche, Chabot de Boin, Charles, Chavauches, Clozel fils, Camberousse, Courcy, Chapelle, Céran, Hippolyte et Théodore Cognard, Casimir.

— Je te sais gré, me dit le génie, de n'avoir pas confondu les deux frères Hippolyte et Théodore Cognard ; tu as fait de nos auteurs une étude plus approfondie que je ne croyais. Cependant, je dois t'arrêter sur une grave erreur. De quel droit fais-tu entrer M. Casimir Bonjour dans le temple chantant dont je suis le grand prêtre? Laissons les faiseurs de comédie en cinq actes et en vers au Théâtre-Français; ne confonds pas les genres au préjudice du vaudeville. Si je te passais M. Bonjour, tous nos faiseurs s'élèveraient contre toi et crieraient: Haro! Ainsi parla le génie, je promis de laisser M. Casimir Bonjour où il était, et je passai à la lettre D.

— Ont fait des vaudevilles cette année : MM. Daubigny, Décour, Dupeuty, Desnoyers, Desvergers, Desforges, Delaboullayes, Didier, Dumanoir, Dumersan, Ducange, Dupin, Duport, Duvert, Després, Dépagny, Derville, Dulac, Armand et Achille Dartois.

Le vaudeville, à ces noms qui lui sont chers, me frappa sur l'épaule d'un air fort satisfait. — Je vois, me dit-il, que je me suis mépris sur ton compte et que tu n'es pas aussi méchant qu'on me l'a dit; c'est une grande preuve d'estime pour un art que de savoir comme tu le sais les noms de tous ceux qui le professent. Seulement, je te fais remarquer que tu mets au nombre des vaudevillistes, plusieurs qui n'ont fait que des opéras-comiques, voire des mélodrames. — Allons toujours, reprenait mon homme en chantonnant.

— Ont fait des vaudevilles ou des opéras-comiques, ou, ce qui revient au même, des mélodrames, attendu la musique :

MM. Eden, Escousses, Édouard Damarins, Eugène Planard, Emmanuel;

MM. Ferrières, Ferdinand, Fournier, Francis, Francis-Dalcardes, Francis, Fulgens, Félix;

MM. Gabriel, Guyot;

MM. Halevy, Hippolyte, Henri, Honoré, Hector Volga;

MM. Jadin, James, Julien Chaillot.....

Je m'arrêtai tout essoufflé.

— Continue, et continue, disait le petit homme : encore, encore, encore; et sa main osseuse battait la mesure à faux, sur mon épaule, comme on la bat à l'orchestre de l'Odéon.

Je repris, mais déjà l'haleine me manquait.

— Ont fait cette année des vaudevilles, des opéras-comiques ou des mélodrames :

MM. Lafontaine, Laffitte, Lagrange, Lausanne, Germain Delavigne, Laurent, Léon, Leblanc, Lepeintre jeune, Levasseur, Leroy, Leroy de Baeu, Lhérie, Charles de Livry, Lotin, Lemoine, Lejour, Lebas.....

— Encore, encore, encore, disait toujours le petit homme, toujours chantant son refrain éternel, toujours battant la mesure à faux.

J'appelai ma mémoire à mon aide; je fis le plus inconcevable effort qui se puisse imaginer, et je repris tout haletant :

MM. Masson, Maximilien, Mélesville, Merville, Mennéchet, Molé, Morel, Morel-Muller.

MM. Nézel, Noël.

— Encore! encore! encore! encore! disait l'insatiable petit homme, encore!

MM. Octave, Ourry.

MM. Pain, qui a été censeur, Perrin, Pierre, Pixérécourt, Philippe, Ponet ....

— Encore! encore! encore! disait l'autre.

Je repris :

MM. Ponet, Pourchet, Prosper, Paul!

MM. Régnier, Roche, Romain, Rochefort, Rosier, Rondeau, Rousseau, Raimbeau, Romieu....

— Est-ce là toute la lettre R? me dit l'homme en me regardant de travers.

— Oui, lui dis-je, c'est toute la lettre R, et la dernière de l'alphabet, j'espère, car je n'en puis plus, en vérité !

— C'est là toute la lettre R! reprit-il d'un air ironique.

Je ne répondis pas, je n'avais plus de souffle et j'attendais mon sort, quel qu'il fût.

— Est-ce là toute la lettre R? reprit-il pour la troisième fois en éclatant; et Rougemont que tu oublies, Rougemont qui a fait de si belles choses en ce genre, mon bien-aimé Rougemont! Certes, voilà un oubli que tu paieras cher ; je veux animer Rougemont de mon souffle le plus puissant, afin que tu n'oublies pas son nom à l'avenir ; mais poursuis, poursuis ton compte en attendant que je règle le mien avec toi.

Je fis un nouvel et dernier effort. Un homme blessé à mort se relève parfois, espérant encore se sauver.

— Ont fait des vaudevilles cette année :

MM. Saint-Amand, Saint-Hilaire, Saint-Laurent, Saint-Hugues, Saintine, Saint-Marc !

— Encore! encore! encore! disait le petit homme.

— Il n'y a plus de Saint que je sache, en fait de vaudevilliste, lui dis-je, à moitié mort.

— Et pour qui comptes-tu donc Sauvage, Simonet et Sewrin, qui met des tambourins et des bergers dans toutes ses pièces? criait le fantôme.

— Hélas! lui dis-je, interrogez-moi tant que vous voudrez, je n'ai plus de mémoire et plus de voix.

— Nous sommes à la fin, disait l'homme, encore un effort; nomme-moi la lettre T.

— Il n'y a pas de lettre T, lui dis-je ; je ne connais que M. Tardif et M. Thouret.

— Ajoute M. Théodore et M. Tournemine, me criait l'insatiable nomenclateur.

Puis, voyant que j'étais muet.

— Ajoute aussi, criait-il, Valory, Varin, Vanderburch, Varner, Vial, Villeneuve, et jusqu'à ce malheureux Vulpian qu'on a fait sortir de sa tombe tout exprès, pour chanter un vaudeville nouveau.

Il se fit un moment de silence, entre le petit homme et moi, qui ne ressemblait pas mal au silence de la Grève quand le condamné met le pied sur l'échafaud.

— Jette-moi à l'eau, lui dis-je, je suis un fou d'avoir voulu savoir, aussi bien que toi, les noms des esprits que tu combles de tes faveurs.

— Je ne te jetterai pas à l'eau, me dit-il, c'est un supplice trop doux pour toi, je t'en réserve un plus long et plus cruel.

— Je me soumets à tout ce que tu voudras, lui dis-je, excepté à faire des vaudevilles ou à les apprendre par cœur.

— Sais-tu combien de noms nous avons trouvés sur ma liste, toi et moi? me dit-il.

— Je ne sais pas, lui dis-je, mais cela m'a paru bien long, à en juger par l'année passée et par cette nuit de ténèbres qui n'a pas l'air de vouloir finir.

L'homme tira de sa poche une brochure à couverture blanche,

c'était *le Luthier de Lisbonne*, que le libraire Barba, hardi spéculateur, avait imprimé à ses risques et périls.

— Si nous ne nous sommes trompés, toi et moi, me dit-il, la somme totale des auteurs dramatiques, qui ont travaillé cette année pour le théâtre, est au moins de cent soixante-huit.

En supposant que ces cent soixante-huit auteurs ne fassent, l'un dans l'autre, ce qui est fort modeste, que dix moitiés de pièces par an, cela donne pour une année huit cent quarante actes de vaudevilles, comédies ou drames dont la critique aura à s'occuper.

A ces mots prononcés d'un si grand sang-froid, je me levai saisi d'horreur et comme poussé par un mouvement machinal.

— Oui, me dit-il, huit cent quarante actes à voir, à juger, à entendre, plus de trois mille couplets par an, ce qui présente dix-huit mille refrains. Et tu demandes que je te jette à la rivière, tu n'es vraiment pas dégoûté!

Tu veux mourir, ambitieux, mais en supposant que tu vives douze années à cette tâche, seulement douze années, tu auras à entendre dix mille quatre-vingts actes de vaudevilles, ou d'autres choses; les couplets te tomberont par millions, les refrains t'accableront par milliards. Malheureux! iras-tu lutter contre le torrent? Malheureux! comprends-tu à présent pourquoi je ne te jette pas dans la Seine, et pourquoi je te laisse vivre, le comprends-tu?

Comme le petit vieillard achevait sa malédiction, il se fondit dans le nuage, et je le perdis lui et sa chanson. Peu à peu le brouillard se dissipa. Je retrouvai ma route, et l'âme pleine de terreur, je rentrai chez moi sans autre rencontre funeste, sinon quelques saint-simoniens tremblants, qui portaient une couronne d'immortelles à leur idole nouvelle, le Spartacus de mon compatriote Foyatier.

CHAPITRE VI.

Ainsi tout compte, et tout sert, pourvu qu'on sache en tirer parti. Avec *Bouginier* et *Crédeville*, un écrivain de feuilleton peut construire une ou deux pages. Vous avez vu, les uns et les autres, la figure de Bouginier et le nom de Crédeville sur les murs de Paris, sur les murs de la banlieue, et sur tous les murs ; sur chaque porte, à chaque fenêtre, et partout dessinée au charbon ou à la craie, une grosse figure, gros nez, lèvres épaisses ? C'était Bouginier ; l'honnête et simple Bouginier, bon, humain, modeste, qui voulait vivre inconnu, dont la figure est devenue aussi vulgaire que celle de Bonaparte et du grand Frédéric, par l'indiscrétion des rapins.

Un mois après la figure de Bouginier, l'honnête homme, flamboyait, en caractères mystérieux, le nom de Crédeville, écrit par la main invisible qui écrivait le : *mane-thekel !* au festin de Balthasar. Et partout où se portaient vos regards, vous lisiez : *Crédeville voleur !* — A la porte de l'hôpital : *Crédeville voleur !* — A la porte de la maison de ville : *Crédeville voleur !* — A la porte de l'église : *Crédeville voleur !* — A la porte du cabaret : *Crédeville voleur !* — A la porte du commissaire de police, sur la guérite du factionnaire, dans sa guérite, sous sa guérite, sur les murs de la prison : *Crédeville voleur !* Il était inscrit avec son titre aux environs de Paris, à Montmorency, sur les murs de la maison de Jean-Jacques, à Ermenonville ; je l'ai lu de mes propres yeux à Saint-Mandé, sur les murs du parc de M. Vidocq, — *Crédeville voleur!* — Sur la plus haute des pyramides : *Crédeville voleur!* « C'était écrit! »

Quel était ce Crédeville? Quelle main puissante inscrivait ainsi son nom révélé tout à coup? Pourquoi cette épithète : *voleur*? Était-ce une mystification du bagne ou une plaisanterie d'écolier? Était-ce un défi jeté à la brigade de sûreté? Était-ce un besoin de gloire ou de vanité satisfaite? Crédeville voleur !

Les plus habiles, après y avoir réfléchi, ont jeté leur langue aux chiens. Crédeville voleur est resté une énigme sans explication.

UNE THÈSE EN SORBONNE.

Avec moins que cela, avec la mort de *feu Duponchel*, on faisait un feuilleton. *Feu Duponchel !* c'était encore une plaisanterie affichée à chaque muraille ; un jour même on en vint à faire imprimer des billets de faire part de la *perte douloureuse de monsieur Duponchel, architecte et directeur de l'Opéra*. Et malgré lui, malgré la défense formelle de M. Saint-Marc-Girardin, le feuilleton, voyez le bon apôtre! pénétrait dans la maison de *feu Duponchel!* — Ou bien c'était une thèse en Sorbonne où l'abbé Pezet, prenant à l'improviste les théologiens de l'endroit, les mettait tous en déroute, un vendredi, *Veneris die*, le jour de Vénus, et rien n'était amusant à voir comme la faculté de théologie, obligée, au pied levé, de faire subir, à ce terrible abbé, l'*examen theologicum*.

Quand enfin, après avoir frappé pendant six semaines à la porte rebelle de la Sorbonne, l'abbé Pezet trouve la porte ouverte, et sur leurs bancs de douleur messieurs de la faculté de théologie, à savoir l'abbé Glair, l'abbé Faudel, l'abbé Ycard, théologiens un peu rouillés, le candidat commence ainsi son discours : — « Doctissimi STANTES num dico *assidentes* (en effet l'assemblée était debout), *ostendebo*... A ce barbarisme il s'arrête : *Ostendo, ostendis, ostendit*, OSTENDAM. En même temps il dit en français, à un de ses juges qui lui fait une question : « De quel droit m'interrogez-vous, vous qui n'avez jamais passé d'examen? » Et l'instant d'après il interpelle ce même juge, en latin : *Clarissime magister in Israel*, avec un ton surnaturel de sarcasme et d'ironie.

A ce mot *clarissime* se lève monsieur le docteur Ycard, qui fait remarquer que *clarissime* n'est pas d'usage, et que les docteurs de Sorbonne se contentent ordinairement du *doctissime*, comme feu S. A. R. l'archichancelier Cambacérès se contentait du *Monseigneur*.

A quoi reprend le candidat: *Doctissimi, inquam, quamquam Pythagoras, propter modestiam, semper docti nomen renuit.* On peut juger si l'assemblée avait à rire. Cet imperturbable sang-froid eût déconcerté les plus grands docteurs. De mémoire d'homme on n'avait vu pareille raillerie. L'abbé Pezet en Sorbonne était comme ces savants qui jadis s'en allaient d'académie en académie dissertant *de omni re scibili*.

Après une bonne heure de dissertation préalable, l'abbé Pezet a été admis tout d'une voix à soutenir sa thèse, *au jour qu'il choisira*.

Sur quoi l'abbé, avec sa forte voix et ses longs bras, et se tournant vers l'auditoire, s'est écrié :

Auditis....., in crastinum! — Vous les entendez! Eh bien, à demain!

A ce mot : *à demain!* vous eussiez vu la faculté de théologie aussi pâle que si les eût interrogés le cardinal de Richelieu en personne! Heureusement que l'abbé Ycard, l'abbé Glair et l'abbé Faudet obtinrent de cet enragé un répit de quelques jours.

LES SAUVAGES, LES FLEURS, LES TIGRES ET LES ÉLÉPHANTS.

Un autre jour nous apportera quelque étrange curiosité dont nous ferons notre profit : le dey d'Alger, don Pédro, une tribu de Charruas, une exposition des fleurs et des plus beaux fruits de l'année, une ménagerie hurlante, un éléphant danseur de corde; eh bien ! croyez-moi, ne négligez rien de ces merveilles, elles remplaceront le vaudeville absent! C'était triste à voir, ces sauvages mourant de faim et de froid dans une baraque des Champs-Élysées, le vieux cacique, et cette pauvre Guyanaya à demi vêtue, et semblable à cette princesse de Troie en cendres: *Plût à Dieu que je crai-*

gnisse!—En revanche; il y avait au même instant plusieurs tigres royaux, plusieurs éléphants célèbres; les uns et les autres ils jouaient la comédie et c'était à qui se ferait présenter, dans les coulisses, à ces messieurs et à ces dames.

« Vive Dieu! il faudra désormais que nos princes et nos princesses de théâtre, se tiennent ferme pour soutenir la concurrence. En voilà qui n'ont pas besoin de fard à leur joue, de poignard à leur ceinture, de belles robes de soie, et de souliers neufs. Comme aussi ils n'ont pas besoin de brassards, de cuirasses, d'épées, de poignards et d'artifices en coton. Ils y vont bon jeu bon argent, les uns et les autres. Sans grimaces, sans hésiter, sans rien prendre au souffleur (ils n'ont pas de souffleurs), ils improvisent tous leurs rôles. Aussi bien tout ce qu'ils jouent est simple, vrai, et part de là. Ainsi leurs baisers sont frénétiques, leurs baisers sont des morsures, le sang et l'amour leur sortent par tous les pores. La joie et la douleur les pénètrent jusqu'au fond de l'âme. Ils se font entendre haut et ferme; ils méprisent, tant qu'on la peut mépriser, cette populace sans frein qu'on appelle un parterre; ils lui rient au nez, ils lui crachent au visage, ils lui tournent le dos, ils bondissent contre lui; à chaque saut du terrible comédien, le parterre bondit comme pour s'enfuir. Cette fois, la scène est changée, l'art dramatique est au rebours. Ce ne sont plus les comédiens qui sont donnés en spectacle aux hommes assemblés, ce sont les hommes que l'on donne en spectacle aux comédiens.

— Venez donc : ours et tigres, lions et tigresses, lionnes, panthères, race féroce et affamée, voyez-vous dans cette salle immense ces mal peignés, ces mal bâtis, ces petits jeunes gens efflanqués, ces belles petites formes féminines, moitié satin et moitié gaze, ces hommes de lettres si gros, si gras, si fleuris, et cependant si morts de faim, à les en croire. Eh bien ! que vous semble et lequel parmi ces monstres rassemblés, voulez-vous dévorer à votre souper? Vous ne répondez pas, bêtes que vous êtes ! Mais c'est l'élite de la société parisienne qu'on vous propose ! Des bourgeois qui ont joué un rôle ridicule dans tous les romans modernes, des jeunes gens délicieux, des séducteurs qui ont séduit tout ce qui était à séduire dans ce grand royaume, qui s'étend de la colonne de Juillet à l'arc de triomphe de l'Étoile; des femmes ravissantes, parées, blanches, échevelées, disposées pour la passion,—et des magistrats des conteurs, des romanciers, des poëtes, des journalistes. Tous ces gens-là sont à vos ordres :

> Vous leur ferez, seigneur,
> En les croquant, beaucoup d'honneur.

Or, qui le croirait, la troupe affamée ouvre une gueule dédaigneuse ; à ces mets exquis qu'on lui propose, elle préfère une cuisse de cheval. A chacun son goût, messeigneurs, mais ceci est bien humiliant pour des hommes civilisés. »

On joue ainsi, et le jeu ne déplaît pas au lecteur. Talma n'est plus, vous avez Van-Amburg le dompteur de lions ; Fleury est mort, vous avez Carter, l'ami des tigres. Van-Amburg est entré chez le lion le chapeau sur la tête, et la cravache à la main, ainsi le jeune roi Louis XIV entrait tout botté au Parlement! Van-Amburg, quand il a bien tourmenté le lion et la lionne, est mis hors de combat par un petit léopard de rien du tout, qui venge à sa façon le roi et la reine des animaux ! C'est alors que se montre, après Van-Amburg le classique, Carter le novateur.

« Il a débarqué avec toute sa bande, la nuit, traîné dans une vaste tombereau. Qui l'eût entendu passer, ce tombereau roulant et infect, ne se fût guère rappelé le tombereau de Thespis tout rempli de poëtes buveurs célébrant les vendanges et le vin : comédiens barbouillés de lie, comme les nôtres sont barbouillés de sang. Ainsi, les deux bouts de la chaîne dramatique se terminent par un tombereau : ici des Grecs amoureux et chanteurs, là-bas des panthères affamées et des tigres qui ont soif. Nous avons le mauvais bout de la chaîne, hélas !

« A peine arrivé, Carter se sera informé de l'état de l'art dramatique parmi nous, et il aura souri de pitié quand il aura appris le peu que nous faisions des tigres et des panthères. Qu'est-ce que cela en effet? Causer avec un lion ! faire la cour à une lionne ! — Moi, dit Carter, je fais du tigre un chien que je bats, et du lion une rosse que j'attèle. J'ai tout bouleversé chez vous, moi l'Américain inculte ! Vous avez un conte de l'âne caché sous la peau du lion, moi j'en veux faire une histoire. Ah bien oui ! que je fasse des politesses à de pareils êtres ! que je m'amuse à regarder la langue à mon lion, comme un médecin de village, ou les dents de ma lionne, comme un dentiste ! Levez la toile !

On lève la toile et nous voilà en plein champ de carnage. Nulle séparation et pas de grilles; à quoi bon? Nous sommes tous cousins et cousines. Voilà en effet le tigre qui sort de sa niche et qui s'en vient lécher Carter. Carter donne un grand coup de pied à son tigre; l'autre dit: — *Merci!* Et il s'en va la queue entre les pattes, honteux comme serait honteuse une poule qui aurait été prise par un renard, car aujourd'hui ce sont les poules qui prennent les renards. — Va! dit Carter, à bas les tigres! Je m'en fiche *comme de ça!* C'est bon.

Le tigre chassé, notre homme appelle le lion; un grand diable de lion endormi et pesant. — Où diable voulez-vous me mener? dit le lion. Voilà des hommes bien laids qui me regardent! voilà des femmes assez bien vêtues, mais quelle musique! laissez-moi dormir. — Demain, quand j'aurai déjeuné et qu'il fera jour, nous ferons un cent de piquet si vous voulez, ou bien nous jouerons au cheval fondu, et c'est moi *qui le serai!* ou bien aux quatre coins, avec la tigresse, la lionne, le rhinocéros et la panthère, et c'est moi qui serai au milieu. Êtes-vous content? adieu, mon ami, je vais me coucher!

A ce discours sensé, notre lion tourne le dos et s'en va. — Ah! gredin! ah! coquin! ah! voilà comme tu obéis, dit Carter! Et v'li! v'lan! à coups de pieds, à coups de poings, à coups de cravache! Ah! tu veux aller dormir, fainéant, à onze heures du soir! Disant ces mots, il le bat comme plâtre. Si M. le procureur du roi le savait, la chose ne se passerait pas ainsi.

— Allons, je ferai ce que vous voudrez, dit le lion à l'homme; mais par pitié, par la mère qui vous a nourri de son lait, ne me mordez pas, ne m'égratignez pas! vous m'avez crevé l'œil gauche, l'autre jour.

Et l'homme met à ce lion un vieux harnais rouge dont le dernier cheval du Cirque ne voudrait pas, et avec ce harnais il attèle le lion, oui, le lion, à un chariot en carton doré, et dans ce chariot en carton doré, il s'étale comme un empereur romain. — Il appelle cela triompher. — Oh! si vous pouviez voir la bonne mine de ce lion, son air humilié et contrit, son sourcil pendant, sa démarche dégingandée, et sa patte qui traîne! A ce triste spectacle, j'ai vu messieurs les chevaux du Cirque mettre leur nez indigné à la fenêtre! J'ai vu l'ombre du cerf Coco revenir stupéfaite dans ce cirque témoin de sa gloire. Le cerf Coco portait son petit chapeau et sa redingote grise ; il avait ses bottes fortes ; il tenait de sa patte droite, derrière son dos, sa lorgnette infatigable ; il avait l'air de dire : — Voyez! moi! le cerf, j'ai passé à travers le feu d'artifice, et voilà un lion qui traîne un homme dans un chariot. Tout est changé, tout est bouleversé! Les lions engendrent les cerfs, les cerfs engendrent les lions! Je ne suis qu'un cerf, mais apportez-moi ce tigre que je le mange, et la griffe de ce lion que je me cure les dents.

Après le triomphe, l'homme renvoie le lion chez lui d'un grand coup de pied. Les femmes du Cirque crachent de pitié sur l'animal (c'est le lion que je veux dire). Vive l'homme! A bas le tigre! Vive la femme! A bas le lion! L'homme triomphe enfin ; c'est bien heureux, ceci nous relève un peu de l'abaissement où nous ont placés les drames et les romans nouveaux.

A la fin, l'homme s'impatiente. Il a faim de tigres, il a soif de panthères, il veut déchirer des chacals, il veut se baigner dans la bave et dans le sang ! Donc, ses domestiques lui apportent un baquet tout rempli de bêtes fauves. Il se plonge dans ce baquet jusqu'au menton ; il nage en pleine eau dans cette férocité! Alors vous voyez bondir à la surface toutes sortes de dents blanches, d'œils sanglants, de griffes aiguës, de poils roux, bruns, blancs, noirs, surtout vous voyez se dresser un horrible et grandissime monstre de tigre qui a sept pieds, sans compter la queue. A la bonne heure! En voilà un qui va venger son espèce offensée ! en voilà un qui va reconquérir les droits imprescriptibles de la bête fauve! Ce n'est pas celui-là qui se laissera intimider par un homme! — Vain espoir ! le tigre est battu, comme ses frères, à coups de cravache. L'homme l'appelle, le tigre arrive, le tigre est frappé jusqu'au sang, et il tire de ses entrailles vides un rugissement, non pas un rugissement, mais un mugissement, non pas un mugissement, un vagissement plaintif! On le rappelle, il revient, il est rebattu! Non, il n'y a pas de chien, il n'y a même pas d'homme, si lâche que vous le supposiez, qui se laissât traiter ainsi. J'appartiens à un petit chien dont je fais toutes les volontés, et qui, je pense, a quelque bienveillance pour moi; mais si je me conduisais une fois, une demi-fois, comme Carter se conduit avec son tigre, mon chien me mordrait jusqu'au sang et il ne me le pardonnerait jamais!

A la fin, quand il a bien mêlé toutes choses, bien battu cette terrible omelette rugissante, notre homme sent le besoin de s'endormir; alors que fait-il? Il prend son tigre et il le jette là, *pouf*, fais le mort! Sur le tigre, il jette son malheureux lion, — ne bouge pas! Sur ce lion, il étend une panthère, sur la panthère, un chacal, pan! pan! le lit est fait! il est bien battu. Seulement, il manque un traversin. — Voilà un traversin! c'est une petite tigresse; on vous la met en travers. — Et tout ceci se fait aussi tranquillement que le lit de M. d'Asnières dans *l'Auberge pleine*. Bonne nuit!

Puis, quand son lit est fait, l'homme s'étend de son long sur cette litière rugissante et obéissante. *C'est un singulier oreiller à reposer une tête bien faite*, eût dit Montaigne.

Monseigneur, disait-on au prince de Condé, après la bataille de Rocroy, vous dormirez sur un lit comme pas un homme n'en a jamais eu!

On peut en dire autant à Carter: Comme on fait son lit, on se couche. — Bonsoir.

Tel est, Monsieur et Madame, tout ce drame qui fait à cette heure le charme de la haute société parisienne. Pour admirer ces férocités assemblées, soudain toutes les passions secondaires ont été oubliées, la médisance même en est interrompue; — on ne parle plus que de cela dans le salon de la célèbre madame de Navarrens, dans le boudoir de la fameuse madame de Langeac; le petit Rastignac en est revenu tout émerveillé; le jeune duc de Maufrigueuse est allé voir les lions avec *son tigre* Toby; le prince et la princesse de Cadignan ont fait retenir une loge pour samedi; madame d'Espars elle-même, oui madame d'Espars, si connue, elle n'a pu avoir sa loge d'avant-scène que pour mardi prochain, dans huit jours! Enfin, pour tout vous dire, M. Maxime de Trailles, M. de Marsay, M. de Rastignac, vous savez bien, l'amant de madame de Nucingen, M. le marquis d'Ajuda Pinto, le jeune duc de Granlieu, M. le marquis d'Esgrignon lui-même, eh bien! les uns et les autres, le jour de la première représentation, ils n'avaient trouvé de place qu'au parterre, à côté de M. César Birotteau, parfumeur et chevalier de la Légion-d'Honneur. En vérité, il faut que ce directeur de la Porte-Saint-Martin soit un grand manant! Croiriez-vous, Messieurs et Mesdames, qu'il a osé placer madame de Maufrigueuse dans une troisième loge de côté, une Cadignan, Messieurs, rien que cela, qui porte d'or et à cinq †: fusées de sable accolées et mises en face avec le mot: *Memini!* pour devise et la couronne fermée, sans tenants ni lambrequins! — sans tenants ni lambrequins! une troisième loge!... couronne fermée! une troisième loge, non fermée!... Où allons-nous? »

Et tout de suite, afin de reposer le lecteur de ces hurlements, de ces bondissements, de ces viandes à demi dévorées, ayez soin de placer sous ses yeux, deux ou trois petits drames pleins de calme et de fraîcheur! — Le contraste, il a tant de grâce et d'autorité, le contraste!

MADAME BASILE.

« N'est-ce pas que vous l'avez bien aimée et que c'est la femme des *Confessions* qui vous a fait rêver davantage? Madame de Warens, madame d'Houdetot et Julie elle-même, toutes les passions de J.-J. Rousseau, les passions de sa tête et de son cœur, ne valent pas un sourire, un regard de madame Basile. Il est impossible d'être plus belle, et plus naïve, et plus honnête, et plus jolie, et plus bourgeoise. Comme elle est restée en plein cœur dans le génie de Jean-Jacques! Comme elle est à part, toute blanche et toute parée à côté de tant de femmes qu'il a aimées sans le leur dire? Comme elle éclipse mademoiselle Galley la charmante! Mais aussi c'est la première femme qu'il ait vue et qu'il ait aimée, la première aussi qui l'ait deviné lui le pauvre apostat mendiant dans la rue Contra-Nova! Aussi elle est restée pour nous ce qu'elle a été pour J.-J. Rousseau cette jeune femme, notre première, notre plus innocente, notre plus chaste passion.

Interrogez le premier venu, le plus vieux, le plus jeune, et le rejetant tout à coup dans l'enchantement de la première partie des *Confessions*, demandez-lui ce qu'il aime le plus? Il vous répondra: Madame Basile et la pervenche.

Et toujours au premier venu, jeune ou vieux, demandez-lui: — Où demeurait madame Basile, et qui elle était, et la profession de son mari, et comme elle était vêtue? Aussitôt vous verrez le vieillard s'animer ou vous verrez le jeune homme pâlir, et vous les entendrez vous répondre : Elle demeurait rue Contra-Nova au rez-de-chaussée d'une maison de bonne apparence ; — c'était une jolie brune d'une vivacité touchante. — Son pied se montrait à peine, elle portait une robe à fleurs et ses cheveux étaient ornés de fleurs. Son attitude était gracieuse, et son cou était blanc. Et il était là, à ses pieds, sur une natte, lui si tremblant, lui, Jean-Jacques ; immobile et les yeux baissés, et elle immobile aussi et les yeux baissés ! Ils se sont aimés sans oser se le dire ! Une seule fois il a posé ses lèvres brûlantes sur sa main brûlante ! Et tout d'un coup le mari est revenu, M. Basile (le voyez-vous entrer en habit écarlate et en boutons d'or ?) et M. Basile a chassé le pauvre Jean-Jacques loin de sa femme, et depuis ce temps-là Jean-Jacques ne l'a pas revue ; et personne ne pourrait dire ce qu'elle est devenue la jolie femme, et nous ne savons pas même son nom de baptême, et nous donnerions tout ce grand royaume de Savoie pour le savoir ! C'est ainsi que, jeunes et vieux, nous parlons tous de madame Basile !

« Je me jetai à genoux à l'entrée de la chambre en tendant les
« bras vers elle, d'un mouvement passionné, bien sûr qu'elle ne
« pouvait m'entendre, et ne pensant pas qu'elle pouvait me voir ;
« mais il y avait à la cheminée une glace qui me trahit. Je ne sais
« quel effet ce transport fit sur elle ; elle ne me regarda point, ne
« me parla point ; mais tournant à demi la tête, d'un simple
« mouvement de doigt elle me montra la natte à ses pieds ! »

Faites donc de cela un vaudeville ! — Ils en ont fait un vaudeville, les malheureux !

CASANOVA.

A côté du timide amoureux, le contraste exigeait un de ces fabuleux héros du vice italien qui s'en venaient de Venise à Paris, pour ajouter tous les vices de l'Italie à tous les vices de la France. Aussitôt vous rencontriez ce corsaire et ce bandit aux mille fleurs, tout chamarré de coups de bâton et des rubans de ses maîtresses, Casanova, le colporteur de la Loterie, et le commensal du cardinal de Bernis. Ce Casanova est célèbre pour avoir déshonoré, non pas deux ou trois mille femmes, filles ou veuves, italiennes, françaises, allemandes, et de toute nation, mais bien pour avoir déshonoré la prison de Venise, cet avare Achéron, qui avait l'habitude de ne point lâcher sa proie. Au temps où florissait ce ruffian italien, Venise était une ville perdue de courage, d'esprit, de luxe et de mœurs; elle n'avait conservé de son ancienne puissance que sa prison; ses *plombs* étaient tout son orgueil; la bouche d'airain était béante et mâchait à vide.

Comme un reste d'autorité, Venise, *la belle*, avait gardé sous les toits du palais de Saint-Marc quelques malheureux qu'elle faisait cuire à petit feu, ou qu'elle jetait, la nuit, dans le canal Orfano, parodie méchante et inutile de son ancienne et terrible justice. — C'était vraiment une ville faite tout exprès pour ce Casanova, une ville de parfumeurs, d'espions, de joueurs, de carnaval et de courtisanes, peuplée de débauchés et d'intrigantes, une ville qui donnait à jouer, et qui avait fait, autant de croupiers, de ses sénateurs. Elle tenait donc à son palais de Saint-Marc, comme à sa dernière supériorité dans le monde, et à ses *plombs*, comme à son dernier talisman. En brisant ces plombs redoutés encore, en violant cette prison, la seule autorité qui fût restée inviolable à Venise, Casanova porta à l'amour-propre de Venise un coup mortel.

Cette fuite de Casanova, qui fut hardie et habile, étonna toute l'Europe. La Bastille, cette sœur jumelle du palais de Saint-Marc, en frémit jusqu'en ses fondements. Casanova, à dater de ce jour, devint un homme à la mode, et il recommença de plus belle cette vie d'extravagantes et lascives aventures, qu'il a racontée avec si peu de vergogne et dans de si grands détails. Certes, voilà, s'il en fut jamais, un Italien sans pudeur et sans honte. Sa vie est tout ce qu'il vous plaira de fangeux, un inceste sans fin, un adultère de Paris à Rome, une fornication de tous les jours, de toutes les heures. Il est né l'enfant d'une fille de joie et d'un père qui ne valait guère mieux que sa mère. A quinze ans, il avait déjà dépassé et vaincu père et mère. Que d'aventures incroyables ! que de passions complaisantes ! Que de lieux sacrés et profanes, il a souillés ! Palais et chaumières, hôtelleries et couvents, cathédrales et mansardes, grandes routes et jardins publics, Paris et Venise, la ville et la cour, et pis encore; il n'a rien épargné, il n'a rien respecté : ni la jeunesse, ni la vieillesse, ni l'enfance; et la dame et la servante, et l'abbesse et la comédienne; rien n'a fait faute à ces désirs immodérés, furibonds, insatiables, affreux.

En même temps que cet homme était amoureux, il était vénal Il aimait l'or autant que l'amour, il était aussi habile à faire de l'or avec de l'amour, qu'à faire de l'amour avec de l'or. Il était joueur comme on l'était à Venise, et même un peu à Paris, joueur jusqu'aux dés pipés, inclusivement. Il était brave, jusqu'au coup d'épée dans le cœur, exclusivement; il avait la beauté d'un petit-maître de Versailles, la jambe bien faite, les narines ouvertes, l'œil rond, la bouche en cœur et le teint brun ; il avait auprès des femmes les plus grandes qualités qu'on puisse avoir auprès des femmes ; il les aimait, il les aimait toutes, quelle que fût leur fortune ou leur naissance, blondes ou brunes, vieilles ou jeunes, belles ou petites ; il a aimé même des négresses et des créoles dans un temps où la créole était presque une négresse. Bref, don Juan, malgré sa liste fabuleuse, est un conquérant terriblement dépassé par Casanova de Singalt.

Casanova, c'est le don Juan du carrefour et de la borne. C'est véritablement la fille de joie, faite homme. Il est vil jusqu'à en être fier. Il n'a pour lui ni esprit, ni grâces, ni beauté, ni jeunesse, ni mérite; il a mieux que cela, il a le plus merveilleux instinct de vice et de corruption. C'est bien évidemment un des héros de romans les plus affreux, quand on lui a ôté son théâtre, quand il a essuyé son visage. Il va, il marche dans ce monde du siècle perverti, comme un autre juif errant, n'ayant pour toute ressource qu'un jeu de cartes dans sa poche, et avec ce jeu de cartes, il multiplie à l'infini les cinq sous inépuisables d'Isaac Ahasvérus. Il va de vices en vices, côtoyant le crime, et n'y tombant pas, tant il est lâche! Il a peur, voilà sa vertu. La société du XVIIIe siècle a trouvé naturellement que cet homme-là était un personnage très-naturel et très-logique; il est fêté, il est aimé, il est reçu à bras ouverts. C'est lui, et il en était bien digne, qui a donné à la France la loterie, inestimable présent ; si on l'eût laissé faire, il eût été aussi l'inventeur des jeux publics ; car à Venise, il avait été élevé dans toutes les émotions de la rouge et dans toutes les terreurs de la noire; un tapis vert avait été son premier lange, un tapis vert fut son linceul!

Il réunit à lui seul plusieurs genres d'illustrations qui furent en grand crédit en ce temps-là. Il fut charlatan comme Cagliostro ; il fut magnétiseur comme Mesmer ; il fut tour à tour homme et femme, comme le chevalier d'Éon ; il fut illuminé, il fut grand Cophte, il fut tout ce qu'il fallait être pour faire des dupes, pour escroquer des femmes et pour en hériter ; et pourtant rien ne fit obstacle à la tranquillité de sa vie. — On le vit même chargé d'honneurs. — Il portait en broche, la croix du pape et tous les ordres de chevalerie que pouvaient inventer, économiquement, les petits princes de l'Italie ! Il parla à Louis XV, comme il eût parlé à son égal, il était digne de ce grand honneur qui fut refusé à Voltaire et à Diderot ! Il fut salué presque tendrement de madame de Pompadour, qui manqua à sa liste, dites-moi pourquoi ? Il n'enleva qu'à moitié la maîtresse de M. le cardinal de Bernis, qui lui en garda une reconnaissance éternelle, je parle du cardinal.

La vie entière de ce vicieux fut une fête. — Pour lui, le monde entier était un grand boudoir rempli de fleurs ; le soleil était le lustre étincelant d'une salle de banquet, la lune une mystérieuse clarté dans une alcôve immense ; il réalisa en quelque sorte le vœu de Caligula ; les femmes de ce mardi-gras des coquettes n'eurent en effet qu'une seule joue pour Casanova, et sur cette joue et sur ces yeux fiévreux, sur ces lèvres, malades et brûlantes, sur ce cou flexible et chargé de perles, sur ces épaules amaigries et parfumées, sur ces mains effilées et lascives, sur ces pieds mignons et brisés, sur toute cette personnalité de la beauté humaine anéantie et souillée, Casanova imprima son fatal et dernier baiser de libertin ! Voilà l'histoire de sa vie, et voilà ses Mémoires, voilà ses *Confessions;* lisez-les, si vous l'osez !

Cet homme a vécu aussi longtemps que peut vivre un débauché en pleine débauche des sens, de l'esprit et du cœur, et quand il n'eut plus un seul dé à agiter dans le cornet fatal, plus de cartes à mêler, plus de verres à vider ; — quand il n'y eut plus une fleur à briser, une femme à souiller, un vice à mettre en honneur, un paradoxe à soutenir, une vertu à immoler ; — quand enfin les affaires sérieuses arrivèrent après les plaisirs ; — quand le tour de Montesquieu fut venu après le règne de Voisenon, quand le *Sopha* eut fait place à l'*Esprit des Lois*, quand le Mirabeau de vingt ans eut fait place au Mirabeau de la tribune, quand ce terrible lendemain des affaires sérieuses fut arrivé enfin après les fêtes lascives, ces travaux sans lendemain, que pensez-vous que devint Casanova? Casanova, pour être vieux, cassé, éreinté, usé jusqu'aux moelles, n'en devint pas plus sage; seulement il se figura qu'il y avait une éclipse au soleil, et en attendant que revînt le jour, il se fit le bibliothécaire d'un prince allemand sans bibliothèque. Casanova était au bout de sa vie et de son vice, qu'il ne s'était pas encore douté que sa vie et son vice pussent jamais finir.

Il s'était figuré que son vice était éternel, et arrivé au fond de sa corruption, il fut bien étonné, car il avait toujours entendu dire que c'était là un gouffre sans fond. Il se fit donc bibliothécaire d'un prince illétré, ne pouvant se faire abbé de quelque abbaye opulente. Dans sa vieillesse, il se réchauffa comme il put dans les cendres tièdes et fumantes de ses amours passées, flambeau usé qui ne jetait plus qu'une fumée infecte et malsaine. Il ramassa dans sa besace effrontée et percée, où il les avait jetés pêle-mêle, tous les gages d'amour qu'il avait reçus de ses maîtresses, j'entends tout ce qui n'était pas or ou diamants, et il tira un à un, et il posa un à un sur une table vineuse, tous ces vieux nœuds de rubans roses, tous ces vieux cheveux mal peignés et tous ces restes hideux des passions malsaines; lui-même, cet affreux vieillard, en regardant avec ses yeux rouges et éraillés, les vestiges gras et ternes de ses prostitutions passées, il avait peine à les reconnaître :

« Est-ce bien la jarretière de Manon la Vénitienne? Sont-ce bien les cheveux soyeux et flottants de Louisa, la Romaine? — Qui donc a terni ainsi le collier de velours de ma duchesse de Florence? Qui donc a troué le mouchoir brodé de ma comtesse de Versailles? J'avais dans ce coin un petit gant d'Elvire la grisette? On m'a sali bien cruellement la guimpe blanche de Michaela la Visitandine? J'avais mis de côté la dent de lait de cette enfant qui m'avait livré ses quinze ans; cette dent si blanche, qui donc l'a carriée et noircie? » Vieillard! vieillard misérable et insensé, il ne faut t'en prendre qu'à toi seul de ces souillures! C'est toi-même, c'est toi seul qui les a gaspillés, et qui les a entassés sans miséricorde, dans ton infâme besace et dans cet horrible pêle-mêle, tous ces dix-huit ans fleuris et joyeux! C'est toi qui as fané ces dentelles, qui as flétri ces fleurs, qui as sali ces guimpes flottantes, qui a troué ces broderies; voilà ton œuvre, et voilà ton gaspillage, et voilà tout ce qui te reste de tes passions vénales, les reliques misérables de ce que tu appelles tes amours!

Et pourtant c'est avec ces loques et ces guenilles amoureuses, que le sieur Casanova, devenu vieux et perclus, a composé l'œuvre de ses Mémoires. Il a cousu tous ces lambeaux les uns aux autres avec mille cheveux grisonnants; il a repetassé comme il a pu, ces passions éteintes; il a composé ainsi avec une sublime effronterie, une de ces œuvres sans nom où le cynisme lutte à chaque pas avec le cynisme, et dans lesquelles le vice même est défiguré à plaisir. Et il y a des gens qui ont prétendu que ce Casanova c'était Gil Blas en chair et en os! Lui Gil Blas! Mais Gil Blas n'a été jeune qu'un jour, mais Gil Blas n'a été vicieux qu'une heure, et encore si innocemment vicieux! Mais Gil Blas, a fini par devenir un homme d'affaires, un serviteur dévoué et un père de famille. Pour bien finir, Casanova n'avait qu'un moyen, c'était d'être enfermé aux Madelonnettes, dans une prison de filles, et d'être fouetté, tous les jours, pour ses péchés. »

Écoutez, cependant, un conte galant, *la Mouche à la joue et l'Éventail à la main!* Vous verrez que du moins, ce gredin de Casanova avait laissé aux honnêtes gens, les honnêtes amours!

PAULINE, OU QUI EST-CE QUI GOUVERNE?

Colas s'en va chez Pauline; Colas est tout en pleurs.

— Je suis perdu, Pauline; le préposé aux fonds secrets, M. de Gatry, m'a appelé ce matin chez lui; il m'a signifié qu'il avait volé un demi-million à sa caisse, et que j'eusse à me déclarer coupable de ce vol dans les vingt-quatre heures. Demain, à dix heures, il faut que je lui porte un billet écrit de ma main qu'il m'a donné tout rédigé, et que je parte en poste avec soixante mille francs et le déshonneur, sinon je suis enfermé à la Bastille pour le reste de mes jours.

Ainsi parlait Nicolas Rosier à une pauvre orpheline que le comte d'Oron avait retirée chez lui par charité. Pauline aimait Colas de tout son cœur, et elle eut pitié de lui.

— Prends courage, mon bon Colas; laisse-moi venir à ton aide, et retourne chez ton voleur, M. de Gatry.

Cependant, à peine Nicolas était sorti que le prince de Soubise entrait dans l'hôtel. Pauline était encore toute émue; l'indignation, l'amour, la colère, le besoin de sauver Colas, tout lui donnait je ne sais quel charme incroyable. Jamais le prince de Soubise n'avait vu Pauline si jolie.

— Mon Dieu! que vous êtes belle, lui dit-il, et qu'il est heureux que le comte et la comtesse d'Oron ne soient pas chez eux!

Pauline, habituée aux douces paroles du prince de Soubise, n'avait pas l'air de les entendre. Elle était émue et indignée; ses beaux yeux avaient peine à retenir de belles larmes qui coulaient sans qu'elle en sût rien; puis comme le prince de Soubise redoublait de galanterie et d'empressement:

— Monseigneur, lui dit-elle, pardon, Monseigneur; mais je voudrais vous parler très-sérieusement.

Et alors elle raconte au prince de Soubise, mais en le regardant en face de ses deux beaux yeux, mais avec une véhémence inspirée, avec une éloquence qui partait du cœur, le crime et la trahison du voleur Gatry : les deniers publics dilapidés, un honnête jeune homme, un Breton, accusé de cette action infâme, le voleur échappant à l'infamie et l'innocent perdu à jamais! Elle parla si bien que le prince de Soubise finit par écouter et par comprendre; et il était tout ému, le pauvre prince, quand ayant achevé son récit :

— Je serais heureuse, lui dit-elle, que ce fût vous, mon prince, qui fissiez rendre justice à l'innocent et au coupable. Je vous en prie!

En même temps elle joignait les mains.

Le prince de Soubise s'en fut, du même pas, chez madame de Pompadour, sans même attendre le retour de M. et de madame d'Oron.

Madame de Pompadour était à sa toilette, occupée à gouverner l'État. Ce n'était plus la jeune fille dans le premier éclat de la jeunesse; c'était la noble dame dans toute la force de sa beauté et dans toute la vigueur de son esprit. C'était la femme aimée et respectée de Louis XV; la France, qui était alors une monarchie absolue, tempérée par des chansons, ne demandait pas mieux que de fléchir le genou devant cette élégante maîtresse, qui n'abusait pas trop de son pouvoir. Le prince de Soubise, jeune et beau gentilhomme, très-brave et très-amoureux, même pour ce temps de bravoure et d'amour, était un des courtisans les plus assidus de madame la marquise. Il jouait auprès d'elle un de ces rôles que les courtisans ont toujours joué, non sans profit, avec les majestés féminines, le rôle d'un amoureux qui n'ose pas parler de son amour. Ce mélange de passion et de respect avait fort bien réussi auprès de la grande dame qui recevait le prince avec toutes sortes d'amitiés innocentes et d'égards empressés.

Alors voilà le prince de Soubise qui raconte, à son tour, à madame la marquise l'infâme action du misérable Gatry : son vol énorme, et le guet-apens tendu à l'innocence de son commis ; le prince de Soubise était animé de l'émotion de Pauline, et madame de Pompadour s'anima de l'émotion du prince de Soubise. — Mais ce Gatry est un misérable ! Et la marquise versa deux ou trois larmes, tout au plus ; elle avait alors trente-cinq ans, à cet âge les yeux rougissent facilement, et il n'est guère permis de pleurer beaucoup.

Madame de Pompadour passa chez le roi en quittant le prince de Soubise. Le roi lui trouva une figure étrange. « Qu'avez-vous donc, Antoinette? lui dit-il. » Car vous remarquerez qu'il appelait: Antoinette, madame de Pompadour.

Alors elle fit au roi le récit que lui avait fait le prince de Soubise. Elle arrangea son petit drame. Le roi, qui n'avait guère que des histoires graveleuses à entendre, s'arrangea assez volontiers de celle-là, comme on s'arrange de temps à autre d'une comédie larmoyante de La Chaussée.

Et le lieutenant de police reçut l'ordre de Sa Majesté d'*étudier* les affaires de M. de Gatry.

Il était nuit. Colas attendait tristement le lendemain, bien décidé à ne pas copier la lettre de M. de Gatry. Tout à coup on frappe à sa porte. Un exempt de police entre dans la chambre, et l'on vit, dans la demi-obscurité de la porte, des gens armés qui gardaient le corridor.

L'exempt pria Colas de lui remettre le modèle de la lettre, écrite en entier de la main de M. de Gatry.

Colas remit cette lettre en tremblant. Mais, ô surprise, on s'empara de M. de Gatry, Colas fut libre, et le soir l'infâme Gatry, confondu par sa lettre, se jetait aux genoux du lieutenant-criminel, demandant grâce pour sa famille. Le même soir, Colas s'introduisait un instant chez Pauline, qu'il appelait sa sœur. Pauline allait au bal; elle n'eut que le temps de tendre la main à Colas, et au bal elle sourit à M. de Soubise en lui disant : *Merci !* M. de Soubise, quittant le bal de bonne heure, alla remercier madame de Pompadour, et madame de Pompadour, le même soir, fit avouer à cet admirable égoïste, le roi Louis XV, qu'il n'avait jamais trouvé tant de plaisir à faire une bonne action.

Le lendemain tout le monde parlait de l'affaire Gatry.

Le lendemain aussi, Pauline dit à Colas :

— Veux-tu la place de M. de Gatry? Colas!

Colas pensa faire le signe de la croix, tant il était surpris de la bonne opinion que Pauline avait de lui.

Quelques jours après, mademoiselle de Pons, ou si vous aimez mieux Pauline, se trouvant avec le prince de Soubise, lui parla de nouveau de son protégé.

— Je vous ai fait faire une si belle action, et vous n'avez rien fait pour lui, Monseigneur! Donnez la place de Gatry à cet honnête et bon jeune homme, Nicolas Rosier.

Le prince de Soubise écrivit sur ses tablettes le nom de l'heureux et vertueux Rosier.

Il en parla à madame de Pompadour, qui en parla au roi, qui écrivit de sa propre main, qu'il donnait la place de Gatry à Nicolas Rosier.

M. Nicolas Rosier devint donc un personnage, il eut une très-belle place, et le monde sut bientôt que son nom avait été écrit tout au long de la main du roi.

Personne ne pouvait expliquer la faveur de Rosier; — il était visible que M. Rosier était favori de quelqu'un ; mais favori de qui? là était la question. On ne pouvait guère se douter que le petit Colas n'était que la créature de mademoiselle Pauline. Au reste, ce mystère ne nuisait pas à la considération de Colas; au contraire, au lieu d'un protecteur connu, on lui en attribuait trois ou quatre, parmi lesquels madame de Pompadour tenait une place assez honorable pour notre héros. Quant à lui, heureux d'être heureux, il allait dans le monde et s'abandonnait aux œillades des filles à marier et aux cajoleries de leurs mères ; il jouissait à l'aise de son triomphe et de son crédit; puis le lendemain il racontait à sa sœur Pauline, tout ce qui lui était arrivé, ajoutant toujours que, parmi toutes ces femmes, il n'en trouvait pas une qui fût aussi belle que sa sœur. Disant cela il lui baisait la main.

Un jour que M. Rosier était allé, après la comédie, à un jardin public où l'on donnait une fête, monsieur Rosier fit rencontre d'une très-belle fille nommée Juliette dont le père était relieur du ministère. Juliette était une grande brune de dix-huit ans, alerte, bien faite et Française de la plante des pieds à la pointe des cheveux ; mais coquette autant qu'elle était Française. Elle donnait le bras, ce soir-là, à un Anglais attaché à l'ambassade, sir Brown, un Anglais du bon temps des Anglais. Sir Brown était fort épris de sa Juliette, et il se conduisait avec elle en véritable Capulet, ne la quittant pas du regard, dansant avec elle, se faisant Français autant que possible. Même il sortit si complétement de sa nature, et poussa si loin sa prévenance amoureuse, que Mlle Juliette, impatientée et craignant le scandale, quitta le bras de son Roméo et s'en vint prier le jeune Rosier d'être son cavalier pour le reste de la nuit. Rosier ne dit pas non : il prit le bras de Juliette, et le voilà dansant avec elle, mais toujours d'un grand flegme, d'un flegme anglais, pendant que sir Brown fait feu et rage, et brûle d'envie de chercher querelle à ce petit jeune homme. Rosier cependant, quand il a bien dansé, va s'asseoir sous un de ces éternels petits berceaux de feuillage, rôtis par le soleil, qui sont restés si fort à la mode chez les champêtres Parisiens.

Je ne sais comment cela se fit, mais sous le même berceau se trouvèrent réunis plusieurs Anglais de l'ambassade. Sir Brown, échauffé par le vin (on en buvait encore alors, même en France), s'avisa de parler très-haut contre le roi, contre les ministres, contre tout le monde, contre madame de Pompadour elle-même, tant il était ivre ; il finit par dire que le cabinet de Saint-James était trop poli d'envoyer à Paris un homme comme lord Albemarle ; que la première grisette anglaise aurait été assez bonne pour cette ambassade, et que pour sa part il en connaissait des milliers plus belles que la Pompadour.

Rosier, qui était bien le plus simple enfant du monde, entendant ainsi traiter une femme qu'il trouvait la belle des belles, qui avait été bonne pour lui, et qui était la maîtresse de son maître,

ce qui était beaucoup alors, fit remarquer à l'Anglais qu'il était
— un insolent.

L'Anglais lui donna une chiquenaude sur le nez.

Rosier répondit à la chiquenaude par le plus vigoureux coup de
poing qui se soit jamais donné dans les quatre royaumes (non unis)
d'Irlande, d'Écosse, d'Angleterre et de France. Sir Brown, en se
relevant, tira son épée, Rosier tira la sienne, et il reçut un grand
coup sous le bras qui entra assez avant dans les chairs. On eut de
la peine à reconduire Rosier à la maison.

Le pauvre Nicolas était blessé... et d'un bon coup. Le chirurgien,
en levant le premier appareil, se plaignait de l'insolence des Anglais, disant que, si cela dépendait de lui, tous les Anglais recevraient, avant vingt-quatre heures, leur passe-port. Colas, qui
souffrait de grandes douleurs, prit la main de son chirurgien, en
l'assurant que la guerre serait déclarée à l'Angleterre avant trois
jours. Le chirurgien, entendant son malade parler ainsi, s'imagina que son malade avait la fièvre chaude.

Mais quoi! vous aurez peine à vous figurer l'indignation de Pauline, quand elle vit son protégé, sa créature, son ami, son frère, l'époux qu'elle se fabriquait en espérance, si cruellement traité; elle
était furieuse contre l'Angleterre; elle eût voulu pouvoir chasser
de France tous les Anglais. L'histoire de mademoiselle Juliette,
que Rosier lui avait racontée ingénument, n'avait pas fait un seul
instant de distraction à cette grande colère, tant il avait parlé
naïvement de cette pauvre fille. Cependant Colas, qui avait ce
grand coup d'épée sous le bras et sur le cœur, jurait tout haut
qu'il irait demander une seconde satisfaction à ce terrible sir
Brown, aussitôt qu'il serait guéri.

Voilà Pauline bien en peine! Comment empêcher son ami de
se battre? Et d'ailleurs Colas exige que la France rompe avec
l'Angleterre: il l'a promis à son chirurgien, il ne faut pas que ce
soit là une promesse en l'air. Heureusement, Pauline retrouve le
prince de Soubise, au moment où elle avait ce grand coup à
porter.

— Vous savez, Monseigneur, que ce pauvre Nicolas Rosier s'est
battu pour vous?

Et la voilà qui raconte à M. de Soubise toute l'aventure; que
Rosier s'était battu pour le prince et pour madame de Pompadour,

indignement insultés par des gens de l'ambassade anglaise. A ce discours, M. de Soubise, fort en colère, s'en va chez madame de Pompadour, et lui raconte « l'histoire des milliers de grisettes *plus jolies qu'elle.* »

Trois jours après, l'ambassade anglaise reçut l'orde de repasser le détroit, — et voilà comment la guerre fut déclarée.

Quand elle revit le prince de Soubise, Pauline lui fit un agréable sourire, et le complimenta hautement de ce qu'il n'avait pas reculé devant l'Angleterre.

Puis elle ajouta :

— Je suis sûre aussi, Monseigneur, que vous n'avez pas oublié celui qui a versé son sang pour vous, votre intrépide et dévoué défenseur, ce pauvre Nicolas Rosier.

Le prince, qui n'avait pas du tout pensé à Rosier, répondit à mademoiselle de Pons qu'il venait justement de demander pour lui des lettres de noblesse et la croix de Saint-Louis.

Le lendemain, le prince qui ne voulait pas avoir menti à mademoiselle de Pons, envoya à M. de Rosier, ci-devant Rosier, son brevet de chevalier et ses lettres de noblesse. Il n'y eut plus qu'à enter M. de Rosier sur une branche noble, ce fut l'affaire d'un artiste héraldique, qui planta tout exprès un grand arbre généalogique à l'ombre duquel s'épanouit, tout à l'aise, M. Nicolas de Rosier, baron de la Roserie et autres lieux.

Quand la fortune de Rosier fut faite, restait à faire la fortune de mademoiselle Pauline. Depuis sa noblesse, Rosier n'avait plus besoin de protection ; il se protégeait tout seul. M. le cardinal de Bernis, qui se connaissait en hasards heureux, étonné de la fortune de Rosier, le fit nommer conseiller du roi. Rosier, nommé conseiller, s'en fut remercier Pauline ; mais Pauline lui répondit que cette fois elle n'avait rien fait, qu'il n'avait plus qu'à voler de ses propres ailes, et qu'il songeât seulement à voler bien haut. Nicolas Rosier promit de lui obéir.

Comme ils étaient à parler ainsi dans un coin du salon, entra dans le salon la jeune comtesse de Staremberg. — Mon Dieu ! dit Colas, qu'elle est jolie ! — Mon Dieu ! dit Pauline, que son voile est beau ! je n'aurai jamais un pareil voile, Colas. — Pourquoi donc ? reprit Colas. — Parce qu'il n'y en a que trois dans le monde, reprit Pauline : celui que tu vois, celui de l'impératrice-reine, et un troisième qui probablement ne tombera pas sur mes épaules.

Colas s'en alla en disant : — Peut-être !

Le comte de Staremberg était, près de la cour de France, l'ambassadeur de l'impératrice Marie-Thérèse. Il était venu pour conclure une alliance entre l'Autriche et la cour de Versailles, contre le roi de Prusse. Le cardinal, madame de Pompadour et tous les hommes d'État de notre pays, étaient fort opposés à cette alliance ; mais ce n'était pas le compte de Nicolas Rosier.

Rosier s'en alla voir l'ambassadeur d'Autriche, et tout simplement il lui demanda s'il n'était pas possible de lui faire avoir, à tout prix, un voile comme celui de la comtesse de Staremberg?

L'ambassadeur lui répondit qu'il était aussi impossible, à monsieur de Rosier, d'obtenir un voile pareil, qu'il était impossible à l'Autriche, de conclure une alliance avec la France. — Et si je fais conclure cette alliance ? dit Rosier. — Vous aurez le voile, répondit monsieur de Staremberg.

Rosier découvrit que madame de Pompadour en voulait à Marie-Thérèse, qui ne lui avait jamais fait aucune soumission.

Rosier, sachant le secret de la marquise, en avertit l'ambassadeur. Aussitôt l'ambassadeur en écrivit à sa cour, et courrier par courrier, madame de Pompadour reçut la lettre mémorable de l'impératrice Marie-Thérèse qui l'appelait : *Sa Cousine !* Cousine de l'impératrice ! Et ce brutal de roi de Prusse appelait madame de Pompadour : *Cotillon II !*

L'alliance fut conclue aussitôt entre la France et l'Autriche, en dépit de tous les efforts du cardinal de Bernis, et Nicolas Rosier jeta le beau voile sur la belle tête de Pauline.

Le lendemain du jour où fut signé ce fatal traité, le cardinal de Bernis, fort triste et fort inquiet, voulut s'aller reposer à Fontainebleau, et il emmena Rosier. Rosier écrivit à Pauline qu'il était à Fontainebleau, bien malheureux de ne pas la voir. Pauline persuada à la fille du comte d'Oron que l'air de Fontainebleau lui serait excellent cet été. Monsieur de Soubise voyant Pauline à Fontainebleau, s'en alla demander à la marquise la permission de se recueillir avant son départ pour l'armée, et il partit pour Fontainebleau. Madame de Pompadour voyant son favori à Fontainebleau, persuada au roi qu'il devait aller à Fontainebleau. Voici donc tout à coup une entrée de valets, de courtisans, de piqueurs, de marmitons, de laquais, de secrétaires, de cuisiniers, de poëtes, de comédiens, de chanteurs, de perruquiers, de gentilshommes et de maîtres de plaisirs, qui s'abattent sur le château. Les salons, les cours, les galeries affluent d'hôtes de toute espèce. C'était un bruit, un tumulte, une cohue ; on se presse, on se pousse, on se heurte ; les trompettes sonnent, les tambours battent aux champs, les cloches s'ébranlent en volées, les gardes du corps, les chevau-légers, les gardes du roi arrivent, enseignes déployées. Saints du ciel ! la belle solitude que voilà !

Deux jours après, Rosier, qui avait promis au cardinal de le débarrasser de cette foule, retourne à Paris. Pauline voyant Colas à Paris, se plaint de sa migraine, et revient à Paris ; après Pauline le prince de Soubise ; après le prince, la marquise ; avec la marquise, le roi et l'armée. — Le cardinal de Bernis se dit : Il faut que ce Rosier ait fait un pacte avec le diable !

Enfin, le prince de Soubise partit pour l'armée du Rhin avec le roi de France : il fut battu, comme vous savez, à triple couture, et Pauline, qui avait ses vingt ans, et qui ne voulait pas rester fille, épousa son petit Colas de Rosier le jour même de la bataille de Rossbach. »

LA MARQUISE CHEF DE VOLEURS.

Et voilà comme, si le Vaudeville a le droit de défaire un conte charmant, le feuilleton a le droit de refaire à son tour, le conte que le Vaudeville a défait ! *Cherchez et vous trouverez*, c'est un mot de l'Évangile. Même la chambre civile, au Palais-de-Justice, — à plus forte raison la cour d'assises, — est une mine excellente et de facile exploitation à qui la sait mettre en œuvre ; messieurs les dramaturges le savent bien, pourquoi donc messieurs les journalistes auraient-ils l'air de ne pas s'en douter ? Quel plus beau drame à faire je vous prie, que celui-ci, que l'on pourrait intituler parfaitement : *La marquise chef de brigands !*

L'affaire a été plaidée, et par un avocat illustre. Il représentait les héritiers d'une grande dame née en 1745, le dernier moment de règne pour les femmes ; aussi les femmes en ont conservé un tendre souvenir. Cette dame avait épousé dans le cours de sa vie, cinq maris, en légitime mariage, à savoir deux barons, un marquis, un comte prince souverain, le comte de Montbéliard d'Hombourg, ma foi! et un chef de brigands. A ce mot, chef de brigands, je vous laisse à penser si j'ai été attentif.

Quand elle est la femme de ce chef de brigands, cette marquise, cette baronne, cette comtesse, s'en va avec son nouveau mari dans une de ses terres à elle ; car elle était tout à fait marquise, comtesse et baronne, et cette terre était située aux environs de Caen sur les bords de la mer. Cette terre, c'était même un château tout à fait, avec fossés, pont-levis et souterrain.

Là, notre chef de brigands et sa marquise, qui était belle comme cela convenait à une grande dame de la cour de Louis XV, vivait heureux, en honnête homme et sans trop d'efforts. Il avait autant d'amour pour sa femme que s'il eût été baron, marquis, ou même comte et prince souverain de naissance. Bonheur bientôt troublé! tranquillité d'un jour! Les anciens brigands de ce monsieur, apprenant qu'il a fait une grande fortune, qu'il a un château, une femme et un souterrain, s'en vont le trouver un beau jour, et lui proposent, le pistolet au poing, de leur donner la moitié de son château, d'égorger sa femme, et de les cacher, en attendant mieux, dans son souterrain. La proposition paraît dure au brigand retiré ; cependant, il promet à messieurs ses confrères qu'ils seront contents de leur ancien capitaine ; à coup sûr, il leur donnera pour le moins sa femme et la moitié de son château d'ici à peu de jours. — En attendant, il les cache dans son souterrain. Comment ce drame eût fini, Dieu le sait! Heureusement, la dame découvrit le complot, elle prit la fuite, et la maréchaussée de la ville de Caen s'empara de toute la bande et du souterrain, où elle était cachée. Le chef de voleurs seul parvint à s'échapper. On n'en a plus entendu parler depuis; ce qui prouve qu'il est devenu honnête homme, ou qu'il est mort.

Je vous demande si c'est là une belle histoire! Mais il aurait fallu entendre maître Chaix-d'Est-Ange la raconter! Quel feu! quels sarcasmes! quelle logique! Pour moi je ne me suis jamais intéressé comme j'ai été intéressé ce jour-là! Que n'aurais-je pas donné pour la voir un instant, cette femme, débris vivant et si merveilleusement aventureux du siècle passé, tour à tour baronne, marquise, princesse, veuve d'un brigand, puis enfin la femme d'un ingénieur militaire, c'est-à-dire, toujours au sommet de l'échelle sociale, et changeant seulement d'échelons à mesure que changent les époques ; marquise sous Louis XV, baronne sous Louis XVI, princesse allemande sous la Convention, femme d'un chef de brigands sous Robespierre, mariée à un officier du génie sous Bonaparte, il ne lui manquait plus, pour être au grand complet, que d'épouser le neveu d'un évêque, sous Charles X.

Mais hélas ! Figurez-vous qu'elle a été enlevée, il n'y a pas quinze jours, cette même femme que vous avez vue tout à l'heure sous des formes si diverses, enlevée, vous dis-je, à quatre-vingt-dix ans passés, au bel âge.... pour plaider. »

Un accident de la rue, aussi bien qu'un bout de la *Gazette des Tribunaux* devient souvent un bon prétexte à écrire une page qui soudain est acceptée ! Ainsi je me rappelle très-bien que plusieurs journaux qui plaidaient la cause du peuple et de ses misères, ont reproduit l'histoire et la mort subite d'un malheureux écrivain que j'avais lue, en deux lignes, dans le journal du soir, et dont j'écrivais le billet d'enterrement.

L'ÉCRIVAIN PUBLIC.

L'écrivain public s'en va tous les jours. On l'a tué à force de maîtres d'école. A cette heure où chacun sait lire et écrire, que voulez-vous qu'il devienne, ce pauvre esprit complaisant et toujours prêt à vous servir ? — Autrefois il était le truchement universel, il était la providence des amoureux, l'avocat des misérables ; il était la poésie courante des jours de fête ; il était le guide le plus sûr de cette conversation de toutes les passions qui se fait, d'un bout de la France à l'autre. Hélas ! aujourd'hui, l'écrivain public ne peut plus vivre. Il y a quelqu'un qui a beaucoup plus d'instruction que lui, ce quelqu'un-là c'est tout le monde. C'en est fait, plus de confidences, plus de mystères, plus de révélations, le métier d'écrire *à la volonté des personnes* a perdu toute sa poésie. Depuis que l'écrivain public n'est plus à craindre, on a cessé de l'estimer. Aussi voyez comme il est vêtu ! Entendez-le pousser ses gémissements plaintifs ; son habit n'a plus une seule tache d'encre. Le malheureux ! La misère l'a perdu. Aujourd'hui, il ne vit plus que de lettres anonymes, voilà sa dernière ressource, ressource honteuse et lâche. Mais cependant que voulez-vous que devienne un malheureux écrivain public, qui est forcé par le malheur d'écrire sur sa boutique : — *Ici l'on écrit soi-même.* On écrit soi-même ! tu l'avoues, malheureux ! On écrit soi-même ! et quel est donc ton métier en ce cas-là, écrivain public que tu es? Vous rappelez-vous ce qui est arrivé l'autre soir, avant-hier, la nuit du dernier bal masqué? Au coin d'une rue et dans une échoppe, se tenait un malheureux poëte à la réforme. Il avait vu des jours meilleurs. Il avait écrit des journaux et des livres. Il avait fait jouer avec succès une tragédie au Théâtre-Français. Un jour qu'il s'était trouvé brisé dans une de ces révolutions littéraires, aussi fréquentes, parmi nous, que les révolutions politiques, ce pauvre diable s'était fait écrivain public. Il avait fait pour vivre tout ce que peut faire une plume honnête. Mourant de faim il avait écrit des chansons de table; seul au monde, que de fois il avait demandé la main des plus belles personnes du quartier ! Il avait écrit tant de lettres d'amour sans obtenir un tendre regard ! Il avait souhaité tant de bonnes fêtes, sans qu'on lui jetât même le plus petit bouquet de violettes ! Pour enterrer son unique enfant, il avait rimé sur ce cercueil, acheté à crédit, une chanson joyeuse. Pauvre éloquence qui s'était oubliée elle-même ; — il avait obtenu aux divers ministères tant de belles places qui l'auraient fait puissant ! Il avait arraché à la charité publique tant d'aumônes qui l'auraient fait riche ! Il avait ouvert l'hôpital à tant de malheureux sans asile ! Par ses mains, par sa tête, avaient passé toutes les espérances, tous les amours de ce quartier populeux.

Il avait été la voix, l'écho, la romance plaintive, le plaidoyer hardi, la chanson politique, le censeur de ce quartier confié à son esprit. — Et cependant, l'hiver venu, son dernier hiver, tout lui manqua.

Maintenant qu'il les avait tous mariés, placés, défendus, les ingrats! personne n'avait plus besoin de lui! pas une main ne lui était tendue dans cette génération dont il avait été l'orateur et le poëte. Et lui, il souffrait sans se plaindre. Cependant, s'il eût voulu, il avait de quoi se venger. Dans ce siècle de mémoires contemporains, il n'avait qu'à prendre la plume pour écrire ses mémoires d'écrivain public, et comme il savait le secret de toutes les cuisines, de tous les antichambres, de toutes les mansardes, — boudoirs frileux perdus sous les toits, — vous auriez vu soudain que de prières, que de terreurs autour de cet homme si négligé !

Il n'a pas voulu se sauver à ce prix honteux. — Il a été plus courageux et plus digne que tant d'illustrations de ce siècle qui, pour vivre, ont vendu leurs bienfaiteurs, leurs amis, leurs enfants, leurs maîtresses, voire les lettres de leurs amours ! Il n'a pas voulu trahir les mystères déposés dans son échoppe. Il a vu venir d'un œil sec la faim qui dévorait ses entrailles, le froid qui gelait le sang dans ses veines, l'encre dans son encrier. Il s'est accroupi dans cette misère affreuse que chacun pouvait voir, — il habitait un grenier de verre, — et que personne n'a vu — le malheureux avait eu la précaution de tirer ses rideaux ; — il est donc mort de faim et de froid, un mardi gras, par la plus joyeuse, et par la plus froide journée de l'hiver. Il est mort plus courageusement que César ; seulement il ne s'est pas enveloppé dans son manteau, le digne homme n'avait plus de manteau.

Le surlendemain, une vieille femme qui voulait envoyer à son libertin de fils, le cuirassier, quelques vieux écus péniblement retirés de leur cachette, trouva sous sa table le cadavre inanimé de l'écrivain public. Le soir on vint le prendre et on le jeta dans la fosse commune. Celui qui avait composé pour les autres tant d'épitaphes flamboyantes, n'eut pas même une inscription sur son tombeau. Que dis-je ? il n'eut pas même de tombeau.

La mort de cet homme m'a toujours paru remplie d'enseignements autant que de tristesse. Les hommes de lettres de nos jours qui se reposaient nonchalamment sur cette idée, — *Je me ferai écrivain public à cinquante ans !* feront bien de renoncer à cette ressource de leurs vieilles années. Le dernier écrivain public est mort de faim, tout comme mouraient les premiers poëtes. Aujourd'hui chacun fait sa prose et ses vers, comme en Écosse, en Normandie chacun brasse sa bière ou son cidre. Ce coin de chaque rue qui jadis appartenait de droit à tous les poëtes retirés des affaires, leur a été enlevé par une autre race de philosophes pratiques, messieurs les savetiers, puisqu'il faut les nommer par leur nom. Si j'avais pu savoir en quel lieu repose ce brave homme mort à la peine, je lui aurais fait l'aumône du bas-relief et de l'inscription que voici :

J'aurais dit à quelque artiste à la mode d'aujourd'hui, qui sera oublié demain : « Laissez là un instant vos statuettes si fines, vos petites maîtresses transparentes, votre monde qui pose dans la soie et dans l'or. Représentez-moi un poëte moderne dans tout le luxe matériel de son génie. Montrez-nous sa voiture, ses chevaux, ses gens, ses amours usuraires, sa folle vie; que cet homme pour suffire à ces excès ridicules et funestes, épuise les idées de sa tête, les ressources de son esprit, les passions de son cœur; qu'il fasse manger à ses chevaux, à ses parasites, à ses flatteurs, le produit passager de ses inventions les plus puissantes; que peu à peu, il soit forcé de vendre au rabais les restes de son esprit, jusqu'à ce que les cuisinières, les femmes de chambre et les palefreniers du quartier n'en veuillent plus; puis, quand vous aurez dessiné cette lamentable histoire de l'enfant prodigue, plus lamentable cent fois que l'autre, car pour ces enfants prodigues de la poésie il n'y a pas de veau gras, nous placerons ce monument sur le cadavre raidi de ce pauvre écrivain public mort de faim : vous, au nom des prodigues de votre métier, moi au nom des insensés qui font le mien, et j'écrirai, tout simplement pour épitaphe, ces mots vulgaires et pleins de sens : *Ce que c'est que de nous!* »

L'imprévu, c'est l'âme du journal. Le public est un être ingénu, mais plein de caprices; il lui faut absolument la chose nouvelle, et, quoi qu'il arrive, arrangez-vous de façon à lui trouver cette passion inattendue et cette admiration inespérée; à tout hasard, le public se contentera de quelque bonne haine bien sentie. Il aime assez l'enthousiasme du critique, il en aime et beaucoup les colères généreuses; l'ironie a de grands charmes pour le lecteur; de l'ironie, on le sait, les Grecs, nos maîtres, avaient fait un Dieu puissant. Toutefois, une page à l'accent grave et posé, pleine de bon sens, correcte et sérieuse, a souvent de grandes chances de réussir.

Évidemment, toutes les fois que vous écrivez pour le public, c'est un combat que vous livrez à son indifférence, à ses préoccupations, à ses haines, à ses amours de chaque jour, et comptez donc, en vous prenant vous-même pour exemple, ce qu'il faut de peine et de soins pour vous tenir attentif un quart d'heure! Combien de fois ce beau livre, dont vous n'écririez pas un seul chapitre, l'avez-vous laissé de côté pour courir à quelque vil roman, digne à peine de l'antichambre? Ce poëme tout rempli de passion et de soleil, où l'art du poëte éclate en mille splendeurs, à peine aviez-vous lu le premier chant, que vous étiez saturé de poésie, et voilà que vous donniez votre soirée à quelque affreux mélodrame de la Porte-Saint-Martin. Oui! et le journal qui renfermait ces beaux passages tout remplis des passions dont la ville était agitée? Osez-vous dire que vous les ayez parcourues d'un regard distrait, ces pages écrites à la façon de Port-Royal? Votre regard s'est arrêté plus bas, à l'endroit où il est parlé de cette empoisonneuse ou de ce bandit de grand chemin! — Mais, dites-vous, quand absolument il n'y a rien de nouveau? — Trouvez-en. — Et pas un grand artiste? — Inventez un grand artiste! Une de mes fêtes c'est d'en avoir inventé au moins un; avec ce grand comédien de mon invention, j'ai vécu six semaines, et j'ai eu le plaisir de voir mon paradoxe accepté sans conteste! Ah! la bonne folie! et comme elle étonna le fin fond du boulevard, où se cachait mon héros enfariné. Ma trouvaille avait nom Debureau. Son théâtre était un affreux trou sans issue, où tout était repoussant: l'air empesté, les violons criards, la société en blouse et en marmotte, un monde à part, qui s'amusait à voir son héros donnant et recevant des coups de pied au bon endroit. C'était une peste, à vrai dire, et je vous laisse à penser si le public de ce grand *Journal des Débats*, un public sérieux, positif, dans l'âge qui est un peu au delà des passions, fut intrigué quand, un beau matin, en ouvrant son grave journal, il vit imprimée en toutes lettres, honneur qui n'avait encore été accordé à aucun artiste vivant, la biographie de Debureau.

DEBUREAU.

« Le plus grand comédien de notre époque, Jean-Gaspard Debureau, est né à Neukolin, en Bohême, le 31 juillet 1786. Debureau est le dernier et le plus grand présent que nous ait fait la Bohême vagabonde, ce royaume flottant à travers le moyen âge, tout chargé de gais et insouciants comédiens; monde de Bohême qui rit toujours quand toute l'Europe est en larmes; monde de joie et de licence, et de grasse cuisine, et de chansons lascives, et de plaisirs sans frein au milieu d'une époque croyante et fervente, correcte et sévère époque gouvernée et complétée par le roi Louis XI ; monde Bohême, excommunié bien avant Luther, mais excommunié en riant, retranché de l'Église sans passion et sans colère, par un simple scrupule d'étiquette ; un monde de hasard, qui court, barbouillé de lie et traîné dans l'ancien tombereau de Thespis ; il s'arrête quand la civilisation l'entrave de toutes parts ; c'est de ce monde flottant que nous est venu Debureau.

Il naquit, pauvre enfant de soldat, au milieu d'une armée en campement ; ses premières années se passèrent sous les murs de Varsovie, et voilà pourquoi, depuis l'insurrection polonaise, depuis que la Pologne a été vaincue, le Bohémien Debureau vous soutiendra effrontément qu'il est Polonais ; vaniteux artiste ! Quoi qu'il en soit, Debureau avait sept ans à peine, quand son père reçut la nouvelle d'un héritage qui lui était survenu en France. Comment cet héritage vint du milieu de la France trouver le conscrit Debureau, à Neukolin en Bohême ? c'est là un de ces événements inexplicables dont l'histoire a grand tort de ne pas s'inquiéter. Voilà donc le père de famille qui se met en route pour recueillir cette fortune exotique. La famille était pauvre, le chemin était long, l'espérance était grande ! Le père trouva un moyen tout bohémien de charmer et d'utiliser les ennuis de la route. Pour rejoindre plus vite son héritage, il fit de ses enfants des bateleurs. Il avait deux jolies filles, elles montèrent sur le fil d'archal, et la foule s'assembla autour de ces deux figures basanées à l'œil vif et noir, intrépides danseuses au pied léger et petit, et dont la main un peu maigre, mais bien faite, tenait avec grâce le pesant balancier. Avant l'exercice des jeunes personnes, venaient les exercices des deux frères Debureau, car ils étaient cinq dans cette famille, tous artistes, sans compter le père et la mère, artistes aussi ; notre Debureau seul, manquait de bonne volonté et de grâces ; il avait très-peu de souplesse dans les membres, et il était peu disposé, comme il le dit lui-même si naïvement, *à faire son chemin* sur les deux mains.

Aussi, le succès vint-il lentement pour mon héros. Plus d'une fois, il fut hué sur la place publique, pendant que ses frères et ses sœurs étaient applaudis à outrance. Plus d'une fois, la chaise qu'il portait sur ses dents grinçantes manqua aux règles de l'équilibre, et plus d'une fois le grand écart pensa lui être funeste !

Aussi quelle différence entre lui, et ses frères, sortis du même sang! — A ses frères les paillettes brillantes, les escarpins brodés ; à lui, la souquenille, et les sandales déchirées ; à ses frères toutes les gloires, tous les délices de la vie ; à lui, le mépris, l'eau de neige et le pain sec. Dans cette position, je puis dire humiliante, notre héros était chargé par son père de faire valoir ses frères et ses sœurs; il était, entre ses frères et la foule, le contraste obligé du drame, l'ombre nécessaire au tableau. Ils étaient légers comme l'air, il était lourd comme le plomb ; ils débitaient les traits d'esprit et les flatteries adroites aux spectateurs ; il débitait les grossièretés et les bêtises. C'était lui qui recevait les soufflets et les éternels coups de pied au derrière qui font rire notre vieil univers aux éclats depuis Adam. Pauvre grand homme! que le chemin dut lui paraître long et fastidieux, de la Bohême à l'héritage de ses aïeux!

A la fin, ils arrivèrent à cet héritage si attendu, toute la famille couronnée de lauriers, Deburau seul, sans chapeau et les pieds déchirés par les ronces. Voici la ville promise enfin, Amiens, la ville aux succulents pâtés, Amiens où sont situées les propriétés Deburau ! Il va donc se reposer cette fois de ses fatigues, le dernier-né de la famille! Il va donc laisser à la porte du château paternel, sa souquenille usée, ses lazzis d'emprunt et son rire de pauvre diable! Voyez comme il tourne la tête de côté et d'autre, cherchant à découvrir le domaine qui lui a coûté tant de douloureux éclats de rire. Mais, hélas! hélas! (ô malheureux artistes!) arrivés à l'héritage, ils ne trouvent qu'une masure! Un demi-arpent chargé de ronces, de pauvres ruines toutes nues, voilà ce qu'ils sont venus chercher de si loin, ces vagabonds. Désappointement cruel! cruel surtout pour toi, ô mon Gilles, mon Benjamin déguenillé! tu vas être obligé de rire encore, tout le jour, pour avoir un morceau de pain, le soir!

La masure fut vendue et dévorée; après quelques jours de halte, il fallut repartir. Adieu, Amiens! où l'on payait l'impôt foncier, l'impôt le plus glorieux de tous; adieu la France! adieu tout! La famille se remet en route, père, mère, jeunes filles, jeunes garçons, et enfin Deburau, déjà boiteux et tout pâle, à l'annonce du nouveau chemin qu'il faut parcourir. Ils allèrent, toujours en sautant, d'Amiens à Constantinople, ils traversèrent sur un fil d'archal tout le Bosphore de Thrace, périlleux et singulier pèlerinage d'une famille entière qui se glisse entre deux guerres, sans avoir une blessure! A Constantinople, toute la famille, entre autres bonheurs, eut l'honneur de jouer dans le palais du sultan. Ce jour-là, les paillettes étaient plus brillantes que de coutume, les tuniques étaient lavées de la veille; toute la famille avait dîné, Debureau lui-même avait dîné.

Un muet les introduisit dans une vaste salle de marbre et d'or, coupée en deux par un rideau de soie. On ne voyait personne dans cette salle, on n'entendait personne. C'était le silence et la désolation du Théâtre-Français quand on y joue une comédie de M. Bonjour. Le muet fit signe à nos artistes de jouer leur pièce devant ce rideau immobile. Il fallut obéir. Ils s'apprêtent en silence; ils déroulent leur tapisserie de la rue sur les tapis de Perse, ils mettent à leurs pieds la craie de leur art, comme d'autres artistes mettent le fard à leur visage, et les voilà qui font leurs tours.

Ils jouent à l'équilibre; Debureau se jette sur le dos, et son frère aîné, avec un bâton qui pourrait lui briser dix fois le crâne, lui enlève sur le nez une pièce de monnaie. Horrible et fantastique position, que personne n'a décrite encore! Quand son nez est libre, Debureau se relève, et son autre frère prend une échelle dans ses mains; il faut que Debureau monte à cette échelle tremblante; il grimpe, et d'échelon en échelon, le voilà au sommet de l'art. O surprise! ô récompense de l'artiste qui lui arrive toujours quand elle est moins attendue! Du haut de cette échelle, le regard de notre héros plonge au-dessus du rideau mystérieux. Que devint-il notre grand paillasse quand, derrière l'obstacle silencieux, groupées en silence, immobiles, à demi nues, penchées les unes sur les autres, sentant l'ambre et l'essence de rose, toutes en perles blanches et en soyeux cachemires, il aperçut, lui infirme! lui ver de terre! lui paillasse de son père! les Odalisques du sérail, les épouses sacrées de Sa Hautesse, les houris redoutables dont un regard donne la mort! Oui, du haut de son échelle, il les a vues toutes ces femmes invisibles à tous les regards; il les a vues, impunément, ces femmes dont le palanquin voilé fait courber à l'instant toute tête qui ne veut pas tomber. Le voilà donc, ce malheureux qui touche du front le paradis de Mahomet: *Sublimi feriam sidera vertice.*

De ces visions, il fallut retomber dans la réalité glacée. Il était né un vagabond, et il allait, pareil aux bohémiens de Béranger :

> Voir c'est avoir ;
> Vie errante
> Est chose enivrante !

Un jour enfin, la famille errante dressa sa tente au fond d'une cour de la rue Saint-Maur, et l'affiche, oui, *l'affiche* annonça à la grande cité la présence des nouveaux artistes. Le nom de ces messieurs et de ces dames y était en toutes lettres : l'aîné des frères s'appelait Nieumesek, et la foule l'avait surnommé à juste titre le *roi du tapis;* le second s'appelait tout simplement Étienne, le *sauteur fini.* Rien n'égalait l'enthousiasme excité par l'aînée des deux sœurs, appelée la *belle Hongroise;* quant à la jeune Dorothée, la perle de la famille, la gloire de cette étoile ne s'arrêta pas à la cour Saint-Maur, Dorothée a fini par devenir, bel et bien, une comtesse, parbleu ! la comtesse Debrovski ! Polonaise, elle a nécessairement un roi dans sa famille. — *Atavis edita regibus!* Debureau seul, sans surnom et même sans nom, était le plus obscur, le plus méconnu et le plus malheureux artiste de l'Empire français.

Voilà par quelle suite incroyable et véridique de catastrophes, de privations, de grandeurs et de misères de toutes sortes, après avoir été paillasse chez madame Sacqui, après avoir remplacé, sans trop d'avantage, un chien savant, — le grand Félix, — que Debureau est enfin parvenu à la hauteur qu'il occupe dans l'art dramatique. Son talent s'est révélé bien tard comme celui de Jean-Jacques, et au milieu de grandes souffrances. Debureau, battu par son père, sifflé partout, même aux chiens savants, Debureau, tour à tour Paillasse, Pierrot, Arlequin, et n'arrivant à rien, malgré tous ces titres qui ont toujours mené à tout dans ce plaisant pays de France, sentit grandir son courage sous le laminoir de la nécessité. Un soir enfin, comme il était à penser et à boire, sa vocation lui fut révélée. Il fréquentait, dans la rue aux Ours, un estaminet très-fréquenté par toutes sortes de maîtres d'armes, de professeurs de bâton et de savate, d'hommes de lettres et de vaudevillistes, qui, dans ce temps-là, n'avaient ni barbe au menton, ni gants jaunes à la main, ni lorgnon suspendu à leur cou ; cette société choisie était littéraire à outrance, comme toutes les sociétés d'élite. On y parlait beaucoup des hommes et des choses du théâtre, et le nom de Talma et le nom de Potier s'échappaient de temps à autre dans un nuage de tabac, au bruit sonore d'un bouchon à bière.

Or ce jour-là, on parlait de Talma avec un enthousiasme si furieux que Debureau comprit la gloire enfin ! Pour la première fois il sentit que ce devait être en effet une extraordinaire puissance, cette gloire qui va droit à l'âme d'un maître d'armes, au cœur d'un professeur de bâton ; le nom de Talma réveilla le génie endormi dans cette âme timide ; Debureau sortit de l'estaminet, jurant d'être lui, aussi, le premier dans son genre ; il a tenu parole, Dieu merci ! il est Debureau, comme Talma était Talma !

Comment il s'est élevé à ces hauteurs je ne saurais le dire. Le fait est qu'il a été toute une révolution. Il a véritablement créé un nouveau genre de Paillasses, quand on en croyait toutes les variétés épuisées. Il a remplacé la pétulance par le sang-froid, l'enthousiasme par le bon sens ; c'est un stoïcien renforcé qui se laisse aller machinalement à toutes les impressions du moment ; acteur sans passion, sans parole et presque sans visage ; il dit tout, exprime tout, se moque de tout ; il jouerait, sans mot dire, toutes les comédies de Molière, il est au niveau de toutes les bêtises de l'époque, il leur donne une vie inimitable ; génie à l'usage de toutes les passions qu'un visage enfariné peut contenir il va, il vient, il regarde, il ouvre la bouche, il ferme les yeux, il fait rire, il attendrit, il est charmant.

C'est un homme qui a beaucoup pensé, beaucoup étudié, beaucoup espéré, beaucoup souffert ; c'est l'acteur du peuple, l'ami du peuple, bavard, gourmand, flaneur, faquin, impassible, révolutionnaire comme est le peuple. Pour bien juger Debureau, il faut le voir dans *le Bœuf enragé*, dans *la Mauvaise Tête*, *le Billet de Mille francs*, *l'Oracle*, et dans *l'Homme-Légume*, un chef-d'œuvre de Charles Nodier ! »

Telle était cette petite fantaisie, et l'on ne saurait croire, aujourd'hui que nous regorgeons de grands hommes improvisés et de comédiennes illustrées en vingt-quatre heures, l'effet soudain que produisit, il y a vingt ans, cette découverte *du plus grand comédien de notre époque!* Le premier qui s'en étonna, ce fut Debureau lui-même ; il avait bien remarqué, de temps à autre, quelques têtes inconnues et bien peignées au milieu de son public ébouriffé de chaque soir, mais il ne s'en était pas inquiété plus qu'il ne convenait à un artiste de sa taille. Il était donc resté très-modeste, en dépit de ces curieux inattendus. Mais quand il se vit proclamé *le plus grand comédien* du xixe siècle, et quand il entendit retentir à ses oreilles le bruit épique des trompettes de la Renommée, il commença à croire à sa propre grandeur, et il consentit assez volontiers à passer roi dans le domaine des artistes adorés. Tous les succès lui vinrent à la fois ! Son portrait, par un jeune artiste nommé M. Bouquet, obtint les honneurs de l'Exposition de 1834. Il fut placé dans le *grand salon*, le salon carré, et la foule curieuse s'arrêtait en présence de cette grande figure enfarinée, en habit blanc, à son balcon de pierres blanches ! C'étaient bien là les traits fins, délicats, et le jeu subtil de cette physionomie en éveil ! J'achetai le portrait de Debureau, et lui-même, il vint plusieurs fois se revoir à la plus belle place de mon cabinet qu'il semblait dominer de toute sa hauteur.

A peine eus-je inoculé dans le monde étonné de cette révélation le nom glorieux du nouveau comédien, que soudain la foule assiégea cette bicoque et que même le parterre fut envahi par des enthousiastes pour tout de bon qui ne juraient plus que par Debureau ! Et non-seulement le public de toutes les choses curieuses, mais les esprits les plus délicats, les plus beaux messieurs et les plus belles dames de ce faubourg Saint-Germain, naguère ressuscité par M. de Balzac dans ses *Scènes de la vie privée*, envahirent ce taudis de la Melpomène vulgaire, et l'on vit réunis dans un mélange admirable, ce que Paris possède en ses grands hôtels de plus célèbre et de plus charmant, et ce qui grouille de plus déguenillé dans le fond des mauvais faubourgs. C'était, je l'ai vu, une confusion de dentelles et de loques sans nom, de velours et de blouses immondes ; l'ambre mêlé à l'âcre odeur de l'ail, le bouquet de camélias coudoyant le cornet rempli de pommes de terre frites, le sabot et le soulier de soie ; ici les trous et les taches, et là le gant blanc dans toute sa pureté ; des mains calleuses et des mains de duchesses. Au même instant, vous eussiez entendu le murmure de ces douces voix moqueuses, et le cri rauque de voix avinées. C'était rare et curieux, le feu de ces regards disciplinés et ces prunelles ardentes qui tutoient tout le monde. On n'a jamais rien vu de pareil, jamais *fusion* n'a été rêvée et de plus bas et de plus haut, et plus complète. Le Pierrot des Funambules a fait ce soir-là, en quelques gambades, ce que Napoléon avec toute sa gloire et ses quinze ans de toute-puissance avait à peine osé rêver : une fusion entre les deux faubourgs.

Chose étrange, cependant, cette complaisance du faubourg Saint-Germain, qui fut si revêche au gouvernement du roi Louis-Philippe, et qui en a porté la peine ; ces messieurs et ces dames qui boudaient le nouveau roi, s'enthousiasmaient pour M. Debureau ; ils n'allaient pas aux Tuileries, ils se portaient en foule au *Théâtre des Funambules*, étonné de ces suaves odeurs, de ces rires mignons, de ce frôlement soyeux, de ces élégances suprêmes que les duchesses et les marquises apportaient avec elles dans cette salle enfumée. Eh bien ! il faut le dire à la louange du *grand artiste*, on n'a pas remarqué qu'il ait mieux joué pour cette réunion, choisie que pour son public d'habitude ; au contraire, disait-il, il avait plus de peine à se faire comprendre de ces messieurs et de ces dames que de ses amies les grisettes, et de ses compagnons les gamins. Même, un jour que le parterre des Funambules ressemblait à un parterre de fleurs, Debureau fut si mal compris dans une scène importante du *Bœuf enragé*, qu'il se vit forcé de parler, lui Debureau *le muet !* il dit : *Oui !* et ce fut la première fois et la seule qu'il parla en public. Ce *discours* fut un des événements de sa vie, et l'un des échecs de sa gloire ; il ne se consolait pas d'avoir été poussé à cette extrémité, lui qui disait *oui* d'un clin d'œil.

Comme tout finit bien vite en ce bas monde, il arriva que la grandeur du grand Debureau eut un terme, ou lui tendit un piége et à moi aussi, son cornac. Les théâtres et les comédiens de Paris qui avaient commencé par rire, étaient las enfin d'entendre à tout propos : « Debureau ! le grand Debureau ! » et la conspiration fut ourdie. En tête de la conspiration était M. Bayard. Il persuada au directeur du théâtre du Palais-Royal que maître Debureau ferait merveille à son théâtre, un soir de grande représentation à grand bénéfice ; en effet, Debureau l'imprudent ! consentit, le malheureux ! à quitter sa caverne pour un théâtre.

Il arrive — on fait silence — on regarde — on écoute — on s'ennuie — on siffle — et patatra! voilà mon héros par terre. Il s'enfuit en jurant, mais un peu tard, qu'on ne l'y prendrait plus. Seulement le théâtre du Palais-Royal garda, comme un signe de sa victoire, une comédienne, une enfant qui donnait la réplique au grand Debureau, madame Dupuis. — Vanité des grandeurs humaines! toute gloire a ses *rayons* et ses *ombres*. La gloire de Debureau a obéi à cette loi suprême; d'autres grandeurs arrivèrent qui firent oublier celle-là. Oublié par ses spectateurs d'élite dont il avait été le jouet un instant, moins glorieux sans doute, mais plus sage, Debureau rendit au monde oubli pour oubli, et il revint tout entier à son public légitime. Son parterre, envahi par ces admirateurs d'un nouveau genre, avait boudé quelque peu ce cher favori de la parade; il eut bien vite oublié un moment d'orgueil; la réconciliation fut sincère de part et d'autre, et Debureau fut applaudi jusqu'au jour de sa mort.

Un seul accident troubla cette popularité brillante : un jour que ce digne homme, un bâton à la main, se promenait comme un simple bourgeois dans la campagne de Romainville, il fut provoqué par un manant qui était pris de vin, et poussé à bout par ce rustre, il lui répondit enfin par un petit coup de bâton. L'homme frappé tomba pour ne plus se relever; il était mort, tant le coup avait été donné à la bonne place du crâne! Qui fut bien affligé? Ce fut le meurtrier! Il était un terrible artiste dans l'art de manier le bâton, et il ne s'était pas méfié de lui-même. Accusé de meurtre, il fut acquitté tout d'une voix.

A peine mort, son fils le remplaça dans ses rôles; ce fils lui ressemble à s'y méprendre, et c'eût été une épreuve à tenter, puisque la farine est immortelle, de cacher la mort du père et de produire le fils sans rien dire à personne; on n'eût jamais su que Debureau était mort. Je me suis laissé dire que cela se passait ainsi, dans les temps reculés, pour certains rois de l'Orient.

Au reste, aussi bien que tous les hommes privilégiés, le grand Debureau est mort à temps. Il a quitté ce monde à l'instant où les novateurs (il y en a pour toutes choses) s'emparaient de la pantomime et croyaient l'honorer beaucoup en l'accommodant à leur génie. Hélas! ces grands messieurs, éclos après la mort du fameux Gilles, ont été trompés, d'abord par leur mérite, et ensuite par un très-mauvais proverbe en toutes choses et surtout dans les arts : « Qui peut le plus, peut le moins. » Méfiez-vous de ce proverbe, il a perdu plus d'artistes et gâté plus d'écrivains qu'on ne saurait dire! En général, il n'y a ni *plus* ni *moins* dans les beaux arts; il y a ce qui plaît et ce qui ennuie, il y a le beau et le laid, il y a le vrai et le faux; or, d'assez grands périls se rencontrent en toutes ces nuances sans y ajouter des difficultés nouvelles. D'ailleurs où commence le *plus*? où s'arrête le *moins*? Jouer le rôle de Phèdre à peu près bien, est-ce *plus* que de représenter admirablement le *Bœuf enragé*? Être reconnu le premier arlequin de l'Europe, Carlo Bertinazzi, est-ce *moins* que de bien réciter le récit de Théramène? et la soubrette en ses habits de fête, le rire à la bouche et l'œil au bois, est-elle, je vous prie, quelque chose de *plus* ou de *moins* que l'impératrice, la couronne au front et le sceptre à la main? Ces messieurs les *fantaisistes* qui semblent se faire petits pour écrire une pantomime, nous la donnent belle avec leur modestie, ils n'ont jamais pu arriver au succès de l'*Homme-légume*. Ils ont été, eux aussi, les dupes de ces bruits que Charles Nodier laissait courir de sa collaboration avec les marionnettes qu'il aimait tant.

Même le choléra, qui le croirait? le choléra s'est trouvé un bon sujet de feuilleton.

A l'heure funèbre où ce mal inconnu, dont on se rit aujourd'hui, tomba sur la ville attristée, on peut se rappeler que la stupeur fut grande, et que, sous ce crêpe immense, on n'entendait plus ni les vers des poëtes, ni les chansons des chanteurs. Le silence étendait sa main glacée sur les têtes les plus jeunes; la peur comprimait les cœurs les plus hardis. De temps à autre, on voyait passer dans les rues désertes de longs tombereaux tout remplis de cadavres; ils passaient, ô misère! devant l'église et sans s'arrêter à ces autels déserts. Dans les cimetières creusés à la hâte, tout était *fosse commune*; on n'avait pas le temps de choisir le dernier repos même de son père et de sa mère; il fallait se hâter d'enterrer ses morts, et l'on se hâtait à ce point que l'on a vu des mères oublier de fermer les yeux à leur enfant! C'était de toutes parts une confusion immense, une désolation muette, un lugubre accompagnement de soupirs et de sanglots :

>Plus d'amour, partant plus de joie,
>Les tourterelles se fuyaient.....

Pourtant, dans ce désespoir de toutes choses, le feuilleton imagina de distraire, un instant, de ces douleurs et de ces épouvantes cette ville abandonnée à la peur. Une aventure qui m'était arrivée à l'heure de minuit, comme je descendais les hauteurs de la rue Saint-Jacques, me vint servir fort à propos. La nuit dont je parle, soufflait, en sifflant, ce vent aigu de la fin de l'hiver, quand l'hiver quitte à regret ses domaines blanchis de frimas! La nuit était noire, et de ces maisons fermées pas un bruit ne sortait, pas une lueur! On eût dit une de ces solitudes dans lesquelles *les chiens muets n'osent pas aboyer.* Pour peu que vous ayez été élevé comme nous au collége de Louis le Grand, vous connaissiez, tout en face la porte du collége, la rue *Neuve-des-Poirées*, elle a disparu, cette rue, ou tout au moins a-t-elle été depuis ce temps agrandie, éclairée et réparée... Du temps du choléra, c'était encore une ruelle infecte et malsaine, et dans laquelle on ne se hasardait que pour abréger sa route et pour gagner au plus vite. Enfant de ces parages savants, la rue des Poirées était pour moi une rue amie, et je la pris comme s'il eût fait grand jour. Laissez-moi cependant vous raconter, comme je la racontais alors, cette *nuit des Valpurgis*, tout à fait digne du *second Faust*, qui n'avait pas paru en ce temps-là :

LA RUE NEUVE DES POIRÉES.

« Puisqu'il s'en va, parlons du fléau. Osons les regarder de près ces profondes terreurs des premiers jours. L'ennemi bat en retraite ; soyons braves ! Pour ma part, je veux vous raconter une nuit d'épouvante que j'ai traversée avant-hier. Vous verrez dans ce simple récit ce que c'est que la peur du mal, et combien elle dénature horriblement les objets. Donc je commence : j'aurai soin d'être aussi peu terrible que possible ; je ménagerai vos nerfs plus que je n'ai ménagé les miens.

C'était avant-hier, sur les hauteurs du quartier Saint-Jacques, si rempli d'hôpitaux, de colléges et de libraires, un lieu bien triste, surtout par la nuit qu'il faisait, — il était dix heures du soir. J'avais passé la soirée au chevet d'une jeune femme cholérique. La malade, quand je la quittai, était arrivée à ce moment de calme et de bien-être qui console des plus atroces douleurs. Alors, le sang revient à la joue, le sourire aux lèvres, le battement au cœur; l'âme se montre de nouveau dans le regard, la malade renaît, tout renaît en même temps autour d'elle, et ses amis renaissent les premiers. Ce moment-là est doux comme une victoire! Aussi toute la soirée, vainqueurs que nous étions, nous ses amis, nous l'avions vue renaissante, et elle nous avait vus revivre avec elle, et je sortis de la maison en grand triomphe, ne songeant plus à l'air froid et humide du soir.

J'allais donc, descendant à pied la montagne Sainte-Geneviève et frôlant l'église de la sainte, qui ne sera jamais un Panthéon, quoi qu'on fasse! J'étais seul dans les rues; tout se taisait ou tremblait à cette heure dans la ville. Pas d'étudiants tapageurs à la porte des hôtels garnis; pas de chansons patriotiques hurlées en chœur; pas d'ivrognes,... pas d'ivrognes! toutes les boutiques étaient fermées, et c'étaient chose triste d'entendre, à la porte des charcutiers inutiles, se balancer les saucissons de bois qui cliquetaient comme des os de pendus agités par le vent.

Je passai ainsi devant toutes les boutiques célèbres de l'endroit; ici le cabinet de lecture, tout rempli de vieux petits romans ratatinés, là l'échoppe du barbier ornée à son sommet d'une inscription toute grecque que le bonhomme vous explique sans hésiter. (L'inscription était de Burette, un de nos camarades qui vient de mourir). J'allai ainsi non loin de la place Sorbonne, vis-à-vis l'hôtellerie où Jean-Jacques Rousseau, sur une méchante épinette, composa le *Devin de village*. A vous dire vrai, ce fut avec un certain charme que je traversai, moi tout seul, ces lieux habités par ma première jeunesse, ce monde latin où je m'étais trouvé tant de passions et tant de bonheur! Dans cette promenade nocturne, j'oubliai par enchantement, les inquiétudes de la journée, et des journées précédentes; j'étais heureux comme par une soirée d'été, douce, calme et saine, quand tout à coup la plus horrible vision qui se pût imaginer, dans ces temps d'épidémie et de morts subites, vint s'offrir à mes regards.

Figurez-vous d'abord une petite rue, une de ces rues qu'on appelle *neuves* par ironie, et dans lesquelles les maisons en ruine semblent se pencher l'une sur l'autre, avec le hideux sourire de deux vieilles femmes qui vont se mordre en s'embrassant ; la rue est latérale à la place de Sorbonne, et donne à l'autre bout dans la rue Saint-Jacques. Je ne l'avais jamais remarquée étant jeune ; — pas un souvenir ne m'y appelait ; je sais pourtant son nom : elle s'appelle *rue Neuve-des-Poirées.* (Ici finit ma longue parenthèse, et je vais reprendre mon récit à l'alinéa suivant.)

Dans cette rue étroite, infecte, rendue plus sombre par un réverbère sombre qui la coupe en deux, j'aperçus tout au loin, tout au loin, quelque chose de noir, éclairé par une torche indécise et vacillante entre les mains de plusieurs personnes; c'était d'un effet difficile à décrire. — Moi, je me tins à l'angle de la rue, retenu à ma place par une curiosité invincible. La chose noire avançait ; la lumière vacillante avançait ; tout cela sans bruit, et presque sans agir. J'étais immobile, et pourtant il me semblait que je glissais, moi aussi, comme ces fantômes noirs de là-bas. Or, ces fantômes noirs, c'étaient quatre immenses corbillards et huit à dix hommes qui longeaient, ou plutôt qui obstruaient, dans toute sa largeur, la rue Neuve-des-Poirées. Onze heures sonnaient à l'église de la Sorbonne : j'en comptai douze. L'heure des fantômes, minuit !

Dans un temps ordinaire, un corbillard qui passe attire peu l'attention de la ville. Le passant salue et poursuit sa route ; les autres voitures se dérangent, le mort s'en va, accompagné par ses amis ou par son chien, et tout est dit. Mais par le temps qu'il a fait à Paris, par ces bruits funèbres et dans le glas horripilant de ces annonces médicales, par ces statistiques de la Mort, par ces histoires d'Hôtel-Dieu, par ce deuil de la terre et du ciel, — mon Dieu ! un corbillard est un événement ; — c'est une menace ; — c'est une chose horrible. On se fait petit contre la muraille quand il passe. Que de fois j'ai frémi involontairement, voyant arrêtée à la porte d'un marchand de vin ces hautes tapissières noires qui s'arrêtent à chaque bouchon ; comme si boire impunément, même en ces jours d'épidémie, était un des priviléges du croque-mort !

Le croque-mort est un philosophe pratique qui n'a pas son pareil. Il est devenu un personnage à son tour, grâce au choléra. A son tour, il a joué le premier rôle ; à son tour, il a mis au galop son carrosse qui n'allait qu'au pas. Pour bien me comprendre, il faudrait les voir, ces honnêtes pères de famille, revenant du cimetière et s'épanouissant au soleil des boulevards, étalés sur leurs chars ! Puisse leur règne passer bientôt !

Quand je les vis rue Neuve-des-Poirées, à cette heure de la nuit, — heure inusitée, — en si grand nombre et en grand appareil, — le frisson me gagna : je retombai dans toutes mes terreurs passées. — C'est la mort : — c'est la peste d'autrefois ! — La voix publique a menti, l'épidémie n'est pas calmée !

Cependant, les quatre chars arrivés au milieu de la rue s'arrêtèrent à une certaine porte ; la maison était d'assez bonne apparence pour la rue. Lorsqu'ils furent arrêtés, je compris que ces chars, en effet, avaient marché. Les hommes descendirent lentement de leurs tristes équipages. — La porte de la maison s'ouvrit ; ils entrèrent l'un après l'autre dans cette maison. Mais tout noirs qu'ils étaient, et dans cette allée obscure, je les sentis entrer plutôt que je ne les vis entrer. — Cependant, sans les voir, sans les compter, je savais leur nombre à coup sûr ; — ils étaient dix.

En ce moment, je me sentis plongé dans une de ces hallucinations funestes, qui dans tous les temps ont fait croire aux fantômes. Les esprits les plus forts y ont cru. Pline, dans une lettre, pour laquelle je donnerais bien volontiers dix chapitres comme celui-ci, raconte qu'il en a vu un. Je ne vis pas de fantômes, je vis mieux que des fantômes. Après un instant d'attente, sortit de cette maison une bière pâle sur des épaules noires ; on ne voyait que la bière ; on eût dit qu'elle se portait toute seule sur le premier corbillard. Passèrent ainsi l'une après l'autre dix bières blanches et posées sur le même char ; puis dix autres bières. Muettes, fatales, elles se plaçaient en ordre comme les nymphes légères du troisième acte de *Robert le Diable*.

Elles allaient, incessamment portées sur les chars. Le premier char se remplit bientôt et jusqu'aux combles ; alors on le fit avancer d'un pas, il me sembla qu'il m'écrasait. Une sueur froide inondait mon visage, mes dents claquaient. — Quoi donc ? me disais-je, toute une maison morte ! toute une rue morte ! Quelle fièvre est-ce donc là qui entasse tant de cadavres ? Et je pensais à mes amis qui dormaient à cette heure, insouciants du fléau ; je pensais à ce malheureux Paris qui se reposait de ses transes sur la foi des gens de l'art ; je pensais à tous ceux que j'aimais ; et puis aussi je pensai à moi, pauvre homme. A l'aspect d'une si imposante mortalité, que devenir ! que devenir !

Cela dura longtemps. D'autres bières sortirent de cette porte et d'autres chars se remplirent. Quand le dernier char fut comblé, un des hommes ferma la porte de cette maison, et il en mit la clé dans sa poche, comme s'il en eût été le dernier visiteur. Le cortége se remit en marche. Comme la rue est étroite, les chars continuèrent leur route en marchant tout droit sur moi. A cette vue, je me sentis tout de marbre. Je voulais fuir ; la fuite était impossible. Le cortége passa, je fermai les yeux. Quels bonds mon cœur faisait dans ma poitrine ! De la tête aux pieds, dans le talon, comme Achille, dans les épaules, comme Thersyte, je sentis tout à la fois les horribles indices du choléra.

Un peu revenu de cette grande frayeur, je me traînai au fond de la rue. Je passai devant la maison déserte ; déserte en effet, fermée, muette, pas un filet de lumière ou de fumée, rien ; c'était la maison des morts ! Je ne sais comment il se fit que je pus atteindre un banc de pierre sur le devant d'une maison de la rue Saint-Jacques ; je m'assis sur ce banc, et bien certainement je serais tombé en quelque spasme intéressant si j'avais eu quelqu'un pour en être le témoin.

Il me sembla que le dernier moment de ma vie était venu, que l'air de cette rue funeste brûlait déjà mes poumons, gonflés de moitié. — Combien je regrettai alors toutes les choses que je dédaignais dans des temps plus heureux ! Que n'aurais-je pas donné, en ce moment, pour être au théâtre de la Porte-Saint-Martin un jour de première représentation !

Peu à peu cependant, je revins à moi-même. J'étudiai les objets qui m'entouraient. Je reconnus d'abord la rue Saint-Jacques et sa pente rapide ; ce banc sur lequel j'étais assis, ô Patrie ! c'était le banc du collége Louis le Grand, mon second berceau. Voilà bien la grande porte si rarement ouverte et voilà bien devant moi notre bruyant voisin le serrurier Yolande ! Comme nous citions les vers de Virgile, et les armes d'Enée à propos de ce forgeron qui porte un nom du moyen âge ! Voilà bien, à ma gauche, la boutique de madame Vigneron aux excellents pâtés, toutes les joies de mon enfance, ses peines cuisantes aussi ; et les rêves si décevants et si compliqués de la vie du collége, passaient devant moi sur ce banc, se dandinant, grimaçant, riant, sautant, bâillant ; pêle-mêle confus de visions, de souvenirs, de terreurs, d'espérances, de regrets.

Et puis devant moi, toujours la rue Neuve-des-Poirées, ce boyau éteint et morne, espèce de sillon ténébreux qu'avait laissé la roue des chariots funèbres. Cela encore, c'était d'un indicible effet.

Combien de temps je serais resté à cette porte? Je l'ignore. Heureusement, et avec sa tête chauve, son air imposant et grave, les rides savantes de son front et toute l'importance doctorale de sa personne, je vis arriver, non pas le proviseur, mais le portier en chef du collége, vénérable personnage dont le souvenir était resté profondément gravé dans ma mémoire. La présence du digne concierge me fit autant de bien que celle du médecin qui vous sauve.

En le voyant à cette heure, j'oubliai ses moments de mauvaise humeur, et ses rapports officiels quand je rentrais trop tard, retenu que j'avais été par les plaisirs de l'Opéra-Comique — car alors, jeune et innocent que j'étais, j'avais foi au Théâtre-Français et à l'Opéra-Comique, je jurais par *la Pandore*, et je faisais de longues dissertations sur le génie de M. Jouy — j'oubliai soudain tous mes griefs contre le concierge, et avec l'onction de Télémaque à l'aspect de Mentor : — O Rombaux, m'écriai-je, est-ce vous, Rombaux? « Qui vous amène dans ces lieux empestés. Prenez garde ! la mort va vous saisir ! » Puis, comme Rombaux paraissait fort étonné, je quittai le langage poétique, et je lui racontai ce que j'avais vu : ces corbillards, ces flambeaux, ces cadavres entassés, cette maison dévastée par la mort : je dis tout cela à Rombaux. A mesure que mon récit s'avançait, ma narration devenait plus animée et plus éloquente. Pourtant, quand j'y pense à présent, j'ai bien peur d'avoir paru un faible orateur au digne Concierge : il se connaît si bien en narrations et en discours descriptifs !

Cependant, en homme habitué à entendre lire des amplifications de rhétorique, Rombaux m'écouta patiemment. Il eut pitié de mes terreurs, il me laissa les lui raconter telles quelles. Quand j'eus tout dit, il prit la parole à son tour. Il me parla, aussi bien que l'eût pu faire un des sages de la Grèce ; il ne me parla ni de la fièvre jaune, ni de la peste de Florence à laquelle nous devons les contes graveleux et charmants de Boccace, ni de Marseille dévorée par la contagion, ni de Belzunce le saint prélat ; à peine me parla-t-il du choléra indien et avec un petit sourire d'incrédulité tout à fait classique, comme s'il se fût agi de M. Sainte-Beuve ou de M. Victor Hugo.

— Ce que vous avez vu dans cette maison de la rue des Poirées, me dit-il, ce n'est pas même le choléra. Rassurez-vous, la chose est plus simple que vous ne pensez : dans cette maison déserte est renfermé le dépôt des bières de notre arrondissement. Tous les trois jours, choléra ou non, la nuit, et à cette heure, pour n'effrayer personne, l'administration des pompes funèbres envoie à la provision. Voilà tout ce qui vous a fait peur ; le nombre est à peu près le même, ce mois-ci que l'an passé ; rassurez-vous donc, mon petit ami, et bonsoir !

Disant cela, le digne Rombaux rentra gravement dans son collége par la petite porte, qui se referma sur lui.

S'il m'avait dit : Venez, votre lit vous attend dans le dortoir à gauche, loin du maître ; — venez dans ce vaste dortoir où l'on parle si bas, où l'on dort si haut ; — il n'y a pas de contagion chez nous, venez ! il n'y a pas de vaudevilles chez nous, pas de drames nouveaux, pas de comédies en cinq actes, pas de vieux comédiens, chauves et tristes comme la vieillesse sans argent, pas de romans en quatre volumes, pas de vers langoureux à rimes brisées, pas de terreurs politiques, pas de terreurs médicales, pas de terreurs littéraires ; venez dormir, venez étudier, venez jouer avec nous ; venez, enfant perdu du collége, quittez la foule, et recueillez-vous sous la férule ; c'est la bonne place ! S'il m'eût dit : Venez à nos blancs réfectoires toujours pourvus ; venez à notre infirmerie toujours déserte ; revenez, le dimanche, au parloir où vous verrez les jeunes mères en grande toilette, vous, enfant de quinze ans ! S'il m'eût dit tout cela, le digne homme, je vous le jure, il ne m'eût pas donné plus de paix et de calme au cœur que par ces deux mots : *Choléra ou non, ils y viennent tous les trois jours.*

Jamais je n'ai été plus heureux, pas même le jour où je sortis de cette paisible maison, pauvre enthousiaste, qui m'en allais au hasard, sans savoir où j'allais, et donnant le bras à ma vieille bonne tante, fragile appui de quatre-vingts ans.

Toute ma vie s'est résumée ce soir-là : les souvenirs du jeune âge, les terreurs de l'âge présent. Je n'ai jamais mieux senti le regret du passé, et la frayeur du temps présent. Depuis cette nuit si féconde en sensations, je me suis bien promis de ne plus avoir peur, d'aller au-devant du danger, et de sonder jusqu'au cercueil. Faites comme moi ; ne craignez pas. Allez au-devant de votre peur ; les temps sont fertiles en terreurs de tout genre ; nous devons nous étudier à ne pas reculer quand elles viennent ; c'est le seul moyen de ne pas en être écrasés. »

Il faudrait se reporter à ces moments de fièvre et de terreur pour se faire une juste idée du grand effet que produisit mon petit conte au milieu de la stupeur universelle. On n'eût pas mieux accueilli un conte, venu en droite ligne du Rhin *allemand;* aussi bien, encouragé par le succès, je poursuivis le cours de mes ordonnances, et, à l'exemple du célèbre docteur Broussais, qui faisait, chaque soir, en plein Hôtel-Dieu, au milieu des mourants et des morts, un cours solennel sur l'affreuse maladie, à mon tour, je me mis à raconter l'histoire des pestes d'autrefois, sous le nom du *Docteur noir :*

LE DOCTEUR NOIR.

« Un médecin de l'espèce brusque ; il parle d'un ton haut et bref ; il vous jette un coup d'œil sévère, et comme il avait affaire à une jeune femme blonde et tremblante, il se mit, pour la mieux rassurer, à lui faire peur. Il remonta à la peste que raconte Thucydide, en l'an 429 avant Notre-Seigneur. — Athènes, une ville parisienne, Madame, toute remplie de poëtes essoufflés qui osaient à peine élever la voix pour gémir, d'archontes réveillés en sursaut et de petites femmes nerveuses qui envoyaient chercher, sans rime ni raison, de graves enfants d'Esculape, étonnés de servir de jouet à ces désœuvrées. Vous parlez de peste, ah ! Madame, cette peste d'Athènes était une fièvre livide ; elle souillait la lèvre d'un sang impur ; elle accablait le malade pendant neuf jours, lui ôtant tous les genres de mémoire, celle du cœur d'abord. Les rues étaient jonchées de morts ; le fils chassait son père de la maison paternelle ; l'esclave chassait son maître de son lit ; l'horrible fléau dura trois ans ; il enleva Périclès après avoir brisé autour de lui ses deux fils, sa sœur, tous ses parents. » Consolez-vous donc, Madame, M. le président du conseil [1] ne mourra pas, et son fils attaqué est sauvé d'hier. »

Mais la dame, plus tremblante que jamais, ne se consolait pas.

« Madame, reprenait le docteur noir, Rome a été ravagée trois fois par la peste ; la première fois, elle avait à peine cent ans d'existence, et cependant elle est devenue la première ville du monde !

« Si nous passons à l'ère chrétienne, les pestes ne se comptent plus. L'an 65 de Jésus-Christ, Néron voit arriver la peste. Joyeux amateur de fléaux, il la reçoit dignement, comme il reçut plus tard l'incendie. L'invasion des Barbares, si longue dans ce monde romain, est toujours accompagnée de la peste. La première peste de Paris remonte à 540 ; deux ans après, Constantinople était frappée d'une contagion qui enlevait cinq mille morts, chaque jour, et cette peste a duré cinquante ans. A Marseille, depuis que Marseille existe, on connaît *le mal des ardents*. »

Et comme la dame ne se consolait pas : « Que serait-ce, lui dit-il, si vous lisiez l'histoire de la Chine ? En 1232, et dans l'espace de cinquante jours, neuf cent mille cercueils sortirent d'une seule ville ! Un siècle après, le Céleste-Empire succombait sous la peste universelle : la *peste noire*. La *grande mort* a marché, capricieuse et vagabonde, à travers le monde décimé. Elle a enlevé, à Paris, quatre-vingt mille personnes, parmi lesquelles il faut compter Jeanne de Bourgogne, femme de Philippe de Valois, et la duchesse de Normandie, sa sœur. Le seul comtat d'Avignon perdit cent vingt mille habitants. Florence, Rome et Gênes... trois tombeaux ! Pétrarque, qui donnait au monde la langue italienne, voyait la belle Laure, qu'il a trop chantée, enlevée par la contagion. Figurez-vous les villes désertes, les moissons pendantes, les Juifs accusés d'empoisonnements et égorgés comme ont été égorgés, il y a quelques jours, plusieurs innocents par la même populace toujours stupide ; cependant, à cette même époque, l'Italie jonchée de morts, fut témoin d'une association

---

1. M. Casimir Périer ; au contraire, il mourut du choléra, et la France a fait une perte immense, ce jour-là.

pour le plaisir. On s'enivrait, de compagnie, on se couronnait de fleurs, on chantait tout le jour, et le soir on faisait des contes ; contes de galanterie et d'amour, recueillis par Boccace, et précédés d'une horrible préface qui est un chef-d'œuvre. Faites comme les Florentins, Madame ; si je ne vous conseille ni de boire, ni de chanter, lisez des contes. Justement M. de Balzac vient de publier tout exprès pour les cholériques des *contes drolatiques!* le choléra est une excuse à lire ces sortes de choses. Hâtez-vous de les lire aujourd'hui, de peur que, la santé publique de retour, les contes drolatiques ne vous soient défendus demain. »

Et moi aussi, Madame, il faut que je me hâte, et que je vous raconte, à cette heure propice, toute remplie de *bulletins officiels sanitaires* et de procès-verbaux d'autopsie, une anecdote.

— Allons, venez et risquez une oreille ou deux.

Je commence par vous avertir que la chose se passe le 10 octobre 1774, à un dîner de soixante couverts, chez un président à mortier ; l'héroïne est une très-jeune et très-jolie femme qui s'appelait madame la comtesse de Rochefort, et qui est morte duchesse de Nivernois.

L'homme qui raconte le fait, ce n'est rien moins que le fameux marquis de Mirabeau, le père de Mirabeau, celui qu'on appelait *l'ami des hommes*; emphatique et détestable écrivain quand il écrit un livre ; écrivain aussi plaisant, aussi châtié et d'aussi bon ton que Bussy quand il écrit une lettre. Voici cette anecdote que je copie mot à mot dans la précieuse collection de M. Lucas Montigny, et qui ne vient pas trop mal avec la *maladie régnante*.

« La jeune comtesse de Mirabeau est conteuse, et rit d'un si
« grand cœur ! Elle nous a raconté une très-plaisante histoire sur
« son bisaïeul de Maliverny qui était un original et qui avait une
« femme plus originale encore. Ces deux figures ne sortaient
« qu'aux grandes occasions; mais le cher bisaïeul était président
« à mortier, et à un grand repas de soixante personnes chez
« M. Le Bret (intendant de Provence et premier président du par-
« lement), l'homme le plus froid qui fut oncques de Paris à Rome,
« le président et la présidente furent, de droit, invités à déployer
« chacun leur serviette. La joie gagnant les convives, la conversa-
« tion s'échauffa, et l'on parla de *la colique* qui, dans ce temps,
« était un méchant mal. Alors, mue de charité, la présidente éleva

« la voix ; chacun écoute. Elle dit (et il faut entendre le jargon
« moitié français, moitié provençal, et le petit singe faisant la
« voix rauque): *Moi, j'y sais un remède infaillible.* Le silence
« continue; on est dans l'attente; elle poursuit: *Mon chat que*
« *voilà* (en montrant le barbu président qui vraiment avait l'air
« de revenir d'un combat sur la gouttière) *est une nuit attaqué*
« *de colique mortelle; l'inspirazioné mé vint de loui mettre*
« *mon cul sur lé ventré, et sur-le-champ il fut guéri, et me*
« *dit :* AH! MON AMOUR! TU ME L'AS ÔTÉ COMME AVEC LA MAIN!
« Si vous ne vous mettez à la place de la grave compagnie, cer-
« tainement le conte ne vaudra pas grand'chose; mais, en imagi-
« nant une jeune personne bien naïve et bien à son aise et bien
« jeune, qui fait ce conte-là et qui rit à en pâmer, vous com-
« prendrez mieux qu'un autre que, si nous rions de peu de chose,
« ce qui est indispensable quand on est toujours ensemble les
« mêmes gens, pourtant nous rions de bon cœur. »

(*Lettre inédite du marquis de Mirabeau à la comtesse de Rochefort, depuis duchesse de Nivernois,* du 10 octobre 1774.)

Le mot était cru... l'anecdote était vive elle passa! Le deuil public était si profond, le monde parisien était si triste! En général, vous pouvez tout hasarder, la plume à la main, pourvu que vous n'arriviez pas dans le contre-temps des choses humaines, et que vous entriez résolûment dans la douleur, dans la joie ou dans la passion de l'heure présente. Quand le poëte dit à la foule romaine : *Favete linguis!* en son Chant Séculaire, il parle ainsi, parce qu'il est sûr d'être écouté. Ainsi, choisissez l'heure et ne parlez qu'à votre tour, mais ceci fait, parlez librement et tout à votre aise. On a beau dire — il n'y a que les impuissants, et les faux hommes de lettres, qui disent: — *la critique est facile!*

Au contraire la critique est un art difficile et rempli de périls. J'ai vu des moments où tout à coup ce même public, qui sem- blait vous appartenir et dont vous disposiez à votre plein gré..... soudain le voilà parti, et qui ne veut plus entendre un seul mot de ce que vous avez à lui dire. En vain vous redoublez d'efforts et de zèle, il ne veut plus de vous, il veut, en ce moment, qu'on lui parle de danse et de musique, il ne s'occupe que de danseurs et de chanteurs, l'Opéra-Italien ou même l'Opéra, (ça c'est vu), pre- nant toute l'attention des oisifs..... Essayez alors de lutter seul contre tous ces orchestres, pareils à l'orchestre du jugement dernier, nul ne vous écoute, et vous arriveriez annonçant *Rodogune* ou le *Misanthrope*, on vous répondrait *la Fille du régiment* ou *la Fille mal gardée.* — D'autres fois, la politique était souveraine! Elle tenait dans un pli de son manteau la paix ou la guerre, et elle secouait ce manteau formidable sur l'Europe aux abois..... Allez donc parler, en ces moments difficiles, du grand Debureau ou de la petite Déjazet !

Que dis-je? Eh! j'ai vu dans nos colonnes envahies, à la place même où la veille encore le Feuilleton dramatique, roi absolu, déployait à loisir de chatoyantes merveilles ! — j'ai vu, ô douleur! arriver tout d'un coup ce parasite inconnu, cet *oïdium tuckeri* des colonnes d'en bas, ce reflet *des pommes de terre malades*, cette odieuse combinaison du mensonge mêlé à l'histoire, de la fiction emboîtée dans la réalité, — le roman-feuilleton pour tout dire, et je sens encore à cette heure le contre-coup de ce funeste voisinage qui devait détruire et dégrader toutes les conditions de la presse, telle que l'entendaient nos vieux maîtres. Ah ! la chose incroyable, un roman qui court et circule à travers les plus graves événements de l'Europe; un conte de bonne femme étouffant un discours de M. Berryer ou de M. Guizot; les menaces de l'Angleterre accolées aux *Mystères de Paris;* les folies sans fin et sans style de *Monte-Cristo*, accolées au labeur incessant du roi Louis-Philippe !

En maître souverain, le conte régnait alors, et de l'église à la caserne, du théâtre à la Chambre des Pairs, du navire à l'étude de l'avoué, du collége au bagne, de la cour royale au pensionnat de demoiselles, du nord au midi, de Paris à New-York, dans les villes remplies, dans les campagnes désertes, chez l'épicier oublieux de compter sa recette du jour, et chez la danseuse oubliant que sa porte est ouverte, en tout lieu, à toute heure, à tout bout de champ, le conte et le conte, le roman et le roman!
— De grands diables de romans qui se développaient en un quarré de vingt tomes à la base! Essayez d'arrêter le torrent, opposez-vous à ce rêve immense ! Allons, la plume légère et la plume aimée, démontrez à ces hommes saturés de cet opium bâtard, que la vie est chose sérieuse, et qu'elle n'est pas faite pour être consacrée à ce badinage de grisette oisive et d'étudiant mal-

sain..... Vains efforts! espérance inutile! Il faut que ce choléra moral ait son cours! Il faut que cette fièvre horrible arrive à sa fin latente! Écrivains, qui n'êtes pas des romanciers, laissez passer l'admiration de la foule! Critiques naguère écoutés, laissez la foule s'abreuver à ces délires! En ce moment de choléra moral, il n'y a, dans toute la France oisive et livrée aux nausées, que deux ou trois hommes qui ne s'enivrent pas de cette lie inerte de l'esprit français. Lui-même, le président du conseil, le vieux maréchal Soult, une gloire, un bon sens, mort incognito, l'autre jour, entre deux révolutions, il s'était épris à ce point des *Mystères de Paris* qu'à peine réveillé de sa nuit trop longue, il demande à lire la *suite* du chapitre de la veille, et quand la chose est lue, s'il ne voit pas les mots sacramentels : *La suite à demain!* il s'impatiente, il s'irrite à l'avance, et le lendemain venu, il jette au feu son journal! Fi! vous lui parlez d'une œuvre nouvelle de M. Scribe ou d'un drame de M. Victor Hugo au moment où la *Goualeuse* est à Saint-Lazare! Il s'agit bien de la poésie et des poëtes, à l'heure où l'illustre maréchal veut savoir absolument si le *Chourineur* a rencontré *Fleur de Marie!* O critique insensé, taisez-vous; cédez la place au romancier, et n'allez pas tenter une lutte impossible avec ce magnifique conteur, Eugène Sue!

Un jour même, si grande était l'admiration de M. le maréchal Soult pour son romancier, qu'il envoya quatre fusiliers forcer la porte de la prison à l'usage de la garde nationale! On y avait conduit la veille, M. Eugène Sue, il menacait de ne pas reprendre le cours de son histoire avant d'être sorti de prison, et comme il y était pour quinze jours, le maréchal lui envoya sa grâce, sans qu'il l'eût demandée! Un critique à la place du romancier, serait mort dans cette geôle et pas un ne s'en fût inquiété! Allons, patience, et laissez-les s'empiffrer jusqu'au nœud de la gorge, ces gloutons qui ne savent ni lire ni choisir.

LE THÉATRE DU PALAIS-ROYAL.

Pourtant il a fallu six ans de courage et de patience pour que le lecteur repu et saoulé de ces fictions, revînt peu à peu à des choses moins frelatées. Le roman-feuilleton peut compter, sans conteste, parmi les deux ou trois grands dangers que la presse a courus depuis tantôt cinquante années que cette machine d'État fonctionne avec plus ou moins de libertés ou d'entraves. Pendant ce temps d'arrêt dans les curiosités de chaque jour, que de théâtres ouvraient ou fermaient leurs portes, sans qu'on sût à peine si ces portes étaient ouvertes ou fermées! Le théâtre Molière et le théâtre Beaumarchais, ouverts et fermés. Le théâtre Saint-Benoît ouvert et fermé dans cette même église de Saint-Benoît le mal tourné : *Ecclesia sancti Benedicti male versi!* Le Vaudeville en cendres, le théâtre de la Gaîté qui brûle à la troisième représentation de *Latude*, et avec le théâtre la fameuse échelle qui servit à Latude à se sauver de la Bastille!

Ainsi mourut plus tard, et d'une mort moins brillante, le fameux Théâtre-Historique, écrasé sous une double faillite. Et pendant que tous ces théâtres brûlaient, croulaient, changeaient de maîtres, s'élevait aux Champs-Élysées un grand cirque immense, au Palais-Royal s'ouvrait un petit théâtre charmant. Pour expliquer la fortune de ce petit théâtre, enfant du rire sans façon et de la malice innocente, il faudrait nommer tous les comédiens qui ont fait sa fortune. Il y avait à ce théâtre, et dès le premier jour, une comédienne à part, parmi toutes les belles rieuses qui ont fait rire les plus belles années de ce siècle, mademoiselle Déjazet. Mademoiselle Déjazet, jeune encore et dans toute la vivacité de cette éternelle jeunesse à peine épuisée, il n'y a pas quinze jours ; il y avait Samson, qui est devenu un des meilleurs parmi les comédiens ordinaires du roi ; il y avait Sainville aussi, le maître et le précurseur d'Alcide Touzet et de Grassot. On joua, le premier jour, quatre pièces nouvelles, elles furent sifflées en bloc.

Ces quatre comédies visaient à l'esprit du beau monde. Elles sentaient le salon d'une lieue. Elles avaient, pour héroïnes, des *dames comme il faut ;* des messieurs en gilet brodé. Elles ignoraient que le rire et la bêtise devaient être les seules ressources de ce joli petit théâtre et de cette petite troupe de bons plaisants. Hors du rire et de la bêtise, il n'y a pas de salut pour le théâtre du Palais-Royal. « La bêtise, ah ! la bêtise ; elle est la force, elle est l'esprit, elle est l'entrain, elle est le repos et le facile oubli des inquiétudes de chaque jour ; c'est l'air qui nous rafraîchit, c'est le parfum qui nous récrée, ô la déesse bienfaisante ! elle nous sauve du musc, du sang et de l'ennui. Voyez, c'est la bêtise qui a fait Arnal, c'est la bêtise qui a fait Odry le sublime; trouvez-moi quelque part quelque chose de plus grand qu'Odry! Trouvez-moi quelque part cinq grands actes qui se puissent comparer à *l'Ours et le Pacha!* O bêtise! que d'ingrats tu fais chaque jour! Mais hélas! nos gens d'esprit sont timides, ils n'osent viser qu'au sublime : gens maladroits, à moins cependant que par une sublime hardiesse, et comprenant toute la puissance du genre bête, ils ne tendent au sublime comme au chemin le plus court pour arriver au genre bête; en ce cas, les malheureux! ils outrepassent le but.

En résumé, ce petit théâtre, s'il entend ses intérêts, s'il se souvient qu'il a commencé avec des marionnettes, et s'il sait donner à ses acteurs l'à-propos, le sel, la malice et le sans-façon de ces marionnettes, s'il a peur des robes de satin, des habits de petits-maîtres et des drames pleureurs, deviendra avant peu un lieu charmant de réunion improvisée, et de rendez-vous sans façon! »

Il me semble que pour une ouverture sifflée à outrance, il n'était guère possible de prévoir d'une façon plus complète, et l'avenir et les instincts de cette institution chantante à laquelle on ne saurait rien comparer dans toute l'Europe. — Il n'y a qu'un théâtre de ce genre dans le monde entier. — On ne peut pas le copier, on ne peut pas l'imiter, il est, parce qu'il est! Il ne ressemble pas au Gymnase, et pas au Vaudeville, encore moins au théâtre des Variétés; le couplet, l'esprit, le sel, le bon mot du Palais-Royal, ne vivent que là, ils n'ont de force que là! C'est une gloire, savez-vous, d'avoir prédit cet avenir de fou-rire, enfoui dans ces murailles!

Joie assez rare, et pour mettre à côté du triomphe, une défaite, voici que je rencontre au Vaudeville, à l'ancien théâtre de la rue de Chartres (il serait difficile, à cette heure, de retrouver l'emplacement de ce théâtre aimé des dieux) un exemple attristant de l'impuissance de certaines renommées, de certains succès qui dérangent, pendant vingt ans, toutes les prévisions que le début avait fait concevoir. — A quoi cela tient, le succès? Pourquoi cet homme, insulté pendant dix années, et relégué sur le dernier plan de la comédie, arrive un jour, tout d'un coup au sommet de son art, au zénith de sa renommée, et pourquoi tel autre, applaudi à outrance, le premier jour, et proclamé une étoile, ni plus ni moins, une étoile! le verrez-vous tomber peu à peu dans les cent mille disgrâces d'un parterre en révolte, jusqu'à ce que l'astre flamboyant ait disparu sous les ténèbres profondes? On n'en sait rien. C'est la chose sans explication et sans excuse. Ou la gloire, ou l'abîme; ou l'admiration sans partage, ou le dédain sans limites ; tout ou rien !

Sera-t-il dieu, table ou cuvette ?

Il sera dieu, mais voilà le *hic*, il n'est pas sûr de ne pas être une table; cuvette, il a des chances pour passer dieu. Ce qu'on appelle un théâtre est un grand tapis vert, un grand jeu de hasard. — Tout est perdu ! Tout est gagné ! Cette vagabonde, cette *foraine*, ce masque, Lolla-Montès est à peine supportée à l'Opéra, le public la baffoue et la hue... elle passe reine à la cour d'un monarque imbécile, et les lâches courtisans de ce malheureux couronné, se prosternent sur les pas de cette saltimbanque! A l'Opéra, une jeune fille arrive, elle chante, en tremblant, dans l'ombre, une cavatine... à peine si ces messieurs de l'Opéra, qui ont tant d'affaires, écoutent pendant cinq ou six minutes la voix tremblante... et la petite fille s'en va en pleurant : on n'en veut pas ! Trois mois après, elle soumet les deux mondes à ses chansons, et l'Amérique, enthousiaste jusqu'au délire, la proclame déesse et s'attèle à son char. Je m'arrête à cet exemple, j'en ai tout ce qu'il faut pour arriver aux débuts de M. Henri Monnier.

Henri Monnier était un jeune homme en ce temps-là, un jeune homme et un artiste à bon droit populaire par le succès le plus facile et le plus charmant; ce succès, qui consiste à placer sous les yeux de l'homme qui passe, une comédie en plein vent, une vraie et complète comédie, écrite en trois coups de crayon, et qui porte avec elle son théâtre, son costume, son dialogue, sa verve, son esprit, son jeu. C'est une façon merveilleuse, et pour ainsi dire surnaturelle, d'aller droit à l'intelligence, à l'ironie, au bon sens de la foule, étonnée et ravie à l'aspect de ce petit drame improvisé qui fait dire au savant, à l'ignorant, au va-et-vient de chaque instant de la nuit et du jour : *Comme c'est ça!*

Tel est le grand effet que produisent, de temps à autre, ces beaux et vifs crayons, amis de l'heure présente ; -- on dirait qu'une main invisible les conduit, et qu'ils saisissent au passage, rapides comme la pensée ou comme le soleil, les petits ridicules et les petits crimes de ce monde qu'on appelle : Paris! Le son même de l'orgue qui marche en chantant, et même l'odeur fugitive que laisse, en son atmosphère élégante, la belle dame au jardin des Tuileries, un jour d'été, ne produisent pas une émotion plus spontanée et plus vive que ces nettes et sincères images, devinées et comprises d'un coup d'œil. Dans ce genre excellent de la comédie à la portée de tous, peu de gens ont excellé, et chacun sait le nom de ces hommes favorisés du sort. — Celui-ci s'appelait Charlet : « *Est-ce de naissance que tu as une jambe de bois?* » disaient deux jolis enfants de Charlet à un invalide; celui-là s'appelle aujourd'hui (c'est un grand nom aussi) Gavarni, il a fait *les Enfants terribles*, il a écrit une comédie intitulée : *Fourberies des Femmes!* et des merveilles et des merveilles! L'un et l'autre, ce Charlet et ce Gavarni, et Daumier qui est un génie, et Cham qui est un esprit et Tony Johannot un souvenir, ils ont été précédés dans cette arène joyeuse par ce même Henri Monnier, qui était un poëte comique, le crayon à la main. Rappelez-vous cette grisette charmante qui tient ses ciseaux d'une main indignée : « *Ah!* dit-elle en fronçant son sourcil de Jupiter Olympien, *si un homme me battait!* » Toute une génération s'est extasiée à cette grisette; et cette autre, du même Henri Monnier, qui d'une main délicate touche à la glace de son voisin parlant de sa flamme amoureuse : « Comme on l'écoute! » Ainsi, Henri Monnier, lorsqu'il se faisait comédien, touchait à la réalisation de ce grand rêve, le plus grand de tous... la popularité!

En vain on voulut le retenir sur le penchant de cet abîme, en vain ses amis lui voulurent prouver qu'il tentait de grands hasards, qu'un instant ne suffit pas à faire un comédien supportable, et qu'en cette sorte d'art il y a un certain fond d'habitude et de métier dont les plus beaux esprits ne sauraient se passer, rien n'y fit; il tenait à son idée, il n'y avait plus qu'à lui rendre autant que possible, le public, favorable, et chacun s'en fit un devoir.

HENRI MONNIER.

« Voici ce qu'on peut appeler : une nouvelle. Vous connaissez les croquis d'Henri Monnier. Les dessins de Monnier sont autant de petites comédies dans lesquelles s'agitent mille acteurs variés, sortis du peuple; pimpantes fillettes, épais bureaucrates, vieux soldats, moins héros et aussi naturels que ceux de Charlet. Les aventures de la rue et les accidents de la mansarde, tout ce qui se dit dans les groupes et dans les carrefours, dans l'antichambre des hôtels et dans la boutique du marchand, est du domaine de Monnier. — Il anime son petit monde à sa manière : il le pose sans façon tantôt sur un pied, tantôt sur l'autre ; il lui prête une physionomie burlesque ; au comédien de son invention, il relève le nez, il enfle la joue, il allonge les jambes ; ce n'est pas tout à fait la charge, et ça reste en deçà de la caricature ; c'est le vrai en raccourci, c'est le mouvement, c'est la nature, ce sont les bons mots, c'est la folle joie et la sagesse du peuple : voici les commères, voici les orateurs, voici les paillasses en plein vent, voici toutes les fables de La Fontaine traduites, voici des Anglais à foison, tout cela c'est la comédie d'Henri Monnier ; on la retrouve partout, à la porte de tous les vitriers ; tous les badauds le regardent, le sourire sur les lèvres et la bouche entr'ouverte ; nous l'estimons à très-haut prix, nous autres les badauds lettrés, qui prenons, partout où nous les trouvons, notre fête et notre plaisir.

J'aimais Henri Monnier depuis longtemps et je ne le connaissais que par ses dessins à la libre allure ; j'aimais ses fillettes si naïvement coquettes ; j'aimais ses bons mots attachés au texte comme une comédie de Molière, attachée à une gravure de Johannot. Un soir, j'entendis Monnier, pour la première fois. Nous étions réunis plusieurs amis et camarades. Il y avait là, enfants de la même année ou peu s'en faut, et poussés par le même instinct : Chenavard, Champmartin, Achille Ricourt, Théodose Burette, Loëve-Weymar, Devéria, et les autres, tout disposés à cette fête qu'on pouvait appeler : *la Comédie dans l'atelier!* L'atelier à peine éclairé, laissait les spectateurs dans une ombre favorable, et comme on s'attendait à quelque scène étrange, le silence s'était fait peu à peu. —Alors commença Henri Monnier ! Il était assis sur une chaise, les bras croisés, la tête penchée, les yeux à demi fermés ; son sang-froid était admirable ; il inventait des drames à n'en pas finir. Le drame se passait où il pouvait, en haut et en bas, honnête ou non; il fallait aller avec Monnier, et sans trop s'inquiéter si l'on allait en bon lieu ou en mauvais lieu, et quelle que fût la maison où le poussait cette comédie. Quant à lui, tout lui convenait, la rue et le carrefour, la boutique et le salon, le corps de garde et l'escalier, et, chemin faisant, il rencontrait tant de bonnes têtes risibles, tant de ridicules choisis, tant de mots exquis et d'un bon sel, le plaisir était si grand et si complet à le suivre en ces inflexions plaisantes, et ce ton excellent, varié, naturel, grivois, ces soupirs burlesques, ces cris passionnés, ces images désopilantes, ces émotions dans le cœur et dans la voix, ces ordures même, spirituellement gazées ou toutes crues, lorsque l'effet de son drame y devait gagner, que nous passâmes tous, et nous étions nombreux et divers, la plus délicieuse soirée dramatique qui se puisse ouïr et voir. Henri Monnier à lui tout seul suffit à cette variété, à ces mœurs, à ces jargons. Il était plus de minuit quand la toile se baissa sur cette réunion en belle humeur, et je pensais à part moi, que c'était grand dommage de voir tant de bon esprit et de vive saillie perdus dans une comédie de salon au profit de quelques privilégiés, pendant que cette comédie, reproduite sur la scène au profit de tous, nous ouvrait une nouvelle source de rire et d'intérêt plaisant dont nous avions tant besoin. »

Ceci était l'annonce officielle d'une vocation *irrésistible;* irrésistible c'est le mot de tous les hommes qui font sciemment une sottise. Ainsi débuta, sur un théâtre pour lequel il n'était pas fait, cet artiste oublieux des faciles travaux de l'atelier, et qui s'est vu cruellement châtié pour avoir renoncé à son art. « C'en est donc fait (disais-je six mois plus tard!) il est comédien pour tout de bon! plus d'espoir, Lepeintre jeune a présenté au parterre *son camarade* Henri Monnier... Tout est dit. Ne prenez pas cependant notre intime tristesse en présence de cette détermination hardie, pour un reste de préjugé contre la profession exercée par Talma et mademoiselle Mars; à Dieu ne plaise! Il n'y a ici que l'inquiétude et le malaise d'un homme qui ne comprend pas que l'on change un art certain, dans lequel on est maître, contre une profession exposée à tous les hasards. Et quel plus grand malheur... en savez-vous un plus grand que d'être un comédien médiocre, de dessinateur excellent que l'on était?

« Aussi (en dépit de ma belle annonce de l'autre jour), quand la toile s'est levée, et que je l'ai vu entrer, comme un acteur ordinaire, j'ai senti que le frisson me gagnait. J'ai eu peur, quand j'ai vu cet esprit si fin et si délié, aux prises avec le public vulgaire : que va-t-il devenir? me disais-je; et si par hasard il ne veut plus être un plaisant de profession, comment fera-t-il? Et s'il se trouble à l'idée que ceci n'est plus un jeu, mais un métier, un horrible et fatigant métier, comment fera-t-il pour aller jusqu'au bout?... Ainsi, j'ai éprouvé pendant dix minutes... un siècle, toutes ces angoisses et tous ces doutes. Cependant Henri Monnier était en scène avec ses camarades, à sa réplique avec le souffleur, forcé de chanter en mesure avec l'orchestre, soumis à tous ces regards effrayants; là tout seul Henri Monnier! O misère! mon comédien ordinaire était devenu le comédien de tout ce monde curieux qui remplissait la salle, et qui toisait ce nouveau venu, des pieds à la tête, comme s'il arrivait de l'Odéon!

Eh bien, quand je l'ai vu, sous les traits et dans les habits d'un vieillard de la Régence, gentilhomme accablé de cette vieillesse qui remonte aux beaux jours de Sophie Arnould, et qui, à force de plaisirs et de voluptés sans frein, peut compter pour deux vieillesses, je me suis senti rassuré; je le vois encore, ce voluptueux éreinté, amoureux pulmonique, écrin vivant, vieux roué en perruque et en houppelande; malin, caustique, effronté; c'est tout à fait le vieillard des anciens temps. Je ne pense plus à Monnier, Monnier a disparu; tant pis pour lui et tant mieux pour nous; s'il est encore Henri Monnier sous la perruque effrontée de ce vieillard, moi je ne vois en ce moment que le vieux Châteauneuf, ce compagnon de M. de Tilly.

L'instant d'après un nouveau personnage tousse et marche dans la coulisse; ce personnage qui paraît pour la première fois sur un théâtre, tout le parterre le reconnaît à son pas et éclate de rire. On a salué M. Prudhomme bien avant que M. Prudhomme ait paru. En effet, le voilà bien, c'est lui, le digne homme, en habit neuf, aux manches retroussées jusqu'au poignet, chapeau luisant, chemise empesée, le verbe haut, la plaisanterie éclatante, le parler précieux. — Il y a longtemps que nous vous savions par cœur, honnête Prudhomme; soyez le bienvenu, carrez-vous à votre aise, débitez vos proverbes et vos sentences, étalez votre science et votre littérature; Messieurs et Mesdames, on vous présente M. Prudhomme le richard, le savant, le railleur, le petit maître, le bel esprit, et chacun de saluer M. Prudhomme.

Eh oui! vous savez bien, M. Prudhomme votre voisin qui crie et tonne contre les chats de la maison, qui descend à midi sa chandelle chez le portier, qui souhaite le bonjour à toutes les caméristes de la maison, qui cache des papillotes sous son bonnet de nuit, qui est si jaloux de son paillasson, qui a mis un gros nœud rouge à sa sonnette, un morceau d'ardoise à sa porte, à l'usage du visiteur. M. Prudhomme est tout à fait l'homme aux petites habitudes, aux précautions minutieuses, aux économies savantes, aux plaisirs à bon marché : M. Prudhomme *qui est jury*, comme il dit lui-même. Et de tout cela voilà Monnier qui se moque d'une cruelle manière ; il immole et tue à plaisir ce type respectable de la médiocrité honnête, et cependant il n'offense personne. M. Prudhomme, lui-même, est là dans la salle à la faveur d'un billet à moitié prix ; il est là qui rit aux éclats, tenant son cordon de montre et son mouchoir de poche, par la raison qu'on ne saurait prendre trop de précautions. »

C'était très-vrai tout cela, la chose même est passée en proverbe: *Prudhomme, Brard et Saint-Omer!* assermentés près des cours et tribunaux !

« Voilà donc mon comédien lancé, laissez-le faire. Et cependant à peine a disparu M. Prudhomme, ne sentez-vous pas déjà une odeur de pipe et de fumier? Entendez-vous ce patois saccadé, cette langue sans voyelle et sans virgule ; voyez-vous ces gestes heurtés, raides et cassants? c'est encore lui ; c'est Monnier. Cette fois, il s'est fait marchand de bœufs ; il donne trêve aux ridicules de la ville, pour frapper sur les habitants des grands chemins. Oh! le vrai bouvier! l'infect bouvier! le brutal bouvier. Il parle, on croit qu'il hurle ; il fait le gentil, c'est l'âne qui donne la patte ; il vous caresse, c'est un coup de poing qu'il vous donne,... un vrai bouvier. Il n'ajoute ni ne retranche ; comédien, il est peintre ! Son jeu est encore une image ; ce bouvier qu'il représente, il l'a rencontré le fouet à la main, c'est un dessin échappé, d'un trait, au crayon de notre artiste. Il s'agite, il s'arrête, il marche, il avance, il recule, il n'y a pas plus de drame que cela, c'est absolument comme si vous assistiez, le cou tendu, à une exposition de la boutique à Martinet, rue du Coq-Héron! Vous voulez de la vérité, en voilà; non pas la vérité toute nue; oh! fi! Nous n'en sommes qu'à la vérité habillée; ici l'habit se compose de la pipe et du fouet de ce bonhomme, de ses bottes crottées, de sa veste sans parements, de ses souliers chargés de fumier : rien de plus, rien de moins, ni plus haut, ni plus bas, ni bon, ni méchant, un vrai bouvier. Vous n'avez vu de bouvier pareil qu'au marché de Poissy, pas ailleurs; ailleurs vous avez vu des bouviers de théâtre, des comédiens en bouviers; Henri Monnier, c'est le bouvier changé en comédien.

Henri Monnier, c'est un dessin habillé, vivant, un dessin qui marche, parle et fait rire. Au demeurant, l'homme est le même, il n'y a de changé que les procédés de l'artiste. Il procédait par le dessin, il procède aujourd'hui par le costume. Il a des habits et des têtes de toutes sortes sur son théâtre; il les avait déjà dans son cerveau. Il en a de toutes les formes et de toutes les couleurs, il en a de tous les âges et des deux sexes; habits de bourgeois, habits militaires, habits de femmes, il arrange toute cette défroque à sa manière, il se pare sans façon de ces costumes d'emprunt, et quand son dessin est prêt, quand sa charge est achevée, il paraît, il se montre, il se tourne, on le regarde et l'on rit; après quoi, s'il daigne parler, il a le succès des bons hommes de Charlet quand ils parlent au bas du tableau. — C'est un observateur habile, ingénieux, savant, qui est venu nous montrer ce qu'il avait vu ou observé; il s'est abstenu, comme La Bruyère, de toute espèce de transition dans la peinture de ses caractères, parce qu'en dernier résultat, ces caractères ne tiennent pas l'un à l'autre, parce qu'ils sont isolés et qu'il faut les prendre celui-ci après celui-là; personne au théâtre ne peut donc être jaloux de Henri Monnier: c'est un comique à part qui n'a consulté aucune tradition, qui n'a fait aucune étude; il ne s'est proposé aucun modèle, il n'a eu besoin d'aucun auteur, il est à lui-même son poëte et son comédien tout ensemble. — *Par moi! pour moi!* »

MONSIEUR DE CHATEAUNEUF.

Des quatre ou cinq personnages que représentait Henri Monnier avec une vérité si exacte, le meilleur, le plus goûté et le plus vrai, c'était un vieux petit *ci-devant*, qui, tout vieux qu'il était, et pauvre à l'avenant, représentait à s'y méprendre, un petit coin de cet ancien régime qui devint, en si peu d'années de la Restauration, l'antipathie de la France moderne. Il s'appelait M. de Châteauneuf! A l'âge où nous l'avons connu, c'était un aimable enfant qui en était resté, pour la philosophie aux *Contes Moraux* de Marmontel ; pour la politique, aux *Lettres Persanes* ; pour la poésie, aux impromptus de M. de Boufflers. De toutes les choses grandes ou terribles de cette grande époque, M. de Châteauneuf n'avait rien vu, rien appris ; il ne connaissait Mirabeau que par l'*Erotika Biblion ;* la reine de France que pour lui avoir vu jouer *Ninette à la cour*, et M. de Richelieu en sa qualité de directeur de l'Académie Française. Tout ce qui a été la lutte, le combat, la bataille, l'émancipation, l'égalité, la liberté au xviiie siècle, tout cela avait glissé devant cet esprit paresseux et honnêtement libertin. Il ne fallait rien lui demander, ni du Parlement, ni de la Constitution, ni de l'abolition de la torture, ni de l'égalité de l'impôt, ni de la Déclaration des Droits de l'Homme.

A peine savait-il que la Bastille était prise, et il s'en plaignait en rappelant la belle description qu'en a faite Marmontel dans ses *Mémoires.* Il était comme un enfant que madame Dubarry aurait oublié dans son antichambre, et qui serait resté cinquante ans couché sur le même sopha, à lire et à relire les petits romans de Voisenon, de Voltaire, de Marivaux, de Crébillon fils.

C'était là son domaine, c'étaient là ses souvenirs. Une fois lancé dans les galantes histoires du foyer de la Comédie-Française, du café Procope ou du bal de l'Opéra, notre homme ne s'arrêtait plus: soudain le rouge revenait à son talon et à sa joue, la broderie à son habit, la poudre à ses cheveux, l'épée à son côté, le gant brodé à sa main blanche. Ce n'était plus le bonhomme Châteauneuf qui vous parlait, c'était bel et bien, palsembleu! M. le marquis de Châteauneuf. De tout ce naufrage de l'ancienne société, le digne homme avait sauvé un tas de chiffons, de mèches de cheveux, de mouchoirs, de bagues, de médaillons, de portraits, de billets doux, que c'était à en avoir mal à la tête, rien qu'à sentir cette violente et douce odeur d'ambre et de musc.

Sa conversation se ressentait de la vie d'autrefois, qui était restée sa vie présente. De tous les rois de l'Europe moderne, il ne savait que le nom du roi des Français, son bienfaiteur dont il avait écrit l'histoire lorsque notre roi n'était encore que M. le duc d'Orléans! Si bien qu'il avait ses entrées dans cette royale et hospitalière maison! — Bel esprit d'un temps qui ne pouvait pas revenir, il était resté fidèle aux esprits de la jeunesse; de tous les poëtes modernes il savait à peine quelques vers; mais si vous le reportiez aux beaux jours des rois et des beaux esprits d'autrefois, il était intarissable. Les anecdotes les moins connues, il les savait. Les noms les plus ignorés, il se les rappelait.

Il vous eût dit au besoin les beaux vers de la tragédie de M. Dubuisson, *Nadir*: il vous eût chanté la cavatine du *Pizarre* de M. Duplessis, dont le sieur Candeille avait fait la musique. Il avait assisté, en néophyte, aux expériences néochrétiennes de madame Sainte-Hélène à *Ermenonville*, comme il disait. Vous lui demandiez un article du *Passe-Temps des Toilettes*, il le savait par cœur. Il était chez madame de Montbazon le jour où fut joué le drame intitulé: *la Comtesse de Chazelles*, une tragédie de madame de Montbazon elle-même, souvenir dangereux des *Liaisons dangereuses*. S'il a connu mademoiselle Renault! Elle n'avait que onze ans quand il lui a vu jouer le rôle de Lucette dans *la Fausse Magie!* Il a connu beaucoup Linguet, Mercier, l'abbé de l'Épée, qui cherchait un sourd-muet à instruire; le marquis de Brunoy, ce fou charmant; M. Houdon, le sculpteur; M. de Chamfort. Plus d'une fois, le duc de Choiseul a trouvé le temps de lui dire: « Bonjour, Châteauneuf; » madame la duchesse de Choiseul ne manquait pas de lui faire un signe de tête.

Que de fois il a bu, jusqu'au jour, d'un joli petit vin d'Arbois avec ce bandit de Casanova! — Où n'était-il pas, je vous prie? Il était à l'enterrement de l'abbé de Mably; il était à la réception de l'abbé Morellet; il s'est assis dans le premier ballon de Pilastre Durosier; il a été magnétisé, le premier, par M. Mesmer; il a vu Barthe malade de sa dernière indigestion; il a vu mieux que cela, juste ciel! il a vu la *Zulime* de M. de Voltaire; il a vu la première représentation d'*Armide*. O Dieu des amours, que mademoiselle Chevalier était grande et belle! que mademoiselle Arnould était tendre et que mademoiselle Lemierre était jolie! Figurez-vous un rossignol qui chante, un ruisseau qui murmure, un zéphyr qui folâtre. Et le beau Vestris, et mademoiselle Lamy, voilà des danseurs! Si vous aviez vu les beaux yeux de mademoiselle Liormois... deux escarboucles qui riaient en vous brûlant. A la première représentation d'*Armide*, M. Rebel, le directeur de l'Opéra, portait le grand cordon de Saint-Michel.

O douleur! ô quel malheur pour les gens d'esprit qui ont perdu l'habitude de dîner chez eux, les deux Mécènes tant célébrés par les plus jolies filles et les plus mauvais poëtes, M. de la Popelinière et M. La Live, ont été renvoyés par M. le contrôleur général; car il s'appelait La Live, ajoutait le brave Châteauneuf, La Live tout court. D'Épinay ne vint que plus tard, quand Jean-Jacques Rousseau eut fait tant de bruit avec madame d'Epinay. — Il a connu Piron au cabaret, — mademoiselle Dumesnil qui portait le vin, mieux que Piron. Il a travaillé au *Mercure* avec l'abbé de la Porte. Mademoiselle Clairon, que vous avez vue vieille et décrépite, il l'a connue grande et belle. Il n'a jamais été de l'avis de Voltaire sur mademoiselle Gaussin. Mais qu'il a aimé la Dangeville, toujours fraîche et belle! Il a parlé italien avec le bon père Goldoni, un vrai mendiant. Il était l'ami de Monsigny et de Sedaine. Ne lui parlez pas de Fréron, Fréron lui fait peur encore et, comme Fréron a battu l'abbé Méligan, cet Irlandais qui parlait le français en véritable Iroquois!

C'est ainsi que dans la conversation fleurie de ce digne M. de Châteauneuf, vous alliez sans cesse d'un bonheur à un autre bonheur. Ils reparaissaient tour à tour devant leur compatriote bien-aimé, les amis, les rêves, les compagnons et les compagnes de ses beaux jours : Dorat, Bernard, Chabanon, Carmontel, La Lande, l'abbé Voisenon, Colé, Vanloo, le père Berthier, madame de Pompadour, madame Favart, et mademoiselle Rey, et mademoiselle Luzzy, l'élève de Préville, mademoiselle Neissel, mademoiselle Lemière, mademoiselle Hus et madame Allard, son amant a été battu à coups de bâton par le duc de Mazarin, et madame Pater, la belle Hollandaise; son mari était un brutal; mademoiselle Dubois, dont la tête était si belle, mais elle avait des bras ignobles! comme elle a traité ce pauvre Dorat! « Vous qui parlez, mon jeune ami, vous n'avez pas vu les demoiselles Verrières dans *la Courtisane amoureuse*. Ah! si vous aviez vu les demoiselles Verrières! Elles avaient chez elles un petit théâtre de société dont elles faisaient les beaux soirs. — Ah! si vous aviez été dans les loges de ce petit théâtre où l'on voyait tout! Où personne ne pouvait vous voir! »

« Vous savez l'histoire de mademoiselle Demaisonneuve. Elle avait seize ans, le plus beau port du monde. Elle débutait sous le patronage de l'abbé de Voisenon ; elle jouait son rôle dans *la Gouvernante*. Il y a un instant où la jeune fille prend la fuite ; en fuyant, mademoiselle Demaisonneuve perdit son jupon, son unique jupon ! Vous pensez si elle était émue ! Elle ne songeait plus à fuir ; malheureusement ou heureusement, Gogo, vous savez bien, Gogo, la femme à Bellecourt, est accourue et elle a rattaché le jupon de mademoiselle Demaisonneuve ! » Tels étaient les souvenirs de ce digne homme. Il était plein de bienveillance, plein de grâce et d'esprit ; pour tout ce qui avait été ses beaux jours, sa mémoire était infatigable. Bien qu'il ne se fût jamais mêlé que de très-loin à toutes ces orgies de la tête et des sens, il savait tout ce qui s'était dit, et tout ce qui s'était fait, de son temps.

Après cette belle vie passée à la suite de tout ce qui était dans le monde l'art et l'esprit, la force et la beauté, la fortune et le pouvoir, la royauté et le génie, M. de Châteauneuf tomba sans peine dans la vie modeste et pauvre. Il accepta, sans se plaindre, l'isolement et le silence qui remplaçaient pour lui, le bruit immense du XVIIIe siècle et cette fête qui promettait d'être éternelle. Il a vieilli, il est mort comme un sage, fidèle à ses heureuses passions et les célébrant tantôt par une larme et tantôt par un sourire. Douce larme donnée aux amours d'autrefois, aimable sourire accordé à l'esprit évanoui. Aussi bien la jeune génération aimait-elle M. de Châteauneuf. — Les jeunes gens l'entouraient de soins et d'hommages, les poëtes lui demandaient des conseils, on lui empruntait son esprit, on répétait ses bons mots ; bien plus, les jeunes comédiennes de ce temps-ci, apprenant qui il était, lui ont envoyé, de loin, plus d'un baiser charitable qui le réchauffait doucement, le digne homme ! Un des bonheurs de ses derniers jours, ç'a été de se voir reproduit sur la scène par Henri Monnier, qui était si charmant quand il montrait la bague d'un écu que lui avait donnée *la petite Chassagne*.

On ferait un bien aimable chapitre sous ce titre : Les Mémoires de M. de Châteauneuf. »

A tant de causes réunies, le succès fut grand de cette *Famille improvisée*, et puis le public se lassa de ces déguisements, et il demanda... autre chose. Henri Monnier n'appartenait pas, et tant s'en faut, à cette race à part des comédiens heureux à qui le public permet impunément de ne jouer que deux ou trois rôles dans toute leur vie. Au Théâtre-Italien, la même *prima donna* va chanter la *Norma* vingt ans de suite, et vingt ans de suite au Théâtre-Français, la même femme va déclamer le rôle de *Phèdre*. Heureuses créatures dont la vie est si facile, et qui meurent en roucoulant la même tirade ou la même chanson!

Au contraire, il faut aux comédiens des petits théâtres, une activité incroyable. Il leur faut créer beaucoup de rôles nouveaux dans beaucoup de pièces nouvelles, et quand la pièce est épuisée, aussitôt la tâche recommence, et rien ne compte dans le travail de la veille. Ainsi, sur la fin de ses jours, après tant de créations toutes-puissantes, cette éloquente Dorval s'agitait dans le vide, et quand elle eut changé en charpie les lambeaux de *Marie-Jeanne*, elle comprit qu'il fallait mourir, maintenant que les poëtes n'écrivaient plus pour elle, et que le public blasé ne voulait plus revoir les fantômes qu'elle animait naguères de son souffle puissant. Ainsi, elle est morte, envieuse et justement envieuse de ces femmes qui n'avaient qu'un rôle, un seul rôle qui leur servait toute leur vie. Il ne faut pas s'étonner que Henri Monnier ait vécu si peu de temps, il a vécu ce qu'il pouvait vivre, il a quitté la comédie parce que la comédie lui a manqué. S'il avait demandé, quand il montait sur le théâtre : aurai-je enfin des rôles nouveaux, chacun lui eût répondu : N'y comptez pas; il vous en faut trois ou quatre à la fois dans chaque comédie, et l'on n'en fait plus pour personne! En effet, on ne faisait plus rien qui ressemblât à la comédie, à l'heure où ce brave et digne artiste se mit à corriger les hommes par le rire et par le ridicule. Ainsi, le terrain manqua à ses premiers pas, et quand Monnier s'avoua vaincu, pas un, parmi les cruels qui s'amusaient de ses folies, ne s'inquiéta de l'avenir de ce galant homme. A quoi bon, et que leur importe? Ils ont payé leur place au théâtre, et ces messieurs sont quittes avec ce bel esprit sacrifié à leur plaisir d'un instant. C'est toujours un peu l'histoire de ce Gascon et de l'oiseau d'un si beau plumage et qui chantait si bien. — Le Gascon voulut tâter de l'oiseau, et il fit tant de belles promesses à l'aubergiste qu'on lui paierait ce qu'il demanderait pour le sacrifice, que le bel oiseau fut plumé et mis à la broche. Et quand l'oiseau fut cuit à point : — Maintenant, dit le Gascon, ayez la bonté de m'en donner pour deux sous !

Ainsi, je vais glanant et ramassant les fleurettes de ma première saison, *flosculorum odoramenta!* C'est un mot charmant d'une traduction de Plutarque dans son livre : *De la conservation de la santé!* Bientôt, quand ces premiers essais seront épuisés, vous me verrez sérieusement à l'œuvre, et nous entrerons dans le grand théâtre à pleines voiles. Ma tâche alors, en s'agrandissant, deviendra plus facile. Alors nous aurons des chapitres intitulés : *Molière*, *Corneille*, *Racine*, *Voltaire*, et dans les temps modernes : M. Scribe, M. Casimir Delavigne, M. Victor Hugo, M. Frédéric Soulié, M. Alexandre Dumas, chacun à son ordre, à sa place, et de façon que tant d'œuvres éparses dans une distance de vingt années se trouvent enfin réunies, l'une à l'autre, par ces liens communs qui unissent toutes les œuvres du même homme, pourvu cependant que le même écrivain ait fait réellement toutes les œuvres qu'il a signées !

Peut-être alors, quand le lecteur se rendra compte de la tâche accomplie, et quand il jugera de tout ce qu'on ôte, à voir tout ce qui reste, aura-t-il une idée assez complète de cette suite incroyable d'études assidues, de travaux acharnés. Tant de questions çà et là débattues ! tant d'images, tant de héros, tant d'histoires, tant de combats ! Dans ce livre, on trouvera, pour peu que l'on cherche avec quelque sympathie, une suite inattendue des noms les plus étranges : le roi et le sujet, le saltimbanque et le comédien, madame Saqui et mademoiselle Mars. On y verra madame Lafarge, l'empoisonneuse, on y va voir Lacenaire, le voleur poëte et l'assassin bel esprit.

LACENAIRE.

Parmi les poëtes de la fange et les beaux esprits de l'échafaud, cet homme, ce bandit, Lacenaire, un des noms les plus souillés que le bourreau ait inscrits sur sa liste, restera comme une épouvante. Il avait été, chose horrible à dire, un de mes condisciples au collége de Lyon, ce beau et doux collége, où l'ombre errante de tant de savants jésuites semblait présider encore à nos études, et certes, le *jeune* Lacenaire se trouvait en belle et bonne compagnie. Il avait, en effet, pour condisciples, tant de bonnes et sincères jeunesses animées des plus nobles passions! Edgard Quinette, un poëte! Il était déjà un rêveur; il passait sa vie à lire Virgile et à jouer du violon! — Armand Trousseau, la gaieté même, infatigable à l'étude et déjà promettant l'éloquent professeur de notre École de médecine; — Hector Paradis, aimable esprit voué à toutes les peines ingrates de l'enseignement; — Jayr, l'énergie et l'ambition en personne. Il se sentait poussé vers les grandes destinées. A quinze ans qu'il pouvait avoir, il nous disait déjà qu'il serait préfet du Rhône. — *En mea regna videns!* — Il était préfet de Lyon dans les heures difficiles, quand la ville était en pleine révolte, et qu'il s'agissait de la dompter, sans la briser.

Il y avait aussi, sous le même toit et sur les mêmes bancs que ce Lacenaire, parmi tant de savants praticiens et tant de fermes magistrats que le collége de Lyon nourrissait des plus saines doctrines, l'avocat général Belloc; — même il y eut ceci de remarquable dans l'arrestation de Lacenaire, qu'il fut pris, sur l'indication que Belloc, avocat général, transmettait au préfet Jayr, l'un et l'autre guidés par leurs souvenirs de collége, et par la mauvaise opinion qu'ils avaient conservée de ce bandit, leur ancien camarade. Ils le connaissaient de longue date, ils le savaient, de si bonne heure, capable de toutes les lâchetés et partant de tous les crimes. Ils n'avaient jamais oublié le nom criard et la tête blafarde de ce misérable; aussi quand vint, de Paris, l'ordre du procureur général de mettre la main sur un homme assez vaguement désigné, et qui portait un faux nom, ni l'un ni l'autre magistrat n'hésita à reconnaître le voleur, sous son nom d'emprunt.

Jayr était alors préfet de l'Ain, il envoya Lacenaire à Belloc, et Belloc le fit passer à M. le procureur général de Paris! Singulière histoire, que l'on pourrait intituler : *les Trois camarades de collége*. On doit placer ce Lacenaire au nombre des arguments les plus décisifs contre les études mal faites. Chose sainte et charmante, l'amour des chefs-d'œuvre, la passion des grands poëmes, l'éloquence et ses foudres, la poésie et ses éclairs, la double antiquité sur la double montagne, les Grâces et les Muses, Aglaë, la plus jeune des Grâces, Thalie, Euterpe, Mnémosyne, Homère et Virgile, Anacréon, Pindare, Cicéron, les maîtres du monde intelligent! Au jeune homme inspiré qui se tient à cette ombre sacrée, on peut prédire à coup sûr l'avenir réservé aux honnêtes gens. Le beau, compagnon du bon, qui en doute? Ainsi, le poëte Stace ouvrait le poëme de Virgile avec autant de respect que le chrétien son livre d'*Heures* à quelque messe solennelle. *Et monumentum ejus adire ut templum solebat!* Voilà comment les fortes études et les saines paroles portent à coup sûr des fruits utiles.

Elles sont l'espérance au départ, elles sont le courage au marcher, elles sont la consolation au retour! Parfois même elles deviennent une excuse, — un pardon. Tel se perdait qui s'est relevé par le souvenir de quelque chef-d'œuvre aimé quand il était enfant. Si, en effet, le goût est un discernement exquis, eh bien! ce *discernement exquis* doit nécessairement servir à maintenir un esprit juste et droit dans la bonne route, ou tout au moins à la lui faire retrouver s'il l'a quittée un instant. Au contraire, essayez de prendre à cette glu savante un malheureux qui apporte en germe, aux autels d'Apollon, les plus lâches et les plus tristes penchants, essayez de parler des grandes choses à ces âmes basses et viles, éprises de la fange et de l'ordure, il arrivera nécessairement que cette nourriture, trop forte pour cet esprit débile, sera vomie, et que la noble liqueur s'aigrira dans ces vases impurs!

Les études mal faites portent en elles-mêmes je ne sais quoi de décousu, de malaisé, de vil, de disgracieux, de honteux ; regardez, dans les classes bien tenues par des maîtres intelligents, le résidu de ces enfants sans intelligence et sans orgueil, race abjecte, ignorante et paresseuse! Ils ont des yeux pour ne pas lire, ils ont des oreilles pour ne pas entendre une leçon ; ils végètent, inutiles, sur les bancs inférieurs, pendant qu'au premier rang, les esprits actifs s'avancent de lumière en lumière, impatients d'apprendre et de savoir!

De là une grande inégalité, non-seulement entre ces esprits si divers, mais aussi entre ces âmes qui pouvaient être également honnêtes, et qui se pervertissent, justement parce qu'un esprit engourdi trouve l'âme humiliée et mécontente. On est jaloux d'abord, envieux ensuite, et, de l'envie à tous les crimes qu'elle enfante, il n'y a guère que la longueur d'une épée ou d'un couteau. L'enfant grandit cependant entre ces deux flétrissures : la paresse et la haine; il grandit, ramassant çà et là, de temps à autre, et bon gré mal gré, des bribes de grec et des morceaux de latin mêlés à des apparences de français; il s'habitue, ô misère! à donner une certaine forme supportable à ses vulgaires et médiocres pensées, il copie, et pendant que ses condisciples, plus heureux, combattent les difficultés, gravissent les montagnes et côtoient les abîmes des longues et patientes études, monsieur l'oisif s'amuse, comme on dit, *aux bagatelles de la porte*. Il rime des vers français quand ses voisins alignent en méditant les spondées et les dactyles dans la langue harmonieuse de Virgile; il écrit des bouquets à Chloris; à l'heure où ses condisciples loyaux interrogeant les hommes illustres d'autrefois s'essayent à bégayer, au nom de ces illustres morts, la langue hardie, éclatante des vastes pensées. Ainsi, le collége est une double arène; ici le sable, le soleil et la route ardue, et plus bas, dans les bourbes, le sentier à travers les mousses et les fanges.

Ici le jeune homme, arrêté en ses contemplations, cherche à trouver l'entrée éclatante des poëmes d'Homère, et là-bas, — monsieur l'oisif qui lit, à la dérobée, un livre volé à quelque infâme cabinet de lecture, un de ces tomes à vil prix qui contiennent les plus misérables ramassis de la littérature d'estaminet! En ce moment déjà commence la justice divine; elle fait, à chacun, sa part dans cette enfance bénie, et dans cette enfance souillée. A ceux-ci l'idylle et sa grâce attique : à ceux-là les plaisirs de la fange; aux uns la forme ingénue et savante des maîtres du grand siècle, aux autres le papotage idiot des rimailleurs obscènes; ici Bossuet domine, et là-bas quelque ignoble conteur de ruelle ou quelque joueur des gobelets littéraires.

Le collége est semblable à ce tableau de Jean Steen, de la galerie du prince de Demidoff à Florence : au sommet de la table d'honneur, le Christ change en vin cette eau fraîche et limpide comme le cristal; à l'accomplissement du miracle, il arrive que les conviés à cette noce acceptent, il est vrai, cette douce liqueur, mais pas un ne se hâte et ne dément, par son geste, l'attitude d'un homme qui se respecte et qui est très-habitué à boire suffisamment d'un vin généreux. Cependant, aux pieds de cette table, à peine agitée et surprise, il arrive que la foule, à l'aspect de ce vin qui coule à pleins bords, se rue et se précipite, ivre à l'avance d'une ivresse trop facile ! Alors commence entre ces ivrognes une bataille à coups de poing ; on apporte en foule des brocs, des verres, des bouteilles, et l'ivresse est lancée à pleine volée. Ainsi, au collége déjà, l'ivresse et la stupeur inerte de l'esprit commence à la griserie du roman plein d'écume, et du drame frelaté.

Misère et vanité de ces pères insensés qui s'imaginent qu'une fois sur les bancs de l'école, ils n'ont plus qu'à tresser des couronnes à monsieur leur fils. Les malheureux ! ils ont perdu leur enfant par cette science inerte et tronquée. Ils ont enseigné, à cette âme stupide, des passions qu'elle ne pouvait pas comprendre ; ils ont donné à cet esprit naturellement pervers, des appétits incendiaires ; ils ont arraché cet homme inhabile et lâche aux travaux médiocres pour lesquels il était fait ; ils se sont privés, par une dépense inutile, d'une somme d'argent qui devait faciliter à ce malvenu, ses premiers pas dans la vie active et sérieuse ; ils ont fait pis que cela, juste ciel ! pendant qu'ils fermaient à ce marquis de la famille toutes les carrières utiles, ils lui ouvraient impitoyablement la plus dangereuse et la plus malheureuse des carrières que le XVIIIe siècle ait ouverte aux esprits médiocres, aux âmes endurcies, aux éducations mal faites, aux jeunes gens sans mérite et sans vertu... je veux parler ici de cette profession, nouvelle en ce monde (en tant que profession), la profession d'*homme de lettres*.

Aujourd'hui, dès qu'un homme est à charge aux autres et à soi-même, aussitôt qu'il n'est plus bon à rien, soit qu'il ait abandonné de son plein gré l'étude du notaire, ou forcément le comptoir de l'agent de change, soit qu'il ait été ruiné dans quelque spéculation impossible, ou remercié par le gouvernement de l'emploi qui le faisait vivre, on le voit arborer fièrement le plumet littéraire, et sous ce titre inconnu jadis d'*homme de lettres*, affronter tous les hasards d'une vie oisive, inutile et sans but.

Quoi donc ! pour exercer le plus facile des arts mécaniques, il faut un apprentissage, et pour cette rude et difficile profession des lettres on se contente du hasard ! — Quoi, pour mettre une queue à un bouton, il est nécessaire d'être un an chez un maître, et le grand art de parler aux esprits s'apprendrait en moins d'un jour! — Il y a des règlements et des lois pour les balayeurs de la rue, il n'y en a pas pour les faiseurs de livres, et pendant que sous le soleil, chaque état obéit à des nécessités dont nul ne se peut dispenser, il arrive qu'au milieu du corps social, pareils à des insectes grouillant au soleil, les insectes de la plume attaquent le timide, insultent le poltron, dénoncent la vertu, outragent la beauté, piquent et désespèrent quiconque est à la portée de leur venin lamentable! Au fond de soi-même, on sent une répugnance indicible à voir ces usurpations de l'abîme.

On se demande, s'il est juste, enfin, d'appeler du même mot : *homme de lettres*, l'honnête homme et le scélérat, le grand écrivain et le reptile, l'infamie et la gloire? — Les Romains et les Grecs, nos maîtres, avaient des noms excellents pour exprimer les diverses professions de l'esprit ; ils reconnaissaient des poëtes, des orateurs, des philosophes, des sophistes, des grammairiens, des mathématiciens ; ils ne savaient pas ce que cela voulait dire : *hommes de lettres*, bon à tout, prêt à tout! Homme de lettres, comme on était autrefois, chez nous, homme de robe, homme d'épée, homme d'église! Ou bien si, par malheur, quelques gens se rencontraient qui ne fussent, en écrivant beaucoup, ni poëtes, ni philosophes, ni grammairiens, les Romains avaient un terme de mépris, pour expliquer cette profession compromettante ; ils appelaient le demi-savant, non défini : *Litterator!* Juvénal les appelle : *de petits Grecs!* Ainsi, d'un mot, ces esprits non classés étaient séparés comme par un mur d'airain, de cette divine famille des arts de l'esprit, qui appartiennent à une parenté commune et nécessaire, à savoir l'utilité et le secours que nos semblables peuvent retirer de nos études et de nos ouvrages : « *Etenim omnes artes quæ ad humanitatem pertinent, habent quoddam commune vinculum, et quasi cognatione quadam inter se continentur!* » C'est le plus parfait de tous les hommes de lettres romains, Cicéron lui-même qui parle ainsi!

Pour en revenir au point de départ de cette *mercuriale*, à cet affreux Lacenaire, il s'était mis, au sortir du collège, à écrire des tragédies et des chansons; monsieur tournait le couplet à faire tourner toutes les têtes de ces dames; il rêvait les honneurs du théâtre et la popularité de la chose écrite!... Eh bien! il a laissé deux volumes intitulés : *OEuvres de Lacenaire!* Il a laissé une tragédie grecque, et madame Lafarge, à l'exemple de son confrère, a écrit ses *Mémoires!* On a publié, de nos jours, les *Mémoires de Lacenaire*, encore tout chaud de la place de Grève, et cette tête coupée a servi de *prospectus!* C'était aller plus loin que nos pères ; ils faisaient représenter un drame de *Cartouche*, le jour même de l'exécution de Cartouche, ils n'imprimaient pas en un volume in-8° les billets doux de Cartouche! Un fait assez curieux à propos de Lacenaire, c'est qu'un autre homme de sa trempe, un littérateur de sa force, un espion! (il vendait ses camarades à la police et mangeait leur pain!) avait volé, oui, *volé* à Lacenaire une de ses *chansons*, et Lacenaire, allant au supplice, réclamait encore *sa* chanson! Le public hésitait à savoir qui des deux était le plagiaire? On a fini par convenir que la réclamation de Lacenaire était juste, et que l'*autre*, le mouchard, devait avoir volé la chanson !

Des chansons de Lacenaire, en voici une ; elle fut composée en l'honneur des forçats qui partaient pour le bagne de Toulon. Ces messieurs avaient demandé leur *Chant du Départ* à l'*orateur* Lacenaire, et il leur avait composé cette *Marseillaise* à leur usage :

>   Allons, enfants, levons la tête
>   Et portons nos fers sans trembler.
>   Pour nous voir la foule s'apprête ;
>   Parmi nous que vient-elle chercher? (*bis*)
>   Est-ce des pleurs? Ah! quel outrage!
>   Nous sommes enfants de Paris.
>   Entendez-vous nos derniers cris?
>   Ils attestent notre courage!
>
> *Refrain.*
>
> Chantons, forçats, en chœur le chant que nous aimons,
>   Chantons, chantons ;
>   Libres et gaillards, un jour nous reviendrons.
>
>   Que nous veut ce peuple imbécile?
>   Vient-il insulter au malheur?
>   Il nous voit d'un regard tranquille,
>   Nos bourreaux ne lui font pas horreur (*bis*).

Quoi ! parmi vous pas une larme?
Que faut-il pour vous attendrir?
Voyez si nous savons souffrir,
La gaieté nous conduit et nous charme.

Chantons, forçats, etc.

Adieu berceau de notre enfance;
Adieu, femmes que nous aimons;
Adieu, loin de votre présence,
A vous parfois nous penserons (*bis*).
Si dans vos cœurs est gravée notre image,
Gardez-nous un tendre souvenir,
Donnez-nous parfois un soupir;
Nous vous promettons d'être sages.

Quant à la tragédie, elle était intitulée (dans les *OEuvres* de ce Monsieur) : *l'Aigle de la Selleïde*, en trois actes et en vers.

« Ainsi, disais-je, à peine guillotiné, et quand il est encore tout palpitant sur le seul théâtre à sa taille, on livre au monde *le théâtre de Lacenaire!* Ainsi ils ont joué avec cet homme jusqu'à la fin; ils ont battu des mains quand il s'est montré en public; ils se sont approchés de lui quand il a été condamné à mort, et ils *lui ont fait compliment de son éloquence!* ils ont recueilli avec un empressement puéril ses moindres paroles; ils ont imprimé ses vers; ils lui ont prêté leurs vers, ils lui ont volé ses vers! Les libraires sont allés à cet homme, et ils lui ont commandé ses *Mémoires!* Des femmes se sont fait présenter à Lacenaire dans sa prison. Des femmes, au sortir du bal, et encore toutes parées, ont été le voir monter sur son échafaud! Les phrénologistes ont touché sa tête coupée, où ils ont trouvé la bosse de l'*imagination* et de la *bienveillance;* les dessinateurs l'ont dessiné et les statuaires ont demandé à faire son buste! On l'a étudié, on l'a regardé, on l'a flairé, on l'a contemplé jusqu'à la fin. On lui a donné, à cet homme, toute l'importance de la vertu. On a ôté à ce dernier supplice tout ce qu'il avait de sérieux. On en fait une spéculation de librairie et voici en un volume in-8°, son théâtre tout chaud et tout sanglant, imprimé dans le vif!

Cette tragédie est précédée d'une espèce d'Essai littéraire et dramatique sur M. Lacenaire, comme on dit. L'auteur de cet *Essai*, qui ne se nomme pas, a été voir Lacenaire dans sa prison, il l'a vu et il lui a parlé *tous les jours.* Cependant, malgré la solennité de ces conversations quotidiennes, recueillies avec tant de scrupule, elles sont peu remarquables dans le fond et par la forme. C'est toujours le même scélérat qui se fait sceptique et goguenard, et qui devait, par la lâcheté de sa mort, donner un si horrible démenti aux forfanteries de sa vie. — La vertu, dit-il, c'est la fortune ; le crime, c'est la misère. — L'autre monde, c'est le néant. — Pourquoi ne mangerait-on pas un homme comme un bœuf ? — La femme a le tempérament lymphatique ; j'aimerais mieux manger un homme. — Je préfère une femme laide à une jolie femme. — Deux pages plus bas, l'auteur ajoute : « Lacenaire a un grand faible pour l'excellent vin de Bordeaux ; il est fou *du champagne.* » La postérité s'en souviendra.

« Il est mécontent quand on l'appelle M. Lacenaire. » — Il dit un jour : « Tuer sans remords est le premier des bonheurs ! » — Il dit de lui : « Je suis né assassin comme on naît poëte ! » — *Échafaud* lui répugne ; il sourit au mot de *guillotine.* — Il attendait l'effet de son pourvoi, et il disait : « Cette attente commence *à m'embêter.* » — Un jour, il va chez M. Scribe ; il demande l'aumône ; M. Scribe, généreux comme on ne l'est pas, lui donne de l'argent : — « Dites à M. Scribe qu'il a bien fait ! « Il eût tué M. Scribe comme il a tué la veuve Chardon, avec aussi peu de vergogne et de remords ! »

L'abbé Lacordaire va le voir, et c'est à peine s'il prête l'oreille à la vive et ardente parole de ce jeune apôtre ; il finit par lui dire : « *Vous m'embêtez ;* je ne veux pas être convaincu ! »

Et voilà les mots les plus saillants de cet homme qui est mort encouragé par son complice Avril ! *L'orateur Lacenaire !* disait Avril.

Vous parlerai-je de sa tragédie ? Ce sont les méchants vers d'un mauvais écolier. Ils valent, pour le nombre et la mesure, sa chanson des Forçats. On croirait, au premier abord, qu'un pareil misérable devrait porter dans son style quelque chose de la virulente énergie de son caractère. Au moins, quand un homme écrit avec un poignard, devrait-on reconnaître la pointe du poignard ! Mais rien ; tout cela est flasque et mort comme toutes les tragédies vulgaires de ce monde. Zavellas, Belezer, Botsaris, tous les Grecs de la tragédie de Lacenaire parlent entre eux comme parlent tous les Grecs du théâtre moderne. Il n'y a là ni les passions, ni le sang-froid, ni l'athéisme du *poëte*. La pièce finit par un innocent coup d'épée, qui est loin d'annoncer le carrelet qui a tué *la veuve Chardon*. Voici les deux derniers vers de la pièce :

TOUS LES GRECS.
Mort à tous les tyrans!

CHRYSÉIS.
Ombre de mon époux,
Du séjour éternel viens diriger leurs coups.

Après la tragédie viennent plusieurs poésies fugitives d'une autre trempe. Cette fois, Lacenaire écrit pour le peuple qui le regarde. Il se figure que l'univers a les yeux sur lui, et il se pose en héros. Ainsi, le jour de Noël, le voilà qui adresse une chanson à Boire : *A mon ami Avril....* (ad Mæcenatem.)

A nous, saucisse et poularde!
A nous, liqueurs et vins vieux!
Faisons la nique à la camarde,
Qui nous montre les gros yeux.

Et plus bas :

Nous n'aurons à notre table
Point de femme, et c'est fort bien :
Il serait désagréable
D'engendrer un orphelin.

Ne sentez-vous pas sur votre tête se dresser vos cheveux ? Après cette chanson bachique, vient une *romance*.

M'aimeras-tu, si je te dis, ma chère,
Quel est le mal qui cause tes soupirs?

Écoutez encore son galant quatrain à madame la comtesse D*** qui lui adresse une épître :

Toi qui comprends si bien les devoirs d'une mère,
Et qu'on me peint comme un être charmant,
Que ne fus-je, hélas! ton enfant;
Que ne suis-je plutôt celui qui t'en fait faire !

Puis enfin, son dernier chant qui commence ainsi :

En expirant le cygne chante encor !
Je ne regrette de la vie

> Que quelques jours de mon printemps,
> Et quelques baisers d'une *amie*,
> Qui m'ont charmé jusqu'à vingt ans!

Assez! assez! il ne faut pas souiller sa plume. De tout ceci la conclusion est simple et nette : toutes les fois que de pareils crimes sans honte et sans remords surgissent à la face d'une société, le devoir de cette même société, c'est de condamner au plus profond silence ces crimes et ces hontes. Le devoir d'une société qui se défend elle-même, c'est d'empêcher l'assassin de prêcher l'athéïsme; c'est de laisser, dans l'ombre la plus épaisse, le criminel qui va mourir, et d'entourer son échafaud des crêpes les plus noirs. La conclusion de tout ceci, Lacenaire lui-même va vous la dire : « On laisse Avril se morfondre tout seul, dit-il, et moi, on m'entoure, et je ne manque de rien, *parce que je fais des vers.* »

Voilà tout le secret de l'affaire. — Pourquoi va-t-on écouter l'*orateur* Lacenaire? il fait des vers! Pourquoi d'honnêtes gens ont-ils osé toucher la main hideuse de Lacenaire? il fait des vers! Pourquoi toute épouvante cesse-t-elle en présence de cet homme? il fait des vers! Et pourquoi toutes ces belles dames qui vont l'assister aux Assises, qui vont l'entendre blasphémer en prison, qui vont le voir mourir à sept heures du matin, au risque de s'enrhumer, ces douces femmes? Tout cela, parce que Lacenaire a fait des vers! Horrible privilége! Abominable distinction! Eh! ne dirait-on pas, à cet empressement général, à cet éblouissement universel, à ces applaudissements déshonorants que ce soit là une denrée bien rare de nos jours, des vers!

Ainsi tous les crimes se tiennent; ainsi toutes les mauvaises littératures sont liées l'une à l'autre, comme la reconnaissance au bienfait! Que de malheureux jeunes gens se sont donné la mort pour faire imprimer leurs vers ou faire jouer leur tragédie! Et maintenant voici un homme qui vole, qui tue, et qui marche à l'échafaud, en blasphémant et en faisant des vers! »

Et voilà comme, en fin de compte, à qui veut ne rien perdre, chaque jour apporte sa peine et son travail. *Sufficit, cuique diei malitia sua!*

FIN DU TOME PREMIER.

TABLE DES MATIÈRES

CONTENUES DANS LE TOME PREMIER.

A M. Armand Bertin. I
CHAPITRE PREMIER. — *Le Journal des Débats.* 1
   Fête au Palais-Royal. — *Le Premier Paris.* 7
   Les Trois Journées. 14
   Le Premier Feuilleton. — *Le Nègre*, par M. Ozanneaux. 21
   M. Duviquet. 27
   Fontan. 28
   Poissy 32
   Alphonse Rabbe. 36
   Jeanne la Folle. — Feuilleton de M. Duviquet. 37
   Le Moine. 43
   La Camargo. 48
CHAPITRE II. — *La Révolution politique et la Révolution littéraire.* . 52
   Triboulet. 54
   La Fille du Bandit. 55
   La Vente à l'encan. 56
   Les Iambes. 57
   L'Empereur. 61
   Les Suicides. — MM. Sautelet, Escousse et Lebras. 63
   Les Premiers Pas. 66
   Le Duel. — M. Signol. — M. Dovalle. 73
   La Campagne après une pluie d'été. 75
   Lassailly. — M. Gustave Druineau. 75
   Un Feuilleton d'Étienne Bequet. 77
   La Cure et l'Archevêché. — Maingrat. 81
   Le Sac de Saint-Germain-l'Auxerrois. 86
   Les Exilés. — Naples. 89
   Mayeux. 95
   Hoffman et Paganini. (Conte fantastique.) 96
   L'Inondation et les Inondés de Saint-Étienne. 102
   Berlioz. — Mort de Paganini. — Lettre de Louis Boulanger. . . 113
CHAPITRE III. — *La Critique est un art difficile.* 123
   Théâtre de l'abbé Châtel. 128
   M. Casimir Bonjour. — Ugolin. — Les Chouans. — Le Bourreau. 132
   La Réputation d'une femme. 140
   Dix Ans de la vie d'une femme. 146
   Théodose Burette. 153

Une Conspiration d'autrefois.	161
Ango et la dispute à propos de Marie-Joseph Chénier.	167
L'OEdipe de sophocle.	180
Le Château d'Eu *et la Machine de Fieschi.*	186
Les deux Serruriers.	198
Marie-Joseph Chénier.	205
Tibère. — Henri VIII.	211
Casimir Delavigne.	221
Chapitre IV. — Les suites de la Révolution de Juillet.	228
La Marseillaise. — *J'ai du bon tabac.*	229
Camille Desmoulins. — Le marquis de Favras.	239
Le Collier de la Reine.	242
Catherine II.	246
Mirabeau.	251
La Jeunesse de Richelieu. — Étude du xviiie siècle.	261
Chapitre V. — *La Toute-Puissance du Théâtre Français sur les scènes secondaires.*	271
Les Liaisons dangereuses. — Louvet.	272
Les Demoiselles de Saint-Denis.	279
Les Noces du Forçat.	282
Tragédie à faire. — *Les Bacchantes d'Euripide.*	288
Il y a Seize Ans!	301
Han d'Islande.	302
La Mort de Paul Ier.	304
Jenny Durand.	305
Victorine, ou la Nuit porte conseil.	306
Les 6 Degrés du Crime.	307
L'Arétin.	312
Georges.	313
Le Tambour-Major.	324
Tabarin *ou le commencement de la Comédie.*	326
Janot *ou la fin de la Comédie.*	329
Les premières Armes de Richelieu.	334
La Cheminée et le maréchal de Richelieu.	340
Les Beignets à la Cour.	342
La Comtesse du Tonneau. — Madame Dubarry	347
La Vie privée, par M. Saint-Marc-Girardin.	355
Liszt et le Grand-Duc de Toscane.	357
Balochard, Chiquart et le Carnaval.	359
Les Vaudevillistes et les Brouillards.	363
Chapitre VI. — *Que le Feuilleton ne doit rien négliger.*	372
Une Thèse en Sorbonne.	373
Les Sauvages, les Fleurs, les Tigres et les Éléphants.	374
Madame Basile.	380
Casanova.	381
Pauline, ou qui est-ce qui gouverne?	386
La Dame chef de voleurs.	394

TABLE DES MATIÈRES.

L'Écrivain public.	396
Debureau *ou la pantomime.*	400
La rue Neuve-des-Poirées. — Le Choléra.	410
Le Docteur Noir.	417
Une anecdote inédite de Mirabeau.	419
Le Roman-Feuilleton.	421
Le Théâtre du Palais-Royal.	422
Henri Monnier.	426
Monsieur de Châteauneuf.	431
Lacenaire *ou l'éducation manquée.*	437

FIN DE LA TABLE DU TOME PREMIER.

www.ingramcontent.com/pod-product-compliance
Lightning Source LLC
Chambersburg PA
CBHW051818230426
43671CB00008B/755